자기
관리론

How to Stop Worrying & Start Living

자기
관리론

Dale
Carnegie

데일 카네기
서명진 옮김
김경일 서문

멘탈 관리의
영원한 바이블

How to Stop
Worrying
&
Start Living

일러두기

1. 이 책은 데일 카네기의 *How to Stop Worring and Start Living* 1948년 초판을 완역한 것입니다.

2. 단행본은 『 』, 기사와 논문은 「 」, 잡지와 신문은 《 》, 영화, 노래, 연극 등의 작품명은 〈 〉로 표기했습니다.

3. 이 책은 저작권법에 의하여 한국 내에서 보호를 받는 저작물이므로 무단 전재 및 복제를 금합니다.

이 책을 읽을 필요가 없는 이들에게
이 책을 바친다.
로웰 토머스 Lowell Thomas

이 책과 『인간관계론』을 집필할 때 내 곁에서
응원하고 지지해준 빌라 스타일스에게
진심을 담아 감사를 전한다.
데일 카네기

차례

이 책이 당신에게 도움이 되는 16가지 이유   10
한국어판 서문   12
저자 서문   16
이 책을 제대로 활용하는 9가지 방법   22

1부 걱정에 관해 알아야 할 기본 지식
1 '오늘살이'를 실천하라   28
2 걱정을 해결할 마법의 공식   41
3 걱정이 현실에 미치는 영향   50

2부 걱정을 분석하는 기본 기술
1 걱정거리를 분석하고 해결하는 법   66
2 일하면서 겪는 걱정을 반으로 줄이는 법   74

3부　　걱정이 나를 망치기 전에 걱정하는 습관을 없애는 법

1　　마음속에서 걱정을 몰아내는 법　　82
2　　딱정벌레 때문에 무너지지 말라　　93
3　　끝없는 걱정을 몰아내는 법　　102
4　　피할 수 없는 일을 대하는 법　　110
5　　걱정에 '손절가'를 설정하라　　123
6　　톱밥에 톱질하지 말라　　131

4부　　평화롭고 행복한 삶을 위한 7가지 마음가짐

1　　삶을 바꿀 한 문장　　140
2　　세상에서 가장 현명한 복수　　156
3　　감사할 줄 모르는 사람 대처법　　166
4　　100만 달러보다 가치 있는 것　　174
5　　진정한 나로 살아가라　　182
6　　레몬을 받으면 레모네이드를 만들라　　191
7　　14일 안에 우울증을 치료하는 법　　201

		걱정을 극복하는 최고의 방법	
5부			
1		부모님이 걱정을 극복한 비결	222

		비난받아도 걱정하지 않는 법	
6부			
1		죽은 개를 걷어차는 사람은 없다	248
2		비난에 상처받지 않는 법	253
3		내가 저지른 바보짓	258

		걱정과 피로를 예방하고 활기차게 사는 6가지 방법	
7부			
1		하루에 1시간 더 활동하는 비결	268
2		피로의 원인과 해결책	274
3		가정주부가 피로를 풀고 젊음을 유지하는 법	280
4		걱정과 피로를 예방하는 4가지 업무 습관	287
5		걱정, 피로, 분노의 원인 제거하기	293
6		불면증의 걱정에서 벗어나기	303

8부	**행복하고 성공적인 삶을 위한 직업 선택**	
1	인생의 가장 중대한 결정	314

9부	**돈 걱정을 줄이는 법**	
1	걱정의 70퍼센트를 차지하는 돈 문제	326

10부	**나는 걱정을 이렇게 극복했다**	343

이 책이 당신에게 도움이 되는
16가지 이유

❶ 걱정을 해결할 실용적이고 검증된 원칙을 알려준다.
❷ 직업상 걱정을 즉시 절반으로 줄이는 방법을 알려준다.
❸ 평화롭고 행복한 삶의 일곱 가지 마음가짐을 제시한다.
❹ 돈 걱정을 줄이는 방법을 알려준다.
❺ 여기서 설명하는 방법들은 거의 모든 사람에게 적용된다.
❻ 나를 향한 비난을 유리하게 이용하는 방법을 알려준다.
❼ 가정에서도 피로를 풀고 젊게 사는 법을 알려준다.
❽ 걱정과 피로를 예방하는 네 가지 업무 습관을 알려준다.
❾ 하루에 한 시간 더 활동하는 비결을 알려준다.
❿ 심한 감정의 기복을 피하는 법을 제시한다.
⓫ 걱정을 극복한 평범한 사람들의 삶을 엿볼 수 있다.
⓬ 단 2주 만에 우울증을 극복할 수 있는 알프레트 아들러의 처방을 얻게 된다.
⓭ 역사적으로 유명한 의사 윌리엄 오슬러 경이 걱정을 극복하게 된 비밀을 알려준다.

❹ 걱정을 해소하는 윌리스 캐리어의 마법 공식 3단계를 설명한다.
❺ 윌리엄 제임스가 말한 '걱정을 치유하는 최고의 방법'을 어떻게 삶에 적용할지 알려준다.
❻ 《뉴욕타임스》 발행인 아서 헤이스 설즈버거, 컬럼비아대학교 전 학장 허버트 호크스, 고등교육위원회장 오드웨이 테드, 잭 뎀프시, 코니 맥, 로저 밥슨, 리처드 버드 제독, 헨리 포드, 진 오트리, J.C. 페니, 존 D. 록펠러 등 수많은 유명인이 걱정을 극복한 방법을 자세히 소개한다.

한국어판 서문

걱정을 하면서 살아가는 우리 모두에게
데일 카네기가 건네는 힘차면서도 따뜻한 조언들

인지심리학자 김경일

현대인에게 걱정이란 무엇인가

우리는 흔히 '걱정 없이 살고 싶다'는 말을 한다. 누구든지 때로는 좌절하고 때로는 불안을 느끼며 다사다난한 삶을 살아가기 때문이다. 심리학자들도 걱정에 대해 아주 오랜 시간 연구를 해왔지만 대다수는 여전히 필요 이상으로 걱정을 많이 한다. 사실 똑똑한 사람일수록 걱정을 지나치게 많이 하는 경향이 있다. 근면성실한 사람들이 걱정을 상대적으로 더 많이 한다는 것 역시 맞는 말이다. 그러니 매우 어리석지만 간단한 결론에 이를 수 있다. 바로 '바보'로 사는 것이다. 하지만 어떤 바보 같은 사람이 그런 어이없는 결론을 내리겠는가. 우리에게 필요한 것은 걱정을 잘 다루는 지혜다.

걱정이란 무엇인가. 사전적 정의로는 '안심이 되지 않아 속을 태움'이라고 되어 있다. 듣기만 해도 매우 불편한 상황이다. 그런데 심리학자들은 이런 상황을 좀더 구체적인 개념으로 설명한다. 바로, '불안'이다. 그리고 이 불안은 우리를 힘들게 하는 골칫

덩어리면서 우리가 어떤 목표를 실행하도록 만드는 에너지이기도 하다. 그래서 잘 분석하고 관리하면서 조작해나가면 더 강인하고 굳건하게 살아가게 만들어줄 수 있는 씨앗이 되기도 하지만, 그러지 못하면 스스로를 끌어내려 주저앉게 만드는 최악의 불행이 된다. 그래서 심리학자인 나에게 여러분이 읽을 이 책『자기관리론』의 제목을 바꿔보라고 하면 그 대답은 분명 '불안관리론'이다. 그러고 보면 심리학을 결국 세상에 자리 잡게 한 사람이자 심리학의 대가인 프로이트도 마무리 못한 위대한 작업이라고 불러도 좋겠다.

데일 카네기는 '걱정을 없애버리겠다'는 무의미한 결심이나 소망을 버리고, 끈질긴 의지로 걱정을 대하라고 말한다. 심리학자의 입장에서 봐도 지극히 타당한 조언이다. 그리고 그 방법과 과정을 누구보다도 생생하게 우리에게 알려준다. 그의 목소리는 왜 우리의 마음을 울릴까? 바로 해본 사람의 조언이기 때문이다. 어린아이도 안다. 경험해본 사람과 그러지 못한 사람의 조언 간에는 엄청난 차이가 있다는 것을. 후자의 언어는 아무리 화려하고 논리적이어도 무언가가 부족하다.

데일 카네기의 조언이 여전히 해답인 이유

『자기관리론』이 심리학자들의 연구 결과 못지않게, 아니 더 설득력 있게 마음에 와닿는 이유도 바로 데일 카네기 본인의 경험에서 출발했기 때문이다. 데일 카네기 자신이 그 걱정의 포로였고 가장 찌들어 있었으며, 이로 인해 스스로를 책망하고 무시했던 쓰라린 경험의 소유자였다. 그리고 그는 우연과 필연을 섞어 그것을 이겨냈다. 물론 카네기처럼 이겨낸 사람이 많지는 않아도 우리 인류사에 꽤 존재한다. 그러나 그들의 이야기는 대부분 신화화·우상화되어 있으며 과정을 제대로 기록하지 않아서, 대부분 지어난 말이나 별 영양가 없는 영웅담으로 채워졌다. 이런 이야기들과 비교했을 때 데일 카네기의 조언들은 한줄 한줄 수백 명의 심리학자들이 달라붙어 왜 타당한지를 증명한 것처럼 생생하게 다가온다.

데일 카네기가 어떤 사람일까에 대해 생각해본 적이 있는데, 요리하는 사람에 비유하면 좋을 것 같다. 데일 카네기는 맛있는 음식을 성공적으로 요리해냈을 때, 그저 만끽하며 먹고 치우는 삶을 살지 않았다. 자신의 요리 비결과 자세한 과정을 하나도 놓치지 않고 기억하려 애를 썼다. 그는 세상의 수많은 미완성된 사람들에게 자신의 레시피를 공유하고자 했다. 비밀 레시피로 최고의 식당을 개업해 혼자만 성공하려 하지 않은 것이다. 최대한 많은 사람이 훌륭한 음식을 요리할 수 있도록 도우며 인류애를 꽃피웠다.

무엇이 그로 하여금 이런 책을 만들게 했을까? 나에겐 심리학과 선배이기도 한 김태형 심리학자의 이야기가 떠오른다. 초년기부터 많은 고난과 역경을 경험하면서 결국 이겨낸 사람들은 두 가지 길 중 하나로 걸어가는데, 그 첫 번째 길은 '후배들이여, 당신들은 나와 같은 고난과 역경을 필요 이상으로 경험하지 않았으면 좋겠습니다'라는 마음으로 걸어가는 길이다. 두 번째 길을 걸어가는 사람들도 있다. 두 번째 길을 걷는 이들은 이렇게 말하며 후배들을 이끈다. '어이 후배들, 내가 이런 고난과 역경을 이겨냈는데 너희들은 뭐가 문제여서 못 이겨내는 거야?'

김태형 심리학자는 '자기 출신 계급에 대한 연민'이 첫 번째 길을 선택하는 마음이라고 말한다. 자기처럼 어렵고 척박한 상황에서 나고 자란 사람들의 고통을 이해하고 안타까움을 느끼는 것을 넘어 그들을 돕고자 하는 의지를 포함한 감정이 연민이다. 이는 단순한 동정심과는 분명하게 다르다. 동포애를 넘어선 인류애가 바로 이런 것이다. 이것이 없는 사람이면 이런 책을 쓸 수도, 쓸 필요도 없다.

  데일 카네기가 이 책에서 구체적인 방법들과 조언들을 정리하면서 한결같이 유지하는 행간의 정서가 있다. 바로 '이 좋은 방법으로 지혜롭게 그리고 선하게 살아가세요'라는 당부다. 우리가 이 책을 읽어나가며 반드시 가져야 하는 마음이다. 카네기의 인류애와 타인을 생각하는 마음을 헤아리며 『자기관리론』을 읽을 때 우리는 이 책이 왜 한 세기가 지나도록 자리를 지키는 고전이 되었는지 알게 될 것이다.

저자 서문

이 책을 어떻게, 왜 쓰게 되었나

　35년 전 나는 뉴욕에서 가장 불행한 청년이었다. 먹고살기 위해 화물차 영업사원이 됐지만 정작 화물차가 어떻게 굴러가는지도 몰랐다. 사실 알고 싶지도 않았다. 나는 내 일이 싫었다. 바퀴벌레가 득실대는 웨스트 56번가의 싸구려 집에 사는 것도 싫었다. 아침에 벽에 걸어둔 넥타이에 손을 뻗을 때마다 바퀴벌레가 사방으로 흩어지던 모습이 아직도 생생하다. 바퀴벌레가 우글거릴 것 같은 지저분하고 허름한 식당에서 밥을 먹는 것도 싫었다.

　매일 밤 지독한 두통에 시달리며 초라한 방으로 돌아갔다. 실망, 걱정, 억울함, 반항심에서 비롯된 두통은 날이 갈수록 심해졌다. 대학 때 품었던 꿈이 악몽으로 변해버리자 모든 게 마음에 들지 않았다. 이게 제대로 된 삶인가? 내가 그토록 바란 모험 가득한 삶이 고작 이런 것인가? 싫어하는 일을 하고 바퀴벌레가 득실대는 곳에서 형편없는 음식이나 먹으면서 미래에 대한 희망도 없이 이렇게 사는 게 무슨 소용이란 말인가? 나는 여유롭게 책을 읽고 대학 때부터 꿈꿔온 책도 내고 싶었다.

하기 싫은 일을 그만두어도 잃을 건 없었다. 나는 큰돈을 버는 데는 관심이 없었지만 풍요로운 삶을 살고 싶다는 마음은 간절했다. 말하자면 루비콘강 앞에 선 것이다. 자신의 삶을 살기 시작한 젊은이가 반드시 마주하게 되는 일생일대 결정의 기로 말이다. 이날 내린 결정으로 내 인생은 완전히 바뀌었다. 이후 35년 동안 내가 바라던 것 이상으로 행복하고 보람차게 살고 있다.

당시 나는 내가 싫어하는 일을 그만두기로 했다. 미주리주 워런스버그 주립 사범대에서 4년간 교사를 꿈꾸며 공부했으니 야간학교에서 성인들을 가르치며 생계를 꾸려나갈 수 있으리라 생각했다. 그러면 책을 읽고 강의를 준비하며 소설을 쓸 시간도 생기리라. 나는 "쓰기 위해 살고, 살기 위해 쓰고 싶었다."

야간학교에서 무엇을 가르칠지 고민했다. 대학에서 받은 교육을 돌아보니 대중 연설 교육과 경험이 대학에서 공부한 모든 것을 합친 것보다 일과 삶에서 훨씬 더 실용적이라는 생각이 들었다. 그 수업 덕분에 소심하고 자신감 없던 모습을 극복하고, 용기 있고 확신에 찬 태도로 사람을 대할 수 있었기 때문이다. 무엇보다 자기 생각을 당당하게 말하는 사람이 리더가 되는 경우가 많다.

나는 컬럼비아대학교와 뉴욕대학교 야간 강좌의 대중 연설 강사 자리에 지원했지만 아쉽게도 잘되지 않았다.

그때는 꽤 실망했지만, 지금은 채용되지 않은 것을 고맙게 여긴다. 덕분에 YMCA 야간 강좌를 맡게 되었기 때문이다. 이곳에서는 구체적인 결과를 빠르게 보여주어야 했기에 내게는 큰 도전이었다. 수강생들의 목적은 학점이나 사회적 명성을 얻는 게 아니었다. 그들의 유일한 목적은 문제를 해결하는 것이었다. 그들은 회의에서 겁먹지 않고 당당하게 서서 몇 마디라도 말하고 싶어 했다. 영업사원들이 동네를 몇 바퀴나 돌면서 마음을 추스르지 않고도 용기 있게 까다로운 고객을 방문하게 되기를 바랐다. 그들 모두 침착하고 자신감 있는 사람이 되고 싶어 했고 남들보다 더 성공하고자 했다. 가족을 위해 돈도 더 벌고 싶어 했다. 그들은 수업료를 할부로 내고 있었기에 원하는 결과를 얻지 못하면 곧장 수강을 취소할 게 뻔했다. 나는 월급이 아니라 수익에 따라 돈을 받았기 때문에 먹고살려면 성과를 내야 했다.

당시 나는 불리한 조건에서 강의하는 것 같았지만 지금 생각해보면 값진 훈련을 받았다는 생각이 든다. 나는 학생들에게 동기를 부여하고 그들이 문제를 해결하도록 도와야 했다.

수업마다 용기와 의욕을 북돋우면서 수강생들이 계속 오게 만드는 것도 중요했다.

모든 일이 흥미진진해서 마음에 쏙 들었다. 수강생들이 빠르게 자신감을 얻고, 그중 많은 이들이 승진에 급여 인상까지 이루어내는 모습을 보면서 몹시 놀랐다. 수업은 애초에 기대한 것 이상으로 성공적이었다. YMCA는 월급으로 따지자면 하루에 5달러도 주지 않으려 했지만, 세 학기가 지나자 수익에 따라 하루에 30달러를 주었다. 처음에는 대중 연설을 가르쳤는데, 시간이 흐르면서 성인들이 친구를 만들고 사람들에게 영향을 끼치는 능력도 필요하다는 사실을 깨달았다. 하지만 인간관계를 다루는 책이 마땅치 않아서 직접 쓰게 되었다. 이것이 바로 『인간관계론』으로, 이는 일반적인 자기계발서와는 다르다. 내 수업을 들은 수강생들의 경험을 바탕으로 성장하고 발전한 책이기 때문이다. 내 강좌의 교과서 용도로 쓴 책이기도 하고 이전에 출간한 네 권은 알려지지도 않아서 이 책이 불티나게 팔릴 거라고는 꿈에도 생각하지 못했다. 이 책의 성공으로 가장 놀란 사람이 있다면 바로 나 자신일 것이다.

시간이 흐르면서 성인들이 겪고 있는 또 다른 큰 문제가 '걱정'이라는 사실을 알게 되었다. 수강생 대부분이 경영자, 영업사원, 기술자, 회계사 등 회사에 다니는 사람들이었는데 이들 외에도 전문직을 비롯해 다양한 분야에 종사하는 사람 등 누구에게나 걱정거리가 있었다! 남녀노소의 차이도 없었다! 그래서 걱정을 극복하는 법에 관한 교과서가 필요했다. 나는 적절한 책을 찾으려고 5번가와 42번가 교차로에 있는 뉴욕공립도서관에 갔다. 그런데 제목에 '걱정'이 들어간 책은 겨우 22권뿐이었다! 반면 제목에 '벌레'가 들어간 책은 무려 189권이나 있었다. 벌레에 관한 책이 걱정에 관한 책보다 아홉 배나 많다니 놀랍지 않은가? 걱정은 인간이 직면한 가장 큰 문제 중 하나니까 모든 교육기관에서 '걱정 없애는 법'을 가르치는 게 당연하다고 생각하는데 말이다.

하지만 이 나라 어느 학교에서도 그런 과정을 가르치는 곳이 없다. 심리학자 데이비드 시버리는 그의 저서 『어제까지의 나, 오늘부터의 나』에서 이렇게 말했다. "책벌레가 느닷없이 발레를 보여달라는 요청을 받듯이 우리는 살면서 겪는 어려움이나 스트레스에 대한 준비 없이 성인이 된다." 그 결과 입원 환자의 절반 이상이 정신적 혹은 정서적 문제를 겪는다.

나는 도서관 책장에 꽂혀 있던 걱정에 관한 책 22권을 훑어보았고 관련된 책을 모조리 사서 읽었다. 하지만 성인을 위한 내 수업에서 교과서로 쓸 만한 책은 단 한 권도 없었다. 그래서 나는 책을 직접 쓰기로 마음먹었다.

7년 전부터 이 책을 쓰려고 준비했다. 전 세대에 걸친 철학자들이 걱정에 관해 쓴 글을 비롯해 공자부터 처칠에 이르는 전기 수백 권을 읽었다. 잭 뎀프시, 오마 브래들리 장군, 마크 클라크 장군, 헨리 포드, 엘리너 루스벨트, 도로시 딕스 등 사회 각계각층의 유명인들도 인터뷰했다.

인터뷰나 독서보다 훨씬 더 중요한 일도 했다. 나는 5년 동안 걱정 극복 실험실에서 일했다. 바로 성인 대상의 내 수업이다. 내가 아는 한 이런 목적을 위해 만들어진 세계 최초의 유일한 실험실이다. 우리는 학생들에게 걱정을 극복하는 몇 가지 규칙을 제시하고 일상생활에서 적용해본 후에 그 결과를 수업 시간에 말해달라고 요청했다. 어떤 학생들은 예전에 자신이 사용했던 여러 가지 방법을 나누기도 했다.

이러한 경험 덕분에 나는 세상 그 누구보다 '걱정을 극복하는 방법'에 관한 이야기를 많이 듣게 되었다. 또한 미국과 캐나다의 170여 개 도시에서 열린 수업에서 채택된 수백 가지 사례를 편지로 받아 다시 읽기도 했다. 따라서 이 책은 현실과 동떨어져 만들어진 게 아니다. 걱정을 극복하는 방법에 관해 학문적으로 그럴듯한 이야기만 늘어놓지도 않는다. 수천 명의 성인이 어떻게 걱정을 극복했는지 구체적이면서도 간결하고 술술 읽히는 내용으로 채웠다. 한 가지는 확실히 보장한다. 이 책은 현실적이다. 실용적이면서 믿을 만하다.

책에는 가상의 인물인 '아무개'가 없고 '메리'나 '존'처럼 신원이 불분명한 이름도 없다. 부득이한 몇 가지 사례를 제외하고는 사례 주인공의 이름과 주소를 밝혔다. 모두 실존 인물이며 사실을 있는 그대로 기록했고 이를 증명해줄 사람도 있다.

프랑스 철학자 발레리는 "과학이란 성공한 원칙의 집합체다"라고 말했다. 이 책이 그렇다. 삶에서 걱정을 몰아내는 성공적이면서도 오랜 시간에 걸쳐 검증된 방법을 모았다. 그러니 우선 알아두어야 할 게 있다. 책의 내용이 별로 새롭지 않을 수 있다. 하지만 일반적으로 적용되지 않았던 방법을 많이 알게 될 것이다. 사실 이 주제에 관해 우리가 새롭게 알아야 할 내용은 별로 없다. 이미 완벽한 삶을 위해 어떻게 살아야 할지 너무나 잘 알고 있으니 말이다. 황금률이나 산상수훈에 대해서는 익히 알고 있지 않은가? 문제는 무지가 아니라 행동하지 않기 때문에 일어난다. 이 책의 목적은 예부터 전해 내려오는 기본 진리를 거듭 말하며 사례를 들어 구체적으로 설명하고 간결히 정리하여 현재에 적용하면서 그 효과를 입증하는 것이다. 그런 뒤에 당신의 정강이를 힘껏 차서 삶에 직접 적용하도록 돕고자 한다.

이 책을 어떻게 쓰게 되었는지 궁금한 독자는 별로 없을 것이다. 다들 걱정 극복법이 궁금한 게 아닌가? 자, 이제 시작해보자. 우선 1장까지 읽어보라. 그런 후에도 걱정을 멈추고 삶을 즐길 만한 새로운 힘과 영감을 얻지 못했다면 책을 쓰레기통에 던져버려라. 그런 사람에게 이 책은 아무 쓸모가 없을 것이다.

데일 카네기

이 책을 제대로 활용하는 9가지 방법

❶ 이 책을 제대로 활용하려면 어떤 규칙이나 기술보다 중요한 필수 불가결한 조건이 있다. 이 기본적인 조건을 충족하지 못한다면 수천 가지 규칙도 아무 소용이 없다. 반대로 이 중요한 자질을 갖추었다면 책에서 제시하는 방법을 읽지 않아도 놀라움을 경험하게 될 것이다. 그렇다면 중요한 조건이란 무엇일까? 바로 배움을 향한 불굴의 의지, 즉 걱정을 멈추고 삶을 살려는 굳은 결심이다.

그러한 의욕을 어떻게 끌어낼 수 있을까? 앞서 언급한 원칙을 끊임없이 스스로 상기하는 것이다. 원칙을 잘 적용하여 더 풍요롭고 행복한 삶을 사는 자신의 모습을 구체적으로 그려라. 그리고 반복해 되뇌라. "이 책에서 제시하는 명백하고 영원한 진리를 적용하느냐에 따라 내 마음의 평화와 행복, 건강, 소득이 결정된다."

❷ 처음 읽을 때는 각 장을 훑어 읽으며 대략적인 내용을 파악하라. 다음 장의 내용이 궁금해 넘어가고 싶어도 참아야 한다. 단순히 재미를 위한 게 아니라 진정으로 걱정을 멈추고 제대

로 살고 싶다면, 각 장을 꼼꼼하게 다시 읽으라. 당신의 시간을 절약하고 바라는 결과를 얻을 것이다.

❸ 읽는 도중에 자주 멈추어 내용을 곱씹으라. 각 장에서 제시하는 방법을 언제 어떻게 적용할지 자문하라. 정신없이 먹이를 쫓는 사냥개처럼 책을 읽는 것보다 훨씬 효과가 있다.

❹ 빨간펜을 들고 책을 읽으라. 적용할 만한 방법이 있다면 밑줄을 그으라. 특히 중요하다고 생각하는 부분에는 별표를 치는 등 눈에 띄게 표시하자. 책 읽기가 재미있어지고 빠르게 다시 읽을 때도 도움이 된다.

❺ 대형 보험회사의 사무장으로 15년째 일한 지인이 있다. 그는 매달 회사에서 체결한 모든 보험 계약서를 다시 읽는다. 매번 똑같은 계약서를 읽고 또 읽는 것이다. 왜 그러겠는가? 보험 계약의 세부 조항을 명확히 익힐 유일한 방법이라는 사실을 경험으로 깨달았기 때문이다.

나는 거의 2년에 걸쳐 대중 연설에 관한 책을 쓴 적이 있다. 하지만 여전히 가끔 책을 들춰보며 책에 쓴 내용을 기억하고자 한다. 인간의 망각 속도는 놀라울 정도로 빠르기 때문이다.

그러니 이 책을 대충 한 번 훑어 읽고서 지속적이고 실질적인 이득을 보려고 하면 안 된다. 꼼꼼하게 읽은 뒤 매달 시간을 들여 되새김질해야 한다. 책을 잘 보이는 곳에 두고 자주 훑어보라. 다양한 발전 가능성을 자신에게 각인시키라. 꾸준하고 적극적인 노력으로 이 원칙들을 되새기고 실천에 옮긴다면 습관적이고 무의식적으로 적용하게 될 것이다. 이것이 유일한 길이다.

❻ 영국 극작가 버나드 쇼는 "누군가를 가르치려 한다면 그는 배우지 못한다"라고 말했다. 그렇다. 배움이란 적극적인 과

정이다. 인간은 행동하며 배운다. 따라서 이 책에서 나온 원칙에 숙달하려면 뭐라도 하자. 어떤 기회라도 보이면 이 원칙을 적용하라. 그러지 않으면 금세 잊어버릴 것이다. 실행한 지식만이 당신에게 남을 것이다.

이 원칙들을 매번 적용하는 일이 쉽지만은 않을 것이다. 저자인 나도 자주 어려움을 겪으니 말이다. 그러니 이 책을 읽으면서 단순히 정보만 얻는다고 생각하면 안 된다. 당신은 새로운 습관을 형성하는 중이다. 그렇다. 새로운 삶의 방식을 시도하는 것이니 시간과 끈기, 그리고 실천이 필요하다.

이 책을 걱정을 몰아내는 업무 지침서로 여기고 자주 참고하라. 힘든 문제에 직면하면 혼란스러워해선 안 된다. 또한 본능에 이끌려 충동적으로 행동하는 것을 경계해야 한다. 대개 잘못된 선택이다. 대신, 이 책을 펴고 자신이 표시해둔 부분을 다시 읽자. 제시된 새로운 방법을 시도하고 당신에게 일어나는 마법 같은 일을 지켜보라.

❼ 당신이 이 책에 나온 원칙을 어기는 것을 알려주는 사람에게 1달러씩 주라. 잠시 멈출 기회를 얻을 수 있다.

❽ 이 책의 6부에서 월스트리트의 금융가 H.P. 하웰과 현명한 벤저민 프랭클린이 자신의 실수를 바로잡았던 방법을 읽어보라. 그들의 방식을 토대로 이 책에서 논의한 원칙을 당신이 잘 적용하고 있는지 검토하라. 그러면 다음 두 가지 일이 일어난다.

첫째, 당신은 매우 흥미롭고 가치 있는 배움의 과정에 푹 빠질 것이다.

둘째, 걱정을 멈추고 삶을 살아가는 당신의 능력이 울창한 월계수처럼 자랄 것이다.

❾ 일기를 쓰라. 원칙을 적용해 이루어낸 성취를 기록하라. 이름과 날짜, 성취한 내용은 구체적이어야 한다. 기록을 남기면 이후에 더 노력하게 된다. 몇 년이 흘러 어느 날 우연히 이 기록을 읽게 된다면 얼마나 근사하겠는가!

이 책을 제대로 활용하는 9가지 방법

❶ 걱정을 몰아내는 원칙을 통달하려는 투철한 의지를 다지라.

❷ 각 장을 두 번씩 읽고 다음 장으로 넘어가라.

❸ 잠시 멈추고 책에서 제안하는 방법을

어떻게 적용할지 자문하라.

❹ 중요한 내용에 밑줄을 그으라.

❺ 이 책을 매달 되새겨보라.

❻ 어떤 기회라도 보이면 원칙을 적용해보라.

이 책을 업무 지침서로 삼고 일상의 문제를 해결해보자.

❼ 당신이 원칙을 어기는 것을 알려주는 사람에게 1달러씩

주면서 배움의 과정을 활기찬 게임으로 만들라.

❽ 진행 상황을 매주 점검하라. 자신이 저지른 실수나

개선 사항, 깨달은 바를 자문하자.

❾ 각 원칙을 언제 어떻게 적용했는지 기록하라.

1부

걱정에 관해 알아야 할 기본 지식

1

'오늘살이'를 실천하라

1871년 봄, 한 젊은이가 책을 읽다가 자신의 삶을 송두리째 바꿔버릴 한 구절을 마주했다. 몬트리올 종합병원 의대생이었던 그는 졸업 시험을 무사히 통과할 수 있을지, 앞으로 어디서 무엇을 해야 할지, 어떻게 개원해서 돈을 벌지 등 걱정이 끝도 없었다.

하지만 그날 읽은 구절에 힘을 얻어 당대 최고의 내과의가 되었다. 세계적으로 유명한 존스홉킨스 의과대학교를 설립했고, 영국연방의 의사가 받을 수 있는 최고의 영예인 옥스퍼드대학교 의과대학 명예 교수가 되었으며, 영국 왕실에서 작위도 받았다. 세상을 떠난 뒤 출간된 그의 전기 두 권은 총 1466쪽에 달할 정도로 방대했다.

그는 바로 윌리엄 오슬러 경이다. 1871년 봄, 그가 걱정에서 벗어난 삶을 살게 한 구절은 토머스 칼라일의 글이었다.

아득히 먼 일을 생각하지 말고, 네 눈앞에 있는 일을 행하라.

그로부터 42년이 흘러 교정에 튤립이 만개하던 어느 따스한 봄날 밤, 윌리엄 오슬러 경은 예일대학교 학생들에게 뜻깊은 강연을 했다. "네 개 대학에서 교수로 지냈고 유명한 책도 썼으니 다들 제가 '특출나게 머리가 좋은 사람'일 거라고 생각하지요. 하지만 친한 친구들은 제가 '누구보다 평범한 사람'이란 걸 알아요."

그렇다면 그의 성공 비결은 무엇일까? 그는 철저히 '오늘'을 충실하게 사는 태도, '오늘살이'를 실천하라고 말한다. 도대체 무슨 말일까? 예일대학교에서 강연하기 몇 달 전, 그는 대형 여객선을 타고 대서양을 건넜다. 선교에 서 있는 선장이 버튼을 누르자 각 구역의 차단벽이 굉음을 내며 차례대로 닫히더니 배는 완전히 밀폐된 여러 방수 구역으로 나뉘었다. 그는 이 경험을 바탕으로 예일대학교 학생들에게 이야기했다.

"여러분은 이 대형 여객선보다 훨씬 더 정밀하게 만들어진 기관입니다. 그리고 이제 긴 항해를 앞두고 있지요. 안전하게 항해하려면 '오늘을 충실히 살기' 위해 능숙하게 차단벽을 칠 정도로 여러 기기를 제어하는 법을 배워야 합니다. 선교에 올라 적어도 차단벽이 잘 작동하는지 살피십시오. 버튼을 누르세요. 삶의 매 순간, 지난 과거를 차단하는 철문이 닫히는 소리를 들으십시오. 그리고 다른 버튼도 눌러 아직 시작하지 않은 내일에도 철의 장막을 치십시오. 이제 여러분은 오늘 안에서 안전합니다. 과거를 차단하세요! 지나간 시간은 지나간 대로 두고요. 어리석은 자들을 잿빛 죽음으로 내몰 과거의 시간에서 벗어나세요. 어제와 내일의 짐까지 오늘 지려 한다면 아무리 강한 사람이라도 쓰러집니다. 과거든 미래든 철저히 차단하십시오. 미래는 바로 오늘입니다. 내일은 없습니다. 여러분을 구할 수 있는 날은 지금입니다. 미래를 불안해하면 끊임없이 체력을 낭비하고 정신적으로 고통받으며 걱정에 휩싸입니다. 닫아버리세요. 과거와 미래를 차단하는 철문을 굳게 닫고 '지금'을 살아가기 위해 실천하세요."

그렇다면 윌리엄 경은 내일을 위해 아무런 준비도 하지 말라는 것일까? 절대 그렇지 않다. 그는 모든 지성과 열정을 한데 모아 오늘 할 일을 오늘 멋지게 해내는 것이야말로 내일을 준비하는 유일한 방법이자 최선이라고 덧붙였다.

윌리엄 경은 "오늘도 우리에게 일용할 양식을 주시옵소서"라는 기도문으로 하루를 시작하라고 조언했다. 기억하라. 기도에서는 오늘 먹을 음식만을 구하지, 어제 먹은 상한 빵을 불평하지 않는다. 마찬가지로 "요즘 밀밭이 바짝 말랐어요. 가뭄이 계속되면 내년에 먹을 빵이 있기나 할까요? 일자리까지 잃으면 이제 뭘 먹고 살아야 하죠?"라며 내일 먹을 음식을 걱정하지 않는다.

기도문은 오늘 먹을 음식만을 구하라고 가르친다. 오늘 구하는 음식이 우리가 먹을 수 있는 유일한 양식이다.

오래전 가난한 성자가 사람들이 근근이 생계를 꾸려나가는 척박한 시골 마을을 거닐고 있었다. 어느 날 언덕 위로 군중이 모여들자, 그는 이후 오랫동안 시대와 장소를 불문하고 가장 많이 인용된 말을 남겼다.

내일을 생각하지 말라. 내일 일은 내일 생각하라.
오늘 일만으로도 충분하다.

하지만 많은 이들이 "내일을 생각하지 말라"는 성서의 말을 거부해왔다. 모든 것이 유기적으로 연결된다는 동양 신비주의에서 비롯된 영향을 받아 현실적으로는 불가능한 말이라고 여겼기 때문이다. 따라서 당연히 내일을 생각해야 한다고 믿는다. "가족을 위해 보험에 들고 노후를 위해 저축도 해야죠. 성공하려면 계획적으로 살고 미리 준비해야 합니다."

물론 맞는 말이다. 300여 년 전에 해석된 성서의 말이 여전히 통할 리 없다. 하지만 그 시절에 '생각'이라는 단어는 대개 '걱정'이라는 의미로 쓰였다. 현대판 성서에는 이 부분을 보완해 '내일을 걱정하지 말라'로 되어 있다.

당연히 내일을 주의 깊게 생각하며 계획하고 준비하는 게 맞다. 하지만 걱정하지 말라.

2차 세계대전 동안 지휘관들은 다음 날 작전을 짜는 내내 걱정할 여유가 전혀 없었다. 당시 미국해군 참모총장이었던 어니스트 킹은 이렇게 말했다. "최상의 군대에 최상의 무기를 지급했습니다. 그리고 가능한 최고의 작전 명령도 내렸고요. 그게 최선이었죠. 배가 격침되면 되돌릴 방도가 없습니다. 어차피 가라앉지요. 그러니 지나간 일로 노심초사하느니 앞으로 닥칠 문제를 해결하는 데 시간을 쓰는 게 낫습니다. 그 상황에 얽매여 있으면 어차피 오래 버티지도 못해요."

어떠한 상황이든 좋은 생각과 나쁜 생각은 완전히 다른 결과를 초래한다. 좋은 생각을 하면 원인과 결과를 파악하여 논리적이고 건설적인 계획을 짜게 되지만, 나쁜 생각을 하면 대개 긴장하게 되고 신경쇠약에 걸린다.

최근에 나는 세계에서 유명한 신문으로 손꼽히는 《뉴욕타임스》의 발행인 아서 헤이스 설즈버거를 운 좋게 인터뷰하게 되었다. 2차 세계대전이 유럽을 휩쓸고 있을 때 그는 매우 충격을 받고 미래가 걱정된 나머지 제대로 잠을 잘 수 없었다. 그래서 종종 한밤중에 캔버스와 물감을 들고 거울 앞에 앉아 초상화를 그렸다. 그림에 문외한인데도 걱정에서 벗어나고자 되는 대로 붓을 놀려보았지만, 별 소용이 없었다. 하지만 찬송가의 한 구절을 좌우명으로 삼자 마음이 평안해지고 걱정이 사라졌다. 그것은 바로 '한 걸음이면 충분하다'였다.

> 이끌어주소서, 온화한 빛이여
> 제 발을 비추어주소서
> 멀리 보려는 게 아닙니다
> 그저 한 걸음이면 충분합니다

그 무렵 전쟁이 한창인 유럽에서 복무 중이던 한 청년도 같은 깨달음을 얻었다. 메릴랜드주 볼티모어 5716번지 뉴홈가에 살던 테드 벤저미노는 걱정을 심하게 한 나머지 극심한 전쟁 피로에 시달렸다. 그는 당시의 순간을 이렇게 남겼다.

1945년 4월, 걱정이 결국 병을 낳았다. 경련성 횡행결장이라고 진단을 받았는데 통증이 극심했다. 전쟁이 끝나지 않았다면 온몸이 다 망가졌을 거다. 나는 완전히 녹초가 되었다. 94보병 사단의 영현등록과 부사관으로 근무하며 전쟁 중 사망하거나, 행방불명되거나, 다친 군인의 명단을 기록하고 보관했다. 전쟁 중 숨져 땅에 대충 묻힌 적군과 아군의 시신을 발굴하는 일도 도왔다. 이들의 유품을 잘 수습하여 가까운 친척이나 부모에게 잘 전달되는지 확인하는 일도 했다. 그러면서 나는 말도 안 되는 심각한 실수를 저지르지 않을까, 끝까지 잘해낼 수 있을까 늘 노심초사했다. 아직 보지도 못한 16개월 된 내 아들을 품에 안아볼 수나 있을지 불안했다. 걱정에 휩싸인 채 기진맥진한 날을 보내며 살이 15킬로그램이나 빠졌다. 정신이 혼미해지며 제정신이 아니었다. 두 손을 보니 뼈만 남아 앙상했다. 엉망진창인 몸으로 집에 돌아갈 생각을 하니 두려웠다. 나는 무너졌고 아이처럼 흐느껴 울었다. 감정을 주체하기 어려워 혼자 있을 때마다 눈물이 왈칵 쏟아졌다. 벌지 전투 직후에는 너무 자주 울어서 다시는 정상적인 생활을 할 수 없을 거라는 생각에 자포자기하기도 했다.

결국 나는 군 진료소에 입원했다. 그런데 그곳의 군의관이 건넨 한마디가 내 인생을 송두리째 바꿨다. 그는 내 몸을 찬찬히 살펴보더니 모든 병이 마음에서 비롯되었다고 했다. "테드, 자네 삶을 모래시계라고 생각해보게. 위쪽에 있는 수많은 모래알은 차례대로 천천히 고르게 중간의 좁은 관을 통과하지. 한 알 이상을 통과시키려다간 모래시계가 부서질 걸세. 우리도 이 모래시계와 같아. 아침에 일어나면 할 일이 산더미처럼 쌓여 있을 테지. 그리고 그 많은 일을 그날 해치워야 한다고 생각하지. 하지만 모래알이 좁은 관을 통과하듯 해야 할 일을 한 번에 하나씩 해야 해. 하루 동안 천천히 차례대로 하지 않는다면 우리의 육체나 정신은 망가지고 말 걸세."

잊지 못할 그날 이후로 나는 군의관에게 배운 철학을 삶에서 실천하고 있다. 한 번에 한 알의 모래, 한 번에 한 가지 일. 그의 조언 덕분에 전쟁 중에도 몸과 마음을 잘 챙기게 되었고, 현재 일을 하면서도 큰 도움이 되었다. 나는 지금 볼티모어 상업신

용회사의 재고관리인이다. 이 일을 하면서 전쟁 중에 겪었던 비슷한 문제를 마주했다. 즉시 처리해야 할 일이 쌓이고 시간은 턱없이 부족했다. 재고는 바닥을 드러내는데 밀려드는 새 제품을 관리해야 했고, 재고 정리 방식이나 개점이나 폐점 등 신경 쓸 일이 많았다. 하지만 긴장하고 초조해하지 않고 군의관의 조언을 마음에 새겼다. 한 번에 한 알의 모래, 한 번에 한 가지 일, 이 말을 되뇌며 전쟁터에서 나를 짓누르던 혼란스럽고 불안한 마음에서 벗어나 일을 더 효율적으로 해냈다.

현대인의 삶에 관한 끔찍한 사실이 있다. 현재 입원 환자의 절반은 미래를 두려워하고 누적된 과거에 대한 극심한 부담에 짓눌려 정서적 혹은 정신적 질환을 앓는 이들이다. 하지만 대다수가 예수의 '내일을 걱정하지 말라'나 윌리엄 오슬러 경의 '오늘 살이'를 실천한다면 행복하고 가치 있는 삶을 살며 지금쯤 거리를 활보하고 있을 것이다.

우리는 두 영원이 만나는 바로 그 순간에 서 있다. 오랫동안 지속해온 과거와 기록된 시간의 마지막에 곧장 이어지는 미래의 사이 말이다. 우리는 두 영원의 어느 한쪽에서도 살 수 없다. 찰나의 순간도 불가능하다. 그렇게 하려는 순간 우리의 몸과 마음은 망가진다. 그러니 우리가 살 수 있는 유일한 시간에 만족하자. 오늘 하루를 마무리하는 순간까지 말이다. 로버트 루이스 스티븐슨은 이렇게 말했다. "아무리 무거운 짐이라도 누구든 밤이 오기 전까지는 짊어질 수 있다. 아무리 어려운 일이라도 단 하루는 해낼 수 있다는 말이다. 우리는 해가 질 때까지 다정하고 순수하고 끈기있게 살 수 있다. 이것이 바로 삶의 의미다."

그렇다. 이것이 우리가 살면서 해야 할 유일한 일이다. 미시간주 새기노 코트가 815번지에 살던 실즈 부인은 이 깨달음을 얻기 전 절망에 허덕이다 자살 충동까지 느꼈다.

"1937년에 남편을 잃었어요. 심한 우울증에 빠졌고, 수중에는 돈 한 푼 없었죠. 예전에 일했던 캔자스시티의 로치 파울러 회사 대표 레온 로치 씨께 편지를 썼고, 다행히 복직하게 되었어요. 그전에는 시골과 도시의 교육청에 책을 팔아 생계를 유지했어요. 그러다 2년 전 남편이 아파 차를 팔아야 했죠. 겨우 돈을 끌어모아 할부로 중고차를 사서 책 파는 일을 다시 시작했어요. 일을 다시 시작하면 우울증이 나아질 거라고 생각했지만, 혼자 운전하고 밥을 먹어야 하는 생활이 쉬울 리 없었죠. 게다가 어떤 지역에서는 일이 잘 풀리지 않아 얼마 안 되는 차 할부금조차 내기 힘들었어요.

1938년 봄, 미주리주 베르사유에서 일하고 있을 때였어요. 학교들은 사정이 좋지 않았고 길도 험했죠. 시리도록 외롭고 기운도 없으니 자살 생각이 들더군요. 성공은커녕 삶의 의미를 잃었어요. 아침마다 눈을 뜨고 하루를 시작하는 게 끔찍했지요. 사실 모든 게 두려웠어요. 차 할부금은 갚을 수 있을지, 집세를 제때 낼 수 있을지, 먹을 게 떨어지지는 않을지 모든 게 두려웠죠. 건강은 나빠지는데 병원 갈 돈이 없어 두려웠습니다. 하지만 제가 죽으면 힘들어할 동생 생각이 났고, 장례 비용조차 없어 자살할 수도 없었죠. 그러던 어느 날 글 한 편을 읽게 되었는데, 절망의 늪에서 벗어나 삶을 살아갈 용기를 갖게 되었어요. 그중에서도 큰 울림을 준 한 구절에 늘 감사해요. '현명한 사람에게는 하루하루가 새로운 삶이다.' 이 구절을 써서 운전할 때 언제든 볼 수 있도록 앞유리창에 붙여두었어요. 그리고 그저 하루씩 살아간다는 게 어렵지만은 않다는 걸 깨달았지요. 과거를 잊고 미래를 걱정하지 않는 법을 배웠습니다. 매일 아침, 이렇게 되뇌어요. '오늘 새로운 삶이 시작된다.'

마침내 전 외로움과 결핍에 대한 두려움을 극복하게 됐습니다. 지금은 꽤 성공적이고 행복한 삶을 살고 있죠. 삶에 대한 애착과 열의도 가득하고요. 삶에 어떤 시련이 닥치더라도 이제는 절대 두려워하지 않을 거예요. 미래를 두려워할 필요가 없다는 걸 알거든요. 한 번에 하루씩 살아가게 되었고, '현명한 사람에게는 하루하루가 새로운 삶이다'라는 걸 깨닫게 되었습니다."

다음의 시를 읽어보자.

행복한 사람, 유일하게 행복한 이는
오늘을 내 것이라 말하는 사람
평온한 마음으로 이렇게 말하는 사람
내일이여, 최악이어도 괜찮다
나는 오늘을 살아냈으니

현대시처럼 보이지 않는가? 하지만 이 시는 고대 로마 시인 호라티우스가 쓴 시다.

인간의 본성 중에 가장 비극적인 부분은 삶을 미루려는 성향이다. 손에 닿지도 않는 머나먼 마법의 장미 정원을 꿈꾸면서 정작 바로 창문 밖에 활짝 핀 장미는 거들떠보지도 않는다.

우리는 왜 이렇게 어리석은 걸까?

스티븐 리콕은 이렇게 말했다. "우리는 이 짧은 생을 얼마나 희한하게 살아가는가! 아이는 '내가 자라면'이라고 말한다. 그러고 뭐라고 하는가? 아이는 자라서 '어른이 되면'이라고 하고, 어른이 되면 '결혼하면'이라고 한다. 하지만 결혼하고 나서는 뭐라고 하는가? '은퇴할 때쯤'이라고 생각을 바꾼다. 은퇴할 때가 되어서야 비로소 지나온 시간을 되돌아보지만, 차디찬 바람만 스칠 뿐이다. 어찌 된 일인지 모든 것을 놓쳐버렸다. 이제 아무것도 남지 않았다. 우리는 그제야 삶이란 살아가는 것이며, 매일 매시간 속에 존재한다는 사실을 깨닫는다."

고인이 된 디트로이트 출신 에드워드 S. 에번스는 걱정에 몸부림치다 자살하기 직전에 '삶이란 살아가는 것이며 매 순간에 존재한다'라는 사실을 깨달았다. 그는 가난한 집에서 태어나 신문을 팔아 처음으로 돈을 벌었고, 이후 식료품 가게 점원으로 일했다. 부양할 식구가 일곱 명이었기에 도서관 사서 보조 일까지 했다. 월급이 적었지만 일을 그만두기가 두려웠다. 8년이 지나서야 용기를 내어 사업을 시작했다. 55달러를 빌려 시작한 사업은 연 2만 달러의 수익을 올리며 승승장구했다. 하지만 사건이 터졌다. 친구의 거액 보증을 섰는데, 친구가 파산한 것이다.

엎친 데 덮친 격으로 돈을 맡겨둔 은행도 파산했다. 전 재산을 모두 잃고도 1만 6000달러의 빚까지 떠안게 되었다. 견디기 힘든 상황이었다.

"먹을 수도 잘 수도 없었어요. 이상할 정도로 아팠습니다. 다름 아닌 걱정 때문에 병이 생긴 거죠. 하루는 길을 걷다가 정신을 잃고 쓰러졌어요. 더는 걸을 수 없었죠. 그대로 침대로 옮겨졌고 온몸에 종기가 나기 시작했어요. 급기야 몸 안쪽으로도 종기가 번지기 시작하더니 누워 있는 것조차 고통이었어요. 몸이 점차 약해졌죠. 앞으로 2주밖에 살지 못한다는 의사의 말을 들었습니다. 충격이었어요. 유언장을 쓰고 누워서 그저 죽을 날만 기다렸습니다. 이제 걱정하거나 발버둥 쳐봐도 소용없다는 생각이 들었거든요. 그러다 모든 것을 포기하고 편안한 마음으로 잠들었어요. 몇 주 동안 두 시간을 연이어 잔 적이 없는데 이제 모든 문제가 사라질 거라고 생각하니 아이처럼 푹 잤죠. 그러다 보니 피로가 풀리고 식욕이 돌아오더니 살도 쪘어요.

몇 주가 지나자 목발을 짚고 걷게 되었어요. 6주가 지나자 일도 다시 하게 되었죠. 예전에는 연간 2만 달러를 벌었지만, 이제는 일주일에 30달러를 벌어요. 자동차를 선적할 때 바퀴를 고정하는 블록을 팔고 있죠. 저는 이 일에 감사해요. 큰 깨달음을 얻었으니까요. 더는 걱정하지 말자. 이미 일어난 과거를 후회하지 말고 미래를 두려워하지 말자. 내 모든 시간과 에너지와 열정을 블록 판매에 쏟아붓자."

에번스의 사업은 눈부시게 성장했다. 몇 년 지나지 않아 그가 설립한 에번스 프로덕트 컴퍼니는 뉴욕 증권거래소에 수년간 상장되었다. 그는 1945년에 사망할 때까지 미국에서 가장 진취적인 경영인 중 한 명이었다. 당신이 그린란드로 간다면 그를 기리며 그의 이름을 딴 에번스 공항에 내릴 수도 있다.

이 이야기의 핵심은 무엇일까? 에번스는 걱정이 어리석은 짓임을 깨닫고 오늘에 충실한 삶을 실천하고 나서야 사업과 삶에서 모두 눈부신 성과를 얻었다.

그리스 철학자 헤라클레이토스는 제자들에게 이렇게 말했다. "모든 것은 변하네. 모든 것이 변한다는 법칙만 제외하고 말이지. 같은 강물에 두 번 발을 담글 수도 없지. 강물도, 발을 담그는 사람도 매 순간 변하기 때문이야. 삶은 이렇듯 끊임없이 변해. 가장 확실한 것은 오늘뿐이네. 누구도 예측할 수 없고 불확실하고 변화무쌍한 미래의 문제를 해결하느라 골머리 앓으면서 왜 오늘을 살아가는 아름다움을 망치려 드는가?"

고대 로마인은 이러한 삶의 태도를 한마디로 말했다. 사실 두 단어로 이루어진 이 말은 바로 '카르페 디엠Carpe diem'이다. '오늘을 즐겨라' 다시 말해 '오늘을 붙잡아라'는 뜻이다. 그렇다. 오늘을 붙잡고 최대한 활용하라.

이는 로웰 토머스의 인생관이기도 하다. 나는 얼마 전 그의 농장에서 주말을 보냈다. 그는 「시편」 118편의 한 구절을 액자로 만들어 방송실 한쪽 벽에 걸어두고 자주 봤다.

오늘은 여호와가 만든 날이니
오늘 안에서 즐거워하고 기뻐하리

존 러스킨은 책상 위에 '오늘'이라고 새겨진 돌멩이를 올려두었다. 나는 돌멩이 대신 아침에 면도할 때마다 보는 거울에 시 한 편을 붙여놓았다. 윌리엄 오슬러 경도 책상에 두었다는 이 시는 인도의 유명한 극작가 칼리다사의 작품이다.

새벽에 건네는 인사
오늘을 마주하라!
오늘이 바로 삶이다, 삶 중의 삶
짧은 삶 속에
네 존재의 실체와 진실이
성장의 축복이

실행의 찬란함이

성취의 영광이 드러난다

어제는 한낮 꿈이고

내일은 환상일 뿐

잘 살아낸 오늘이 어제를 행복한 꿈으로

내일을 희망찬 환상으로 만든다

오늘을 마주하라!

이것이 새벽에 건네는 인사

따라서 걱정에 관해 알아야 할 사항은 다음과 같다. 걱정 없는 삶을 살고 싶다면 윌리엄 오슬러 경을 따라해보자.

걱정에 관해 알아야 할 지식 1

과거와 미래를 철저히 차단하고 오늘에 충실하라.

다음의 질문에 스스로 답하며 적어보라.

❶ 미래를 걱정하거나 머나먼 마법의 장미 정원에 정신이 팔려 현재를 살지 않고 미루고 있는가?

❷ 이미 일어났거나 끝난 일을 후회하면서 현재를 억울해하며 살아가고 있지는 않는가?

❸ 하루 24시간을 온전히 활용하고 오늘을 붙잡으리라는 마음으로 아침에 일어나는가?

❹ 오늘을 충실하게 살아간다면 더 많은 것을 얻을 수 있을까?

❺ 언제부터 실행하겠는가? 다음 주? 내일? 아니면 오늘?

2

걱정을 해결할
마법의 공식

이 책을 더 읽지 않고, 걱정스러운 상황을 빠르고 확실하게 해결해줄 손쉬운 방법을 알고 싶은가? 그렇다면 냉방 산업을 이끈 뛰어난 기술자이자 현재 세계적인 기업 캐리어사 대표 윌리스 H. 캐리어가 만든 방법을 소개하겠다. 여태 들었던 걱정 해소법 중 제일 효과가 좋다. 나는 뉴욕 엔지니어스 클럽에서 그와 점심을 먹다가 직접 이 방법을 듣게 되었다.

"젊은 시절 뉴욕의 버펄로포지 컴퍼니에서 일할 때였어요. 미주리주 크리스털에 위치한 피츠버그 플레이트글라스 컴퍼니의 한 공장에 공기정화장치를 설치하는 일을 맡게 되었지요. 수백만 달러가 드는 작업이었습니다. 이 장치로 공기의 불순물을 제거해 연소 중 엔진 손상을 막아주는 것인데, 당시로서는 새로운 기술이었어요. 이전에 다른 환경에서 딱 한 번 시도해본 게 전부였어요. 그러다 공장에서 생각지 못한 문제들이 터졌습니다. 장치가 그럭저럭 작동했지만, 우리가 보장했던 만큼은 아니었거든요.

실패했다는 생각에 충격을 받았어요. 머리를 세게 얻어맞은 것 같았습니다. 속이 심하게 울렁거리고 걱정에 휩싸여 잠도 제대로 못 잤어요.

그러다 걱정한다고 해결될 게 아니라는 생각이 들었습니다. 걱정을 떨쳐내고 해결할 방법을 찾기 시작했는데 놀랍게도 효과가 있었어요. 이후로 저는 이 방법을 30년 이상 쓰고 있습니다. 세 단계로 이루어졌는데, 누구라도 실천할 수 있을 만큼 간단합니다.

1단계, 두려움 없이 상황을 분석하고 현시점에서 최악의 시나리오를 생각해보았습니다. 교도소에 가거나 총 맞을 일은 절대 없었죠. 물론 그 일로 직장을 잃거나 고용주가 장비를 철거하고 이미 투자한 2만 달러를 날려버릴 가능성도 있었어요.

2단계, 최악의 시나리오를 파악한 뒤 그대로 받아들이려고 했습니다. 이렇게 되뇌었죠. '이번 실패는 내 경력에 오점으로 남을 거야. 일자리를 잃을지도 몰라. 그러면 다른 일을 구하면 되지. 물론 조건은 더 나빠질 거야. 하지만 고용주들은 새로운 가스 정화법을 시험했다고 생각할 테니 투자금 2만 달러 정도는 감수할 수 있을 거야. 어차피 시험해본 것이니 연구비로 충당하면 될 테고.' 최악의 경우를 예상하고 그대로 받아들이자 놀랄 만한 일이 일어났어요. 순식간에 마음이 편안해지더니 며칠 만에 처음으로 평화가 찾아왔습니다.

3단계, 그때부터 마음속으로 그린 최악의 상황을 해결하는 데 모든 시간과 노력을 침착히 쏟아부었어요. 2만 달러의 손실을 줄이기 위한 수단과 방법을 고민했습니다. 몇 가지 검사를 거쳐 추가 장비에 5000달러를 투자하면 문제를 해결할 수 있다는 사실을 알아냈습니다. 우리는 곧장 실행에 옮겼고 2만 달러를 잃는 대신 1만 5000달러를 벌었어요.

계속 걱정만 했다면 불가능한 일이었습니다. 걱정의 가장 나쁜 특징이 집중력을 무너뜨리는 거니까요. 걱정하기 시작하면 마음이 이리저리 흔들리고 결단력을 잃게 되죠. 하지만 최악의 상황을 억지로라도 마주하고 받아들이면 막연한 상상을 접고 문제에 집중할 수 있는 여력이 생긴답니다. 오래전에 겪었던 일이지만 효과가 놀라워 이후로도 계속 이 방법을 써요. 이제 저는 걱정에서 완전히 해방되었답니다."

윌리스 캐리어의 마법 공식이 심리적으로 어떻게 효과적이고 실용적인 것일까? 걱정에 휩싸여 짙은 안갯속을 헤매고 있을 우리를 끄집어내기 때문이다. 그가 사용한 방법은 이 대지에 단단히 두 발을 딛고 서게 하여 우리가 어디쯤 있는지 알게 한다. 상황을 제대로 파악하지 않고 충분히 생각할 수 있겠는가?

응용심리학의 아버지 윌리엄 제임스는 38년 전에 세상을 떠났다. 하지만 그가 여태 살아서 최악의 상황을 해결할 이 방법을 듣는다면 전적으로 동의할 것이다. 내가 이토록 확신하는 이유는 그가 제자들에게 남긴 이야기 때문이다. "기꺼이 받아들이라. 기꺼이 받아들이라. 일어난 일을 받아들이는 일이야말로 모든 불행을 극복하는 첫 단계다."

중국 철학자인 린위탕도 『생활의 발견』에서 비슷한 말을 했다. "진정한 마음의 평화는 최악의 상황을 받아들이는 데서 시작된다. 심리적으로 볼 때 이는 에너지를 내보내는 것이다."

그렇다. 심리적으로 볼 때 새로운 에너지가 나오는 것이다. 최악의 상황을 받아들이면 더는 잃을 게 없다. 즉, 얻을 것뿐이다.

윌리스 캐리어는 이렇게 말했다. "최악의 상황을 받아들이자 순식간에 마음이 편안해지더니 며칠 만에 처음으로 평화로움을 느꼈습니다. 그때부터 제대로 생각할 수 있었어요."

이제 이해되는가? 하지만 많은 사람이 분노에 들끓어 스스로 삶을 망가뜨린다. 최악의 상황을 받아들이지 않고 개선하려고도 하지 않고 엉망진창이 된 삶에서 할 수 있는 최소한의 일조차 하지 않는다. 삶을 회복하려고 애쓰는 대신 '격렬하고 쓰디쓴 최악의 상황과 대치'하기만 하다 결국 침울한 생각에 빠진 우울증의 희생자가 된다.

윌리스 캐리어가 쓴 마법의 공식을 삶에 적용한 사례가 궁금하지 않은가? 내 강의를 들었던 뉴욕 오일 딜러의 이야기를 들어보자.

"저는 협박을 받았어요. 영화에나 나올 법한 이야기가 실제로 벌어질지 몰랐는데 정말로 협박을 받은 겁니다. 상황을 말씀드릴게요. 제가 경영하던 정유회사에는 배달 트럭과 운전기사가 많았어요. 당시 물가관리국의 규제가 심해서 한 고객에게 배달할 수 있는 기름의 양이 정해져 있었죠. 확실하진 않았지만 어떤 기사들이 단골에게 배달할 기름을 빼돌려 자신들의 고객에게 되파는 것 같았어요. 이 일을 눈치챈 건 어느 날 정부 조사관이라는 남자가 찾아와 뒷돈을 요구했을 때였습니다. 돈을 주지 않으면 기사들의 불법 거래 기록을 모두 지방 검사에게 넘기겠다고 했어요. 사실 개인적으로 제가 걱정할 일은 없었습니다. 하지만 법률상 직원의 잘못은 회사의 책임이란 사실을 알았어요. 게다가 이 일로 재판을 받으면 신문에 날 테니 자칫 평판이 나빠져 회사에 큰 타격이 생길 수도 있다고 생각했어요. 전 24년 전 아버지가 세운 이 사업에 자부심이 있어서 걱정이 이만저만이 아니었죠.

걱정이 지나치니 병이 났습니다. 사흘 밤낮을 먹지도 자지도 못했어요. 같은 생각만 머릿속에 맴돌았어요. 5000달러를 주고 마무리 지어야 할까? 지방 검사에게 마음대로 하라고 할까? 어떤 결정을 내리든 끔찍하기만 했죠. 그러다 일요일 밤, 우연히 카네기 수업의 공개 강연에서 받은 소책자를 읽게 되었는데 윌리스 캐리어의 이야기가 눈에 띄었습니다. '최악의 상황을 직면하라'라고 쓰여 있었죠. 그래서 자문해보았어요. '내가 돈을 주지 않아서 협박범이 모든 기록을 지방 검사에게 넘길 때 일어날 수 있는 최악의 상황이 뭘까?' 이런 대답이 떠올랐어요. '사업이 망하겠지. 그게 최악이야. 내가 감옥에 갈 일은 없어. 평판이 나빠지면 망하기밖에 더하겠어?' 그리고 이렇게 생각했죠. '그래, 사업이 망했어. 인정하고 받아들이자. 그렇다면 다음에는 무슨 일이 일어날까?' '사업이 망했으니 다른 일자리를 구해야겠지. 그리 어렵지는 않을 거야. 정유에 대해 잘 알고 나를 기꺼이 고용할 회사가 몇 군데 있으니까.' 그러자 기분이 조금씩 나아지기 시작했어요. 사흘 밤낮으로 저를 괴롭히던 두려움이 점차 사라졌죠. 거짓말처럼 마음이 편안해졌어요. 그러자 놀랍게도 생각할 힘이 생겼습니다.

머리가 맑아지자 최악의 상황을 개선하는 3단계에 돌입할 수 있었습니다. 해결책을 떠올리자 완전히 새로운 각도로 문제를 보게 되었어요. 변호사에게 이 상황을 전부 털어놓으면 제가 미처 생각지 못한 해결책을 알려줄 거라는 생각이 들었어요. 여태 이런 생각조차 못 했다는 게 바보 같았죠. 당연한 일이었어요. 생각이란 걸 하지 않고 걱정만 했으니까요! 저는 일어나자마자 변호사를 만나기로 마음먹고 잠자리에 들어 모처럼 푹 잘 수 있었습니다.

그리고 어떻게 되었을까요? 다음 날 변호사는 제게 검사에게 가서 사실대로 털어놓으라고 했어요. 저는 시키는 대로 했습니다. 검사에게 들은 이야기는 놀라웠습니다. 검사에 따르면 몇 달째 이런 협박 사건이 계속 일어나고 있었고 사실 '정부 조사관'이라고 주장하던 이 남자는 경찰 수배 중인 사기꾼이라더군요. 마음이 확 놓였어요. 이 전문 사기꾼에게 5000달러를 건넬지 말지를 사흘 밤낮으로 고민하며 스스로 들볶았다니!

이 일을 겪은 후에 큰 깨달음을 얻었어요. 이제는 걱정할 만큼 급한 문제가 일어날 때마다 '윌리스 캐리어의 공식'이라고 이름 붙인 이 방법을 적용한답니다."

윌리스 캐리어가 공기정화장치 설치를 고심하고 있을 무렵, 네브래스카주 브로큰보에 사는 한 남성은 유언장을 작성하고 있었다. 그는 얼 P. 헤이니로 십이지장궤양을 앓고 있었다. 궤양 전문의를 포함해 의사 세 명이 그에게 '불치병' 진단을 내렸다. 식단을 관리하고 걱정하거나 조바심치지 말고 마음을 편히 가지라고 했다. 그러면서 유언장을 작성하라고 했다.

얼 헤이니는 궤양에 걸린 후 좋은 대우를 받던 직장을 그만두어야 했다. 할 수 있는 일이라고는 언제 죽을지 모를 날을 기다리는 것뿐이었다.

그러다 엄청난 결심을 했다. "살날이 얼마 남지 않았으니 남은 시간이라도 즐겨야겠어. 죽기 전에 세계 여행을 떠나는 게 소원이었잖아. 평생 꿈만 꾸느니 지금 당장 하자." 그리고 여행 티켓을 샀다.

의사들은 기겁했다. "헤이니 씨, 경고합니다만 이렇게 여행을 떠나면 바다에서 죽을 겁니다."

하지만 헤이니는 이렇게 말했다. "아니요, 네브래스카주 브로큰보에 있는 선산에 묻히기로 가족과 약속했어요. 관을 하나 사서 가지고 다닐 겁니다."

그는 관을 사서 배에 실었다. 선박회사와는 자신이 사망할 경우 시체를 냉동고에 넣어 집으로 운반해주겠다는 계약을 맺었다. 그리고 페르시아 시인 오마르의 정신을 마음에 새기며 여행길에 올랐다.

> 아, 우리에게 남은 것을 마음껏 써라
> 먼지 속으로 한없이 가라앉기 전에!
> 먼지가 되고, 먼지 아래에 깔리는,
> 술도 없고, 노래도 없고, 노래하는 이도 없고,
> 끝도 없는 그곳에서!

하지만 헤이니는 '술도 없는' 여행을 하지는 않았다. 그는 편지에 이렇게 썼다.

> 여행 중에 하이볼도 마시고 긴 시가도 피웠어요. 온갖 음식을 다 먹었죠. 심지어 먹으면 죽을 수도 있는 현지 음식도 먹었어요. 정말 오랜만에 신이 났습니다. 위험천만한 계절풍과 태풍도 만났어요. 두려움 때문이었겠지만 그렇게 죽을 거로 생각했죠. 하지만 여행 내내 모든 순간이 짜릿했어요.

배에서 게임도 하고 노래도 부르고 친구도 사귀며 밤늦게 잠들었어요. 중국과 인도에 도착했을 때 그곳 사람들이 겪는 배고픔과 가난에 비하면 고향에서 사업적으로 어려워지고 걱정하던 삶이 천국이란 생각이 들더군요. 쓸데없는 걱정을 멈추니 건강이 좋아졌어요. 미국으로 돌아왔을 때는 살이 40킬로나 쪘더군요. 위궤양에 걸렸다는 사실조차 잊어버렸습니다.

어느 때보다 건강한 것 같았어요. 곧장 장의사에게 관을 팔고 다시 사업을 시작했어요. 그 이후로 아픈 적이 없답니다.

이때까지 헤이니는 윌리스 캐리어의 존재도, 걱정을 해소하는 윌리스의 방법도 몰랐다. 얼마 전 그는 내게 이렇게 말했다. "은연중에 비슷한 원리를 이용한 것 같아요. 일어날 법한 최악의 상황을 받아들였죠. 제 경우에는 죽음이었고요. 남은 시간 동안 최대한 삶을 즐기려고 노력하며 상황을 개선했죠. 여행길에 올라서도 계속 걱정만 했다면 관에 누워 고향으로 돌아갔을 겁니다. 저는 마음을 편히 먹고 다 잊었어요. 마음이 편안해지니 새로운 에너지가 솟구쳤고 덕분에 살게 된 겁니다(얼 헤이니는 현재 매사추세츠주 윈체스터 웨지미어가 52번지에 살고 있다)."

윌리스 캐리어가 2만 달러를 손해보지 않았고, 뉴욕의 한 기업인이 협박에서 벗어났으며, 얼 헤이니가 목숨을 구한 이유가 이 마법의 공식이라면, 당신이 겪는 문제의 해결책이 될 수도 있지 않을까? 절대 풀 수 없다고 생각한 문제를 해결해주지 않을까?

걱정에 관해 알아야 할 지식 2

걱정하는 문제가 있다면 윌리스 캐리어의 3단계 공식을 적용하라.

❶ 일어날 법한 최악의 상황이 무엇인지 자문하라.
❷ 받아들이려고 노력하라.
❸ 최악의 상황을 개선하기 위해 침착하게 노력하라.

3

걱정이 현실에 미치는 영향

걱정에 맞서는 법을 모르는 기업인은 일찍 죽는다.
알렉시스 카렐

얼마 전 저녁, 한 이웃이 우리 집에 들러 가족에게 천연두 예방접종을 하라고 재촉했다. 그는 뉴욕 전역의 가정을 방문해 천연두 예방접종을 권고하는 자원봉사자 중 한 명이었다. 겁에 질린 사람들이 몇 시간을 기다려 예방주사를 맞았다. 병원뿐만 아니라 소방서와 경찰서, 넓은 공장에도 진료소가 마련되었다. 2000명이 넘는 의사와 간호사가 몰려드는 인파를 상대하느라 밤낮없이 일했다. 어쩌다 이런 소란이 생긴 걸까? 뉴욕에서 여덟 명이 천연두에 걸렸고 두 명이 사망했다. 약 800만 명 중 두 명이 사망해 이 모든 일이 일어난 것이다.

나는 뉴욕에서 산 지 37년이 넘는다. 하지만 여태 걱정이라는 정신질환을 대비하라며 알려준 이는 없었다. 천연두보다 만 배 넘게 사람들을 피폐하게 하는 병인데도 말이다.

미국인 열 명에 한 명이 걱정과 정서적 갈등으로 신경쇠약에 걸릴 거라는 사실을 경고한 이는 지금까지 없었다. 그래서 이 장에서 내가 직접 당신에게 경고하고자 한다.

노벨의학상 수상자인 알렉시스 카렐이 말했다. "걱정에 맞서는 법을 모르는 기업인은 일찍 죽는다." 주부나 수의사, 벽돌공 역시 마찬가지다.

나는 몇 년 전 산타페 철도회사의 의료 책임자 O.F. 고버와 함께 자동차로 텍사스주와 뉴멕시코주를 여행했다. 그의 정확한 직함은 걸프 콜로라도 산타페 병원협회 책임 내과의였다. 걱정의 영향에 관해 이야기를 나누면서 그가 이렇게 말했다. "내과를 찾는 환자 중 70퍼센트가 두려움이나 걱정을 떨쳐내면 병이 모두 나을 겁니다. 그들이 아픈 척한다는 말이 아니에요. 치통처럼 욱신거리기도 하고 때로는 그보다 훨씬 심하게 아프기도 하죠. 신경성 소화불량, 위궤양, 심장병, 불면증, 두통, 일부 마비 증상 같은 질환 말입니다. 실제로 많은 사람이 겪고 있지요. 저는 위궤양을 12년이나 앓아서 얼마나 고통스러운지 누구보다 잘 알아요.

두려움이 걱정을 낳습니다. 걱정이 심해지면 긴장하고 초조해져서 위 신경에 영향을 미치죠. 그러면 위액이 비정상으로 분비되어 결국 위궤양을 일으킨답니다."

『신경성 위 질환Nervous Stomach Trouble』의 저자 조지프 F. 몬터큐 박사도 같은 말을 했다. "당신이 먹는 음식 때문에 위궤양에 걸리는 게 아닙니다. 당신을 갉아 먹는 것 때문에 생기는 겁니다."

메이오 클리닉의 W.C. 앨버레즈 박사는 "궤양은 감정적 스트레스 정도에 따라 심해지기도 가라앉기도 한다"라고 말했다.

그는 메이오 클리닉에서 위장 질환을 치료받은 환자 1만

5000명을 대상으로 조사한 결과를 제시했다. 환자 다섯 명 중 네 명은 위장 질환을 일으킬 만한 신체적 원인을 찾지 못했다. 두려움, 걱정, 증오, 극단적 이기심, 현실 부적응 등이 위장 질환 및 위궤양의 주요 원인이었다. 위궤양으로 사망할 수도 있다. 《라이프》지에 따르면, 현재 위궤양이 치명적인 질환 10위를 차지하고 있다.

최근 나는 메이오 클리닉의 해럴드 C. 하베인과 편지를 주고받았다. 그는 미국 산업보건의협회 연례 회의에서 평균 44.3세의 기업체 임원 176명을 대상으로 실시한 연구 결과를 발표했다. 이 중 3분의 1 이상이 극도의 긴장으로 유발하는 심장병, 소화기궤양, 고혈압 중 하나를 앓고 있었다. 임원 셋 중 한 명이 45세가 되기도 전에 이러한 질환으로 자신의 몸을 망가뜨리고 있다는 사실을 생각해보라. 성공의 대가가 이런 것인가? 이러려고 성공을 향해 달렸단 말인가! 위궤양과 심장병과 맞바꿔 출세하는 삶을 과연 성공이라 할 수 있는가? 온 세상을 얻고도 건강을 잃는다면 무슨 소용이 있겠는가. 세상을 다 가진 자라도 한 곳에서 자고 하루에 세 끼를 먹는다. 막노동자도 똑같다. 어쩌면 중역들보다 더 깊이 잠들고 더 맛있게 음식을 먹을 수도 있다. 나는 솔직히 철도회사나 담배회사를 운영하며 45세에 건강을 망가뜨리느니 차라리 앨라배마 시골에서 소작인으로 살고 싶다.

담배 이야기가 나왔으니 말인데 세계에서 가장 유명한 담배 제조회사 사장이 캐나다 숲에서 휴가를 즐기다 심장병으로 갑자기 사망했다. 엄청난 부를 축적했지만 61세에 급사한 것이다. 자신의 삶을 '사업의 성공'과 맞바꾼 셈이다. 내 생각에 수백만 달러 자산가인 그가 미주리주에서 농사를 지으며 돈 한 푼 없이

89세에 돌아가신 내 아버지보다 더 성공한 삶을 살았다고 생각하지 않는다.

메이오 클리닉의 설립자로 유명한 메이오 형제는 자신의 병원에 입원한 환자 중 절반 이상이 신경 질환을 앓고 있다고 했다. 하지만 고성능 현미경으로 그들의 신경을 해부해 검사한 결과 대부분이 미국의 프로권투 선수 잭 뎀프시만큼 건강했다. 그들이 겪고 있던 '신경 질환'은 물리적인 신경 손상에서 비롯된 게 아니라 허무감이나 좌절감, 불안, 걱정, 두려움, 패배감, 절망 등 감정에서 비롯되었다. 플라톤은 이렇게 말했다. "의사는 정신을 치료하지 않은 채 신체만 치료하려 든다. 몸과 마음은 하나이니 따로 치료해서는 안 된다."

의학이 이 위대한 진리를 깨닫는 데 2300년이나 걸렸다. 이제 우리는 정신과 신체를 모두 치료하는 정신신체의학이라는 새 분야를 개척하고 있다. 수백만 명을 때 이른 죽음으로 몰아넣은 천연두, 콜레라, 황열병 등 물리적 병균으로 일어난 질병을 해결했으니 지금이야말로 새 분야를 발전시킬 적기다. 병균이 아닌 걱정이나 두려움, 증오, 좌절, 절망 등 감정에서 유발한 신체적이고 정신적인 질병은 제대로 대처하지 못했기 때문이다. 이러한 감정적 질환으로 인한 사상자가 엄청난 속도로 늘고 있다. 의사들은 앞으로 미국인 스무 명 중 한 명은 정신병원 신세를 질 것이라고 말한다. 2차 세계대전 중에 징집된 젊은이 여섯 명 중 한 명은 정신병을 앓거나 정신적인 문제로 선발되지 못했다.

정신질환의 원인은 무엇일까? 명확히 답을 아는 사람은 없다. 하지만 두려움과 걱정이 주요 원인일 수 있다. 불안하고 지친 이들은 가혹한 현실을 마주하지 못한 채 모든 관계를 끊어내고 자신이 만든 안락한 세계로 숨어버린다. 그렇게 걱정스러운 문제를 해결하는 것이다.

이 글을 쓰는 지금, 내 책상 위에는 정신분석학자 에드워드 포돌스키 박사가 쓴 『걱정을 멈추면 건강해진다Stop Worrying and Get Well』가 놓여 있다. 책의 차례는 다음과 같다.

> 걱정이 심장에 미치는 영향
> 걱정을 먹고 사는 고혈압
> 걱정으로 류머티즘에 걸릴 수 있다
> 위를 위해 걱정을 줄여라
> 걱정하면 감기에 걸린다
> 걱정과 갑상선
> 걱정 많은 당뇨병 환자

'정신의학계의 메이오 형제'로 알려진 칼 메닝거가 쓴 유명한 책 『자신을 망가뜨리는 인간Against Himself』에서도 걱정에 관한 지식을 얻을 수 있다. 책에는 파괴적인 감정이 삶을 지배하도록 둘 때 벌어지는 놀라운 사실이 담겨 있다. 자신을 망가뜨리고 싶지 않다면 이 책을 읽어보라. 친구들에게 선물해도 좋다. 책값은 겨우 4달러지만, 인생 최고의 투자가 될 것이다.

걱정은 감정의 동요가 없는 사람조차도 병들게 한다. 남북전쟁이 막바지에 이를 무렵 그랜트 장군은 몸소 이 사실을 체험했다. 그랜트 장군은 9개월에 걸쳐 리치먼드를 포위하고 있었다. 그에 맞서는 리 장군의 군대는 만신창이가 되어 배고픔에 허덕이며 패배했다. 많은 병사가 한꺼번에 탈영했고, 남은 병사들은 막사에 남아 기도하며 울부짖다가 환영을 보기도 했다. 끝이 보였다. 리 장군의 군대는 리치먼드에 있는 목화와 담배 창고에 불을 지르고 무기고를 불태운 뒤, 불길이 어둠을 뚫고 솟아오르는 밤을 틈타 도망쳤다. 그랜트의 군대는 퇴각하는 남부군을 맹렬히 추격하며 측면과 후방에서 총을 쐈고, 셰리든이 이끄는 기병대는 전방에서 철로를 뜯어내고 군수품 수송 열차를 포획했다.

극심한 두통으로 눈이 잘 보이지 않았던 그랜트는 부대에 뒤처져 따라가다 한 농가에 멈췄다. 그는 회고록에 다음과 같이 남겼다. "겨자를 푼 뜨거운 물에 발을 담그고 손목과 목 뒤에 겨자 연고를 발랐다. 그런 다음 아침이 되면 모두 낫기를 바라며 밤을 보냈다."

다음 날 아침이 되자 그의 병은 말끔히 나았다. 겨자 연고 때문이 아니었다. 한 기병이 리 장군의 항복 의사를 담은 편지를 가지고 왔기 때문이다.

"그가 도착했을 때도 두통에 시달리고 있었다. 하지만 편지를 읽는 순간 두통이 사라졌다."

걱정과 긴장, 감정으로 인해 그랜트 장군은 두통에 시달렸다. 하지만 자신감과 성취감, 승리감을 맛보자 순식간에 두통이 사라졌다.

그로부터 70년 후, 프랭클린 루스벨트 내각의 재무부 장관이었던 헨리 모건소 2세는 지나친 걱정으로 어지럼증이 생겼다. 그는 대통령이 밀 가격을 올리려고 하루에 약 11만 2000톤을 사들이자 극심한 걱정에 휩싸였다고 일기에 남겼다. "그 일이 일어나자 몹시 어지러웠다. 곧장 집으로 가 점심을 먹은 뒤 침대에 두 시간 동안 누워 있을 정도였다."

걱정이 사람에게 미치는 영향을 알아보고자 굳이 도서관이나 병원에 갈 필요가 없다. 당장 창밖을 내다보기만 해도 알 수 있다. 걱정이 심해 신경쇠약에 걸린 이웃도 있고 당뇨를 앓는 이웃도 있다. 주식시장이 폭락하자 그의 혈당수치가 치솟았기 때문이다.

프랑스 철학자 몽테뉴는 고향 보르도에서 시장으로 당선됐을 때 시민들에게 이렇게 말했다. "제 간과 폐에 무리를 주지 않는 선에서 기꺼이 여러분이 겪는 문제를 함께 해결하겠습니다."

나의 이웃은 주식 문제로 혈관에 무리가 생겨 거의 죽을 뻔했다. 걱정이 지나치면 류머티즘이나 관절염에 걸려 휠체어를 탈 수도 있다. 코넬대학교 의학부 러셀 세실 박사는 관절염 분야의 세계적 권위자다. 그는 관절염을 유발하는 가장 흔한 요인을 네 가지로 꼽았다.

① 결혼 생활 파탄
② 재정 파산 및 근심
③ 외로움과 걱정
④ 오랜 원한

물론 관절염이 이 네 가지 감정적 상황으로만 일어나지는 않는다. 여러 요인에 따라 다양한 유형이 존재하기 때문이다. 하지만 세실 박사가 말한 네 가지 상황이 관절염을 유발하는 가장 흔한 원인이다. 내 친구 중 한 명은 불경기에 상황이 어려워졌다. 가스가 끊기고 집이 은행에 압류되었다. 그의 아내는 돌연 관절염에 시달렸다. 약도 식단도 소용이 없었다. 재정 상황이 나아진 뒤에야 관절염이 말끔히 사라졌다.

걱정은 충치도 유발한다. 윌리엄 맥고니글 박사는 미국치과협회 강연에서 "걱정이나 두려움, 잔소리 등 불쾌한 감정은 신체의 칼슘 균형을 무너뜨려 충치를 유발한다"라고 말했다. 환자 중 한 명은 평소 치아 상태가 완벽했는데 아내가 갑자기 병을 얻어 3주간 입원하게 되자 충치가 아홉 개나 생겼다고 했다. 걱정이 충치를 낳은 것이다.

급성 갑상샘항진증을 앓는 환자를 본 적 있는가? 내가 본 바로는 겁에 질려 죽을 것처럼 보이고, 몸을 심하게 떤다. 신체 기능을 조절하는 갑상샘이 망가지고 심장 박동이 빨라지기 때문이다. 온몸이 통풍구를 활짝 연 용광로처럼 활활 타오른다. 수술이나 치료를 받지 않으면 환자는 온몸을 '새하얗게 불태우며' 죽을 수 있다.

얼마 전 갑상샘항진증을 앓는 친구와 필라델피아에 갔다. 이 질환을 38년째 치료한 전문가를 만나기 위해서였다. 그는 자신을 찾은 환자에게 건네는 조언을 큰 나무 액자에 넣어 병원 대기실에 걸어두었다. 나는 기다리는 동안 봉투 뒷면에 이 글귀를 옮겨 적었다.

휴식과 여가

마음을 편안하게 하고 기운을 회복하게 하는 가장 큰 힘은
건전한 종교, 수면, 음악, 그리고 웃음입니다.
신을 믿고 푹 주무세요.
좋은 음악을 사랑하고 삶의 즐거운 면을 보세요.
그러면 건강하고 행복한 삶을 살게 됩니다.

의사는 친구에게 물었다. "어떤 정서적인 문제를 겪다가 이 증세가 나타났나요?" 그리고 친구에게 앞으로 걱정을 계속하면 심장병, 위궤양, 당뇨 등 다른 합병증에 시달릴 거라고 경고했다. "이 모든 질병은 서로 친척 관계예요. 무척 가까운 사이죠." 당연한 말이다. 모두 걱정에서 비롯한 질병이니 가까울 수밖에!

영화배우 멀 오베론이 나와 인터뷰하며 걱정을 하지 않으려는 이유는 자신의 가장 큰 자산인 외모를 망가뜨리기 때문이라고 했다.

"처음 영화계에 진출하려고 했을 때 겁도 나고 걱정도 됐어요. 일자리를 찾아 런던으로 왔지만, 인도에서 갓 도착한 터라 아는 사람 하나 없었죠. 제작자를 몇 명 만났지만 아무도 제게 일을 주지 않았어요. 가진 돈도 다 떨어져 갔죠. 2주 동안 물과 크래커만 먹으며 버텼어요. 모든 게 걱정되기 시작하더니 배까지 고팠어요. '어쩌면 이렇게 바보 같을까. 앞으로 영화계에 절대 진출하지 못할 거야. 경력도 없고 연기를 해본 적도 없지. 내세울 거라고는 예쁜 얼굴뿐이잖아?' 그러곤 거울을 들여다봤죠. 걱정 때문에 얼굴이 엉망이었어요. 주름도 지고 불안해보였지요. 그래서 이렇게 말했어요. '당장 걱정을 멈춰! 걱정만 하고 있을 때가 아니야. 그나마 내세울 게 외모뿐인데, 걱정 때문에 이마저 망칠 수는 없잖아!'"

걱정만큼 빠르게 여성을 나이 들게 하고 상하게 하며 외모를 망치는 것은 없다. 걱정하면 표정이 굳는다. 이를 악물게 되고 얼굴에는 주름이 진다. 늘 찌푸린 얼굴이 되는 것이다. 머리가 세고 머리카락이 빠지기도 한다. 피부도 나빠지고 발진과 뾰루지, 여드름 등 온갖 피부질환에 시달릴 수 있다.

현재 미국인의 사망원인 중 1위는 심장병이다. 2차 세계대전 동안 약 33만 명의 군인이 전장에서 사망했다. 그러나 같은 기간에 심장병으로 사망한 민간인은 200만 명이었다. 그중 절반이 걱정에 사로잡혀 극도로 긴장된 삶을 살다 심장병을 얻어 결국 세상을 떠났다. 알렉시스 카렐 박사가 "걱정에 맞서는 법을 모르는 기업인은 일찍 죽는다"라고 말했을 때 이들을 죽음으로 내몬 주요 원인도 심장병이다.

남부의 흑인이나 중국인은 걱정으로 인한 심장병을 거의 앓지 않는다고 한다. 자신의 상황을 침착히 받아들이기 때문이다. 농장에서 일하는 일꾼보다 의사가 심장병에 걸려 사망할 확률이 스무 배 이상 높다고 한다. 늘 긴장한 삶을 산 결과다.

심리학자이자 철학자인 윌리엄 제임스는 이렇게 말했다. "하느님은 우리의 죄를 용서하시지만, 우리의 신경계는 절대 그럴 리 없다."

매우 놀랍고 믿기 힘들겠지만, 매해 미국에서 자살하는 사람이 다섯 가지 흔한 전염병으로 죽는 사람보다 많다. 그 이유는 무엇일까? 바로 '걱정'이다.

옛 중국의 잔인한 군주들은 죄수를 고문할 때 손발을 묶고 밤낮으로 물이 똑똑 떨어지는 주머니 아래 세워두었다고 한다. 머리 위로 끊임없이 떨어지는 물방울 소리가 점차 망치질 소리처럼 커지면서 죄수들을 미치게 했다. 스페인 종교재판과 히틀러 정권의 독일 강제수용소에서도 똑같은 방식의 고문이 자행되었다.

걱정은 머리 위에 끊임없이 떨어지는 물과 같다. 그래서 사람들을 미치게 하고 결국 자살에 이르게 하는 것이다.

어릴 적 미주리주에 살 때, 나는 지옥 불에 관한 빌리 선데이의 설교를 듣고 죽을 만큼 무서웠다. 하지만 그는 걱정에 휩싸인 사람들이 지금 여기에서 겪는 현세의 지옥 불에 대해서는 말하지 않았다. 예를 들어 늘 걱정을 달고 살 때 걸릴 수 있는 협심증 같은 질환 말이다. 협심증은 인간이 견딜 수 있는 고통 중 가장 끔찍한 고통이다. 협심증에 걸리면 극악의 고통에 몸부림치며 울부짖게 된다. 이 울부짖음에 비하면 단테 『신곡』 중 「지옥」편에서 듣게 될 괴성 정도는 영화 〈장난감 나라 Babes in Toyland〉에 나오는 아이들의 비명 정도로 들릴 것이다. 그제야 "신이시여, 이 고통만 사라진다면 다시는 절대 걱정하지 않겠습니다"라고 말할지 모른다(내가 과장하는 것 같다면 의사에게 직접 확인해보라).

　삶을 사랑하는가? 건강하게 오래 살고 싶은가? 알렉시스 카렐 박사는 말한다. "소란스러운 현대 사회의 한가운데서도 내면의 평안을 유지한다면 신경 질환에 걸리지 않는다."

　소란스러운 현대 사회에서 내적 평안을 유지할 수 있는가? 보통의 사람이라면 "그렇다"라고 대답할 것이다. 누구든 그럴 수 있다! 우리는 생각보다 훨씬 더 강인하다. 우리 안에는 아직 드러내지 못한 내면의 힘이 있다. 헨리 데이비드 소로는 인류에 영원히 남을 저서 『월든』에서 이렇게 말했다.

　"의식적인 노력으로 더 나은 삶을 사는 엄청난 능력이 우리에게 있다는 사실보다 더 힘이 되는 게 있을까. 꿈을 향해 당당히 나아가며 자신이 바라는 삶을 살고자 노력한다면 평소에 기대하지 못한 성공을 누릴 것이다."

　이 책을 읽는 독자는 올가 자베이가 지닌 의지와 내면의 힘에 뒤지지 않는 능력을 지녔을 거라고 확신할 것이다. 아이다

호주 코들레인 박스 892번지에 사는 그는 가장 비극적인 상황에서도 걱정을 몰아냈다.

당신과 나도 이 책에서 다루는 아주 오래된 진리를 삶에 적용할 수 있다. 그는 내게 편지로 이렇게 전했다.

> 8년 6개월 전, 서서히 고통스럽게 죽어가는 암 시한부 선고를 받았어요. 미국 최고의 의사인 메이오 형제도 같은 진단을 내렸습니다. 막다른 길 끝에서 그저 멍했어요. 아직 젊었고 죽고 싶지 않았거든요. 켈로그에 있는 주치의에게 전화를 걸어 울부짖으며 절망적인 제 심정을 쏟아냈죠. 그런데 주치의는 제 말을 듣기는커녕 다그치더라고요. "뭐 하는 건가요, 올가? 싸울 용기도 없는 건가요? 그렇게 울고만 있으면 당연히 죽겠죠. 최악의 일이 벌어진 건 맞아요. 그러니 우선 현실을 받아들여요! 걱정은 집어치우고 뭐라도 하세요!" 그때 저는 굳게 다짐했어요. 손을 불끈 움켜쥐니 손톱이 살을 파고들었고 등골이 서늘해졌죠. '걱정 따위는 하지 않을 거야. 울지도 않겠어. 견디기 힘든 상황이 닥쳐도 이겨낼 거야! 난 꼭 살고 말 테야!' 라듐을 쓸 수 없을 정도로 암이 진행된 경우라면 보통 하루 10분 30초씩 30일간 방사선 치료를 해요. 하지만 저는 14분 30초씩 49일 동안 치료를 받았죠. 헐벗은 언덕에 툭 튀어나온 바위처럼 앙상한 몸에 뼈가 울퉁불퉁 튀어나오고 발은 납덩이처럼 무거웠지만, 걱정하지 않았어요. 절대 울지도 않았죠. 대신 웃었어요! 억지로라도 웃으려고 했어요.

웃으면 암이 치료될 거라고 믿는 바보는 아니에요. 하지만 마음이 즐거워야 몸이 병과 싸울 수 있다고 믿은 거죠. 그리고 저는 기적적으로 암을 치유했습니다. 지금은 그 어느 때보다 건강해요. 쉽지 않았지만 맞설 용기가 생기게 된 건 주치의였던 매카프리 박사의 말씀 덕분이에요. "현실을 받아들여요! 걱정은 집어치우고 뭐라도 하세요."

선지자 무함마드의 열렬한 추종자들은 코란의 구절을 가슴에 문신으로 새겼다. 나는 이 책을 읽는 독자들의 가슴에 알렉시스 카렐 박사의 말을 새기고 싶다. "걱정에 맞서는 법을 모르는 기업인은 일찍 죽는다."

카렐 박사가 당신 이야기를 하는 것 같은가?

그럴지도 모른다.

걱정에 관해 알아야 할 기본 지식

규칙 1 **걱정을 없애고 싶다면 윌리엄 오슬러 경의 말대로 행하라. 오늘에 충실하라. 미래를 불안해하지 말라. 잠들 때까지 주어진 오늘 하루를 살라.**

규칙 2 **큰 문제가 닥쳐 궁지에 몰린다면 윌리스 캐리어의 마법 공식을 사용하라.**

  1단계   문제를 해결하지 못했을 때 일어날 법한 최악의 상황이 무엇인지 자문하라.

  2단계   받아들이려고 노력하라.

  3단계   받아들이겠다고 마음먹은 최악의 상황을 개선하기 위해 침착하게 노력하라.

규칙 3 **걱정으로 치르게 될 엄청난 대가를 기억하라.**
"걱정에 맞서는 법을 모르는 기업인은 일찍 죽는다."

"기꺼이 받아들이라. 기꺼이 받아들이라.
일어난 일을 받아들이는 일이야말로
모든 불행을 극복하는 첫 단계다."

윌리엄 제임스

2부

걱정을 분석하는 기본 기술

1

걱정거리를 분석하고 해결하는 법

내게는 충신 여섯 명이 있다.
(내가 아는 모든 것은 그들에게 배웠다.)
그들의 이름은 "무엇, 왜, 언제"
그리고 "어떻게, 어디서, 누가"다.
러디어드 키플링

앞서 1부 2장에서 다룬 윌리스 캐리어의 마법 공식으로 모든 걱정을 해소할 수 있을까? 물론 그렇지 않다. 그러면 어떻게 해야 할까? 여러 가지 걱정거리를 다루려면 문제 분석 3단계를 익혀야 한다.

① 사실을 파악하라.
② 사실을 분석하라.
③ 결정한 것을 즉시 실행하라.

뻔한 이야기 같은가? 그럴 수도 있다. 아리스토텔레스도 이 방법을 가르치고 사용했다. 우리를 괴롭히고 매 순간을 지옥으로 만들어버리는 문제를 해결하려면 이 방법을 써야 한다.

첫 단계인 '사실을 파악하라'를 살펴보자. 사실을 파악하는 일이 왜 중요할까? 사실을 파악하지 않고는 현명하게 문제를 푸는 시도조차 할 수 없기 때문이다. 사실을 외면하면 혼란의 소용돌이에 휩쓸리기만 할 뿐이다. 이는 내 의견이 아니다. 22년간 컬럼비아대학교 학장으로 지낸 고故 허버트 E. 호크스의 의견이다. 20만 명이나 되는 학생들이 걱정과 관련된 문제를 해결하도록 도와주었던 그는 "걱정의 가장 큰 원인은 바로 혼란"이라고 내게 말하며 다음과 같이 설명했다. "세상 걱정의 절반은 결정을 내리는 데 기초가 될 만한 지식을 충분히 갖추지 않고 결정하려는 데서 생깁니다. 예를 들어, 다음 주 화요일 3시에 해결해야 할 문제가 있다면 저는 그때까지 어떠한 결정도 내리지 않습니다. 대신 문제에 관련된 모든 사실을 파악하는 데 집중합니다. 문제에 대해 절대 고민하거나 걱정하지 않습니다. 잠을 설치지도 않습니다. 단순하게 사실만 파악하려고 합니다. 이렇게 지내다 화요일이 다가올 때쯤이면 보통 문제가 저절로 해결되어 있습니다!"

나는 호크스 학장에게 이런 방식으로 걱정을 완전히 떨쳐냈는지 물었다. 그는 이렇게 답했다. "그렇습니다. 저는 현재 걱정 없는 삶을 살고 있습니다. 공정하고 객관적으로 사실을 파악하는데 몰두한다면 어떤 걱정이든 지식의 빛 앞에서 증발해버릴 겁니다."

하지만 우리는 어떠한가? 사실을 파악하려는 노력을 해보기는 했는가? 토머스 에디슨은 진지하게 다음과 같이 말했다. "인간은 생각하지 않고 문제를 해결하고자 온갖 편법을 쓴다." 그나마 사실을 파악하는 데 조금이라도 노력을 기울이는 경우는 이미 생각한 것을 뒷받침하는 사실을 열심히 찾을 때뿐, 나머지는 모두 무시해버린다! 우리는 자신이 원하는 바와 일치하고, 편견을 정당화하는 유리한 사실만을 원한다! 프랑스 작가 앙드레 모루아의 말대로 "우리는 자신의 욕망과 일치하는 것들을 진실로 여기고, 그렇지 않은 것들에 분노한다."

그러니 문제의 해결책을 찾는 일이 그토록 어려운 게 당연하다. 2 더하기 2가 5라고 믿으면서 초등학교 2학년 수학 문제를 풀려고 한다면 같은 어려움을 겪지 않겠는가? 세상에는 2 더하기 2가 5라고 우기거나 심지어 500이라고 주장하며 자신과 타인의 삶을 지옥으로 만들어버리는 사람들이 너무도 많다!

그렇다면 어떻게 해야 할까? 우선 감정과 사고를 분리해야 한다. 호크스 학장의 말대로 '공정하고 객관적으로' 사실을 파악해야 한다. 걱정에 휩싸였을 때 이렇게 하기란 쉽지 않다. 대개 감정이 앞서기 때문이다. 하지만 걱정에서 한 걸음 물러나 사실을 객관적으로 보는 데 도움이 되는 두 가지 방법이 있다.

첫째, 사실을 파악할 때 내가 아닌 다른 누군가를 위해 정보를 모으는 중이라고 가정해본다. 사실에 대해 냉정하고 공정한 시각을 갖게 되며 감정을 배제할 수 있다.

둘째, 문제에 대한 사실을 수집할 때는 상대편 변호사의 입장이 되어본다. 즉, 자신에게 불리한 사실을 수집하는 것이다. 자신의 바람을 무너지게 하거나 직면하고 싶지 않은 사실을 모으려고 노력하라.

이 과정을 거친 다음, 문제에 대한 나의 의견과 상대방의 의견을 모두 써본다. 대개 진실은 양극 사이 어딘가에 있기 마련이다.

당신이나 나, 혹은 아인슈타인이나 미국 대법원이라도 사실을 파악하지 않고서는 현명한 판단을 내릴 수 없다. 이것이 핵심이다. 토머스 에디슨은 이 사실을 잘 알고 있었다. 그가 자신이 직면한 문제에 관한 사실을 빼곡히 담아놓은 노트 2500권을 유품으로 남긴 것만 보아도 알 수 있다.

따라서 문제에 부딪혔을 때는 우선 사실을 파악하라. 우리도 호크스 학장처럼 해보자. 사실을 공정하게 파악하기 전까지는 문제를 해결하려는 시도조차 하지 말자. 하지만 모든 사실을 파악하더라도 제대로 분석하고 해석하지 않는다면 아무 소용이 없다.

나는 힘든 일을 겪고 난 후에야 사실을 글로 쓰면 훨씬 더 쉽게 분석할 수 있다는 것을 알게 되었다. 그저 사실을 종이에 쓰고 문제를 명시하기만 해도 현명한 결정을 내리는 데 한 걸음 다가가게 된다. 공학자 찰스 케터링의 말대로 "잘 명시된 문제는 이미 반쯤 해결된 것이다."

이 과정을 통해 실제로 문제를 해결한 사례를 살펴보자. 중국 속담에 '백문이 불여일견'이란 말이 있으니 지금까지 이야기한 바를 구체적으로 실천에 옮긴 한 사람의 이야기를 소개한다.

내 오랜 지인이자 동아시아 지역에서 큰 성공을 거둔 사업가 걸린 리치필드의 이야기다. 1942년 일본이 상하이를 침공했을 때 그는 중국에 있었다. 다음은 그가 우리 집을 방문했을 때 들려준 이야기다.

"제가 아시아생명보험 상하이 지사의 관리자로 일하고 있을 때였습니다. 당시 일본은 진주만을 공격한 직후 상하이로 진격했어요. 우리 회사에 청산인을 보냈는데 실제로 해군 장성이었습니다. 제게 이 장성을 도와 회사 자산을 청산하라는 명령을 내리더군요. 선택의 여지가 없었어요. 협력하거나 하지 않거나였죠. '하지 않으면' 곧 죽음이었고요.

대안이 없었기 때문에 마지못해 시키는 대로 일을 했습니다. 하지만 75만 달러 정도의 증권을 뺀 나머지 목록을 장성에게 넘겼어요. 그 증권은 상하이 지사와 무관한 홍콩 지사의 자산이었거든요. 이 사실이 들통나면 궁지에 몰릴 것 같아 두려웠는데, 금세 들켜버렸죠.

발각 당시 저는 자리를 비운 상태였고 수석 회계사가 사무실에 있었어요. 일본 장성이 불같이 화가 나 온갖 욕설을 퍼부으며 저를 두고 도둑놈, 반역자라고 했다더군요. 제가 일본군에 저항한 셈이 된 겁니다! 무슨 일이 일어날지 불을 보듯 뻔했어요. 브리지 하우스로 끌려가게 되겠죠! 브리지 하우스! 일본 헌병대의 고문실이라니! 그곳으로 끌려가게 되자 자살한 친구도 있었고, 취조와 고문에 지쳐 열흘 만에 죽은 친구도 있었습니다. 그런데 이제 제가 끌려가게 된 겁니다. 당시 저는 어땠을까요? 일요일 오후에 그 소식을 들었어요. 겁에 질려 떨고 있어야 하는 상황이었습니다. 문제를 해결하는 확실한 방법을 몰랐다면 아마 그랬을 겁니다. 하지만 저는 수년간 걱정거리가 생길 때마다 타자기 앞에 앉아 두 가지 질문과 그에 대한 답을 기록했습니다.

① 나는 무엇을 걱정하는가?
② 내가 할 수 있는 일은 무엇인가?

예전에는 굳이 기록하지 않고 해답을 찾으려고 했습니다. 하지만 몇 년 전 방법을 바꿨어요. 질문과 답을 직접 기록하니 생각을 분명히 정리할 수 있었죠. 그래서 그날 오후, 곧장 상하이 YMCA에 있는 제 방으로 가서 타자기 앞에 앉았습니다. 그리고 첫 번째 질문을 했죠. '나는 무엇을 걱정하는가?' '내일 아침 브리지 하우스로 끌려가는 게 두렵다.' 바로 다음 질문을 했죠. '내가 할 수 있는 일은 무엇인가?'

저는 몇 시간 동안 곰곰이 생각하면서 실행할 수 있는 네 가지 방법과 예상되는 결과를 적어보았습니다.

첫째, 일본 장성에게 상황을 설명한다. 하지만 그는 영어를 못한다. 통역사를 두고 이야기한다면 지난번처럼 화만 더 돋울 것이다. 그는 잔인한 사람이라 대화로 푸느니 차라리 나를 브리지 하우스에 처넣는 게 낫다고 생각할 테니까.

둘째, 탈출한다. 하지만 불가능하다. 그들은 24시간 나를 감시하고 있다. 내가 YMCA의 내 방에 드나들 때마다 확인한다. 도망쳤다가는 바로 체포되어 총살당할 것이다.

셋째, 방에 처박혀서 사무실 근처에는 얼씬도 하지 않는다. 그러면 일본 장성의 의심을 살 테고 아무 말도 못 하고 군인들에게 잡혀 브리지 하우스로 끌려갈 것이다.

넷째, 월요일 아침에 평소처럼 사무실로 출근한다. 일본 장성은 매우 바빠 내가 저지른 일을 생각할 겨를이 없을 것이다. 기억해내더라도 화가 누그러졌을 테니 나를 가만히 두겠지. 이렇게만 된다면 나는 무사하다. 그가 나를 가만두지 않더라도 설명할 기회가 생긴다. 그러니 월요일 아침에 평소처럼 출근해서 아무 일도 없는 척하면 브리지 하우스로 끌려갈 일은 없을 것이다.

고심 끝에 네 번째 계획대로 월요일 아침에 사무실로 출근하기로 결정을 내리자 마음이 푹 놓였습니다. 다음 날 아침 사무실에 갔더니 일본 장성이 담배를 입에 물고 앉아 있었죠. 언제나 처럼 나를 쏘아보더니 아무 말도 하지 않았습니다. 정말 다행히도 그는 6주 후에 도쿄로 돌아갔고 제 걱정은 끝이 났지요.

말씀드린 대로 제가 목숨을 구할 수 있었던 이유는 일요일 오후에 자리에 앉아 실행할 수 있는 방법과 예상되는 결과를 써 보고 침착하게 결정을 내렸기 때문이에요. 그러지 않았다면 우왕좌왕하며 어쩔 줄 몰라 하다가 얼떨결에 잘못된 행동을 저질렀을 겁니다. 문제를 파악하지 않고 결정도 내리지 못했다면 일요일 오후 내내 걱정에 휩싸여 제정신이 아니었겠지요. 잠도 제대로 못 잤겠죠. 그렇게 초췌하고 근심 가득한 얼굴로 출근했다면 일본인 장성의 의심을 샀을 테고 무슨 일이든 당했을 겁니다.

결정을 내리는 일이 얼마나 중요한지 숱한 경험으로 배웠어요. 뚜렷한 목표를 세우지 못하고 같은 자리만 맴돈다면 누구나 신경쇠약에 걸리고 지옥 같은 삶을 살게 되죠. 명확하고 확실한 결정을 내리자 제 걱정의 50퍼센트가 사라졌어요. 나머지 40퍼센트는 결정을 실행에 옮기면 대개 사라지더군요. 결국 저는 다음의 네 단계를 통해 제 걱정의 90퍼센트를 몰아냈습니다."

① 내가 걱정하는 문제를 구체적으로 쓴다.
② 내가 할 수 있는 일을 쓴다.
③ 무엇을 할지 결정한다.
④ 결정한 것을 즉시 실행한다.

그는 걱정을 분석하고 정면 돌파하는 방식이 자신의 성공 비결이라고 말했다. 그의 방법이 탁월한 이유는 무엇일까? 효율

적이고 확실하게 문제의 핵심을 간파하기 때문이다. 게다가 문제 분석 3단계에서 언급한 '결정한 것을 즉시 실행하라'라는 세 번째 필수 원칙을 강조하기 때문이다. 실행하지 않는다면 사실을 파악하고 분석하는 행위는 무의미하다. 그저 에너지만 낭비하는 꼴이다.

윌리엄 제임스는 "일단 결정을 내리고 실행에 옮기는 일만 남았다면 결과에 대한 모든 책임이나 관심은 무시해라"라고 말했다. (여기서 말한 '관심'이란 '걱정'과 동의어로 사용되었다). 즉, 사실에 근거해 신중히 결정을 내렸다면 바로 실행에 옮기라는 것이다. 다시 생각하지 말라. 걱정 때문에 주저하거나 이미 내린 결정을 번복하지도 말라. 자기 의심은 계속해서 다른 의심을 낳는다. 절대 뒤돌아보면 안 된다.

오클라호마주에서 아주 유망한 정유회사를 운영하는 웨이트 필립스에게 결정을 실행에 옮기는 법에 관해 물어본 적이 있다. 그는 이렇게 답했다. "겪고 있는 문제를 필요 이상으로 파고들면 오히려 더 혼란스럽고 걱정만 늘어요. 사실을 조사하거나 생각하는 게 오히려 독이 되는 거죠. 결정을 내렸다면 되돌아보지 말고 즉시 실행해야 할 때가 있습니다."

걸린 리치필드의 방법을 이용해 당신의 걱정거리를 해결해보는 건 어떨까? 다음의 질문에 답을 써보자.

① 나는 무엇을 걱정하는가?
② 내가 할 수 있는 일은 무엇인가?
③ 나는 이렇게 문제를 해결하겠다.
④ 언제부터 실행할 것인가?

2

일하면서 겪는 걱정을 반으로 줄이는 법

당신이 사업가라면 이 장의 제목을 읽는 순간 이렇게 말했으리라. "웃기지 마! 내가 19년째 사업을 하는데 이런 방법이 있다면 내가 모를 리 없지! 일하면서 겪는 걱정을 반으로 줄이는 법을 알려주겠다고? 말도 안 되는 소리야!"

충분히 이해한다. 몇 년 전이라면 나도 똑같이 반응했을 것이다. 엄청난 걸 기대하게 하지만, 소문난 잔치에 먹을 게 없는 것처럼 말이다. 솔직하게 말해서 당신이 일하면서 겪는 걱정을 반으로 줄이는 데 내가 아무런 도움이 되지 못할 수 있다. 앞서 살펴봤듯이 그 누구도 당신을 대신할 수 없기 때문이다. 다른 사람들이 걱정을 반으로 줄인 사례를 보여주는 것이 내가 할 수 있는 전부다. 나머지는 당신 손에 달렸다!

앞에서 언급한 "걱정에 맞서는 법을 모르는 기업인은 일찍 죽는다"라는 알렉시스 카렐 박사의 말을 기억하는가? 걱정이 이토록 심각한 결과를 초래하니 그 걱정의 10퍼센트라도 덜 수 있도록 내가 도와준다면 만족스럽지 않겠는가? 자, 지금부터 걱정의 50퍼센트가 아닌 70퍼센트를 줄인 한 경영인의 이야기를 들려주겠다. 그는 경영 문제를 해결하느라 회의에 과도한 시간을 쏟아붓고 있었다.

나는 '아무개'나 '내가 아는 오하이오주 사람'이라고 말하며 당신이 확인할 수 없는 막연한 누군가의 이야기를 하려는 게 아니다. 레온 심킨이라는 실존 인물의 이야기다. 그는 미국 뉴욕시 뉴욕 20번지 록펠러센터에 위치한 대형 출판사 사이먼 앤드 슈스터의 공동 경영인이자 총책임자다. 그의 경험담을 들어보자.

"지난 15년간 매일 반나절 동안은 여러 문제를 논의하며 보냈습니다. 이 일을 할까 저 일을 할까? 차라리 아무 일도 하지 말까? 회의가 길어지니 다들 예민해졌죠. 의자에 앉아 몸을 배배 꼬거나 회의실을 걷기도 하며 논쟁을 이어갔지만 결국 제자리였어요. 그러다 밤이 되면 정말 녹초가 되었습니다. 평생 이렇게 살겠구나 싶었죠. 15년간 그렇게 살아왔고, 딱히 더 나은 방법도 떠오르지 않았거든요. 사람들이 온갖 걱정만 늘어놓는 회의 시간과 걱정·불안을 4분의 1로 줄일 수 있다고 누군가 제게 말했다면, 그를 정신이 나갔거나 어수룩한 몽상가라고 생각했을 겁니다. 그런데 제가 그런 방법을 만들어낸 거죠. 이후 8년간 실천하고 있고요. 놀랍게도 일의 효율성은 물론이고 건강과 행복까지 얻게 되었습니다. 마술이라도 부리는 것 같지만, 여느 마술처럼 방법만 알면 매우 쉽답니다.

비결을 알려드리죠. 첫째, 저는 지난 15년간 해왔던 회의 절차를 즉시 중단했어요. 그전에는 고민에 빠진 동료들이 문제를 세세히 밝힌 뒤 '어떻게 해야 할까요?'라고 질문을 던지는 식이었거든요. 둘째, 새로운 규칙을 만들었습니다. 제게 문제를 제기하는 사람은 다음 네 가지 질문에 대한 답을 작성해 미리 제출하도록 했습니다.

❶ 문제가 무엇인가?

예전에는 진짜 문제가 무엇인지 정확하고 구체적으로 파악하지 못한 채 회의에서 걱정만 늘어놓으며 한두 시간을 허비했어요. 열띤 토의를 벌이지만 문제가 무엇인지 구체적으로 써볼 노력은 하지 않았습니다.

❷ 문제의 원인은 무엇인가?

여태 문제의 원인이 된 상황을 명확히 파악하지 않은 채 회의에서 걱정만 늘어놓으며 많은 시간을 허비했다고 생각하니 기가 차더군요.

❸ 문제를 해결할 방법은 무엇인가?

예전에는 회의에서 한 명이 한 가지 해결책을 제시하면 누군가 반론하는 식이었어요. 감정이 격앙되어 주제를 벗어나는 일이 다반사였습니다. 문제를 해결할 다양한 방법이 나오더라도 회의가 끝날 때까지 누구도 이를 기록하지 않았고요.

❹ 어떤 해결책을 제시할 것인가?

다들 회의에서 걱정만 늘어놓고 같은 이야기만 되풀이할 뿐, 가능한 해결책을 심사숙고하면서 '저는 이 해결 방안을 제안합니다'라고 서면으로 제출한 사람은 없었습니다.

이제는 문제를 들고 저를 찾아오는 사람이 별로 없습니다. 앞서 말씀드린 네 가지 질문에 답하려면 사실을 파악해 문제를 철저히 따져봐야 한다는 걸 깨달은 것이죠. 이 과정에서 문제의 4분의 3 정도는 저와 상의할 필요가 없다는 것도 알게 된답니다. 토스터에서 잘 구워진 빵이 톡 튀어나오듯이 적절한 해결책이 딱 떠오르기 때문입니다. 저와 반드시 상의해야 할 문제가 있더라도 예전 토의 시간의 3분의 1이면 충분했어요. 정갈하고 논리적인 절차에 따라 합리적인 결정을 내릴 수 있기 때문입니다.

이제 문제에 대해 걱정하고 이야기하며 허비하는 시간이 크게 줄었어요. 대신 문제를 해결하기 위한 행동에 더 많은 시간을 할애하게 되었습니다."

내 친구 프랭크 베트거는 미국 최고의 보험 판매원이다. 그도 비슷한 방법으로 일하면서 겪는 걱정을 줄이고 수입은 거의 두 배로 올렸다고 했다.

"몇 년 전 보험을 팔기 시작했을 때 일에 대한 사랑과 무한한 열정으로 가득했어요. 그러다 문제가 생겼죠. 의욕이 사라지면서 일이 꼴도 보기 싫어지더군요. 어느 토요일 아침, 가만히 앉아 걱정의 근원을 파악하겠다고 생각하지 않았다면 정말로 일을 그만뒀을 겁니다.

첫 번째로, 우선 스스로 물었어요. '대체 문제가 뭐지?' 수많은 고객을 만나며 노력한 것에 비해 실적이 지조한 게 문제였어요. 고객의 관심을 잘 유도했지만 계약으로 이어지지 못했죠. 다들 '좀 더 생각해볼게요. 다음에 다시 찾아오세요'라고 할 때가 많았습니다. 이후 수차례에 걸쳐 고객을 만나며 허비한 시간이 늘어나자 우울증이 오더군요.

둘째, 다시 스스로 물어보았어요. '가능한 해결책은 뭘까?' 답을 얻으려면 사실을 파악해야 했죠. 저는 지난 일 년간의 기록을 펼쳐 찬찬히 살펴보기 시작했습니다. 그러다 놀라운 사실을 알게 되었어요! 기록을 보니 성사된 계약의 70퍼센트가 첫 만남에서 이루어졌더라고요. 23퍼센트는 두 번째 만남에서 이루어졌고요. 힘들게 시간을 들여 세 번, 네 번 혹은 그 이상 찾아가 계약이 성사된 경우는 고작 7퍼센트였습니다. 고작 7퍼센트의 실적을 내기 위해 하루의 절반을 날려버렸던 겁니다!

셋째, '어떻게 해야 할까?' 답은 명백했죠. 저는 고객을 두 번 이상 만나지 않는 대신 새로운 고객을 확보하는 일에 시간을 들였습니다. 결과는 놀라웠습니다. 얼마 지나지 않아 한 번의 방문으로 거둔 실적이 거의 두 배가 되었거든요."

앞서 말했듯이 프랭크 베트거는 미국에서 가장 유명한 생명보험 판매원 가운데 하나다. 현재 필라델피아 피델리티 상호보험회사에서 일하며 매년 백만 달러 이상의 보험 계약을 체결한다. 한때 그는 포기하려고도 했지만, 실패를 인정하고 문제를 분석하면서 성공 가도를 달리게 되었다.

당신도 일하면서 겪는 문제에 위 질문들을 적용해볼 수 있겠는가? 나는 이 질문들이 당신의 걱정을 반으로 줄여줄 거라고 확신한다. 질문을 다시 한번 정리해보자.

① 문제가 무엇인가?
② 문제의 원인은 무엇인가?
③ 문제를 해결할 방법은 무엇인가?
④ 어떤 해결책을 제시할 것인가?

걱정을 분석하는 기본 기술

규칙 1 사실을 파악하라. 컬럼비아대학교 호크스 학장의 말을 기억하라. "세상 걱정의 절반은 결정을 내리는 데 기초가 될 만한 지식을 충분히 갖추지 않고 결정하려고 해서 생긴다."

규칙 2 모든 사실을 신중히 검토한 뒤 결정을 내려라.

규칙 3 일단 결정을 내리면, 즉시 행동하라. 결정을 실천에 옮기고 결과에 대해 걱정하지 말라.

규칙 4 당신이나 당신의 동료가 어떤 문제를 걱정한다면 다음 질문에 대한 답을 써보자.

❶ 문제가 무엇인가?

❷ 문제의 원인은 무엇인가?

❸ 문제를 해결할 방법은 무엇인가?

❹ 최선의 해결책은 무엇인가?

"우리는 자신의 욕망과 일치하는 것들을 진실로 여기고, 그렇지 않은 것들에 분노한다."

앙드레 모루아

3부

걱정이 나를 망치기 전에 걱정하는 습관을 없애는 법

1

마음속에서
걱정을 몰아내는 법

몇 년 전 매리언 더글러스가 수업 시간에 들려준 이야기는 절대 잊지 못할 것 같다(그가 개인적인 이유로 신분을 밝히지 말아달라고 요청했기 때문에 가명을 썼다). 그는 두 번이나 비극을 겪었다. 첫 번째는 애지중지하던 다섯 살 난 딸을 잃은 것이다. 더글러스 부부는 말로 다 할 수 없는 큰 슬픔에 빠졌다. 하지만 이게 끝이 아니었다. "열 달 후에 하느님은 우리에게 귀여운 딸을 주셨습니다. 하지만 5일 만에 하늘로 데려가셨죠."

그는 연이은 불행에 견딜 수 없을 만큼 고통스러웠다. "감당하기 힘들었습니다. 먹지도 자지도 못하고 편히 쉴 수도 없었어요. 신경이 완전히 곤두서고 자신감도 사라졌죠." 그는 결국 의사를 찾아갔다. 한 의사는 수면제를 권했고, 어떤 의사는 여행을 권했다. 하지만 어떤 처방도 도움이 되지 못했다. 그는 "몸이 바이스에 끼여 점점 조이는 것만 같았어요"라고 말했다. 비탄에 빠져 슬픔으로 온몸이 마비된 적이 있다면 그의 말을 이해할 수 있으리라.

"감사하게도 제게는 네 살 난 아들이 남아 있었어요. 이 녀석이 제 문제를 해결해주었죠. 어느 날 오후 평소처럼 슬픔에 잠겨 앉아 있는데 아들이 곁에 와서 '아빠, 배 만들어주세요'라고 하더군요. 배를 만들 기분이 아니었어요. 사실 아무것도 하고 싶지 않았죠. 하지만 끈질기게 졸라대는 바람에 두손 두발 다 들었어요. 장난감 배를 만드는 데 세 시간이 걸렸어요. 그런데 배를 완성할 즈음 알게 되었죠. 배를 만드는 그 세 시간 동안 몇 달 만에 처음으로 마음이 평화롭고 긴장이 풀렸다는 사실을 말이에요!

이후 저는 무기력에서 벗어나 몇 달 만에 처음으로 진짜 생각이라는 것을 할 수 있게 되었습니다. 계획을 짜고 생각해야 하는 일에 몰두하게 되면 걱정을 하는 것 자체가 어렵다는 것도 알게 되었죠. 제 경우에는 배를 만드는 과정을 통해 걱정에서 벗어날 수 있었고요. 그래서 저는 계속 바쁘게 지내기로 마음먹었죠.

다음 날 밤 집 안 곳곳을 살피며 해야 할 일의 목록을 정리했습니다. 수리할 게 한두 개가 아니었죠. 책장과 계단, 이중창, 블라인드, 손잡이, 자물쇠, 물이 새는 수도꼭지 등 끝도 없었어요. 놀랍게도 2주 동안 작성한 목록만 무려 242개에 달했답니다.

저는 지난 2년간 그 일을 대부분 끝냈어요. 또한, 제 삶을 활력을 불어넣을 만한 활동으로 채워나갔죠. 일주일에 두 번은 뉴욕의 성인 대상 강좌를 듣고, 지역 시민 활동에도 참여하며 현재 교육위원회 위원장을 맡고 있어요. 여러 모임에 참여하며 적십자를 비롯해 다양한 자선단체를 위한 기금을 모으는 일도 돕고 있죠. 이제는 너무 바빠 걱정할 시간이 없습니다."

걱정할 시간이 없다! 윈스턴 처칠이 한 말과 똑같다. 처칠은 2차 세계대전이 한창일 때 하루에 18시간을 일했다. 막중한 책임감 때문에 걱정이 되지 않느냐는 질문을 받자 그는 이렇게 말했다. "너무 바빠서 걱정할 시간이 없습니다."

찰스 케터링도 자동차 자동 시동장치를 개발하기 시작했을 때 같은 난관에 부딪혔다. 그는 은퇴할 때까지 세계적으로 유명한 제너럴모터스의 부사장이자 회사 연구소의 책임자였다. 하지만 당시 그는 가난하여 헛간의 다락을 실험실로 써야 했다. 아내가 피아노 수업을 해서 번 1500달러로 근근이 먹고살았다. 이후에는 생명보험을 담보로 500달러를 대출받기까지 했다. 나는 그의 아내에게 걱정되지 않았느냐고 묻자 찰스 부인은 이렇게 말했다. "당연하지요. 걱정하느라 제대로 잘 수 없었죠. 그런데 남편은 안 그랬어요. 일에 몰두하다 보니 걱정할 틈이 없었던 거죠."

위대한 과학자 루이 파스퇴르는 "도서관과 실험실에서 찾는 평화"라는 말을 한 적이 있다. 어떻게 평화를 그곳에서 찾을 수 있을까? 도서관과 실험실에 있는 사람은 일에 몰두하기 때문에 걱정할 시간이 없다. 연구자들이 신경쇠약에 걸리는 일은 극히 드물다. 그런 사치를 부릴 만한 여유가 없기 때문이다.

바쁘게 지내는 것처럼 간단한 일이 어떻게 걱정을 없앨 수 있을까? 심리학에서 밝혀진 기본 법칙이 있다. 아무리 특출난 사람이라도 주어진 시간에 한 가지 이상을 생각할 수 없다는 것이다. 믿기 힘든가? 그렇다면 한 가지 실험을 해보자.

몸을 뒤로 젖히고 눈을 감은 뒤 자유의여신상과 내일 아침에 할 일을 동시에 생각해보자(지금 바로 해보라). 하나씩 차례로 생각할 수는 있지만, 두 가지를 동시에 집중할 수 없었을 것이다. 감정의 영역도 이와 마찬가지다. 재미있는 일을 하는 동안 의욕과 활력을 느끼며 동시에 걱정으로 우울해질 수는 없다. 하나의 감정은 다른 감정을 몰아낸다. 이 단순한 발견 덕분에 군대의 정신과 의사들이 전쟁 중 기적을 만들어낼 수 있었다. 전쟁을 겪으며 '정신신경증'에 걸린 군인들이 이송되면 군의관들은 "바쁘게 움직여라"라는 처방을 내렸다. 신경쇠약에 걸린 이들은 눈코 뜰 새 없이 여러 활동을 해야 했다. 낚시나 사냥, 공놀이, 골프, 사진 찍기, 정원 가꾸기, 춤추기 등 대개 야외 활동이었다. 바쁘게 움직이다 보니 끔찍한 경험을 떠올릴 틈이 없었다.

'작업치료'는 현재 정신의학에서 사용하는 용어로 약 대신 일을 처방하는 것이다. 이는 새로운 치료법이 아니다. 고대 그리스 의사들은 예수가 태어나기 500년 전에 이미 이 치료법을 옹호했다!

벤저민 프랭클린이 살아 있던 시절, 퀘이커 교도들은 필라델피아에서 이 치료법을 사용했다. 1774년, 한 남자가 퀘이커 교도가 운영하는 요양원을 방문했다. 그는 정신병을 앓는 환자들이 바쁘게 아마를 짜는 모습을 보고 충격을 받았다. 가난하고 불쌍한 환자들이 착취당한다고 생각했다. 하지만 어느 정도의 노동이 환자들의 상태를 호전시킨다는 퀘이커 교도들의 설명을 듣게 되었다. 노동이 신경을 진정시키는 것이다.

정신과 의사들은 바쁘게 움직이며 일하는 것이 병든 정신에 가장 효과적인 마취제 중 하나라고 말할 것이다. 헨리 W. 롱펠로는 아내를 잃은 후 이 사실을 깨닫게 되었다. 어느 날 그의 아내는 편지를 봉하는 밀랍을 촛불에 녹이다 옷에 불이 옮겨붙었다. 헨리가 아내의 비명을 듣고 곧장 달려가 구하려고 했으나 결국 아내는 화상으로 사망하고 말았다. 한동안 그는 끔찍한 기억으로 고통에 몸부림치며 제정신이 아니었다. 하지만 다행히도 그에게는 돌봐야 할 세 아이가 있었다. 그는 괴로움을 이겨내며 아이들에게 엄마이자 아빠의 역할을 충실히 해내려고 했다. 아이들과 함께 산책하고 이야기를 들려주며 게임도 했다. 그리고 아이들과의 동행을 「아이들의 시간」이라는 시로 남겼다. 또한 단테의 작품을 번역하기도 했다. 이렇게 여러 가지 일로 바쁘게 지내다 보니 슬픔을 잊고 마음의 평화를 얻게 되었다. 영국 시인 앨프리드 테니슨은 절친인 아서 헬럼을 하늘로 떠나보내고 이렇게 썼다. "행동에 몰두해야겠다. 절망 속에서 시들어갈 수 없으니."

대부분 사람은 쉬지 않고 일하거나 하루하루 주어진 일을 하며 '행동에 몰두하는 것'이 어렵지 않다. 하지만 일을 끝낸 후가 위험하다. 여가를 즐기며 가장 행복해야 할 그 시간에 걱정이라는 우울감이 우리를 공격한다. 인생을 잘 살고 있는지, 제자리만 맴돌고 있는 건 아닌지, 오늘 사장이 한 그 말이 '어떤 의미'가 있었던 건 아닌지, 이러다가 대머리가 되는 건 아닌지 등 모든 일에 의구심이 들기 시작한다.

바쁘지 않을 때 우리의 마음은 진공 상태에 가깝다. 물리학을 공부한 사람이라면 "자연은 진공 상태를 싫어한다"라는 말을 알 것이다. 우리가 봤을 법한 진공 상태에 가장 가까운 것은 백열전구의 내부다. 이론적으로 전구를 깨면 공기는 자연스럽게 내부로 들어가 빈 곳을 채운다.

텅 빈 마음도 자연스럽게 채워질 수 있다. 무엇으로 채울 수 있을까? 대개 감정으로 채워진다. 걱정과 두려움, 증오, 질투, 부러움과 같은 감정은 태고 원시림의 활력과 역동적인 에너지에서 비롯되기 때문이다. 이 감정들은 매우 격렬해 평화롭고 기분 좋은 생각과 감정을 몰아내버린다.

컬럼비아사범대학교 교육학 교수인 제임스 L. 머셀은 이를 명확히 설명했다. "당신이 걱정에 휩싸일 때는 일에 몰두할 때가 아니라 일과가 끝난 후다. 우리의 상상력은 제멋대로 뻗어나가 터무니없는 일까지 생각하게 되고 사소한 실수마저 확대하여 해석한다. 그때 우리의 마음은 부하에 걸리지 않고 작동하는 모터처럼 베어링을 태우는 것도 모자라 산산조각 날 듯 마구 돌아간다. 걱정을 치유하는 방법은 건설적인 활동에 몰두하는 것이다."

대학교수가 되어야 이 사실을 깨닫고 실천에 옮길 수 있는 것은 아니다. 나는 전쟁 중에 시카고에서 온 한 여성을 만난 적이 있다. 그는 '건설적인 활동에 몰두하는 것이 걱정을 치유하는 방법'이라는 사실을 어떻게 깨닫게 되었는지 내게 말해주었다. 나는 뉴욕에서 기차를 타고 미주리주에 있는 농장으로 가던 중 식당칸에서 그 부부를 만났다(이야기의 진정성을 위해 인물의 이름과 주소를 밝히고 사례를 들고 있지만, 그들의 이름을 알아두지 못해 유감이다).

그들의 아들은 진주만 공격이 있던 다음 날 입대했다고 했다. 그는 아들을 걱정하느라 건강이 나빠질 정도였다고 말했다. 그의 걱정은 끝이 없었다. '어디쯤 있을까? 안전하기는 할까? 전투 중일까? 다치진 않았을까? 죽었으면 어쩌지?'

어떻게 걱정을 극복하게 되었느냐고 묻자 그는 이렇게 말했다. "바쁘게 움직였어요. 처음에는 가사도우미를 내보내고 모든 집안일을 직접했지만, 별 도움이 되지 않았죠. 머리를 쓰지 않고 그저 기계적으로 집안일을 하는 게 문제였어요. 걱정이 사라질 리 없었죠. 침대를 정리하거나 설거지하면서 정신적으로도 육체적으로도 매 순간 바쁘게 움직여야 하는 일이 필요하겠다는 생각이 들었어요. 그래서 대형 백화점의 판매원으로 취직했지요.

효과가 있었어요. 일을 시작하자마자 정신이 없었어요. 가격이나 사이즈, 색깔을 물어보는 고객들에 늘 둘러싸여 있었죠. 맡은 일 외에 다른 일을 생각할 겨를이 없었어요. 퇴근하고 나면 다리가 아파서 쉬어야겠다는 생각뿐이었죠. 저녁을 먹자마자 침대에 쓰러져 쥐 죽은 듯이 잠들었어요. 걱정할 시간도 힘도 없었답니다."

그는 존 쿠퍼 포이스가 『불쾌한 일을 잊는 방법The Art of Forgetting the Unpleasant』에서 언급한 방법을 스스로 알게 된 것이다. 포이스는 이렇게 말했다. "주어진 일에 몰두할 때 찾아오는 편안한 안정감과 깊은 내면의 평화, 무아지경의 행복감은 인간의 신경을 진정시킨다."

이 얼마나 다행인가! 전 세계를 여행한 탐험가 오사 존슨은 최근 걱정과 슬픔에서 벗어나는 법을 들려주었다. 오사는 자신의 삶이 기록된 『나는 모험과 결혼했다I Married Adventure』라는 책을 썼는데, 실제로 모험과 결혼할 수 있다면 아마 그렇게 했을 것이다. 그는 열여섯 살에 마틴 존슨과 결혼하여 캔자스주 채누트를 떠나 보르네오의 야생 밀림으로 향했다. 이후 25년간 캔자스 출신의 이 부부는 전 세계를 누비며 아시아와 아프리카에서 사라져가는 야생동물을 담아 영화로 찍었다. 9년 전 미국으로 돌아온 그들은 강연을 다니며 그들의 유명한 영화를 상영했다. 어느 날 덴버에서 해안으로 비행기를 타고 가던 중 비행기가 산과 충돌했다. 마틴은 즉사했고 오사는 회복이 어렵다는 진단을 받았다. 하지만 오사 존슨을 모르고 한 말이었다. 3개월 후, 오사는 휠체어를 타고 많은 대중 앞에 섰다. 오사는 그해에만 100번이 넘는 강연을 했다. 왜 그렇게까지 했느냐는 질문에 그는 이렇게 말했다. "그래야 슬퍼하거나 걱정할 시간이 없을 테니까요."

오사 존슨은 100년 전 테니슨이 말한 "행동에 몰두해야겠다. 절망 속에서 시들어갈 수 없으니"와 같은 진리를 발견한 것이다.

리처드 버드 제독도 같은 진리를 깨달았다. 그는 5개월 동안 미국과 유럽을 합친 것보다 더 큰 미지의 남극 대륙에서 자연의 가장 오래된 비밀을 간직한 거대 빙하의 만년설에 파묻힌 오두막에서 홀로 지내야 했다. 반경 60킬로미터 이내에 어떠한 생명체도 없었다. 추위가 극심하니 숨을 쉬자마자 차가운 공기에 얼어붙는 소리가 들릴 지경이었다. 그는 『혼자서 Alone』라는 책에서 정신을 아득하고 혼미하게 하는 어둠 속의 5개월에 대해 말했다. 낮이나 밤이나 칠흑같이 어두웠다. 그는 정신을 잃지 않으려고 바쁘게 움직여야 했다.

"밤이 되어 랜턴을 끄기 전, 다음 날 해야 할 일을 대략 계획해두려고 했어요. 예를 들면 탈출용 터널을 만드는 데 한 시간, 눈 치우기 30분, 연료통 정리하기 한 시간, 음식 저장고 벽에 책장 만들기 한 시간, 물건 운반용 썰매의 부서진 연결 고리 고치기 두 시간 등 할 일과 소요 시간을 썼지요. 이렇게 시간을 배분할 수 있다는 사실이 좋았죠. 스스로 통제력을 갖게 된 것 같았거든요. 그러지 않았다면 하루하루가 목적이 없었을 테고, 목적 없는 하루하루는 늘 그렇듯 무의미하게 끝나버렸을 겁니다."

마지막 그의 말을 주목하자. "목적 없는 하루하루는 늘 그렇듯 무의미하게 끝나버렸을 것이다."

걱정이 생겼다면 '일'이라는 오랜 전통의 특효약을 기억하자. 하버드대학교 임상의학과 교수였던 리처드 캐벗 박사 같은 전문가가 한 말이다. 그는 『인간은 무엇으로 사는가What Men Live By』에서 이렇게 말했다. "의심과 망설임, 우유부단, 두려움에서 비롯한 영혼의 마비 상태를 겪는 사람들이 일을 통해 상태가 호전되는 모습을 보면 의사로서 참 행복하다. 일하며 얻는 용기는 철학가 랠프 월도 에머슨이 찬양했던 자기 신뢰와 같다."

바쁘게 움직이지 않고 그저 앉아서 생각에 잠기기만 한다면 찰스 다윈이 '위버 기버'라고 부른 잡생각만 잔뜩 하게 될 것이다. 잡생각은 우리를 공허하게 만들고 실행력과 의지력을 무너뜨리는 오래된 말썽꾼이다.

뉴욕 월스트리트 40번지에서 일하는 직장인 트렘퍼 롱맨은 조바심이나 불안을 느낄 새도 없이 바쁘게 지내면서 잡생각을 이겨냈다. 내 수업에서 그가 들려준 이야기는 매우 흥미롭고 인상적이어서 나는 그에게 수업 후에 저녁을 함께 먹자고 제안했다. 우리는 자정이 넘도록 이야기를 이어갔다. 그의 이야기를 들어보자.

"18년 전 걱정에 몸부림치다 불면증에 걸렸어요. 신경이 날카로워지고 초조하고 조바심을 냈지요. 신경쇠약에 걸릴 것만 같았어요. 물론 걱정할 만한 이유가 있었죠. 저는 뉴욕주 웨스트 브로드웨이 418번지에 있는 크라운 프루트 앤드 익스트랙트 컴퍼니의 회계 담당자였습니다. 당시 회사는 1갤런 단위로 포장되는 딸기에 50만 달러를 투자한 상태였습니다. 지난 20년 동안 이 포장 딸기를 아이스크림 제조사에 판매했습니다. 그런데 갑자기 판매량이 뚝 끊겨버렸죠. 내셔널 데어리나 보든스 같은 대형 아이스크림 제조사들이 빠르게 생산량을 늘리면서 갤런보다 큰 배럴 단위로 포장된 딸기를 구매해 시간과 비용을 줄였던 겁니다.

회사는 팔지도 못하는 딸기에 투자한 돈이 묶여 있었고 이후 일 년간 100만 달러어치의 딸기를 구매하기로 계약한 상태였지요. 이미 은행에서 대출받은 35만 달러를 상환할 수도, 기한을 연장할 수도 없었습니다. 그러니 걱정이 될 수밖에요.

저는 캘리포니아 왓슨빌에 있는 공장으로 달려갔습니다. 사장님께 상황이 변해서 회사가 파산 직전에 있다고 설명했지만 제 말을 믿지 않았습니다. 모든 게 뉴욕 지점의 형편없는 판매 전략 때문이라고 하면서 말이죠.

며칠 동안 설득한 끝에 딸기 포장을 중단하고 샌프란시스코에 있는 청과물 시장에서 딸기를 팔기로 했습니다. 거의 문제가 해결된 셈입니다. 그러니 걱정을 멈춰야 했지만, 그럴 수 없었습니다. 걱정은 습관이거든요. 어느새 걱정이 몸에 밴 것이죠.

뉴욕으로 돌아와서는 이탈리아에서 사들이는 체리와 하와이에서 사들이는 파인애플 등 모든 게 걱정되기 시작했어요. 신경이 곤두서고 초조해서 잠을 이룰 수 없었습니다. 아까 말씀드린 대로 신경쇠약에 걸릴 것 같았어요.

하지만 절망 끝에서 불면증을 해소하고 걱정을 몰아낼 방법을 써보기로 했습니다. 바로 바쁘게 지내기였습니다. 제 모든 능력을 동원해야 하는 문제를 해결하는데 몰두하느라 걱정할 틈이 없어졌습니다. 그전까진 하루에 일곱 시간을 일했지만, 그 이후로 하루에 15~16시간을 일했어요. 매일 아침 8시에 출근해서 거의 자정까지 사무실에서 일했습니다. 새로운 일과 책임을 떠맡았고요. 자정이 넘어 집에 도착하면 녹초가 되어 침대에 눕자마자 곧장 잠이 들었습니다. 그렇게 3개월을 지냈습니다. 걱정하는 습관이 사라지더군요. 이후에는 예닐곱 시간을 일하는 평범한 일상으로 돌아갔습니다. 벌써 18년 전 일이에요. 그 이후로 불면증이나 걱정으로 힘든 적이 없습니다."

조지 버나드 쇼의 말이 옳았다. "삶이 비참해지는 비결은 자신이 행복한지 아닌지 생각해볼 여유를 갖는 것이다." 그러니 고민하지 마라! 적극적으로 바쁘게 지내보라. 피가 돌기 시작하고 정신이 들 것이다. 곧 몸속의 긍정적인 기운이 솟구치며 걱정을 몰아낼 것이다. 바쁘게 일하고 그 상태를 유지하라. 이것이야말로 가장 저렴하면서도 효과 좋은 약이다.

걱정하는 습관을 없애는 법 1
늘 바쁘게 생활하라. 걱정이 많은 사람은 절망 속에 시들어가지 않도록 행동에 몰두해야 한다.

2

딱정벌레 때문에 무너지지 말라

평생 잊지 못할 극적인 이야기가 있다. 뉴저지주 메이플우드 하이랜드가 14번지에 사는 로버트 무어의 이야기다.

"1945년 3월, 저는 살면서 가장 큰 교훈을 얻었습니다. 인도차이나 연안의 수심 84미터 해저에서 겪은 일이에요. 저는 잠수함 바야 S.S. 318호에 탑승한 선원 88명 중 한 명이었죠. 어느 날 레이더에 일본 호송선이 다가오는 게 잡혔어요. 새벽쯤에 그들을 공격하기 위해 잠항하기 시작했죠. 잠망경으로 일본 호위구축함, 유조선, 기뢰 부설함을 확인했습니다. 호위구축함을 향해 어뢰 세 발을 쏘았지만 모두 빗맞았어요. 모든 어뢰에 기계 결함이 있었던 것입니다. 구축함은 공격당한 것조차 모른 채 계속 항해했습니다. 마지막 남은 배인 기뢰 부설함을 공격하려고 하는데 갑자기 그 배가 방향을 틀더니 우리에게 돌진했습니다. 일본군 비행기가 수심 18미터에 있는 우리 잠수함을 발견하고 기뢰 부설함에 무전으로 알렸던 것이죠. 우리는 탐지를 피하려고 수심 45미터까지 내려가 수중 폭뢰에 대비했습니다. 화물 출입구에 빗장을 추가로 더 걸고 잠수함에서 아무 소리도 나지 않게 하려고 선풍기와 냉각 장치 등 모든 전기장치를 껐습니다.

3분 뒤 끔찍한 지옥이 펼쳐졌습니다. 주변에서 폭뢰 여섯 개가 터져서 수심 84미터 해저로 내려가야 했습니다. 모두 겁에 질렸어요. 잠수함이 수심 약 300미터 내에서 공격을 받으면 위험한 정도지만, 약 150미터 이내라면 치명적입니다. 우리는 150미터 절반이 조금 넘는 곳에서 공격을 받았던 겁니다. 위험도를 따지자면 무릎 정도 깊이의 수심에서 공격을 받은 거나 다름없었습니다. 이후 15시간 동안 일본 기뢰 부설함은 폭뢰를 투하했습니다.

폭뢰가 반경 5미터 이내에서 터진다면 그 충격으로 잠수함에 구멍이 납니다. 이러한 폭뢰 수십 개가 우리 주변 15미터 내에서 터진 겁니다. 모두 '움직이지 마라'는 명령을 받았어요. 꼼짝도 하지 않고 침상에 누워 있었습니다. 완전히 겁에 질려 숨도 제대로 못 쉬었어요. '이렇게 죽는구나. 이게 죽음이구나. 이렇게 끝이구나!' 혼자서 되뇌었죠. 선풍기와 냉각 장치를 모두 껐으니 잠수함 내부 온도는 37도까지 올라갔어요. 저는 두려움에 온몸이 오싹했습니다. 스웨터와 털가죽 재킷을 입고도 추위에 벌벌 떨었습니다. 이가 떨리고 식은땀이 줄줄 흘렀어요. 그러다 15시간 동안 이어지던 공격이 갑자기 멈췄습니다. 기뢰 부설함이 폭뢰를 다 써버리고 떠난 것 같았어요. 공격을 받던 15시간이 1500만 년처럼 느껴졌습니다. 제 인생이 주마등처럼 스쳐 지나갔습니다.

제가 저지른 잘못과 어리석은 걱정으로 보낸 시간이 떠올랐어요. 해군에 입대하기 전에는 은행원으로 일했습니다. 긴 근무 시간과 형편없는 월급, 좀처럼 보이지 않는 승진 기회 때문에 늘 걱정을 달고 살았습니다. 집도 없었고 새 차를 살 형편도 아니었으며 아내에게 옷 한 벌 사줄 수도 없으니 걱정이 끊이지 않았습니다. 늘 잔소리에 야단만 치는 예전 상사는 정말 꼴도 보기 싫었어요. 지치고 불만에 가득 찬 채 퇴근해서 아내와 사소한 일로 다투던 일이 기억났습니다. 자동차 사고 때문에 생긴 보기 흉한 이마 흉터도 걱정이었죠.

몇 년 전만 해도 이 일들은 모두 큰 걱정거리였어요. 하지만 폭뢰가 터져 곧 죽을 일만 남았다고 생각하자 모든 걱정거리가 한없이 사소해 보였습니다. 저는 그때 그곳에서 다짐했습니다. 여기서 살아나가서 다시 해와 별을 보게 된다면 절대로 걱정하지 않겠다고 말입니다. 절대로! 시러큐스대학교에서 4년 동안 책으로 배운 것보다 잠수함에서 보낸 끔찍한 15시간 동안 삶을 살아가는 방법에 대해 더 많이 배운 셈이지요."

우리는 인생의 큰 시련에는 용감하게 맞서지만 '사소한 골칫거리'에 쉽게 무너지고 만다.

새뮤얼 피프스는 『일기Diary』에서 해리 베인 경이 참수되는 장면을 목격한 이야기를 들려준다. 단두대에 올라서도 목숨을 구걸하지 않던 해리 경은 목에 난 아픈 종기를 건들지 말아 달라고 사형집행인에게 부탁했다!

버드 제독도 남극의 극심한 추위와 어둠 속에서 이 같은 사실을 알게 되었다. 그의 부하들이 큰 시련보다 사소한 일에 야단법석을 떨었기 때문이다. 그들은 불평 한마디 하지 않고 영하 26도의 추위를 비롯해 갖은 위험과 시련을 견뎌냈다. "하지만 같은 내무반 동료 둘이 말을 안 하더군요. 알고 보니 서로 자기 자리를 침범했다고 의심했죠. 그리고 음식을 28번 정도 씹은 후에야 삼키는 감식減食주의자들이 안 보이는 자리를 잡아야 겨우 밥을 먹는 사람도 있었습니다. 이렇듯 극지방 전투 진지에서도 극한의 훈련을 받은 군인들마저 사소한 일로 미쳐버리기 쉽습니다."

결혼 생활도 마찬가지라고 할 수 있겠다. 사소한 일이 사람을 미치게 하고 '세상 고통의 절반을 일으킨다'.

적어도 전문가들이 그렇게 주장하고 있다. 4만 건 이상의 불행한 결혼 생활을 조정한 시카고의 조지프 세바스 판사는 "불행한 결혼 생활은 모두 사소한 일에서 비롯한다"라고 말했다. 뉴욕 카운티의 지방 검사 프랭크 호건은 다음과 같이 말했다. "형사 소송의 절반은 사소한 문제 때문입니다. 술에 취해 허세 부리기, 가정 내 말다툼, 모욕적인 말, 폄하 발언, 무례한 행동 같은 사소한 일이 폭행이나 살인으로 이어집니다. 잔인하고 심하게 부당한 대우를 받아 범죄를 저지르는 게 아니죠. 세상 고통의 절반은 자존심에 상처를 입거나, 수모를 당하거나, 허영심이 채워지지 않는 일에서 비롯됩니다."

엘리너 루스벨트는 결혼하고 얼마 되지 않아 새 요리사의 요리가 형편없어서 '며칠이나' 걱정했다고 한다. "지금이라면 어깨나 한번 으쓱하고 대수롭지 않게 여겼을 거예요." 이것이야말로 정서적으로 성숙한 행동이다. 심지어 러시아 절대군주 예카테리나 대제도 요리사가 음식을 망쳤을 때는 그저 웃어넘겼다고 하지 않던가.

아내와 함께 시카고에 있는 친구의 집에서 저녁을 먹은 적이 있다. 내 친구가 고기를 썰다가 무언가 실수를 한 듯했다. 사실 나는 보지도 못했고, 봤더라도 별로 신경 쓰지 않았을 것이다. 하지만 그의 아내는 우리 부부 앞에서 무안할 정도로 남편을 쏘아붙였다. "존, 조심 좀 해요! 고기 써는 것 하나 제대로 못해요?" 그러더니 우리를 보며 말을 이었다. "남편은 늘 저렇게 실수해요. 해 보려고도 하지 않는다니까요." 친구가 고기를 써는 일은 서툴지 몰라도 이런 부인과 20년을 함께 살았다는 건 정말 대단하다고 생각한다. 솔직히 친구 부인의 잔소리를 들으며 호화로운 요리를 먹느니 평화롭게 집에서 겨자소스 뿌린 핫도그를 먹는 게 훨씬 낫겠다는 생각이 들었다.

얼마 뒤 우리 부부는 친구들을 저녁 식사에 초대했다. 그들이 도착하기 직전에 아내는 냅킨 세 장이 식탁보와 어울리지 않는다는 걸 발견했다.

아내가 나중에 들려준 이야기는 이랬다. "요리사에게 곧장 가서 물어보았더니 다른 냅킨을 세탁소에 맡겼다고 했어요. 손님들이 곧 도착할 예정이라 냅킨을 바꿀 시간도 없었어요. 눈물이 왈칵 쏟아질 것 같았죠! 그러다가 '고작 바보 같은 실수 때문에 왜 오늘 저녁을 다 망쳐버리려고 하지?'라는 생각이 들면서 '뭐, 어때? 어떻게든 되겠지!'라고 마음을 고쳐먹었어요. 곧 손님들을 맞이하고 좋은 시간을 보내기로 마음먹었죠. 그리고 정말 좋은 시간을 보냈답니다. 손님들이 저를 성질 고약하고 예민한 사람이라고 생각하는 것보다 집안일에 서툰 가정주부로 보는 게 더 낫겠다 싶었어요. 그런데 냅킨에 신경 쓰는 사람은 아무도 없는 것 같더라니까요!"

유명한 법언이 있다. "법은 사소한 일에 관여하지 않는다." 아무리 걱정이 많아도 사람도 마음의 평화를 얻고 싶다면 이렇게 해야 한다.

사소한 일로 걱정에서 벗어나고자 한다면 관점의 변화가 필요하다. 늘 새롭고 즐거운 마음을 가져라. 『그들은 파리를 보아야 했다They Had to See Paris』를 비롯해 수많은 책을 쓴 내 친구 호머 크로이는 이 관점의 변화에 관한 멋진 사례를 보여준다.

그는 뉴욕에 있는 아파트에서 책을 쓰고 있는 동안 방열기의 덜걱거리는 소리 때문에 미칠 지경이었다. 책상에 앉아 수증기가 지글거리는 소리를 듣고 있자니 짜증도 스멀스멀 올라왔다.

"그러다 하루는 친구들과 캠핑을 갔어요. 활활 타는 불 속에서 탁탁거리며 타는 장작을 보고 있으니 제 방에 있는 방열기가 내는 소리와 비슷하다는 생각이 들더군요. 왜 장작이 타는 소리는 좋고 방열기 소리는 짜증이 날까? 집으로 돌아가서 스스로 되뇌었죠. '장작이 타는 소리를 들으면 기분이 좋아져. 방열기 소리도 거의 비슷하잖아. 그러니 소음 걱정은 집어치우고 잠이나 자자.' 그리고 푹 잤답니다. 며칠 동안은 방열기가 거슬렸지만, 곧 생각도 하지 않게 되었죠. 사소한 걱정거리도 마찬가지입니다. 하찮은 일을 확대해석하니 속을 끓일 수밖에 없지요."

영국 총리이자 작가인 벤저민 디즈레일리는 "시시하게 살기에는 인생이 너무 짧다"라고 말했다. 프랑스 평론가이자 작가인 앙드레 모루아는 《디스위크》라는 잡지에서 이렇게 말했다. "디즈레일리의 말 덕분에 고통스러운 경험을 극복했어요. 우리는 무시하고 잊어버려야 하는 사소한 일에 자주 화를 내죠. 이 땅에 태어나 고작 몇십 년만 살게 되는데, 일 년쯤 지나면 모두가 잊어버릴 걱정거리에 골몰하느라 소중한 시간을 허비해요. 이제 가치 있는 행동과 감정, 위대한 사고, 진정한 사랑, 지속 가능한 일에 우리의 삶을 바쳐야 합니다. 왜냐하면 사소한 일을 신경 쓰며 살기에는 인생이 너무 짧으니까요."

러디어드 키플링처럼 유명한 작가도 "사소한 일을 신경 쓰며 살기에는 인생이 너무 짧다"라는 사실을 잊을 때가 있었다. 그래서 어떻게 되었을까? 그는 처남과 버몬트주 역사상 가장 유명한 법적 분쟁을 벌였다. 워낙 관심을 모았던 사건이라 『러디어드 키플링의 버몬트 분쟁Rudyard Kipling's Vermont Feud』이라는 책까지 나왔다.

사건은 이랬다. 키플링은 버몬트주 출신의 여성 캐롤라인 발레스티어와 결혼해 버몬트주 브래틀버로에 예쁜 집을 지었고 그곳에서 정착해 여생을 보내기로 했다. 처남인 비티 발레스티어와 절친이 되어 함께 일하며 잘 어울려 다녔다.

그러다 철마다 건초를 베어도 좋다는 조건으로 처남에게 땅을 사들였다. 어느 날 그 목초지를 화원으로 만들려는 키플링의 계획을 알게 된 처남은 노발대발했다. 키플링도 지지 않고 맞섰다. 이 일로 온 동네가 떠들썩했다.

며칠 뒤 키플링은 자전거를 타고 집을 나서는데 처남이 모는 마차와 말 떼가 갑자기 나타나는 바람에 자전거에서 떨어졌다. "주변 사람 모두가 분별력을 잃고 당신을 탓하더라도 침착하라"라고 말하던 그였지만 순간 이성을 잃고 처남을 고소한 것이다! 이후 세상을 떠들썩하게 한 재판이 벌어졌다. 대도시에서 기자들이 마을로 몰려들었고, 전 세계로 이 소식이 퍼졌다. 재판에서는 어떤 합의도 이루어지지 않았고, 키플링 부부는 여생을 보내기로 한 그 집으로 돌아가지 못했다. 모든 걱정과 근심이 너무나 사소한 일, 바로 건초 더미에서 비롯된 것이다!

고대 그리스 장군이자 정치가 페리클레스는 24세기 전에 이렇게 말했다. "여보시오! 자네들은 사소한 일에 너무 많은 시간을 보낸다오." 그의 말처럼 우리는 아직도 그러고 있다!

미국 신학자 해리 에머슨 포스딕 박사가 들려준 흥미로운 이야기가 있다. 숲속 거인의 승리와 패배에 관한 이야기다.

　　"콜로라도주 롱스 피크 비탈에는 거대한 나무의 잔해가 있습니다. 식물학자들은 약 400년 정도 됐을 거라더군요. 콜럼버스가 산살바도르에 상륙했을 때 묘목이었고, 영국 이민자들이 플리머스에 정착했을 때는 지금의 절반 정도까지 자랐을 겁니다. 긴 생애 동안 번개를 14번이나 맞았고 4세기 동안 수없이 많은 산사태와 폭풍을 겪었을 거예요. 이 모든 시련을 견뎌내고 살아남은 거죠. 그런데 딱정벌레 무리의 공격을 받고 쓰러져버렸어요. 딱정벌레들이 나무껍질을 뚫고 안으로 들어가 보잘것없지만 끊임없는 공격을 해댔죠. 이 숲속 거인은 긴 세월을 버티고 번개나 폭풍의 공격에도 끄떡없었지만, 사람이 손가락으로 눌러 죽여버릴 수 있는 자그마한 딱정벌레에 결국 쓰러져버린 겁니다."

　　우리도 이 숲속 거인과 비슷하지 않은가? 삶의 거대한 폭풍이나 산사태, 번개에는 끄떡없지만, 손가락으로도 쉽게 죽일 수 있는 딱정벌레만큼 작은 걱정으로 마음이 문드러지고 있지 않은가?

　　몇 년 전 나는 와이오밍주 고속도로 감독관 찰스 세이프리드를 비롯해 다른 친구 몇 명과 그랜드티턴 국립공원을 여행했다. 우리는 공원 내 존 록펠러의 소유지를 방문할 계획이었다. 그런데 내가 탄 차가 길을 잘못 들어서 길을 잃었고, 결국 다른 차들보다 한 시간이나 늦게 도착했다. 세이프리드가 출입문 열쇠를 가지고 있었기에 무덥고 모기가 득실대는 숲에서 우리를 한 시간이나 기다려야 했다. 성인군자의 혼도 쏙 빼놓을 모기 떼였지만, 세이프리드를 당해낼 재간이 없었다. 세이프리드는 우리를 기다리면서 사시나무 가지를 잘라 피리를 만들었다. 우리가 도착했을 때 그는 모기 떼에게 욕이나 퍼붓고 있었을까? 아니다, 그는 직접 만든 피리를 불고 있었다. 나는 사소한 문제를 지혜롭게 넘길 줄 아는 이를 생각하며 지금까지 그 피리를 간직하고 있다.

걱정하는 습관을 없애는 법 2
무시하고 잊어야 할 사소한 일에 마음 쓰지 말라.
"사소한 일을 신경 쓰며 살기에는 인생이 너무 짧다"라는 말을 기억하라.

3

끝없는 걱정을 몰아내는 법

나는 미주리주 농장에서 자랐다. 하루는 어머니를 도와 체리 씨를 바르다가 갑자기 울음을 터뜨렸다. 어머니가 "데일, 왜 우는 거야?"라고 물어보시자 나는 울먹이며 말했다. "산 채로 묻힐까 봐 겁이 나서요."

그 당시 나는 걱정이 끝도 없었다. 뇌우가 불어닥치면 번개에 맞아 죽진 않을까 두려움에 떨었고, 형편이 어려워져 먹을 게 없을까 봐 걱정했다. 죽어서 지옥에 가진 않을지 두려웠다. 나보다 나이가 많은 샘 화이트가 내 큰 귀를 잘라버리겠다고 겁을 주었는데, 진짜로 그럴까 봐 무서웠다. 여자아이들에게 인사를 건네면 나를 비웃지나 않을지 걱정되었고 아무도 나와 결혼하지 않을까 봐 두려웠다. 결혼하면 제일 먼저 어떤 말을 아내에게 해야 할지 신경이 쓰였다. 교회에서 결혼식을 올리고 멋진 마차를 타고 농장으로 돌아오는 모습을 상상하면서 마차 안에서 아내와 어떤 이야기를 나눠야 할지 걱정이었다. 뭐라고 말하지? 어떤 이야기가 좋을까? 이 중대한 문제에 골몰하며 몇 시간이나 걸었다.

시간이 흐르면서 내가 걱정하던 일의 99퍼센트는 일어나지 않는다는 사실을 점차 알게 되었다.

이전에 말했듯이 나는 어렸을 때 번개를 무서워했다. 하지만 미국안전위원회에 따르면 한 해 동안 벼락에 맞아 죽을 확률은 35만 분의 1밖에 되지 않는다.

게다가 생매장에 대한 두려움은 더 어처구니가 없었다. 산 채로 묻히는 사람은 1000만 명 중 한 명도 안 될 것이다. 그런데도 그 일이 두려워 울었던 것이다.

현재 암으로 사망하는 사람은 여덟 명 중 한 명이다. 당시 걱정거리가 필요했던 거라면 벼락에 맞거나 산 채로 묻히는 것을 두려워할 게 아니라 암에 걸려 죽지 않을까를 걱정해야 했다.

이런 걱정은 대개 아동기나 청소년기에 한다. 하지만 어른의 걱정 역시 말도 안 되는 게 많다. 잠시 불안을 멈추고 평균의 법칙에 따라 지금 하는 걱정이 정당한지를 충분히 따져본다면 당장이라도 걱정의 90퍼센트를 줄일 수 있다.

세계 보험의 최강자 런던의 로이드는 일어나지 않을 일을 걱정하는 사람들의 심리를 이용해 엄청난 돈을 벌어들이고 있다. 그들은 사람들이 걱정하는 재난은 절대 일어나지 않는다는 확률에 내기를 건다. 그리고 내기라고 말하는 대신 보험이라고 부른다. 하지만 평균의 법칙에 따르면 이것은 분명 내기다. 이 거대 보험회사는 200년 동안 꾸준히 성장해왔고, 인간의 본성이 바뀌지 않는 한 앞으로 5000년은 더 번창할 것이다. 평균의 법칙을 적용해볼 때 생각만큼 잘 일어나지도 않는 재난에 대비해 사람들에게 신발이나 배, 밀랍에 대한 보험을 들게 하고 있으니 말이다.

평균의 법칙을 자세히 살펴보면 놀라운 사실을 발견할 수 있다. 예를 들어 내가 앞으로 5년 안에 게티즈버그전투처럼 피비린내 나는 격전을 치러야 한다는 사실을 알게 된다면 분명 겁에 질릴 것이다. 가능한 모든 생명보험에 가입하고 유언장을 작성한 뒤 남은 일을 마무리 지으며 이렇게 말하지 않을까. "전투에서 죽을 게 뻔하니 남은 시간을 최대한 즐겨야겠어." 하지만 평균의 법칙에 따르면 전쟁이 일어나지 않아도 50세에서 55세까지 사는 일은 게티즈버그전투에 참전하는 일만큼이나 위험하고 치명적이다. 즉, 평시에 50세에서 55세 인구의 1000명당 사망자 수는 16만 3000명이 참전한 게티즈버그전투에서 군인 1000명당 사망자 수와 거의 비슷하다.

  나는 이 책의 몇 장을 캐나다 로키산맥 보 호숫가에 있는 제임스 심슨의 넘티카 오두막에서 집필했다. 그곳에서 여름을 보내는 동안 샌프란시스코 퍼시픽가 2298번지에 사는 허버트 샐린저 부부를 만났다. 차분하고 조용한 샐린저 부인은 여태 걱정이라고는 한 번도 한 적이 없는 듯했다. 어느 날 저녁 벽난로 앞에서 걱정 때문에 힘든 적이 있는지 부인에게 물었다.

  "힘들기만 했겠어요? 제 삶은 걱정 때문에 인생이 망가질 뻔했어요. 걱정을 극복하는 법을 배우기 전까지 스스로 만든 지옥 속에서 11년이나 살았죠. 저는 짜증을 잘 내고 욱하는 성격이었어요. 늘 신경이 날카로웠죠. 매주 샌마테오에서 샌프란시스코까지 물건을 사러 갔는데 일을 보면서도 걱정 때문에 안절부절못했죠. 다리미 전원을 껐나? 집에 불이 나면 어쩌지? 가정부가 혼자 살겠다고 아이들만 두고 도망가면 어떡하지? 아이들이 자전거를 타러 나갔다가 교통사고라도 나면? 식은땀까지 흘리며 온갖 걱정을 하다가 아무 일 없는지 확인하기 위해 서둘러 집으로 가는 버스를 타곤 했어요. 그러니 첫 결혼이 불행하게 끝날 수밖에 없었죠.

이후 변호사와 재혼했어요. 차분하고 분석적인 남편은 걱정이라고는 모르는 사람이죠. 제가 신경이 날카로워지고 불안해지면 남편이 이렇게 말했어요. '마음을 편히 먹고 무엇을 걱정하는지 같이 생각해봐요. 평균의 법칙으로 당신이 걱정하는 일이 진짜 일어날지 따져봅시다.'

하루는 뉴멕시코 앨버커키에서 칼즈배드 동굴로 가고 있었어요. 비포장도로를 달리는데 심한 폭풍우가 들이닥쳤죠. 그러다 차가 휘청거리더니 미끄러졌어요. 핸들도 말을 듣질 않았죠. 차가 도랑에 처박힐 것 같았어요. 하지만 남편이 이렇게 말하더군요. '아주 천천히 운전하고 있으니 별일 없을 거야. 도랑에 빠지더라도 평균의 법칙으로 우리는 무사할 거고.' 저는 침착하고 확신에 찬 남편 덕분에 마음이 편안해졌죠.

어느 여름 우리 부부는 캐나다 로키산맥의 통킨 계곡으로 향했어요. 해발 2100미터에서 캠핑을 즐기고 있는데, 그날 밤 폭풍이 들이닥쳤어요. 텐트를 줄로 묶어 나무 데크에 고정해두었지만, 텐트 겉에 친 플라이가 바람에 심하게 펄럭이면서 찢어지는 소리가 났어요. 텐트가 금방이라도 다 찢겨 날아가버릴 것만 같았죠. 저는 겁에 질렸어요. 하지만 남편이 계속 이렇게 말하더군요. '여보, 브루스터스 가이드와 함께하고 있어. 그들이 다 알아서 할 거야. 이 산에서 60년 동안이나 텐트를 친 전문가들이잖아. 이 텐트도 오랫동안 여기서 끄떡없었으니 평균의 법칙에 따라 오늘 밤에도 날아가지 않을 거야. 혹시나 날아가더라도 다른 텐트로 가면 되니 걱정하지 마.' 저는 남편의 말대로 걱정을 멈췄고 푹 잤답니다.

몇 해 전 유행성 소아마비가 캘리포니아 전역을 휩쓴 적이 있어요. 예전의 저라면 제정신이 아니었을 거예요. 하지만 남편이 침착하게 행동하라고 저를 다독였죠. 우리는 할 수 있는 모든 예방조치를 취했어요. 학교나 극장처럼 사람이 많은 곳에 아이들을 데려가지 않았죠. 보건국 자료를 살펴보면서 소아마비가 극성일 때에도 캘리포니아주에서 사망한 아이는 1835명이었고, 평균 200~300명이 사망한다는 사실을 알게 되었어요. 물론 이 수치도 비극적이긴 하지만 평균의 법칙에 따르면 소아마비로 아이가 사망할 확률은 매우 희박하다는 결론을 내렸죠. '평균의 법칙에 따르면 일어나지 않을 것이다'라는 말 덕분에 걱정의 90퍼센트를 없애게 되었어요. 그리고 지난 20년 동안 기대했던 것보다 훨씬 더 아름답고 평안한 삶을 살고 있답니다."

인디언과의 전쟁에서 미국 역사상 가장 큰 공을 세운 조지 크룩 장군은 자서전에서 "인디언의 걱정과 불행은 대개 실제가 아니라 상상에서 비롯되었다"라고 말했다.

지난 세월을 되돌아보면 내 걱정의 원인도 마찬가지였다. 짐 그랜트도 이와 비슷한 경험을 내게 이야기한 한 적이 있다. 그는 뉴욕 프랭클린가 204번지에 있는 그랜트 유통 회사를 운영하고 있다. 그는 한 번 주문할 때마다 플로리다산 오렌지와 자몽을 기차 화물칸 10~15대에 달하는 양으로 주문했다. 그런데 그때마다 온갖 걱정으로 자신을 괴롭혔다. 열차 사고가 나면 어쩌지? 과일이 모조리 다 길가에 쏟아지지는 않을까? 오는 도중에 다리가 무너지면 어쩌지? 물론 보험을 들었지만, 제시간에 배달하지 못해서 고객을 잃을까 봐 두려웠다. 이렇게 지나치게 걱정하다 보니 위궤양에 걸린 듯하여 병원에 갔다. 의사는 신경과민 외에는 아무런 이상이 없다고 말했다. "그때 정신이 번쩍 들었어요. 그리고 스스로 질문하기 시작했죠. '이봐, 짐 그랜트! 이제까지 몇 대 정도가 과일을 운반했지?' '대략 2만 5000대쯤.' '그중 열차 사고가 난 적은 몇 번이지?' '아마 5대 정도지.' '2만 5000대 중 다섯 대뿐이라고? 이게 무슨 말인지 알아? 겨우 5000분의 1의 확률이라고! 경험에 근거한 평균의 법칙을 따져보면 사고가 날 확률이 5000대 중 겨우 한 대꼴이라고. 도대체 뭘 걱정하는 거야?' 그리고 다리가 무너질 상황에 대해 생각하기 시작했어요. '다리가 무너져 사고가 난 적은 몇 번이야?' '단 한 번도 없지.' '그러면 여태 무너진 적 없는 다리와 5000분의 1의 확률로 일어날 법한 기차 사고 때문에 위궤양에 걸릴 정도로 걱정하는 바보 같은 짓을 하는 거야?' 이렇게 생각하다 보니 제가 참 어리석다는 생각이 들더군요. 그때부터 걱정하는 대신 평균의 법칙을 적용해보기로 했죠. 이후로는 위궤양 같은 걸로 고생한 적이 없답니다!"

알 스미스가 뉴욕 주지사였을 때 정치적 대립에 있는 이들에게 공격받을 때면 이렇게 말하는 것을 들었다. "기록을 살펴봅시다." "기록을 조사해봅시다." 그러고서 사실을 제시했다. 이제 일어날지 확실하지 않은 일에 대해 걱정하게 된다면 알 스미스의 현명한 조언을 따르자. 즉, 기록을 살펴보며 숨 막히는 불안감을 일으키는 원인이 무엇인지 따져보라.

프레더릭 말스테드는 무덤에 누워 있는 듯한 두려움을 느꼈을 때 이 방법을 사용했다. 다음은 내 수업 중에 그가 들려준 이야기다.

"1944년 6월 초, 저는 오마하 해변 근처의 좁고 긴 참호에 누워 있었어요. 제999 통신 중대 일원으로 노르망디에 막 '상륙'

했을 때였죠. 땅에 파놓은 직사각형 구덩이에 불과한 참호를 보자마자 '이건 꼭 무덤 같아'라는 생각이 들었어요. 밤이 되어 참호로 들어가 자려고 누웠는데 정말 무덤 같았어요. '내 무덤이 될 수도 있겠다'라는 말이 절로 나왔죠. 밤 11시쯤 독일군 폭격기의 공격이 시작되었어요. 저는 두려움에 온몸이 굳어버렸죠. 처음 이삼 일은 한숨도 못 잤습니다. 사오일째가 되자 신경쇠약에 걸릴 지경이었어요. 뭐라도 하지 않으면 완전히 미쳐버릴 것 같았죠. 그런데 문득 이런 생각이 들더군요. 닷새가 지났는데 나도 우리 부대원도 아직 살아 있다는 사실 말이죠. 그중 두 명이 다쳤지만, 독일의 폭격 때문이 아니라 우리 군의 빗맞은 대공포 때문이었어요. 저는 건설적인 일을 하면서 걱정을 멈추기로 했습니다. 그래서 대공포를 막기 위해 참호 위에 두꺼운 나무 지붕을 만들었어요. 우리 부대가 넓게 퍼져 주둔하고 있다는 점을 고려할 때 깊고 좁은 참호 안에서 죽게 될 경우는 직격탄을 맞을 때뿐이라는 생각이 들더군요. 그런데 따져보니 직격탄을 맞을 확률은 1만 분의 1도 채 되지 않았죠. 이틀 동안 이렇게 생각하다 보니 마음이 편안해지고 심한 폭격 속에서도 푹 잤습니다!"

  미 해군은 평균의 법칙으로 군의 사기를 높인다. 제대한 군인 한 명이 경험담을 들려준 적이 있다. 그는 동료들과 고옥탄가 휘발유를 실은 유조선에 배치되었을 때 걱정이 태산 같았다. 배가 어뢰에 맞아 폭발하면 전원 사망하게 될 것이라고 믿었기 때문이다.

  미 해군은 정확한 수치를 제시하며 실제로 그렇지 않다는 것을 설명했다. "어뢰를 맞은 유조선 100척 중 60척은 침몰하지 않고, 침몰한 40척 중에서도 다섯 척만이 완전히 침몰하는 데

10분이 걸렸습니다. 즉, 배를 탈출할 시간이 충분하고 사상자 수도 극소수에 불과합니다." 이런 설명이 군의 사기를 높이는 데 효과가 있었을까? 미네소타주 세인트폴 월넛가 1969번지에 사는 클라이드 마스는 이 경험담을 들려주며 이렇게 덧붙였다. "모든 승무원의 마음이 훨씬 편안해졌어요. 최악의 상황에도 기회가 있으며, 평균의 법칙에 따라 죽지는 않을 거라는 믿음이 생겼거든요." 걱정이 당신을 집어삼키기 전에 걱정하는 습관을 없애는 또 다른 방법은 다음과 같다.

걱정하는 습관을 없애는 법 3
기록을 살펴보자. 그리고 자문하라.
"평균의 법칙에 따르면 지금 내가 걱정하는 일이
일어날 가능성은 어느 정도인가?"

4

피할 수 없는 일을 대하는 법

어린 시절 미주리주 북서부에 있는 낡고 버려진 통나무집 다락에서 놀고 있을 때였다. 다락에서 내려오려고 창틀에 잠시 발을 딛었다가 뛰어내렸다. 그런데 왼손 집게손가락에 낀 반지가 못에 걸려 손가락이 잘리고 말았다.

겁에 질려 비명을 질렀다. 금방이라도 죽을 것 같았다. 하지만 상처가 다 아물고 난 후로는 한순간도 걱정해본 적이 없다. 걱정해봐야 무슨 소용이겠는가? 나는 피할 수 없는 일을 받아들였다. 이제는 왼손에 네 손가락뿐이라는 사실을 잊은 채 살아간다. 한 달에 한 번 정도도 생각이 날까 말까.

몇 년 전 뉴욕 시내의 빌딩에서 화물용 엘리베이터를 운전하는 사람을 만난 적이 있다. 그의 왼손이 없다는 걸 알아채고 한 손으로 살아가는 게 힘들지 않은지 물었다. 그는 이렇게 답했다. "아니요, 별 신경도 안 써요. 아직 결혼을 안 했지만, 혼자 바늘에 실을 꿰어야 할 때 빼고는 손이 하나뿐이라는 사실을 잊고 삽니다."

어쩔 수 없는 상황에 처하면 우리는 놀라울 정도로 빠르게 적응하고 상황을 잊어버린다. 나는 네덜란드 암스테르담의 15세기 성당 유적에 플라망어로 새겨진 글귀를 자주 떠올린다. "이미 벌어진 일이다. 어쩔 수 없다."

우리는 수십 년을 살면서 이미 벌어져 어쩔 수 없는 불쾌한 일을 수없이 마주할 것이다. 불가피한 일로 받아들이고 적응할지, 아니면 외면하며 신경쇠약에 걸려 인생을 망칠지는 오롯이 우리의 선택에 달렸다.

내가 좋아하는 철학자 윌리엄 제임스는 현명한 조언을 남겼다. "기꺼이 받아들여라. 이미 일어난 일을 받아들이는 일이야말로 모든 불행의 결과를 극복하는 첫걸음이다." 오리건주 포틀랜드 북동부 49번가 2840번지에 사는 엘리자베스 콘리는 이 사실을 힘들게 깨우쳤다. 그는 최근에 내게 이렇게 편지를 보내왔다.

"미국이 북아프리카 전쟁의 승리로 들떠 있을 때, 육군성이 보낸 전보를 받았어요. 제가 가장 사랑하는 조카가 전투 중에 실종되었다는 소식이었죠. 얼마 지나지 않아 전사했다는 전보를 받았고요. 저는 슬픔에 빠져 몸도 제대로 가누지 못했어요. 그전까지만 해도 꽤 괜찮은 삶을 살았어요. 좋아하는 일을 하고 조카를 길렀죠. 조카는 바르고 착실한 청년이었어요. 물에 툭 던진 빵 조각이 맛있는 케이크가 되어 돌아오는 것만 같았죠! 그러다 이렇게 전보를 받은 겁니다. 세상이 무너지는 것만 같았죠. 살아갈 이유를 잃었어요. 일도 하지 않고 친구도 만나지 않았어요. 모든 걸 놔버린 거죠. 괴롭고 억울했어요. 왜 사랑하는 조카가 죽어야 했을까? 왜 앞길이 창창한 이 착한 아이를 죽인 걸까? 이 상황을 받아들이기 힘들었어요. 슬픔에서 헤어나올 수 없었던 저는 일도 그만두고 어딘가로 사라져 괴롭게 눈물이나 흘리며 지내야겠다고 마음먹었죠. 일을 그만두려고 책상을 정리하는데 잊고 있던 편지를 발견했어요. 몇 년 전 어머니가 돌아가셨을 때 조카가 제게 쓴 편지였죠. '우리는 할머니가 보고 싶을 거예요. 고모는 더 그럴 거고요. 하지만 고모는 잘 견뎌내실 거로 믿어요. 이 상황을 충분히 이겨낼 삶의 철학을 가지신 분이니까요. 고모에게 배운 소중한 진리를 절대 잊지 않을 거예요. 우리가 멀리 떨어져 있든, 제가 어디에 있든, 늘 웃고 어떤 일이 벌어지더라도 남자답게 받아들이라는 고모의 말씀을 기억할게요.'

전 편지를 읽고 또 읽었어요. 조카가 바로 옆에서 말하는 것만 같았죠. '고모, 제게 가르쳐주신 대로 해보시겠어요? 무슨 일이 일어나도 견디셔야 해요. 슬픔을 미소로 감추고 견디세요.'

그래서 저는 다시 일하기 시작했어요. 더는 현실을 억울해하거나 외면하지 않기로 했죠. 그리고 끊임없이 스스로 되뇌었어요. '이미 벌어진 일이야. 돌이킬 수도 없어. 하지만 조카가 바라는 대로 잘 견뎌낼 수는 있어.' 저는 일에 전념했어요. 그리고 누군가의 아들일 다른 군인들에게 위문편지를 썼어요. 새로운 취미도 찾고 친구도 만들 겸 저녁에 성인 강좌도 수강했죠. 이런 변화가 일어났다는 게 참 놀라워요. 이미 지나간 과거 때문에 더는 슬퍼하지 않아요. 이제는 하루하루 즐겁게 살아가죠. 조카가 바라던 대로요. 삶과 화해하고 운명을 받아들이니 어느 때보다 더 풍성하고 완벽한 삶을 살아가고 있답니다."

엘리자베스 콘리는 우리가 이제 배우게 될 교훈을 깨우친 것이다. 우리는 피할 수 없는 일을 받아들여야 한다. "이미 벌어진 일이다. 어쩔 수 없다"라는 교훈을 깨우친다는 게 사실 쉽지 않다.

왕좌에 앉은 통치자들도 끊임없이 스스로 마음에 새겨야 한다. 영국의 왕 조지 5세의 버킹엄궁전 서재 벽에 걸린 액자에는 이런 문구가 있다. "달을 따달라고 조르지 않고 엎질러진 물 때문에 울지 않게 해주소서." 철학자 쇼펜하우어도 같은 생각을 이렇게 말했다. "단념은 삶이라는 여행에서 가장 중요한 준비물이다."

우리가 처한 상황 자체가 행복이나 불행을 결정짓지 못한다. 상황에 대처하는 우리의 태도가 감정을 결정한다. 하느님은 천국은 우리 안에 있다고 말했다. 그러니 지옥도 마찬가지다. 누구나 어쩔 수 없는 상황이 되면 끔찍한 비극이나 재난을 견디고 이겨낼 수 있다. 그럴 수 없을 것 같겠지만, 우리 내면에는 시련을 극복할 수 있는 놀라울 만큼 강한 힘이 있다. 우리는 생각보다 강하다.

작가 부스 타킹턴은 늘 이렇게 말했다. "나는 앞을 못 보는 일만 아니면 인생에서 일어나는 어떤 일이든 감당할 수 있다. 실명은 견딜 수 없을 것 같다." 그런데 60대 접어든 어느 날 바닥의 카펫 색이 뿌옇게 보이고 무늬가 보이지 않았다. 곧장 전문의를 찾아간 그는 시력을 잃고 있다는 절망적인 말을 듣게 되었다. 한쪽 눈은 실명 위기였고 나머지 눈도 곧 그렇게 될 거라고 했다. 가장 두려워했던 일이 실제로 닥친 것이다.

그는 이 '최악의 상황'에서 어떻게 반응했을까? '실명이라니! 내 인생이 이렇게 끝나는구나!'라고 생각했을까? 그렇지 않다. 놀랍게도 그는 즐거웠다. 심지어 실없는 농담까지 했다. 눈앞에 아른거리는 '반점'들 때문에 제대로 볼 수 없었지만 가장 큰 반점이 시야에 나타나면 이렇게 말했다. "안녕하세요! 할아버지가 또 오셨네요. 이 좋은 날 아침에 어디로 가시려고요?"

운명이 이런 정신을 가진 사람을 당해낼 수 있을까? 그럴 수 없다. 그는 시력을 완전히 잃은 후 이렇게 말했다. "인간이 어떤 일이라도 감당할 수 있듯이 저도 실명이라는 상황을 받아들일 수 있었습니다. 오감을 잃더라도 마음으로 살아갈 수 있다는 걸 알았거든요. 알든 모르든 우리는 마음으로 보고 마음으로 살기 때문이죠."

그는 시력을 회복할 수 있다는 희망으로 일 년에 열두 번도 넘는 수술을 받았다. 부분마취만 하고 말이다! 이 상황에서도 그는 화를 내거나 불평하지 않았다. 피할 수 없는 상황이라면 고통을 줄이는 유일한 방법은 품위 있게 받아들이는 것뿐이라는 것을 알았기 때문이다.

그는 1인실 대신 다양한 질환을 앓고 있는 다른 환자들과 다인실에서 지내며 그들을 응원했다. 자신의 눈에 무엇을 하는지 또렷하게 의식하는 상태로 여러 차례 수술받는 와중에도 자신이 얼마나 운이 좋은지 생각하려고 했다. "얼마나 멋진 일이야! 과학이 발전해 눈처럼 섬세한 부위도 수술할 수 있다니!"

보통 사람이라면 열두 번이 넘는 수술에 시력까지 잃은 상태라면 신경쇠약에 걸렸을 것이다. 하지만 타킹턴은 이렇게 말했다. "이 경험을 다른 행복한 경험과 맞바꾸지 않을 겁니다." 그는 수용하는 태도, 즉 어떠한 상황이 닥쳐도 강인하게 견뎌낼 수 있다는 것을 배웠다. 영국 시인 존 밀턴이 깨달은 대로 "앞을 보지 못해 비참한 게 아니다. 그것을 견뎌내지 못해 비참한 것이다"라는 사실을 알게 된 것이다.

뉴잉글랜드의 유명한 페미니스트 마거릿 풀러는 자신의 신념을 이렇게 말한 적이 있다. "나는 우주를 받아들인다!"

평소 불만이 많던 비평가 토머스 칼라일은 영국에서 이 말을 듣고 코웃음을 치며 이렇게 말했다. "그러는 게 좋을 거야!" 당신과 나도 당연히 피할 수 없는 일이라면 받아들여야 한다!

불평하고 억울해하며 외면하려고 해도 피할 수 없는 일은 바꿀 수 없다. 하지만 우리 자신을 바꿀 수는 있다. 나는 경험에서 이 사실을 안다. 나는 내게 닥친 피할 수 없는 상황을 외면하려고 한 적이 있다. 바보처럼 불평하고 피하려고만 했고, 매일 불면증의 지옥에 빠져 제대로 잘 수조차 없었다. 원치 않은 모든 일로 나를 들들 볶은 것이다. 이렇게 일 년 동안 스스로 괴롭힌 끝에 애초에 바꿀 수 없었던 일은 받아들였다.

돌이켜보면 나는 일 년 전에 시인 월트 휘트먼처럼 소리쳤어야 했다.

오, 밤과 폭풍우와 굶주림,
비웃음과 사고와 거절을
나무와 동물처럼 맞서게 하소서.

나는 12년 동안 가축을 길렀다. 내가 키우던 저지종 젖소 중에는 비가 내리지 않아 목초지가 말랐다고, 진눈깨비가 흩날려서 춥다고, 수컷이 다른 암소에게 관심을 준다는 등의 이유로 화를 낸 젖소가 한 마리도 없었다. 동물들은 밤과 폭풍우, 굶주림을 침착하게 견뎌낸다. 신경쇠약이나 위궤양에 걸리지도 않고 정신을 잃는 일도 없다.

그렇다면 인생에 일어나는 모든 역경에 굴복해야 할까? 절대 그렇지 않다. 그것은 운명론에 불과하다. 상황을 개선할 여지가 있다면 맞서 싸워야 한다! 하지만 상식적으로 볼 때 이미 벌어져 돌이킬 수 없는 상황이라면 이것저것 따지지 말고, 안 될 일에 매달리지 말라.

컬럼비아대학교 학장이었던 호크스는 자신이 좌우명으로 삼은 전래동요의 한 구절을 내게 말해주었다.

하늘 아래 모든 병에는
치료법이 있거나 없지요.
있다면 찾아보고
없다면 어쩔 수 없지요.

이 책을 쓰면서 미국에서 유명한 기업가를 수없이 인터뷰했다. 인상적이었던 점은 그들이 피할 수 없는 일을 받아들이고 걱정에서 벗어난 삶을 사는 것이었다. 그러지 않았다면 그들은 여러 중압감에 무너졌을 것이다. 이를 보여주는 몇 가지 사례를 소개하겠다.

미국 전역에 가맹점을 보유한 페니 스토어의 창립자 J.C. 페니는 이렇게 말했다. "전 재산을 잃어도 걱정하지 않을 겁니다. 그래 봐야 얻을 게 하나도 없기 때문이죠. 할 수 있는 일에 최선을 다하고 결과는 하늘에 맡길 겁니다."

기업인 헨리 포드도 비슷한 이야기를 했다. "어쩔 수 없는 일이 생기면 일이 알아서 되도록 내버려 둡니다."

크라이슬러 사장이었던 K.T. 켈러에게 걱정하지 않는 법을 묻자 이렇게 답했다. "힘든 일이 닥쳤을 때 제가 할 수 있는 일이 있다면 그 일을 합니다. 어쩌지 못한다면 그냥 잊어버려요. 저는 미래를 걱정하지 않습니다. 미래에 어떤 일이 일어날지 아는 사람은 아무도 없으니까요. 미래에 영향을 주는 힘은 수없이 많지만, 그 힘이 어떻게 일어나는지 누구도 알지도, 예측하지도 못합니다. 그러니 걱정한들 무슨 소용이겠습니까?" 그는 철학자 같다는 말을 들으면 당황해할 것이다. 그저 뛰어난 사업가일 뿐이기 때문이다. 하지만 그의 철학은 고대 로마 철학자 에픽테토스가 로마인에게 가르쳤던 것과 같다. 그는 이렇게 말했다. "행복에 이르는 길은 단 하나뿐입니다. 우리의 의지로 어찌지 못하는 일은 걱정하지 않는 것이지요."

'사라 여신'이라고 불리는 사라 베르나르도 피할 수 없는 일을 받아들이는 사례를 잘 보여주었다. 반세기 동안 사라는 네 대륙에서 무대를 지배하는 여왕이자 지구상에서 가장 사랑받는 배우였다. 하지만 71세에 전 재산을 잃었고 주치의 포지 교수에게 다리를 절단해야 한다는 말을 들었다. 대서양을 건너는 도중 폭풍이 들이닥쳤고, 갑판에 넘어져 다리를 심각하게 다쳤기 때문이었다. 정맥염이 악화해 다리가 오그라들자 통증이 심해졌다. 의사는 다리를 절단할 수밖에 없다고 생각했지만 성격이 거칠고 불같은 '사라 여신'에게 이 말을 꺼내기가 두려웠다. 이 끔찍한 소식을 들으면 분명 큰 충격으로 발작을 일으킬 것 같았기 때문이다. 하지만 완전히 오산이었다. 사라는 잠시 그를 보더니 침착하게 말했다. "그래야 한다면, 그래야죠." 피할 수 없는 운명이었던 것이다.

휠체어를 타고 수술실로 향할 때 사라의 아들이 서서 눈물을 흘렸다. 사라는 아들에게 환한 모습으로 손을 흔들며 말했다. "아무 데도 가지 마. 곧 돌아올 테니까."

수술실로 향하면서 사라는 자신이 출연한 연극의 한 장면에 나온 대사를 읊었다. 스스로 힘을 내려고 그러는 거냐고 누군가 묻자 그가 이렇게 답했다. "아니요, 의사와 간호사들에게 기운을 주려고요. 그들에게도 이 수술이 부담스러울 테니까요."

수술을 받고 회복한 후에 사라는 7년 동안 전 세계를 돌며 많은 관객을 매료시켰다. 엘시 매코믹은 《리더스 다이제스트》에서 이렇게 말했다. "피할 수 없는 일과 더는 싸우지 않는다면 그 에너지로 더 풍요로운 삶을 살 수 있습니다."

피할 수 없는 일과 싸우면서 동시에 새로운 삶을 만들어낼 수 있는 충분한 감정과 활력을 가진 사람은 없다. 하나만 선택하라. 인생에서 진눈깨비가 내리는 폭풍우를 만났을 때 우리가 할 수 있는 것은 몸을 구부리거나 버티다가 부러지거나 둘 중 하나다.

미주리주에 있는 내 농장에서 경험한 일이다. 당시 나는 농장에 나무를 꽤 많이 심었다. 처음에는 나무들이 놀랄 만큼 빨리 자랐다. 그러다 진눈깨비를 동반한 폭풍우가 들이닥치자 나뭇가지에 얼음이 수북이 쌓였다. 나뭇가지들은 우아하게 고개를 숙이는 대신 오만하게 버티다가 눈의 무게를 이기지 못하고 부러져버렸고, 결국 몽땅 베어내어야 했다. 이 나무들은 북부 숲이 지닌 지혜를 배우지 못했다. 나는 이제껏 캐나다의 상록수림 수백 킬로미터를 여행하면서 진눈깨비나 얼음 때문에 쓰러진 소나무나 가문비나무를 본 적이 없다. 이 나무들은 가지를 구부리며 피할 수 없는 일을 받아들이는 법을 알고 있었다.

주짓수 사범들은 제자들에게 이렇게 가르친다. "버드나무처럼 휘어지고, 참나무처럼 버티지 마라."

자동차 타이어가 도로에서 그렇게 많은 충격을 어떻게 견딘다고 생각하는가? 처음에 제조사는 도로의 충격에 저항하도록 타이어를 만들었다. 하지만 얼마 가지 못해 너덜너덜해졌다. 이후 도로의 충격을 흡수하는 타이어를 만들었다. 그 타이어는 모든 충격을 '견뎌냈다'. 이처럼 우리도 험난한 인생길에서 흔들리기도 하고 충격을 흡수하는 법을 배운다면 오랫동안 편안한 여행을 즐길 수 있을 것이다.

충격을 흡수하지 않고 저항하면 어떤 일이 생길까? '버드나무처럼 휘어지지' 않고 참나무처럼 버티면 어떻게 될까? 답은 간단하다. 끝없는 내적 갈등에 휩싸일 것이다. 늘 걱정하고 긴장에 휩싸여 초조해하다가 결국 신경쇠약에 걸릴 것이다. 더 나아가 가혹한 현실을 외면하고 스스로 만든 꿈같은 세계로 도피한다면 정신이 이상해질 것이다.

전쟁 중 겁에 질린 군인 수백만 명은 피할 수 없는 현실을 받아들이든 긴장감으로 무너지든 둘 중 하나였다. 뉴욕 글렌데일 76번가 7126번지에 사는 윌리엄 H. 카셀리우스의 경험담을 들어보자. 그는 수업에서 이 사례를 발표해 상을 받았다.

"해안 경비대에 입대하고 얼마 후 대서양 연안에서 가장 힘든 곳에 배치되었어요. 폭발물을 관리하는 일을 맡았죠. 과자나 팔던 사람이 폭발물 관리자가 되는 게 상상이나 됩니까? 수천 톤의 강력한 폭탄 위에 서 있는 생각만으로도 등골이 오싹해졌어요. 겨우 이틀 동안 교육받았지만, 오히려 더 두려워졌죠. 제 첫 번째 임무를 평생 잊지 못할 겁니다. 안개가 자욱하게 낀 춥고 어두운 날이었죠. 저는 뉴저지주 베이온 케이븐곶 부두에서 명령을 받았어요.

저는 배의 5번 화물칸에 배치되었고 부두 인부 다섯 명과 일하게 되었습니다. 그들은 힘이 셌지만, 폭발물에 대해 아는 것이 없었어요. 그런 그들이 초대형 폭탄을 나르고 있었던 겁니다. 폭탄마다 TNT가 1톤씩 들어 있어서, 한 발이면 이런 낡은 배 한 척 정도는 흔적도 없이 사라져버릴 게 뻔했습니다. 이 엄청난 위력의 폭탄을 철제 밧줄 두 개로 나르더군요. 저는 '저 밧줄 하나라도 미끄러지거나 끊어지면 어쩌지?'라는 생각이 들었어요. 소름이 끼치며 몸이 떨렸죠. 입이 바싹 마르고 다리가 후들거리더니 가슴이 두근거렸어요. 하지만 도망칠 수도 없었습니다. 그랬다가는 탈영병이 될 테고 제게도 부모님에게도 수치스러운 일로 남을 게 뻔했죠. 게다가 탈영은 총살감이었어요. 그러니 어쩔 수 없이 인부들이 초대형 폭탄을 함부로 다루는 걸 지켜볼 수밖에 없었습니다. 당장이라도 배가 폭발할 것 같았죠. 이렇게 한 시간쯤 등골이 오싹해질 정도로 두려움에 떨다가 좀 더 상식적으로 생각해보기로 했어요. 저는 스스로 위안하기 시작했죠. '야! 폭탄이 터지면 죽겠지. 그래서 뭐? 쥐도 새도 모르게 죽게 될 텐데! 오히려 더 편하게 죽게 되겠지. 암으로 죽는 것보다 훨씬 낫잖아. 바보처럼 굴지 마. 어차피 영원히 살지도 못해. 이 일을 끝내든 총살을 당하든 둘 중 하나야. 그러니 즐겨.' 몇 시간을 이렇게 하다 보니 마음이 편안해졌어요. 그리고 피할 수 없는 상황을 억지로라도 받아들이려고 노력한 끝에 걱정과 두려움을 이겨냈습니다.

저는 그때 배운 교훈을 잊지 않을 거예요. 어쩌지 못하는 상황에 대해 걱정하려고 할 때마다 저는 어깨를 한번 으쓱하고 이렇게 말한답니다. '잊어버리자.' 저 같은 과자 판매원에게도 효과가 있는 말이랍니다."

와, 대단하지 않은가! 피나포어 출신 과자 판매원에게 열렬한 환호를 보낸다.

십자가에 못 박혀 죽음을 맞이한 예수를 제외하고 역사상 가장 유명한 죽음을 맞은 사람은 소크라테스다. 앞으로 만 세기가 지난 후에도 사람들은 소크라테스의 죽음에 관한 불멸의 기록을 읽으며 마음속 깊이 새길 것이다. 플라톤이 쓴 이 글은 수많은 문학작품 중에서 가장 감동적이고 아름다운 장면이기도 하다. 맨발의 노인 소크라테스를 시기하고 질투하던 아테네의 어떤 사람들이 혐의를 날조해 그를 고발했다. 그는 재판에서 사형선고를 받게 되었다. 그를 안타깝게 여기던 한 간수가 그에게 독배를 건네며 이렇게 말했다. "피할 수 없는 일이라면 가볍게 받아들이세요." 소크라테스는 그렇게 했다. 그는 신의 경지에 이른 듯한 모습으로 침착하게 죽음을 마주했다.

"피할 수 없는 일이라면 가볍게 받아들여라." 이 말은 예수가 태어나기 399년 전에 나왔지만, 지금처럼 걱정 많은 현대사회에서 더 필요한 말이다. "피할 수 없는 일이라면 가볍게 받아들여라."

지난 8년간 나는 책과 잡지에서 걱정을 없애는 법을 조금이라도 다룬 글이 있다면 닥치는 대로 읽었다. 그중에서 내가 발견한 글을 나누고자 한다. 길지 않으니 욕실 거울에 붙여두고 세수할 때마다 읽으며 걱정도 모두 씻어내길 바란다. 뉴욕 브로드웨이 120번가에 있는 유니언신학교 응용신학과의 라인홀트 니부어 박사가 쓴 귀중한 기도문이다.

주여, 저에게

바꿀 수 없는 일은 받아들일 평온함을 갖게 하시고

바꿀 수 있는 일은 바꿀 용기를 갖게 하시고

이 둘을 구별하는 지혜를 갖게 해주소서.

걱정하는 습관을 없애는 법 4

피할 수 없는 일이라면 받아들여라.

5

걱정에 '손절가'를 설정하라

주식 투자로 돈을 벌고 싶은가? 다들 그럴 것이다. 내가 그 방법을 안다면 이 책은 비싼 값에도 불티나게 팔리지 않을까? 성공한 투자가들이 쓰는 효과적인 방법을 하나 소개하겠다. 뉴욕 동쪽 42번가 17의 사무실에서 일하는 투자 상담가 찰스 로버츠의 이야기를 들어보자.

"저는 친구들이 투자를 부탁한 2만 달러를 가지고 텍사스에서 뉴욕으로 왔어요. 주식 투자에 훤하다고 자신했지만, 전 재산을 날려버렸죠. 꽤 높은 수익을 올릴 때도 있었지만, 결국 빈털터리 신세가 되었어요. 제 돈을 잃은 건 어쩔 수 없다 해도 친구들의 돈까지 날렸다고 생각하니 눈앞이 캄캄하더군요. 물론 친구들이 별로 개의치 않을 손실이기는 했지만, 이런 일을 겪고 나니 친구들을 볼 면목이 없었죠. 그런데 놀랍게도 친구들은 상황을 있는 그대로 받아들이고 비관하지도 않더군요.

저는 될 대로 되라는 식으로 운에 맡기거나 남의 의견에 휘둘리며 주식을 거래하고 있었습니다. H.I. 필립스의 말처럼 '즉

홍적'으로 투자를 했던 거죠. 그래서 제 실수를 되짚어보며 문제의 원인을 정확히 파악하고 투자에 다시 뛰어들기로 마음먹었습니다. 가장 성공한 주식 투자가인 버튼 S. 캐슬스를 알게 되었고 그에게 조언을 구했습니다. 그는 오랫동안 성공적으로 투자를 이어가고 있었으니까요. 단순히 우연이나 행운만으로 얻을 수 있는 실적이 아니었기에 그에게서 배울 점이 많을 거라 생각했습니다. 그는 제 투자 방식에 관해 몇 가지 질문을 하더니 투자에서 가장 중요한 원칙을 말해주었죠. '저는 모든 거래에 손절가를 설정해둡니다. 어떤 주식을 한 주당 50달러를 주고 샀다면, 곧장 손절가를 45달러로 설정하는 거죠. 다시 말해 주가가 사들인 것보다 5포인트 떨어지면 자동으로 팔리게 하여 최대 손실을 5포인트로 제한하는 것이었죠. 처음부터 현명하게 투자했다면 수익은 10 또는 25포인트, 심지어 50포인트까지 치솟겠지요. 그러니 손실을 5포인트로 제한해두면 절반 이상을 손해 보더라도 여전히 수익이 나지 않겠어요?'

저는 고수의 원칙을 곧장 적용했고 여태 실천하고 있어요. 저뿐만 아니라 고객의 큰 손실을 막아주었습니다. 그리고 손절가 원칙을 주식뿐만 아니라 다양한 방면에서 적용할 수 있겠다는 생각이 들었어요. 이후 골칫거리가 생길 때마다 이 방법을 썼더니 놀라운 일이 벌어졌습니다.

예를 들어 점심 약속에 늘 늦는 친구가 있었어요. 예전에는 점심시간의 반을 날려버리는 친구 때문에 화가 머리끝까지 났어요. 그러다 걱정에 손절가를 설정하겠다는 이야기를 친구에게 했어요. '빌, 너를 기다리는 손절가는 딱 10분이야. 네가 10분 이상 늦으면 점심 약속은 없던 걸로 생각할 거야.'"

정말 안타깝다! 나도 몇 년 전에 성급하고 불같은 성격, 자기 합리화, 후회, 그리고 온갖 감정적이고 정신적인 긴장감에 손절가를 설정할 수 있었다면 얼마나 좋았을까? 내 마음의 평화를 깨트리는 상황을 제대로 파악하고 '이봐, 데일 카네기. 이 상황은 그렇게까지 신경 쓸 일이 아니야'라고 스스로 말할 수 있었다면 참 좋았을 텐데 말이다.

그래도 한 번 정도는 제대로 한 것 같아 다행이다. 한때 인생의 위기라고 할 만큼 심각한 일을 겪은 적이 있다. 미래에 대한 내 꿈과 계획이 물거품처럼 사라질 위기였지만, 그저 지켜볼 수밖에 없었다. 상황은 이랬다. 나는 30대 초반에 소설가가 되기로 했다. 제2의 프랭크 노리스나 잭 런던, 토머스 하디가 되고 싶었다. 진지하게 마음먹고 유럽에서 2년을 보냈다. 1차 세계대전 직후 돈을 막 찍어대던 시기라 생활비 걱정 없이 지낼 수 있었다. 그 시기에 내 인생 대표작을 썼는데, 제목이 『눈보라Blizzard』였다.

출판사들의 반응이 다코타 평원에 휘몰아치는 눈보라만큼이나 냉담했으니 제목이 딱 들어맞은 셈이다. 출판사 관계자에게 내용도 형편없는 데다 소설에는 재능이나 능력도 없다는 말을 듣게 되자 심장이 멎는 것 같았다. 멍하게 그의 사무실을 나왔다. 몽둥이로 머리를 세게 맞아도 그 정도로 정신이 아득해지진 않을 것이다. 말 그대로 넋이 나간 것이다. 인생의 갈림길에 섰고 중요한 결정을 내려야 할 때라는 생각이 들었다. 뭘 해야 할까? 어느 길로 가야 하지? 이렇게 몇 주를 보내고서 정신이 들었다. 그때까지 '걱정에 손절가를 설정하라'는 말을 들어본 적이 없었다. 하지만 돌이켜보니 당시 나는 그렇게 한 것 같다. 소설을 써보겠다고 애쓴 2년을 귀중한 경험으로 받아들이고 앞으로 나아가기로 했다. 이후 나는 성인을 대상으로 하는 수업을 개발하고 가르치는 일로 돌아왔고, 남는 시간에 전기나 당신이 읽는 이 책과 같은 자기계발서를 썼다. 그때 내린 결정에 만족하느냐고 묻는다면, 물론이다! 당시의 일을 생각하면 길에서 춤을 출 수 있을 만큼 기쁘다. 그 이후로 단 한 순간도 제2의 토머스 하디가 되지 못해 슬퍼한 적이 없다.

  100년 전 어느 날, 월든 호숫가에서 부엉이 한 마리가 소리 높여 울던 밤이었다. 헨리 데이비드 소로는 직접 만든 잉크에 거위 깃털로 만든 펜을 적시며 일기장에 이렇게 썼다. "어떤 것의 값어치는 당장 혹은 장기간에 걸쳐 대가를 치러야 할 삶의 정도로 결정된다." 즉, 우리의 존재 자체를 뒤흔드는 일에 과도한 대가를 치르는 것은 어리석다는 말이다. 하지만 윌리엄 S. 길버트와 아서 설리번은 어리석은 짓을 했다. 그들은 즐거운 음악과 가사를 만들었지만, 안타깝게도 즐겁게 인생을 사는 법을 몰랐다. 〈인내〉 〈피나포어〉 〈미카도〉처럼 아름다운 오페레타로 세상 사람들을 즐겁게 했지만, 정작 자신들의 감정은 조절하지 못한 것이다. 고작 카펫 가격 때문에 오랫동안 서로를 등지고 힘겨운 삶을 살았으니 말이다! 함께 매매한 극장을 단장하려고 설리번이 새 카펫을 하나 샀다. 그런데 영수증을 본 길버트가 노발대발했다. 그들의 싸움은 법정까지 이어졌고, 평생 화해하지 않았다. 설리번이 새로운 곡을 써서 우편으로 보내면 길버트가 가사를 붙여 다시 설리번에게 우편으로 보냈다. 함께 무대 인사를 해야 할 때조차 서로 보기 싫어서 무대의 끝에 멀찍이 서서 각기 다른 방향으로 인사를 했다. 그들은 손절가를 설정하지 못한 것이다.

  링컨은 달랐다. 남북 전쟁이 한창일 때였다. 링컨은 친구들이 자신의 철천지원수를 비난하자 이렇게 말했다. "자네들이 나보다 더 큰 원한을 품은 것 같군. 아니면 내가 가진 원한이 너무 적거나. 하지만 내 생각에는 다른 사람에게 원한을 가지는 건 별 가치가 없는 일이라고 생각하네. 인생은 진흙탕 싸움을 하며 보내기엔 너무 짧거든. 다른 사람이 나에 대한 공격을 그만두는 순간, 나는 그 사람의 과거 따위는 잊어버리지."

나는 이디스 고모도 링컨처럼 용서하는 마음을 가졌더라면 얼마나 좋았을까 하는 생각이 든다. 고모와 프랭크 고모부는 대출을 받아 농장을 마련했다. 농장에는 도꼬마리가 무성했고 토질은 엉망이었으며 배수도 잘되지 않았다. 동전 한 푼까지 긁어모아 지내야 할 정도로 어렵게 생활을 이어 나갔다. 그런데 고모는 휑한 집을 꾸미려고 커튼이나 다른 물건들을 사들이며 소소한 행복을 누렸다. 게다가 미주리주 메리빌에 있는 댄 에버솔 잡화점에서 외상으로 물건을 사들였다. 고모부는 빚이 더 늘어날까봐 노심초사했다. 농사꾼이라면 누구나 쌓여가는 청구서를 두려워하기 마련이다. 그래서 아내에게 외상으로 물건을 주지 말라고 잡화점에 몰래 이야기해두었다. 이 사실을 알게 된 고모는 노발대발했고 50년이 지난 지금까지도 화를 풀지 않았다. 고모에게 이 이야기를 수도 없이 들었다. 이제 70대에 접어든 고모에게 나는 이렇게 말했다. "이디스 고모, 고모부가 고모에게 창피를 준 건 잘못한 일이에요. 하지만 50년 동안이나 그 일로 불평하는 게 더 잘못된 일이라는 생각은 안 드세요?"(하지만 소귀에 경 읽기였다).

이디스 고모는 스스로 키운 원망스럽고 억울한 기억 때문에 값비싼 대가를 치렀다. 벤저민 프랭클린은 일곱 살 때 저지른 실수를 70년 동안이나 기억했다. 호루라기를 아주 좋아했던 그는 어느 날 장난감 가게에서 가격을 묻지도 않고 가진 돈을 몽땅 털어 호루라기를 샀다. 그는 70년이 지나 친구에게 보낸 편지에서 이렇게 말했다. "새 호루라기가 너무 좋아서 집 안 곳곳에서 불고 다녔다네. 그런데 형과 누나들이 원래 가격보다 훨씬 비싸게 샀다며 비웃는 게 아닌가. 너무 속상해서 엉엉 울었어." 시간이 흘러 세계적으로 유명해지고 프랑스 대사로 부임했을 때까지도 그는 호루라기를 비싸게 샀던 일을 잊지 못했다. "호루라기를 얻은 기쁨보다 속상한 마음이 훨씬 더 컸다."

사실 그는 저렴한 가격에 값진 교훈을 얻었다. "성인이 되어 세상을 알게 되고 사람들의 행동을 살펴보니 호루라기를 지나치게 비싸게 주고 사는 이들이 너무도 많더군요. 인간의 불행은 어떤 것의 값어치를 잘못 매기는 데서 비롯된다고 생각합니다. '고작 호루라기 하나에 몇 배나 되는 돈을 내는 것'처럼 말이죠."

길버트와 설리번 역시 호루라기를 지나치게 비싸게 주고 샀다. 이디스 고모도 마찬가지였고, 나도 수없이 그랬다. 『전쟁과 평화』와 『안나 카레니나』 등 희대의 걸작을 쓴 위대한 작가 레프 톨스토이라고 다르지 않았다. 『브리태니커 백과사전』에 따르면 톨스토이는 생애 마지막 20년 동안 "아마도 세상에서 가장 존경받는" 사람이었다. 그가 죽기 전, 1890년부터 1910년까지 그를 존경하는 사람들이 얼굴을 한 번이라도 보고, 목소리라도 듣고, 옷깃이라도 만지려고 그의 집으로 끝없이 밀려들었다. 그의 말이 '신의 계시'라도 되는 듯 다들 받아적었다. 하지만 평소 생활을 들여다보면 그는 일흔이 되어서도 일곱 살짜리보다 못한 행동을 했다. 생각이란 걸 했을까 싶을 정도다.

어떤 일이 있었는지 들려주겠다. 톨스토이는 정말 사랑하는 여성과 결혼했다. 행복에 취한 두 사람은 무릎을 꿇고 앉아 순수하고 황홀한 기쁨을 영원히 누리게 해달라고 기도했다. 하지만 톨스토이의 아내는 질투가 많은 여자였다. 누추한 옷을 입고 숲속까지 쫓아가 남편을 감시했다. 그러다 둘은 심하게 싸웠다. 아내는 아이들에게마저 질투를 느껴 딸의 사진에 총을 쏴 구멍을 냈다. 심지어 아편 병을 입에 물고 바닥을 뒹굴며 자살하겠다고 위협했다. 그 모습을 본 아이들은 겁에 질려 방구석에 웅크려 비명을 질렀다.

　　톨스토이는 어떻게 했을까? 그가 가구를 박살 낸 것에 대해 비난하고 싶지는 않다. 화가 날 만했으니까. 하지만 그는 이보다 더 형편없는 짓을 했다. 비밀 일기에 아내를 비난하는 글을 잔뜩 쓴 것이다. 이것이 그의 '호루라기'였던 셈이다. 그는 후대의 사람들이 자신에게 면죄부를 주고 아내를 비난하도록 만들기로 작정했다. 이것을 본 아내는 어떻게 했을까? 일기를 찢어서 불태워버렸다. 그리고 자신만의 일기를 써서 톨스토이를 악당으로 만들었다. 심지어 『누구의 잘못인가?』라는 소설을 통해 남편을 집안의 악마로, 자신을 순교자로 묘사했다.

　　그들이 이렇게까지 한 이유는 뭘까? 왜 자신들의 집을 톨스토이가 말한 대로 '정신병원'으로 만들어버렸을까? 이유는 분명하다. 그중 하나는 당신과 나 같은 사람에게 좋은 인상을 주고자 하는 강한 욕구 때문이다. 자신들을 어떻게 생각할지 그렇게 걱정하던 후손이 바로 우리다. 그런데 우리는 세상을 떠난 두 사람의 잘잘못에 조금이라도 관심을 두는가? 그렇지 않다. 지금 겪고 있는 문제만으로도 이미 벅찬 우리가 톨스토이 부부의 문제를 생각할 겨를이 어디 있겠는가? 이 불행한 두 사람은 자신들의 호루라기에 너무나 큰 대가를 치른 것이다! 그들이 50년간 지옥 같은 삶을 산 이유는 누구도 "그만합시다"라고 말할 만큼 현명하지 못했기 때문이다. 그들은 "이 문제에 당장 손절가를 설정합시다. 우리의 인생을 낭비하고 있어요. 이제 그만합시다!"라고 말하며 중요한 가치에 관한 판단을 제대로 하지 못했다.

그렇다. 진정한 마음의 평화를 얻는 비결은 올바른 가치 판단이다. 삶에서 어떤 것이 중요한지 자신만의 가치 기준을 명확히 설정할 수 있다면 당장이라도 현재 겪고 있는 걱정의 절반을 없앨 수 있을 것이다.

걱정하는 습관을 없애는 법 5
기존의 손해를 회복하려고 더 큰 손해를 감수하려는 생각이 든다면 잠시 멈추고 다음 세 가지 질문을 해보라.

❶ 지금 걱정하는 일이 나에게 얼마나 중요한가?
❷ 어느 시점에 '손절가'를 설정하고 잊어버려야 할까?
❸ 이 호루라기에 정확히 얼마를 지불할 것인가?
　　원래 가치보다 더 큰 대가를 이미 치른 것은 아닌가?

6

톱밥에 톱질하지 말라

이 글을 쓰면서 창밖을 보니 정원에 있는 공룡 발자국이 보인다. 셰일과 다른 암석에 남겨진 발자국이다. 나는 예일대학교 피바디박물관에서 이 화석을 샀는데, 큐레이터에게서 1억 8000만 년 전에 만들어진 것이라는 편지를 받았다. 아무리 멍청한 사람이라도 1억 8000만 년 전으로 거슬러 올라가 이 화석을 다르게 만들겠다는 말도 안 되는 생각을 하지 않을 것이다. 하물며 180초 전으로 되돌아가 그때 일어난 일을 바꾸지 못해 걱정하는 일은 얼마나 어리석은가? 그런데 많은 사람이 그렇게 한다. 우리는 180초 전에 일어난 일의 결과를 바꾸기 위해 무언가를 할 수 있지만, 그때 일어난 일 자체는 바꿀 수 없다. 과거를 건설적인 일로 만드는 유일한 방법은 과거의 실수를 침착하게 분석해서 교훈을 얻은 후 잊어버리는 것이다.

나는 이 방법이 진실임을 안다. 하지만 그렇게 행동할 용기와 분별력이 내게 있었을까? 이에 대한 답으로 몇 년 전 경험한 놀라운 일을 들려주고자 한다. 나는 수중에 아무것도 남기지 못하고 30만 달러를 고스란히 날린 적이 있다. 당시 대규모 성인 교육 사업을 시작해 여러 도시에 분관을 열고 운영과 홍보에 돈을 아끼지 않았다. 수업에 몰두하다 보니 재정 상태를 살필 시간도 여유도 없었다. 게다가 경험이 부족했던 터라 재정 상태를 돌볼 유능한 경영인을 고용해야겠다는 생각조차 하지 못했다.

일 년이 지나고서야 정신이 번쩍 들었다. 그동안 엄청난 수입을 거두었지만, 수익이 전혀 없었기 때문이다. 돌이켜보면 그때 나는 두 가지를 해야 했다. 하나는 과학자 조지 워싱턴 카버가 은행 파산으로 평생 모은 4만 달러를 잃고 나서 보여준 현명한 행동이다. 누군가 그에게 은행이 망했다는 사실을 아느냐고 물었을 때 그는 "네, 그렇게 들었습니다"라고 말하며 아무 일도 없는 듯 가르치는 일에 열중했다. 자신이 겪은 손실을 마음속에서 완전히 지우고 절대 입 밖으로 꺼내지 않았다.

내가 해야 했을 두 번째 일은 내 실수를 분석하고 마음에 새길 교훈을 얻는 것이었다. 하지만 나는 아무것도 하지 않았다. 대신 걱정의 무한굴레에 빠졌다. 몇 달 동안 제정신이 아니었다. 불면증에 시달렸고 살도 빠졌다. 교훈을 얻기는커녕 이전과 똑같이 행동하며 작지만 같은 실수를 또 저질렀다. 나의 어리석음을 인정하려니 부끄럽다. 하지만 나는 오래전부터 "20명에게 해야 할 일을 가르치는 것보다 가르친 것을 직접 실천하는 한 명이 되기가 훨씬 어렵다"라는 것을 알고 있다.

뉴욕 조지워싱턴 고등학교에 다니며 브랜드와인 교수님의 수업을 들었더라면 얼마나 좋았을까! 뉴욕 브롱크스 우디크레스트가 939번지에 사는 앨런 손더스는 브랜드와인 교사의 제자였다. 그는 브랜드와인의 위생학 수업을 들으며 인생에서 가장 값진 교훈을 얻었다고 말했다. "저는 10대 때부터 걱정을 달고 살았어요. 제가 저지른 실수 때문에 늘 초조하고 불안했죠. 시험지를 제출한 뒤에는 행여나 낙제하지 않을까 싶어 뜬눈으로 밤을 지새우며 손톱을 물어뜯었습니다. 늘 제가 한 일을 곱씹으며 다르게 행동하는 편이 나았을 거라고 자책하며 했던 말을 떠올리고 더 나은 말을 하지 못한 것을 후회했죠. 어느 날 아침, 우리 반이 과학 실험실로 갔을 때였어요. 브랜드와인 선생님이 책상 모서리에 우유병을 올려놓으신 게 눈에 띄었죠. 모두 자리에 앉아 우유병을 보며 위생학 수업과 무슨 관련이 있는지 궁금했답니다. 그러다 선생님이 갑자기 일어나 우유병을 싱크대에 세게 집어던지며 이렇게 소리치셨습니다. '엎질러진 우유 때문에 울지 마라!'

선생님은 우리를 모두 싱크대로 불러 깨진 우유병을 보게 했습니다. '잘 봐. 너희가 이 교훈을 평생 기억했으면 해. 보다시피 우유는 모두 엎질러져 하수구로 흘러가버렸어. 좀 더 주의하고 조심했더라면 우유를 엎지르지 않았겠지. 하지만 이미 늦었어. 그러니 우리가 할 수 있는 일은 실수를 인정하고 잊어버린 다음에 해야 할 일을 하는 것뿐이야.'

그 간단한 실연은 입체기하학이나 라틴어가 가물가물해진 후에도 제 머릿속에 또렷이 남아 있습니다. 사실 고등학교 4년 동안 배운 것 중 가장 실용적인 교훈이었어요. 할 수 있다면 우유를 엎지르지 말아야 하지만, 행여나 엎질러 하수구로 이미 흘러가버렸다면 완전히 잊어버려야 합니다."

"엎질러진 우유 때문에 울지 마라"처럼 진부한 격언에 콧방귀를 뀌는 독자가 있을지도 모른다. 나도 이 말이 흔해 빠지고 새로울 것 없는 고리타분한 격언이라는 것을 안다. 이미 천 번도 넘게 들어봤을 테니까. 하지만 이 진부한 격언에 모든 시대를 아우르는 지혜의 본질이 담겨 있다. 인간의 치열한 경험에서 나와 수없이 많은 세대를 거쳐 전해진 것이기 때문이다. 인류의 위대한 학자들이 걱정에 관해 쓴 글을 모두 읽어도 "다리에 이르면 그때 건너라" 혹은 "엎질러진 우유 때문에 울지 마라"와 같이 진부하지만 본질적이고 심오한 말은 찾아보기 어려울 것이다. 이 두 격언을 흘려 읽지 않고 삶에 적용할 수만 있다면 당신은 이 책을 읽지 않아도 된다. 오래된 격언을 삶에 적용한다면 거의 완벽한 삶을 살게 될 것이다. 지식은 실행할 때 비로소 힘을 지닌다. 이 책의 목적은 당신에게 새로운 사실을 알려주려는 것이 아니다. 이 책의 목적은 당신이 이미 알고 있는 것을 상기시키고 정신이 번쩍 들게 하여 아는 것을 삶에 적용하도록 하려는 것이다.

나는 오래된 진리를 새롭고 생생하게 설명하는 재능을 가진 사람을 늘 존경한다. 프레드 풀러 셰드가 그런 사람이다. 필라델피아 석간지 《필라델피아 불리턴》의 편집장이었던 그는 대학교 졸업반 강의에서 이렇게 질문했다. "톱으로 나무를 켜본 사람은 손을 들어보세요." 대부분이 손을 들었다. 그는 다시 질문했다. "톱밥을 켜본 사람이 있나요?" 아무도 손을 들지 않았다.

셰드는 이렇게 말했다. "톱으로 톱밥을 켤 수 없는 게 당연하지요. 이미 톱질을 했으니까요. 과거도 마찬가지입니다. 이미 끝난 일을 걱정하는 것은 톱으로 톱밥을 켜는 것과 같지요."

야구계의 원로 코니 맥이 81세였을 때, 나는 패배한 경기 때문에 걱정한 적이 있는지 물었다. 그는 이렇게 답했다. "네, 예전에는 그랬어요. 하지만 그런 어리석은 짓은 진작에 그만두었답니다. 전혀 도움이 안 된다는 걸 깨달은 거죠. 이미 흘러가버린 물로 물레방아를 돌릴 수는 없어요."

그렇다. 이미 흘러가 버린 물로는 물레방아를 돌려 곡식을 빻을 수도, 목재를 자를 수도 없다.

나는 지난 추수감사절에 잭 뎀프시와 저녁을 먹었다. 크랜베리 소스를 얹은 칠면조를 먹으며 그는 터니와의 헤비급 타이틀 매치에 관해 이야기했다. 그는 이 경기에서 패했고 자존심이 크게 상했다. "경기가 한창일 때 '나도 이제 늙었구나'라는 생각이 갑자기 들더군요. 마지막에는 간신히 서 있는 정도였죠. 얼굴은 온갖 상처에 퉁퉁 부어올랐고 눈을 제대로 뜰 수 없었어요. 심판이 터니의 손을 들어 올리며 그의 승리를 알리는 게 보였죠. 저는 더 이상 세계 챔피언이 아니었어요. 탈의실로 돌아가는데, 제 손을 잡아주는 사람도 있었고 눈물을 글썽이는 사람도 있었습니다. 일 년 후 터니와 다시 맞붙었지만, 어림도 없었죠. 그렇게 모든 게 끝나버렸어요. 걱정이 끊이지 않았지만 스스로 이렇게 말했어요. '엎질러진 우유 때문에 울며 과거에 얽매여 살지 않겠어. 세게 한 방 맞았지만 쓰러질 수는 없지!'"

잭 뎀프시는 자신이 한 말을 행동으로 옮겼다. 어떻게 했을까? '나는 과거에 연연하지 않겠어!'라고 되뇌기만 했을까? 그렇지 않다. 그랬다면 과거의 후회와 걱정이 밀려들었을 것이다. 대신 그는 패배를 인정하고 완전히 잊어버린 후 미래를 위한 계획을 짜는 데 집중했다. 그는 57번가 그레이트노던 호텔과 브로드웨이에 잭 뎀프시 레스토랑을 열었다. 프로 복싱 매치도 주최하고 권투 전시회도 열었다. 이렇게 건설적인 일에 몰두하다 보니 과거를 걱정할 시간도 여유도 없었다. 그는 이렇게 말했다. "지난 10년 동안 세계 챔피언이었을 때보다 더 행복한 시간을 보내고 있습니다."

나는 역사책이나 전기를 읽으며 힘든 상황에 놓인 사람들이 고난과 시련을 훌훌 털어버리고 행복한 삶을 살아가는 모습을 발견할 때마다 놀랍기도 하고 힘을 얻기도 한다. 예전에 싱싱 교도소를 방문했을 때 죄수들이 교도소 밖의 보통 사람들만큼 행복해 보인다는 사실에 무척 놀랐다. 당시 교도소장이었던 루이스 로스에게 나의 생각을 말했더니 그는 이렇게 말했다. "다들 처음에는 후회와 원망을 안고 교도소로 오지요. 하지만 몇 달이 지나면 현명한 이들은 불행했던 지난 과거를 잊고 침착하게 교도소 생활에 적응해나가며 최선을 다해 남은 시간을 보내려고 한답니다." 정원사처럼 교도소 안에서 노래를 부르며 채소와 꽃을 재배하는 수감자도 있었다고 했다. 그 수감자는 우리보다 훨씬 더 지혜로웠다. 다음과 같은 사실을 알았기 때문이다.

움직이는 손가락이 글을 쓰네. 하지만 다 쓴 후에도
계속 글을 쓰네. 간절히 바라고 기지를 발휘해도
쓴 글의 반도 지울 수 없고
눈물을 흘려도 한 단어도 지울 수 없네.

그러니 왜 눈물을 낭비하는가? 우리는 말도 안 되는 실수를 하고 어리석은 짓을 저지르고 있다. 그게 어때서? 안 그러는 사람이 있는가? 그러니 다음을 기억하라.

걱정하는 습관을 없애는 법 6
톱밥에 톱질하지 말라.

걱정이 나를 망치기 전에 걱정하는 습관을 없애는 법

규칙 1	바쁘게 지내며 걱정을 몰아내라. 잡생각을 떨쳐내는 최고의 치료법은 부지런히 움직이는 것이다.
규칙 2	사소한 일에 유난 떨지 말라. 하찮은 일 때문에 자신의 행복을 망치지 말라.
규칙 3	평균의 법칙을 이용해 걱정을 몰아내라. "이 일이 일어날 가능성은 어느 정도인가?"를 자문하라.
규칙 4	피할 수 없는 일은 받아들여라. 당신의 힘으로 어쩔 수 없는 상황이라면 이렇게 말하라. "이미 벌어진 일이니 어쩔 수 없다."
규칙 5	걱정에 '손절가'를 설정하라. 걱정에 적정한 한도를 정하고 그 이상은 걱정하지 말라.
규칙 6	과거에 얽매이지 말라. 톱밥에 톱질하지 말라.

"주어진 일에 몰두할 때 찾아오는 편안한 안정감과 깊은 내면의 평화, 무아지경의 행복감이 인간의 신경을 진정시킨다."

존 쿠퍼 포이스

4부

평화롭고 행복한 삶을 위한 7가지 마음가짐

1

삶을 바꿀 한 문장

몇 년 전 라디오 프로그램에서 이런 질문을 받았다. "살면서 얻은 가장 큰 교훈은 무엇인가요?"

간단한 질문이었다. 내가 여태 배운 가장 큰 교훈은 생각의 중요성이다. 만약 내가 당신이 무슨 생각을 하는지 안다면 당신이 어떤 사람인지도 알 수 있을 것이다. 우리의 생각이 곧 우리를 만드는 것이다. 마음가짐은 운명을 결정짓는 중요한 요소다. 에머슨은 "온종일 생각하는 것이 바로 그 사람이다"라고 말했다. 그것 말고는 그 사람을 설명할 방법이 달리 있을까?

당신과 내가 해결해야 할 가장 큰 문제, 사실 유일한 문제는 올바른 생각을 선택하는 것이라고 나는 자신 있게 말할 수 있다. 이를 할 수 있다면 우리가 겪는 모든 문제를 쉽게 해결할 것이다. 로마제국을 통치했던 위대한 철학자 마르쿠스 아우렐리우스는 당신의 운명을 결정지을지도 모를 단 한 문장으로 이를 정리했다. "삶은 자신이 생각하는 대로 만들어진다."

그렇다. 행복한 생각을 하면 행복해지고, 불행한 생각을 하면 불행해진다. 두렵다고 생각하면 두려워질 것이고 아프다고 생각하면 병에 걸릴 것이다. 실패할 것이라 생각한다면 당연히 실패할 것이고 자기 연민에 빠져 있다면 모두에게 외면당할 것이다. 목사이자 작가인 노먼 빈센트 필은 이렇게 말했다. "당신은 자신이 생각하는 모습이 아닌, 당신이 하는 생각 그 자체입니다."

모든 문제를 무조건 낙관적으로 바라보라고 말하려는 게 아니다. 안타깝지만 인생은 그렇게 단순하지 않다. 하지만 부정적인 태도보다는 긍정적인 태도를 보이는 편이 낫다. 즉, 우리가 겪는 문제에 주의는 기울이되 걱정은 하지 말라는 것이다. 그렇다면 주의와 걱정의 차이는 무엇일까? 뉴욕의 복잡한 길을 건널 때 나는 행동에 주의하지만 걱정하지는 않는다. 주의는 문제를 파악하고 이를 해결하기 위해 침착하게 대처해나가는 것이다. 하지만 걱정은 문제의 본질에서 벗어나 쓸데없이 헛물만 켜는 것이다.

사람은 심각한 문제에 주의를 기울이는 와중에도 가슴에 카네이션을 달고 당당하게 활보할 수 있다. 나는 로웰 토머스에게서 그런 모습을 보았다. 로웰이 1차 세계대전 중의 앨런비-로런스 작전을 그린 유명한 영화를 공개했을 때, 운 좋게도 나는 그와 친분을 쌓게 되었다. 그와 그의 동료들은 여러 전투 장면을 찍었는데, 그중에서도 토머스 에드워드 로런스와 그가 이끄는 화려한 아라비아 군대의 모습을 담은 사진과 앨런비가 팔레스타인을 정복하는 장면은 단연 최고로 꼽힌다. '팔레스타인의 앨런비 그리고 아라비아의 로런스와 함께'라는 이름으로 열린 그의 강연은 런던을 비롯해 전 세계에서 큰 반향을 일으켰다. 그가 코번트 가든 로열오페라 하우스에서 놀라운 모험담을 들려주며 전시를 이어가도록 런던 오페라 시즌이 6주나 연기될 정도였다. 런던에서 돌풍을 일으킨 뒤에도 그는 여러 나라를 순회하며 큰 성과를 거두었다. 이후 2년 동안 인도와 아프가니스탄의 삶을 다룬 영화 제작 준비에 몰두했다. 하지만 믿기 힘든 불운이 계속되었고 결국 일어나지 않을 것 같은 일이 벌어졌다. 그가 파산한 것이다. 당시 나는 그와 함께 있었다.

허름한 식당에서 싸구려 음식을 먹었던 그때를 아직도 기억한다. 하지만 그것마저도 스코틀랜드의 유명한 예술가 제임스 맥베이에게 돈을 빌리지 못했다면 불가능했을 것이다. 이 이야기의 핵심은 이제부터다. 로웰 토머스는 엄청난 빚에 시달리며 좌절을 겪는 와중에도 상황에 대해 신경을 썼을 뿐 걱정하지 않았다. 시련에 굴복한다면 채권자를 비롯해 모든 사람에게 쓸모없는 존재가 되리라는 사실을 알고 있었다. 그래서 매일 아침 하루를 시작하기 전에 꽃을 사서 가슴에 꽂고 당당하고 힘차게 옥스퍼드 거리를 걸어 다녔다. 그는 긍정적이고 대담하게 마음을 먹고 좌절에 굴복하지 않았다. 그에게 좌절이란 최고의 자리에 오르기 위해 당연히 거쳐야 할 가치 있는 훈련에 지나지 않았다.

생각은 신체 능력에도 놀라운 영향을 미친다. 영국의 유명한 정신과 의사 제임스 아서 해드필드는 그의 책 『힘의 심리학The Psychology of Power』에서 이에 관한 놀라운 이야기를 들려준다. 그는 정신적 암시가 근력에 미치는 영향을 알아내기 위해 세 남성에게 세 가지 다른 조건에서 악력계를 힘껏 쥐게 했다.

보통의 일반적인 조건에서 그들의 평균 악력은 약 46킬로그램이었다. 다음에는 '나는 매우 약한 사람'이라는 최면을 건 후 악력을 측정했더니 평상시 악력의 3분의 1에도 못 미치는 약

13킬로그램이 나왔다(그중 한 명은 프로 권투선수였다. 자신이 약하다는 최면에 걸렸을 때 그는 자신의 팔이 '아기의 팔처럼 자그맣다'라고 말했다). 마지막으로 해드필드는 '나는 매우 강한 사람'이라고 최면을 건 후 악력을 측정했더니 평균 64킬로그램이 나왔다. 자신의 힘에 대해 긍정적인 생각을 하자 신체적 힘이 실제로 500퍼센트나 늘어난 것이다. 생각은 이토록 엄청난 힘을 지니고 있다.

　　생각의 마법 같은 힘을 보여주는 놀라운 사례는 미국 역사에서도 찾아볼 수 있다. 이 이야기에 관해 책 한 권도 거뜬히 쓸 수 있지만 짧게 요약해보겠다. 남북 전쟁 직후 서리가 내리는 10월의 어느 날 밤, 집도 돈도 없이 떠도는 한 여성이 매사추세츠주 에임즈버리에 살고 있던 퇴역 함장의 아내 '마더' 웹스터의 집 대문을 두드렸다.

　　'마더' 웹스터가 문을 열자 '45킬로그램도 안 돼 보이는 연약한 여인이 겁에 질려' 서 있었다. 글로버라는 이 낯선 여인은 온종일 자신을 괴롭히는 심각한 문제를 제대로 생각하고 해결할 수 있는 곳을 찾는 중이라고 했다. 그러자 웹스터 부인은 "여기서 머무는 게 어때요? 이 큰 집에 저 혼자뿐이거든요"라고 말했다.

　　글로버 부인은 '마더' 웹스터의 사위 빌 엘리스가 휴가차 뉴욕에서 찾아오지 않았다면 그곳에 평생 머물렀을지도 모른다. 빌 엘리스는 글로버 부인을 보자 "이 집에 노숙자를 들일 수 없어요!"라고 소리치며 집 밖으로 내쫓았다. 글로버 부인은 억수같이 쏟아지는 비를 맞으며 몇 분 동안 몸을 떨며 서 있다가 머물 곳을 찾아 길을 걷기 시작했다.

　　놀라운 점은 이제부터다. 빌 엘리스가 쫓아냈던 그 '노숙자'

여인은 훗날 지구상에 그 어떤 여성보다 인간의 사고에 큰 영향을 끼친 사람이자 이제는 수백만 추종자가 따르는 크리스천 사이언스의 설립자 메리 베이커 에디다.

당시 에디의 삶에는 질병과 슬픔, 비극뿐이었다. 첫 남편은 결혼 후 얼마 되지 않아 세상을 떠났고, 두 번째 남편은 유부녀와 바람이 나서 에디를 버리고 떠나 결국 구빈원에서 생을 마감했다. 가난과 질병, 질투 때문에 네 살 된 유일한 아들마저 포기해야 했다. 이후 아들과 소식이 끊겼다가 31년이 지난 후에야 아들을 다시 만나게 되었다.

에디 부인은 건강이 좋지 않았기에 자신이 '정신 치유의 과학'이라고 부르는 치유법에 오랫동안 관심을 두었다. 그러다가 극적인 변화를 가져올 만한 사건이 매사추세츠주 린에서 일어났다. 어느 추운 날 시내를 걷다가 미끄러져 차가운 길 위에 의식을 잃고 쓰러졌다. 척추를 심하게 다치는 바람에 경련을 일으키며 발작 증세까지 보였다. 의사들조차 가망이 없다고, 기적이 일어나 살아나도 다시는 걷지 못할 것이라고 진단했다.

죽음이 기다리는 병상에 누워 있던 에디는 가지고 있던 성경을 펼쳤다. 그의 말에 따르면 신의 인도로 마태복음의 한 구절을 읽게 되었다고 한다. "그리고 보라. 사람들이 중풍에 걸린 이를 데려가 병상에 눕히니 예수가 그에게 '아들아, 기운을 내라. 네 죄는 모두 사하였노라. 이제 일어나 침상을 가지고 네 집으로 가거라' 하니 그는 일어나 집으로 향했다."

에디는 예수의 말씀을 읽고 나자 내면에서 엄청난 힘과 믿음, 치유력이 솟구쳤고 곧장 자리를 박차고 일어나 걸을 수 있었다고 말했다. "그때의 경험은 뉴턴의 사과 같았어요. 저뿐만 아니라 다른 사람들 모두 건강하게 살 방법을 알게 되었거든요. 저는 모든 일의 원인이 마음에서 비롯되고 모든 일의 결과는 마음의 현상이라는 과학적인 확신까지 얻었죠."

그렇게 메리 베이커 에디는 여성이 세운 종교 중 가장 위대한 신앙이 되어 전 세계로 퍼져나간 크리스천 사이언스의 창시자이자 대사제가 되었다.

당신은 지금 이렇게 말할지도 모른다. "데일 카네기란 사람이 크리스천 사이언스를 전도하려고 하는군." 그렇지 않다. 나는 그 종교의 신도가 아니다. 하지만 살면 살수록 생각의 엄청난 힘을 확신하게 되었다. 35년 동안 성인을 가르치다 보니 생각을 바꾸면 걱정과 두려움, 여러 질병을 없애고 삶을 변화시킬 수 있다는 사실을 알게 되었다. 정말 알게 된 것이다! 수백 번도 넘게 이런 놀라운 변화를 직접 보았다. 이제는 너무 많이 봐서 별로 놀라지도 않는다.

내 수업을 들었던 미네소타주 세인트폴 웨스트 아이다호가 1469번지에 사는 프랭크 웨일리에게도 이런 변화가 일어났다. 당시 그는 신경쇠약에 걸려 있었다. 무엇 때문인지 아는가? 바로 걱정이 원인이었다. "모든 게 걱정이었어요. 너무 말라서 걱정했고, 머리카락이 빠져 걱정했죠. 돈이 없어 결혼하지 못할까 봐, 좋은 아빠가 되지 못할까 봐, 결혼하고 싶은 여자를 놓칠까 봐, 그래서 멋진 인생을 살지 못할까 봐 걱정이었어요. 다른 사람에게 어떻게 보일지 걱정되었고, 위궤양에 걸렸을까 봐 걱정했지요. 그러다 더는 일을 할 수 없게 되어 직장을 그만두었습니다. 온몸이 온통 긴장으로 가득 차더니 안전밸브가 없는 보일러처럼 되고 말았어요. 압력이 너무 거세져 결국 터지고 만 거죠. 신경쇠약에 걸린 적이 없다면 앞으로도 걸리지 않게 해달라고 기도라도 하세요. 그 어떤 육체의 고통도 고뇌에 찬 마음의 극심한 고통에 비할 수 없을 겁니다.

저는 신경쇠약이 너무 심하다 보니 가족과 이야기할 수도 없었어요. 생각을 통제할 수 없었고 모든 게 두렵기만 했죠. 작은 소리에도 깜짝 놀랐고 사람들을 피해 다녔어요. 별다른 이유 없이 갑자기 울기도 했죠. 하루하루가 고통이었습니다. 모든 사람에게, 그리고 신에게까지 버려진 것 같았죠. 강에 뛰어들어 그대로 삶을 끝내고 싶었어요. 그러다 환경이 바뀌면 좀 나아질까 싶어 플로리다로 여행을 떠났어요. 기차를 타려는데 아버지가 편지를 건네며 플로리다에 도착하면 읽어보라고 하셨죠. 당시 플로리다는 휴가 성수기였어요. 호텔을 예약할 수 없어 차고에 딸린 방 하나를 빌렸어요. 마이애미에서 출발하는 부정기 화물선에서 일해보려고 했지만 잘되지 않았습니다. 해변에서 하릴없이 시간만 때웠습니다. 고향에 있을 때보다 더 비참했죠. 그때 아버지가 준 편지를 읽기 시작했습니다. '아들아, 이제 집에서 2400킬로미터 떨어진 곳에 있겠구나. 그런데 별로 달라진 게 없지? 아마 그럴 거야. 네 모든 문제의 원인을 거기까지 가져갔기 때문이란다. 그 원인이란 바로 너 자신이지. 네 몸이나 정신은 아무 문제가 없어. 네가 처한 상황이 너를 그렇게 만든 것도 아니지. 상황에 대한 네 생각이 문제란다. 마음속으로 생각하는 것이 바로 그 사람이다. 아들아, 이걸 깨닫게 되면 집으로 돌아오렴. 그때쯤이면 다 나았을 테니.'

아버지의 편지를 읽고 화가 났어요. 제가 바랬던 건 훈계가 아니라 공감이었거든요. 화가 치밀어올라 다시는 집에 돌아가지 않기로 마음먹었죠. 그날 밤 마이애미의 골목길을 걷다가 예배가 한창인 교회를 발견했어요. 어차피 갈 곳도 없어서 교회 안으로 들어가 설교를 들었죠. '자신의 정신을 정복한 자는 도시를 정복한 자보다 더 강하다.' 신성한 교회 안에 앉아 아버지가 편지에 쓴 내용과 같은 설교를 듣다 보니 머릿속이 뻥 뚫리는 것 같았어요. 살면서 처음으로 명확하고 분별 있게 생각할 수 있었습니다. 그동안 얼마나 어리석었는지 깨달았고 제 민낯을 보게 되니 충격도 받았어요. 여태 이 세상과 모든 사람을 바꾸길 원했지만, 정작 바꿨어야 할 것은 카메라 렌즈의 초점, 즉 제 마음이었는데 말이죠.

　다음 날 아침이 되자 바로 짐을 싸서 집으로 향했어요. 일주일 후 다시 일을 시작했고, 4개월 후에는 헤어질까 봐 걱정했던 연인과 결혼도 했습니다. 지금은 아이 다섯을 키우며 행복하게 살고 있어요. 신경쇠약에 걸렸을 당시 작은 부서의 야간 감독으로 18명의 직원을 관리했지만, 현재는 상자 제조업체의 관리자로 450명이 넘는 직원을 이끌고 있답니다. 제 삶은 이전보다 훨씬 풍요롭고 순조로워요. 이제는 삶의 진정한 가치를 누리고 있죠. 누구에게나 그렇듯 불현듯 제게 불안함이 몰려올 때면 스스로 카메라 초점을 다시 맞추라고 말해요. 그러면 모든 게 괜찮아지죠. 솔직히 신경쇠약에 걸렸던 게 다행이었다는 생각이 들어요. 생각이 몸과 마음에 미치는 영향을 확실히 알게 되었거든요. 이제는 제게 유리한 방향으로 생각하게 되었습니다. 모든 고통의 원인은 외부 상황이 아니라 그 상황을 바라보는 생각이라는 아버지의 말씀이 옳았습니다. 이걸 깨닫자 저는 신경쇠약에서 벗어나게 되었고 여전히 건강하답니다."

마음의 평화와 삶의 기쁨은 어디에 살고 무엇을 가지고 어떤 일을 하는지가 아니라 오롯이 우리의 생각에 달려 있다고 확신한다. 외부 환경은 별로 중요하지 않다. 존 브라운은 하퍼스 페리의 미국 무기고를 장악해 노예 반란을 선동한 죄로 교수형을 받았다. 자신의 관 위에 앉아 처형장으로 향할 때 옆에 앉은 교도관은 걱정에 휩싸여 초조해했지만 존 브라운은 침착하고 냉정했다. 그는 버지니아주의 블루리지산을 바라보며 이렇게 소리쳤다. "정말 아름다운 나라야! 여태 제대로 본 적이 없었구나."

남극을 정복한 최초의 영국인 로버트 팰컨 스콧과 그의 동료들도 살펴보자. 남극에서 영국으로 돌아오는 여정은 너무나 험난했다. 식량도 연료도 다 떨어진 상황에 11일 동안 밤낮으로 휘몰아치는 눈보라까지 겹쳐 한 걸음도 뗄 수 없었다. 바람이 매섭게 불어닥쳐 빙하에 골이 파일 정도였다. 스콧과 동료들은 죽음을 직감했다. 이들은 비상 상황에 대비해 다량의 아편을 가지고 있었다. 복용하기만 하면 편히 누워 행복한 꿈에 취해 영원히 잠들 수도 있었다. 하지만 그들은 아편을 쓰는 대신 '기운을 북돋우는 활기찬 노래를 부르며' 죽음을 맞이했다. 8개월 후 수색대가 얼어붙은 그들의 시체에서 찾아낸 유서로 이 사실이 알려졌다.

그렇다. 우리가 용감하고 침착한 마음이 생기는 창의적인 생각을 할 수 있다면 자신의 관에 앉아 처형장으로 가는 길에도 풍경을 즐길 수 있고 배고픔과 추위로 죽어가면서도 '기운을 돋우는 활기찬 노래'로 텐트를 가득 채울 수 있다.

앞을 못 보게 된 밀턴도 300년 전에 같은 진리를 깨달았다.

마음은 고유한 공간이니, 그 안에서

지옥을 천국으로, 천국을 지옥으로 만들 수 있다.

　　나폴레옹과 헬렌 켈러는 밀턴의 이야기를 잘 보여주는 사례다. 나폴레옹은 인간이라면 대개 열망하는 명예와 권력, 부를 모두 손에 넣고도 세인트헬레나에서 이렇게 말했다. "나는 평생 단 한 주도 행복한 적이 없습니다." 반면 앞을 못 보고 들을 수도 말할 수도 없었던 헬렌 켈러는 이렇게 말했다. "삶은 참 아름다워요."

　　내가 50년을 살면서 배운 게 있다면 "나를 평온하게 할 수 있는 건 나 자신뿐이다"라는 교훈이다.

　　사실 이 말은 에머슨이 『자기 신뢰』에서 마지막으로 한 말을 그대로 옮긴 것뿐이다. "정치적 승리, 임대료 인상, 건강 회복, 친구의 귀환 등 외부에서 일어나는 여러 일로 기분이 좋아지면 앞으로 좋은 일만 일어날 거라고 기대하게 된다. 하지만 믿지 마라. 그렇게 되지 않을 수도 있다. 나를 평온하게 할 수 있는 건 나 자신뿐이다."

　　위대한 스토아학파 철학자 에픽테토스는 '몸의 종양이나 종기'를 제거하는 것보다 마음속의 잘못된 생각을 없애는 데 더 주의를 기울여야 한다고 경고했다.

　　무려 1900년 전 그의 주장을 현대 의학이 뒷받침하고 있다. 캔비 로빈슨 박사는 존스홉킨스 병원에 입원한 환자 다섯 명 중 네 명이 겪는 증상이 어느 정도 정신적인 스트레스와 긴장에서 비롯된다고 지적했다. 기질적 장애도 마찬가지다. 그는 "결국 모든 질병은 삶과 삶에서 겪는 문제에 적응하지 못하는 데서 비롯합니다"라고 말했다.

프랑스 철학자 몽테뉴는 다음의 구절을 좌우명으로 삼았다. "인간은 일어나는 일보다 일어나는 일에 관한 자기 생각으로 더 큰 상처를 받는다." 그런데 일어나는 일에 관한 생각은 전적으로 자신에게 달렸다.

이게 무슨 말일까? 문제 때문에 의기소침해지고 신경이 곤두서 마음이 복잡한 당신에게 의지력으로 생각을 바꿀 수 있다고 확신에 차서 말하는 걸까? 그렇다, 바로 그거다! 하지만 그게 다가 아니다. 지금부터 그 방법을 알려주겠다. 약간의 노력이 필요하지만 매우 단순하다.

응용심리학의 최고 권위자인 윌리엄 제임스는 이렇게 말했다. "행동이 감정을 따르는 것처럼 보이지만, 실제로는 행동과 감정은 함께 간다. 따라서 의지로 직접 통제할 수 있는 행동을 조절한다면 의지로 통제하기 힘든 감정을 간접적으로 조절할 수 있다."

즉, 그의 말에 따르면 우리는 '마음을 먹는다'고 해서 순식간에 감정을 바꿀 수 없지만, 행동은 바꿀 수 있다. 그렇게 행동을 바꾸면 자연스럽게 감정도 바뀌는 것이다.

그는 또 이렇게 덧붙였다. "활기를 잃었을 때 이를 스스로 회복할 수 있는 가장 좋은 방법은 즐거운 마음으로 자리에 앉아 신나게 말하고 행동하는 것이다."

이렇게 단순한 방법이 효과가 있을까? 물론이다. 성형수술을 한 것처럼 바로 효과를 볼 것이다! 직접 한번 해보자. 얼굴에 함박웃음을 짓고 어깨를 쫙 편 뒤 숨을 크게 들이마시고 노래 한 소절을 불러보자. 노래가 힘들다면 휘파람이라도 불어보자. 휘파람을 불 수 없다면 흥얼거리기만 해도 된다. 그러면 윌리엄 제임스의 말을 이해할 것이다. 일부러라도 굉장히 행복하게 행동하면서 동시에 우울한 감정을 느끼는 것은 신체적으로 불가능하다!

이는 일상에서 쉽게 기적을 일으키는 자연의 기본 진리다. 이름을 밝히진 않겠지만 캘리포니아에 사는 한 여성이 이 진리를 알았다면 하루 만에 모든 고민에서 벗어났을 것이다. 그는 나이가 들어 남편과 사별했다. 당연히 힘든 상황이었을 것이다. 하지만 그는 행복한 척이라도 해보려고 했을까? 그렇지 않다. 기분이 어떠냐는 질문에 "뭐 그럭저럭 괜찮아요"라고 말하지만, 표정이나 앓는 목소리는 "제가 얼마나 힘든지 모를 거예요"라고 말하는 듯할 것이다. 그 앞에서 행복한 모습이라도 보였다간 한 소리 들을지도 모른다. 사실 그는 다른 수백 명의 여성보다 형편이 더 나았다. 남편이 평생 먹고살기에 충분한 보험금을 남겼고 결혼한 자녀들과 함께 살았기 때문이다. 그런데도 웃는 일이 거의 없었다. 몇 달씩 사위들의 집에서 신세를 지는 동안에도 그들이 인색하고 이기적이라고 불평했다. 딸들이 선물을 주지 않는다고 투덜댔지만, 정작 자신은 베푸는 대신 '노후'를 대비해 돈을 쟁여두었다. 그는 자신뿐만 아니라 가족의 삶마저 무너뜨리고 있었다. 꼭 그래야만 했을까? 바뀌려는 마음만 있다면 고약하고 비참한 노인이 아니라 존경받고 사랑받는 가족의 구성원이 될 수도 있을 텐데 참 안타깝다. 즐겁게 행동하기만 해도 변화가 시작되었을 것이다. 불행하고 원통한 자기 모습에 매몰되지 말고 다른 사람에게 애정을 나눌 수 있는 것처럼 행동했어야 했다.

인디애나주 텔시티 1335번지에 사는 H.J 잉글러트는 이 진리를 깨달은 덕분에 지금까지 잘 살고 있다. 그는 10년 전 성홍열을 앓다가 회복할 때쯤 신장염에 걸렸다. 의사라는 의사는 모두 찾아갔고 심지어 '돌팔이'까지 만났지만 병을 고칠 방법은 없었다. 그러다 다른 합병증까지 생겼다. 혈압이 치솟아 의사를 찾아가 검사를 하니 최고 혈압이 214까지 올라가 있었다. 게다가 증상이 악화하고 있으니 늦기 전에 주변을 정리하라는 말까지 들었다.

"저는 집으로 돌아왔어요. 보험금을 다 냈는지 확인하고, 내가 저지른 잘못에 대해 신께 용서를 구한 뒤 슬픔에 잠긴 채 마음을 정리하려고 했죠. 저는 모든 이들을 불행하게 했어요. 아내와 가족을 힘들게 했고 저 자신마저 우울증에 가둬버렸죠. 그렇게 자기 연민에 빠져 일주일을 보내다가 문득 이런 생각이 들더군요. '어리석기 짝이 없군! 일 년은 더 살아 있을 텐데, 그동안만이라도 행복하게 살려고 노력해야 하지 않겠어?' 저는 어깨를 쫙 펴고 웃으며 아무 일도 없는 듯 행동하려고 했어요. 솔직히 처음에는 쉽지 않았어요. 하지만 억지로라도 신나고 활기차게 행동하려고 했죠. 그랬더니 가족뿐만 아니라 저 자신에게도 도움이 되었어요. 점차 기분이 좋아지기 시작했거든요. 억지로 좋은 척했던 것만큼이나요. 이후로 상태가 계속 좋아졌죠. 무덤에 누워 있어야 할 날이 지난 지금까지 건강하게 잘 살아 있답니다. 게다가 혈압도 내려갔어요! 이제 확실히 깨달은 게 있어요. 제가 만약 좌절감에 빠져 '죽음'이라는 생각에 사로잡혀 있었다면 의사의 말대로 되었겠죠. 하지만 저는 제 몸이 스스로 치유할 기회를 주었어요. 바로 생각을 바꾸면서 말이죠."

한 가지만 물어보겠다. 즐거운 척 행동하고 건강과 용기를 북돋우는 긍정적인 생각만으로도 한 사람의 생명을 구할 수 있는데 사소한 걱정이나 우울한 일을 잠깐이라도 참을 필요가 있을까? 즐거운 척 행동만 해도 행복해질 수 있는데 왜 우리는 자신과 주변 사람들을 불행하고 우울하게 만드는 걸까?

몇 년 전, 내 삶에 깊은 울림을 준 소책자를 읽었다. 제임스 레인 앨런의 『위대한 생각의 힘』이었는데, 책에는 이런 구절이 나온다.

> 인간은 다른 사람과 사물에 관한 생각을 바꾸면, 사람과 사물도 바뀐다는 사실을 깨닫게 될 것이다. 생각을 철저히 바꾸면 삶의 물질적 조건이 급격히 변하는 모습에 놀라게 된다. 인간은 자신이 원하는 것을 끌어당기는 게 아니라 자신을 끌어당긴다. 목적을 구체적으로 형상하는 신은 우리 안에 있다. 그것은 바로 자기 자신이다. 인간이 성취하는 모든 것은 생각의 직접적인 결과물이다. 인간은 넓게 생각할 때 비로소 성장하고 성취할 수 있다. 좁게 생각한다면 나약하고 비참한 상태에 머물 것이다.

창세기에 따르면 창조주는 인간에게 세상을 다스릴 권한을 주었는데, 이는 굉장한 선물이다. 하지만 나는 그런 대단한 특권에는 별 관심이 없다. 내가 바라는 것은 나 자신을 지배하는 것뿐이다. 내 생각과 두려움, 마음과 영혼을 지배하길 원한다. 그런데 놀랍게도 행동을 통제하는 것만으로도 반응을 통제하게 되니 내가 원할 때마다 이러한 지배력을 얻을 수 있다.

그러니 윌리엄 제임스의 말을 기억하자. "악으로 인해 고통받던 이들이 두려움에서 벗어나 맞서겠다고 마음먹는 순간 악은 기운을 북돋는 선으로도 바뀔 수 있다."

우리의 행복을 위해 맞서 싸우자! 즐겁고 건설적인 생각을 할 수 있는 매일 계획을 실천하며 자신의 행복을 위해 싸우자. 이 계획의 이름은 '오늘만은'이다. 나는 이 계획이 고무적이라는 생각에 수백 장을 복사해 사람들에게 나누어주었다. 이것은 이제 고인이 된 시빌 F. 패트리지가 36년 전에 쓴 글이다. 우리가 이대로 실천한다면 걱정의 대부분은 없앨 수 있다. 프랑스 사람들이 말하는 '삶의 기쁨' 영역이 무한히 늘어날 것이다.

오늘만은

① 오늘만은 행복하게 지내리라. "대부분 사람은 마음먹은 만큼 행복하다"라는 에이브러햄 링컨의 말은 사실이다. 행복은 내면에서 오는 것이지, 외부의 문제가 아니다.
② 오늘만은 주어진 상황에 순응하고 어떤 것이든 내 욕구에 맞추려 들지 않으리라. 가족과 일, 행운을 있는 그대로 받아들이고 나를 거기에 맞추겠다.
③ 오늘만은 내 몸을 돌보리라. 운동을 하고 잘 보살피며 좋은 영양소를 섭취하고 혹사하거나 방치하지 않음으로써 내 몸을 내 뜻대로 움직일 수 있는 완벽한 기계로 만들겠다.
④ 오늘만은 정신을 단련하리라. 유용한 것을 배우고 정신적으로 나태해지지 않겠다. 집중하고 사고하며 노력해야 이해할 수 있는 글을 읽겠다.
⑤ 오늘만은 세 가지 방법으로 영혼을 훈련하리라. 남몰래 누군가에게 선행을 베풀고, 윌리엄 제임스의 조언대로 하기 싫은 일을 적어도 두 가지를 하겠다.
⑥ 오늘만은 즐거운 사람이 되리라. 최대한 밝은 얼굴을 하고 어울리는 옷을 입고 차분하게 이야기하며 예의 바르게 행동하

고 칭찬을 아끼지 않고 절대 비판하지 않으며 어떤 것도 흠을 잡지 않고 다른 이를 통제하거나 바꾸려 들지 않을 것이다.

⑦ 오늘만은 내 삶의 모든 문제를 단번에 해결하려 들지 않고 이 하루에 온전히 집중하리라. 평생 해야 한다면 끔찍한 일도, 열두 시간 동안이라면 할 수 있다.

⑧ 오늘만은 계획대로 살리라. 매시간 해야 할 일을 써두겠다. 그대로 실천하지 못하더라도 일단 쓰겠다. 결정을 내리지 못하거나 서두르는 두 가지 성가신 일이 사라질 것이다.

⑨ 오늘만은 30분 동안 혼자서 조용히 쉬리라. 그 시간 동안 삶을 다양하게 바라보기 위해 신에 대해서도 생각해보겠다.

⑩ 오늘만은 두려워하지 않으리라. 행복해지고 아름다운 것을 즐기고 사랑하고 내가 사랑하는 이들이 나를 사랑한다고 믿는 것을 두려워하지 않겠다.

마음의 평화와 행복을 가져다줄 정신을 기르고 싶다면 다음을 기억하라.

규칙 1
즐겁게 생각하고 행동하라. 그러면 즐거워질 것이다.

2

세상에서 가장 현명한 복수

몇 년 전 어느 날 밤 옐로스톤공원을 여행하고 있을 때였다. 다른 관광객들과 관람석에 앉아 울창한 소나무와 전나무 숲을 바라보았다. 얼마 지나지 않아 우리가 기다리던 숲의 공포인 회색곰이 빛 속으로 성큼성큼 걸어가더니 공원 호텔 주방에서 버린 음식물 쓰레기를 허겁지겁 먹기 시작했다. 삼림 경비원 메이저 마틴 데일은 말 위에 앉아 흥분한 관광객들에게 곰에 관해 설명했다. 서구에서는 물소와 알래스카불곰을 제외하면 회색곰을 당해낼 동물이 없다고 했다. 하지만 나는 그날 밤 불빛 아래서 회색곰이 기꺼이 음식을 나누어 먹던 동물 한 마리를 보았다. 스컹크였다. 강력한 앞발 한 방이면 해치울 수 있었을 텐데 왜 그러지 않았을까? 그래봤자 손해라는 것을 경험으로 알고 있었기 때문이다.

나도 그 사실을 알고 있다. 농장에서 어린 시절을 보낸 나는 미주리주 산울타리에서 네 발로 걷는 스컹크를 잡기도 했고 성인이 되어서는 뉴욕 인도에서 두 발로 걷는 스컹크를 본 적도 있다. 어떤 상황이든 스컹크를 건드려 좋을 게 하나도 없다는 것을 쓰린 경험으로 알고 있다.

적을 증오하면 적에게 우리를 지배할 힘을 내주게 된다. 수면과 식욕, 혈압, 건강, 그리고 행복이 그들의 지배를 받는 것이다. 우리가 적 때문에 걱정하고 자책하며 복수심에 불타오른다는 것을 알면 적들은 기뻐서 춤을 출 것이다! 증오심은 그들에게 어떤 상처도 남기지 않는다. 오히려 우리의 일상을 끔찍한 혼돈 속으로 내몰 것이다.

다음의 말을 누가 했을지 맞혀보라. "이기적인 사람이 당신을 이용하려고 하면 당장 그 사람을 잊고 보복하려고도 하지 마라. 보복은 누구보다 자신을 더 다치게 할 뿐이다." 세상 물정 모르는 이상주의자의 말처럼 들리겠지만, 그렇지 않다. 이 말은 밀워키 경찰청에서 발행하는 공보에서 나왔다.

보복하려는 마음이 어떻게 우리를 다치게 할까? 여러 가지가 있는데, 《라이프》지에 따르면 건강마저 해칠 수 있다. "고혈압을 앓는 이들의 주된 성격적 특성은 분노를 자주 느낀다는 것이다. 분노가 만성적이라면 만성 고혈압과 심장병에 걸린다."

그러니 "원수를 사랑하라"라는 예수의 말은 단순히 올바른 윤리를 전하는 데서 그치지 않고 현대 의학까지 아우른 것이다. 예수는 "일흔 번씩 일곱 번까지도 용서하라"라는 말을 통해 고혈압, 심장병, 위궤양 등 여러 질병에서 벗어날 방법을 알려준다.

최근 내 친구가 심각한 심장 발작에 걸렸다. 의사는 그를 침대에 눕히고 어떤 일에도 화내지 말라고 당부했다. 심장이 약해지면 분노로 인한 발작으로 죽을 수 있다는 걸 알았기 때문이다. '죽을 수도 있다'라고 말했지만, 실제로 몇 년 전 워싱턴주 스포캔의 한 레스토랑 사장은 분노로 사망했다. 지금 내 앞에는 워싱턴주 스포캔 경찰서장 제리 스워타우트에게 받은 편지가 있다. "몇 년 전 여기서 카페를 경영하던 68세의 윌리엄 포카버가 분을 못 이겨 사망한 사건이 있었습니다. 한 요리사가 커피를 마실 때마다 자신의 컵 받침을 사용하자 화가 난 거죠. 머리끝까지 화가 치민 그는 권총을 들고 요리사를 쫓아가다가 심장마비로 그대로 쓰러졌어요. 손에는 총을 쥔 채 말이죠. 검시관에 따르면 분노가 심장마비의 원인이라더군요."

예수는 "원수를 사랑하라"라는 말을 통해 외모를 가꾸는 법도 알려주고 있다. 주변에는 분노와 증오심으로 늘 찡그리고 굳은 표정을 짓다가 결국 외모가 형편없이 변해버린 이들이 있다. 어떤 미용 시술도 용서와 친절, 사랑으로 가득 찬 마음이 주는 효과를 따라갈 수 없다.

증오는 맛있는 음식의 맛도 즐기지 못하게 한다. 성경에서는 "사랑이 깃든 채소 요리를 먹는 것이 증오로 가득 찬 고기 요리를 먹는 것보다 낫다"라고 말한다.

우리가 적에 대한 증오심 때문에 지치고 긴장하며 외모가 망가지고 심장병에 걸려 수명까지 단축하고 있다는 사실을 알게 된다면 그들은 얼마나 신나겠는가? 적을 사랑하지는 못하더라도 적어도 자신은 사랑하자. 충분히 자기 자신을 사랑하며 적이 우리의 행복과 건강, 외모를 지배하지 못하게 하자. 셰익스피어는 이렇게 말했다.

적을 위해 화로를 뜨겁게 지피지 마라.
그러다 네가 먼저 타버릴 테니.

"일흔 번씩 일곱 번까지도" 적을 용서해야 한다는 예수의 말은 견실한 사업에 관한 가르침도 준다. 지금 내 앞에는 스웨덴 웁살라 프라데가탄 24번지에 사는 조지 로나에게 받은 편지가 놓여 있다. 빈에서 변호사로 일하던 그는 2차 세계대전 중 스웨덴으로 피신했다. 무일푼이었기에 일자리가 절실했다. 여러 언어에 능통해서 수출입 관련 회사의 해외 업무를 담당하는 일을 구하고 싶었지만, 전쟁 중이라 그런 자리가 없으니 이후에 연락을 주겠다는 말만 들어야 했다. 그런데 한 회사에서 이런 편지를 받았다. "우리 회사가 어떤 일을 하는지 모르는군요. 당신은 잘 알지도 못하는 데다가 어리석기까지 합니다. 우리 회사는 해외 업무 담당자가 필요하지도 않지만, 필요하다고 하더라도 당신을 고용하지 않을 겁니다. 스웨덴어도 제대로 못 하는 사람을 누가 고용합니까? 편지만 봐도 오류투성이잖아요."

편지를 읽은 조지 로나는 화가 머리끝까지 치밀었다. '스웨덴어도 제대로 못 한다니 도대체 무슨 말이야? 정작 자기가 쓴 편지가 더 엉망진창이잖아!' 그래서 그는 편지를 보낸 사람을 화나게 할 편지를 쓰기 시작했다. 그러다 잠시 멈추고 생각에 잠겼다. '잠깐만. 이 사람 말이 맞는 게 아닐까? 스웨덴어를 공부했지만, 모국어가 아니니 나도 모르게 실수했는지 몰라. 그랬다면 일자리를 구하기 위해서라도 더 열심히 공부해야지. 그 사람이 의도했든 그러지 않았든 내게 호의를 베푼 셈이야. 말투가 썩 유쾌하진 않지만, 그에게 신세를 졌어. 그러니 감사의 편지를 써야겠군.'

조지 로나는 처음에 썼던 악의에 찬 편지를 찢어버리고 새로 썼다. "해외 업무 담당자가 필요하지 않은데도 시간 내어 답신을 주셔서 감사합니다. 귀사에 대해 잘못 알고 있었던 점도 사과드립니다. 제가 조사해보니 귀사가 이 분야의 선두주자라는 사실을 알게 되었기에 편지로 문의를 드렸습니다. 제 편지에 문법적인 오류가 있다는 것을 알지 못했습니다. 죄송하고 부끄럽습니다. 이제부터라도 더 열심히 스웨덴어를 공부하며 잘못을 고쳐나가겠습니다. 한층 성장할 수 있는 발판을 마련해주셔서 감사하다는 말씀을 전하고 싶습니다"

며칠 뒤 조지 로나는 그에게서 자신을 만나러 오라는 연락을 받았다. 로나는 그를 만나고 취직하게 되었다. 조지 로나는 스스로 "부드러운 말은 화를 잠재운다"라는 사실을 깨달았다.

우리는 성자처럼 적을 사랑할 수는 없겠지만 적어도 우리의 건강과 행복을 위해 그들을 용서하고 잊어버리자. 그게 현명하다. 공자는 이렇게 말했다. "피해를 보거나 도둑을 맞아도 잊어버리면 아무것도 아니다." 예전에 아이젠하워 장군의 아들 존에게 아버지가 앙심을 품은 적이 있는지 물었다. 그는 이렇게 말했다. "아니요. 아버지는 좋아하지도 않는 사람을 생각하는 데 단 1분도 낭비한 적이 없으세요."

"화낼 줄 모르면 바보지만 화내지 않는 사람은 현명하다"라는 옛말이 있다. 전 뉴욕 시장 윌리엄 J. 게이너는 이를 몸소 보여준 인물이다. 게이너는 황색신문의 맹렬한 비난을 받은 후 한 미치광이의 총에 맞아 죽음 직전까지 갔다. 그는 병실에 누워 힘겹게 죽음에 맞서는 와중에도 이렇게 말했다. "매일 밤, 저는 모든 사람과 모든 일을 용서합니다." 너무 이상적이고 부드러우며 밝은 말이라고 생각하는가? 그렇다면 『염세주의 연구 Studies in Pessimism』를 쓴 위대한 독일 철학가 쇼펜하우어의 조언을 들어보자.

그는 인생을 부질없고 고통스러운 여정이라고 생각했다. 그가 걸으면 우울함이 뚝뚝 떨어지는 듯했다. 하지만 그는 깊은 고통 속에서도 이렇게 소리쳤다. "가능하다면 누구에게도 원한을 품지 마라."

윌슨, 하딩, 쿨리지, 후버, 루스벨트, 트루먼 등 6대에 걸쳐 미국 대통령 고문을 역임한 버나드 바루크에게 정적들의 공격으로 불안했던 적이 있느냐고 물어보았다. "누구도 제가 모욕감을 느끼게 하거나 불안하게 할 수 없습니다. 저는 그들에게 휘둘리지 않으니까요."

누구도 당신과 내가 모욕감을 느끼거나 불안하게 할 수 없다. 휘둘리지 않으면 그만이다.

막대기와 돌멩이로 내 뼈를 부러뜨릴 수 있어도
말로 나를 다치게 하지는 못하리라.

오랫동안 인류는 원수도 미워하지 않은 예수 같은 이들을 존경했다. 나는 캐나다 재스퍼 국립공원에 자주 들러 서양에서 가장 아름답다는 산을 바라본다. 이 산의 이름은 1915년 10월 12일 독일군의 총에 맞아 성인처럼 죽음을 맞이한 영국 간호사 에디스 카벨을 기리며 지은 것이다. 그의 죄는 무엇이었을까? 그는 다친 프랑스군과 영국군을 벨기에의 자기 집에 숨기고 돌보며 네덜란드로 탈출하도록 도왔다. 사형이 집행되는 10월의 아침, 영국군 사제가 브뤼셀 군 교도소에 있는 카벨을 찾아갔다. 죽음을 준비하며 그가 남긴 두 문장의 말은 동상에 남아 있다. "애국심만으로는 충분하지 않다는 걸 알았습니다. 누구도 증오하거나 탓하지 않을 겁니다." 4년 뒤 카벨의 유해는 영국으로 이송되어 웨스트민스터 사원에 묻혔다. 런던 국립초상화미술관 맞은편에는 카벨의 동상이 영국을 대표하는 위인들의 동상과 함께 서 있다.

적을 용서하고 잊어버리는 확실한 방법은 자신의 개인사보다 훨씬 큰 대의에 몰두하는 것이다. 그러면 우리가 겪는 모욕이나 원한 정도는 별로 문제가 되지 않는다. 대의 외에는 신경 쓸 겨를이 없기 때문이다. 1918년 미시시피주 소나무 숲에서 일어난 극적인 사건을 들려주겠다. 흑인 교사이자 목사인 로런스 존스는 죽을 위기에 처했다. 몇 년 전 나는 로런스 존스가 설립한 파이니우즈 카운티 학교를 방문해 학생들에게 강연한 적이 있었다. 지금은 잘 알려진 학교지만, 지금부터 말하려는 사건은 훨씬 전에 일어났다. 그 일은 사람들의 감정이 매우 격해진 1차 세계대전 중에 일어났다. 독일인들이 흑인들을 선동해 폭동을 일으키려 한다는 소문이 퍼졌다. 앞서 말했듯이 로런스 존스는 흑인이었고 같은 흑인들을 선동해 반란을 조장했다는 의혹을 받았다. 교회 앞에 진을 치고 있던 백인들은 로런스 존스가 사람들에게 이렇게 소리치는 것을 들었다. "삶은 투쟁입니다. 모든 흑인은 무장하고 맞서 싸워 살아남아 성공해야 합니다."

"싸우자!" "무장!" 이 말만으로 충분했다. 흥분한 백인들이 밤을 뚫고 질주해 사람들을 모아 교회로 돌아왔다. 곧장 목사의 목에 밧줄을 감아 약 2킬로미터나 끌고 가서 장작더미에 그를 세웠다. 목을 매달고 불을 지피려는 찰나에 누군가 소리쳤다. "태워 죽이기 전에 빌어먹을 놈의 말이나 들어봅시다. 어서 뭐라고 해봐!" 목에 밧줄이 감긴 채 장작더미에 서 있던 로런스 존스는 자신의 삶과 대의에 대해 말하기 시작했다. 그는 1907년 아이오와대학교를 졸업했다. 성격이 좋고 성적이 뛰어난 데다 음악에 재능이 있었던 그는 학생과 교수 사이에서 인기가 좋았다. 졸업할 때쯤 일자리를 마련해주겠다는 호텔업계의 제안을 거절했고 음악 공부를 계속하도록 지원하겠다는 한 부호의 제안도 거절했다. 왜 그랬을까? 그는 사명감에 불타올랐기 때문이다. 그는 부커 T. 워싱턴의 전기에 감명을 받아 가난에 찌들어 배우지 못한 흑인을 가르치는 데 자신의 삶을 바치기로 했다. 그래서 미시시피주 잭슨에서 남쪽으로 약 40킬로미터 떨어진 남부에서도 가장 낙후된 지역으로 갔다. 1달러 65센트에 시계를 저당 잡히고 그 돈으로 숲속 공터에 학교를 열었다. 나무 그루터기가 책상이었다. 로런스 존스는 분노에 차서 자기를 죽이려고 기다리고 있는 이들에게 자신이 얼마나 힘들게 불우한 아이들을 가르치며 좋은 농부나 정비공, 요리사, 가사도우미가 되도록 했는지 이야기했다. 파이니 우즈 카운티 학교를 세우는 데 도움을 준 백인들에 대해서도 이야기했다. 땅이나 목재, 돼지와 소, 돈을 주며 아이들을 계속 교육하도록 도와준 이들이었다.

시간이 흘러 로런스 존스에게 당시 그를 끌고 가 목을 매달아 태워 죽이려 했던 사람들을 증오하지 않느냐고 묻자 그는 자신의 안위보다 더 큰 대의에 몰두하다 보니 그런 증오심 따위를 느낄 겨를이 없었다고 답했다. "다툴 시간도, 후회할 시간도 없어요. 아무도 저를 굴복시켜 그들을 미워하게 할 수 없지요."

자신이 아닌 대의를 위하는 그의 감동적이고 진심 어린 이야기를 듣고 나자 군중은 누그러지기 시작했다. 그러다 나이 많은 한 남부 퇴역군인이 말했다. "이 사내는 진실을 이야기하는 것 같군. 그가 아까 말한 백인들도 내가 다 아는 사람들이오. 좋은 일을 하는 사람에게 우리가 실수하는 것 같소. 그를 목매달 게 아니라 도와줍시다." 그는 자신의 모자를 돌려 사람들에게 52달러 40센트를 거두었다. 파이니 우즈 카운티 학교의 설립자이자 "다툴 시간도, 후회할 시간도 없어요. 아무도 저를 굴복시켜 그들을 미워하게 할 수 없지요"라고 말한 로런스 존스를 위해 말이다.

에픽테투스는 1900년 전에 이미 "뿌린 대로 거둔다. 악행은 언젠가 대가를 치르게 된다"라고 말했다. 그리고 이렇게 덧붙였다. "인간은 자신이 저지른 잘못에 대한 벌을 받는다. 이를 기억한다면 누구에게도 화내지도, 분개하지도, 욕을 하지도, 비난하지도, 상처를 주지도, 증오하지도 않을 것이다."

미국 역사상 링컨만큼 비난받고 미움받으며 숱하게 배신당한 사람은 없을 것이다. 하지만 링컨의 대표적인 전기를 쓴 헌던은 링컨에 대해 이렇게 말했다. "링컨은 사람을 자신의 호불호에 따라 판단하지 않았다. 어떤 일을 반드시 해야 할 때 자신의 적이라도 그 자리에 염두에 두었다. 자신을 비방하거나 난처한 상황에 놓이게 한 사람이라도 어떤 일에 가장 적합하면 친구와 다름없이 일을 맡겼다. 자신의 적이라서, 혹은 그를 싫어한다는 이유로 누군가를 자르지 않았다."

링컨은 매클렐런, 수어드, 스탠턴, 체이스 등 직접 고위직에 임명한 이들에게 비난받았다. 하지만 법률 자문이었던 헌던에 따르면 링컨은 "누구도 자신이 한 일로 칭찬받아서도 안 되고 자신이 한 일이나 하지 않은 일로 비난받아서도 안 된다. 인간은 조건과 상황, 환경, 교육, 후천적 습관, 유전으로 만들어진 존재로 현재와 미래를 만들어가고 있기 때문이다"라고 믿었다.

링컨이 옳았다. 당신과 내가 우리의 적과 같은 신체적, 정신적, 감정적 특성을 물려받았고, 그들과 같은 삶을 살았다면 우리도 그들처럼 행동했을지도 모른다. 어쩔 수 없었을 것이다. 클래런스 대로우는 이렇게 말했다. "모든 것을 알면 모두 이해하게 된다. 그러면 판단하고 비난할 여지가 없다." 그러니 적을 미워하는 대신 그들을 동정하고 내가 그들이 아님에 신께 감사하자. 적에 대한 비난과 원한을 품지 말고 그들을 이해하고 공감하며 도와주고 용서하면서 그들을 위해 기도하기로 하자.

나는 밤마다 성경을 읽거나 성경 구절을 암송하고 무릎을 꿇고 앉아 '가족 기도'를 드리는 집에서 자랐다. 한적한 미주리주 농가에서 성경 구절을 읊조리던 아버지의 목소리가 여전히 들리는 듯하다. 인간이 이상을 소중히 간직하는 한 계속 전해질 구절이었다. "네 원수를 사랑하고 너를 저주하는 자를 축복하며 너를 증오하는 자에게 선을 베풀고 너를 박해하는 자들을 위해 기도하라."

아버지는 예수의 말을 실천하며 살려고 노력했고, 세상의 그 어떤 왕도 가지지 못했던 마음의 평화를 얻었다. 마음의 평화와 행복을 가져다줄 정신을 기르고 싶다면 다음을 기억하라.

규칙 2

적에게 복수하려고 하지 말라. 복수는 적보다 자기를
더 다치게 할 뿐이다. 아이젠하워 장군처럼 행동하자.
좋아하지도 않는 사람을 생각하는 데 단 1분도 낭비하지
말라.

3

감사할 줄 모르는 사람 대처법

　최근 텍사스에서 사업가를 한 명 만났는데, 그는 화가 머리끝까지 나 있었다. 15분쯤 지나면 이유를 알게 될 거라고 하더니, 정말 그랬다. 그는 11개월 전 겪은 일로 여전히 화가 나 있었고, 그 일에 완전히 빠져 있었다. 당시 그는 직원들에게 크리스마스 보너스로 한 사람당 약 300달러씩 주며 거의 1만 달러를 썼지만 감사하다는 말 한마디 듣지 못했다고 했다. 불만에 가득 찬 그는 "돈 한 푼도 주지 말았어야 했어요!"라고 말하며 툴툴거렸다.

　공자는 "화가 난 사람은 늘 독으로 가득 차 있다"라고 말했다. 그가 독으로 가득 차 있다고 생각하니 솔직히 안쓰러워 보였다. 그의 나이는 예순 정도였다. 생명보험사에 따르면 평균적으로 우리는 80세에서 현재의 나이를 뺀 것의 3분의 2보다 조금 더 산다고 한다. 그러니 이 남자는 운이 좋다면 대략 14~15년 정도 더 살 수 있을 텐데, 이미 지나간 일로 여전히 분노에 사로잡혀 남은 시간을 낭비하고 있었다. 참 불쌍한 사람이다.

　분노와 자기 연민에 빠져 허우적대는 대신 그는 왜 감사

인사를 받지 못했는지 스스로 생각해봤어야 한다. 평소 직원들에게 낮은 임금을 주고 초과 근무를 시켰을 수도 있고, 그러니 직원들이 크리스마스 보너스를 사장의 호의가 아니라 당연히 받아야 하는 권리로 여겼을지도 모른다. 아니면 평소 그가 매우 비판적이고 다가가기 힘든 사람이라 누구도 감히 감사 인사를 하지 못했을 수도 있다. 혹은 세금으로 나갈 돈을 보너스로 주었다고 느꼈을지도 모른다.

반면에 직원들이 이기적이고 무례하며 예의가 없을 수도 있다. 이럴 수도 저럴 수도 있다. 진짜 어떤 이유인지 알 길은 없다. 하지만 새뮤얼 존슨 박사가 한 말은 알고 있다. "감사는 엄청난 자기 수양의 결실이다. 자기 수양이 부족한 이들에게는 감사를 기대할 수 없다."

핵심은 이것이다. 그는 인간적이면서 고통스러운 실수를 저질렀다. 바로 감사를 기대하는 것이다. 그는 인간의 특성을 잘 모른 듯하다.

당신이 누군가의 생명을 구했다고 치자. 그에게 감사하다는 말을 듣고 싶은가? 그럴 수 있다. 하지만 새뮤얼 라이보비치는 판사가 되기 전 유명한 형사 전문 변호사로 일하며 전기의자에서 죽을 뻔한 78명의 목숨을 구했다! 이 중 몇 명이나 그를 찾아와 감사하다고 말하거나 크리스마스카드라도 보냈을까? 맞춰보라. 그렇다, 예상대로 단 한 명도 없었다.

어느 날 예수는 나환자 열 명의 병을 고쳤다. 하지만 그에게 고맙다고 인사한 사람은 과연 몇 명이었을까? 단 한 명이었다. 누가복음을 읽어보라. 예수가 제자들에게 "나머지 아홉 명은 어디 있는가?"라고 물었을 때, 그들은 이미 도망가고 없었다. 감사하다는 말 한마디 없이 사라진 것이다! 여기서 한 가지 물어보겠다. 당신이나 나, 그리고 앞에서 말한 사업가가 베푼 사소한 호의에 예수가 받은 것보다 큰 감사를 받아야 할까?

게다가 돈과 관련된 일이라면 더 어려워진다! 찰스 슈와브는 예전에 은행 돈으로 주식에 투기한 은행원을 구한 적이 있다고 했다. 그는 은행원이 교도소에 가지 않도록 돈을 대신 메꿔주었다. 은행원이 그에게 고마워했을까? 아주 잠깐이었다. 얼마 지나지 않아 그는 슈와브에게 등을 돌리더니 헐뜯고 비난을 서슴지 않았다. 교도소에 가지 않도록 도와준 바로 그 사람에게 말이다!

당신이 친척에게 100만 달러를 준다면 그가 고마워하기를 기대하는가? 앤드루 카네기는 그랬다. 하지만 그가 무덤에서 돌아와 그 친척이 자신에게 저주를 퍼붓는 걸 알게 된다면 충격에 휩싸일 것이다! 친척은 왜 그랬을까? 그의 말에 따르면 카네기가 공공 자선단체에 3억 6500만 달러나 기부하고 자신에게는 '고작 100만 달러만 먹고 떨어지게' 했기 때문이다.

세상일이 다 그렇다. 인간의 본성은 예전이나 지금이나 변함이 없고 앞으로도 변하지 않을 것이다. 그러니 받아들이는 게 낫지 않겠는가? 로마제국을 통치한 가장 현명한 철인 황제 마르쿠스 아우렐리우스처럼 현실적이어야 하지 않을까? 그는 어느 날 일기에 이렇게 썼다. "나는 오늘 말이 많은 사람들을 만나기로 했다. 이기적이고 독단적이며 감사할 줄 모르는 이들이다. 하지만 놀라거나 화내지 않을 것이다. 그런 자들이 없는 세상은 상상할 수 없으니." 일리 있는 말이다. 당신과 내가 감사할 줄 모르는 사람들에게 불만이 생긴다면, 이는 과연 누구의 잘못인가? 인간의 본성인가 인간 본성에 대한 우리의 무지인가? 그러니 감사를 기대하지 말자. 그러다 보면 어쩌다 받는 감사 인사가 큰 즐거움으로 다가올 것이고, 감사 인사를 받지 못하더라도 별로 신경 쓰지 않게 될 것이다.

이 장에서 첫 번째 핵심은 다음과 같다. 사람들이 감사를 잊는 일은 당연하다. 그러니 감사를 기대하며 살아가면 괜히 신경 쓸 일만 많아진다.

나는 뉴욕에 사는 한 여성을 아는데 늘 외롭다고 불평을 입에 달고 살았다. 친척들조차 그를 만나려고 하지 않았다. 당연한 일이다. 누구를 만나든지 조카들이 어릴 때 어떻게 돌보았는지 몇 시간이고 이야기한다. 조카들이 홍역이나 볼거리, 백일해에 걸렸을 때 간호했던 일이나 몇 년 동안 함께 살며 키운 일, 조카 한 명을 경영대학원에 가도록 도와준 일, 다른 한 명은 결혼할 때까지 데리고 살았던 일 등을 끝없이 이야기했다.

조카들이 그를 만나러 갈까? 의무감에 가끔 가기는 하지만, 이조차도 끔찍이 싫어한다. 몇 시간 동안이나 앉아 꾸중 섞인 이야기에 끝없이 이어지는 불평, 자기 연민에 가득 찬 한숨을 들을 게 뻔하기 때문이다. 그러다 조카들을 강요하고 윽박지르며 괴롭혀도 자신을 보러 오지 않으면 '꼼수'를 쓴다. 심장 발작을 일으키는 것이다.

실제로 심장 발작이 일어나는 것일까? 그렇다. 의사들은 그가 두근거림을 유발하는 '과민성 심장'을 가졌다고 말했다. 하지만 감정적인 문제에서 비롯된 거라 치료가 어렵다고 했다.

그가 실제로 바란 것은 사랑과 관심이다. 하지만 자신은 이를 '감사'라고 생각한다. 애석하지만 그는 감사도 사랑도 받지 못할 것이다. 자신이 당연히 받아야 할 것이라고 여기며 감사를 요구하고 있기 때문이다.

그처럼 소외당하고 외로워하며 '감사할 줄 모르는 사람' 때문에 상처받는 사람이 수없이 많다. 그들은 사랑받기를 원한다. 하지만 세상에서 사랑받을 수 있는 유일한 방법은 사랑을 갈구하는 대신 아무런 대가를 바라지 말고 사랑을 퍼주는 것뿐이다.

비현실적이고 지나치게 이상적인 말처럼 들리는가? 그렇지 않다. 이는 기본 상식일 뿐이다. 하지만 우리가 간절히 바라는 행복을 얻는 좋은 방법이기도 하다. 내 가족에게 일어난 일을 보았기에 이를 확신한다. 나의 어머니와 아버지는 남을 도우면서 기쁨을 얻었다. 늘 빚에 시달리며 가난에 허덕였지만, 아무리 형편이 어려워도 부모님은 아이오와주 카운실블러프스의 크리스천 홈이라는 보육원에 매년 돈을 보냈다. 부모님은 한 번도 그곳에 가지 않았다. 그러니 편지를 제외하면 누구에게도 감사하다는 말을 들은 적이 없을 것이다. 하지만 두 분은 충분한 보상을 받았다. 감사를 기대하거나 어떤 대가도 바라지 않고 아이들을 도와주고 있다는 기쁨 자체를 누렸기 때문이다.

집을 떠난 후 나는 매년 크리스마스 때 부모님이 작은 호사라도 누리길 바라는 마음으로 수표를 보낸다. 하지만 좀처럼 그러시질 않는다. 크리스마스 며칠 전 집에 가면 아버지는 딸린 식구가 많은 가난한 부인에게 음식과 석탄을 사서 보냈다고 말씀하신다. 부모님은 어떤 대가도 바라지 않고 베푸는 데서 큰 기쁨을 누렸다.

나는 아버지가 아리스토텔레스가 말한 행복을 누릴 자격이 있는 이상적인 사람이라고 생각한다. 아리스토텔레스는 이렇게 말했다. "이상적인 인간은 다른 사람에게 호의를 베풀며 즐거움을 느끼고 도움을 받으면 부끄러워한다. 친절을 베푸는 일은 우월함을 나타내지만, 친절을 받는 것은 열등감을 나타내기 때문이다."

이 장의 두 번째 핵심은 다음과 같다. 행복해지고 싶다면 감사를 바라지 말고 베풀며 진정한 주는 기쁨을 누려라.

지난 만 년 동안 부모들은 자식들의 배은망덕한 모습에 머리를 쥐어뜯었다. 심지어 셰익스피어의 작품 속 리어왕도 이렇게 소리쳤다. "감사할 줄 모르는 자식이 독사의 이빨보다 더 날카롭구나!"

그런데 부모에게 감사하라고 가르치지도 않았는데 왜 아이들이 부모에게 감사해야 하는 걸까? 감사할 줄 모르는 게 잡초가 나는 일처럼 오히려 자연스럽다. 감사란 장미와 같다. 거름과 물을 주고 사랑하고 보호하며 잘 키워야 한다.

아이들이 감사할 줄 모른다면 누구의 잘못인가? 아마 부모의 책임일 것이다. 다른 사람에게 감사하는 법을 가르치지 않았는데 어떻게 부모에게 감사할 수 있겠는가?

내가 아는 시카고에 사는 한 남성은 감사할 줄 모르는 두 아들 때문에 불만이 가득했다. 그는 박스 공장에서 힘들게 일하며 일주일에 간신히 40달러 정도를 벌었다. 한 과부와 결혼했는데 그의 설득으로 두 아들을 대학에 보내려고 돈까지 빌렸다. 주급 40달러라는 적은 돈으로 식비와 월세, 연료비, 옷값에 빚까지 감당해야 했다. 이렇게 4년을 힘들게 일하면서도 단 한 번도 불평하지 않았다. 그는 감사하다는 말을 들었을까? 그렇지 않다. 아내나 아들들 모두 당연하게 받아들였다. 새아버지에게 감사하다는 말은커녕 빚지고 있다는 생각조차 하지 않았다!

누구의 잘못인가? 아이들인가? 그들의 어머니가 더 문제다. 그의 아내는 아이들에게 '의무감'을 지우는 일이 창피하다고 생각했고 아이들이 '빚진 채로 사회생활을 시작'하기를 원치 않았다. 그러니 "대학교를 무사히 마치게 도와준 새아버지는 참 멋진 분이야!"라는 말을 할 리 없었다. 오히려 '그 정도는 해줘야지'라는 식이었다. 그는 자식을 위하는 길이라 여겼겠지만, 사실은 '세상이 내게 당연히 무언가 해주어야 한다'라는 위험한 생각을 심어 세상으로 내보낸 것이다. 실제로 아들 중 한 명은 회삿돈을 횡령하려다 감옥에 가고 말았다.

아이들은 우리가 가르치는 대로 자란다는 사실을 명심하자. 미니애폴리스 웨스트 미네할라 파크웨이 144번지에 사는 나의 이모 비올라 알렉산더는 감사할 줄 모르는 자식들 때문에 섭섭할 일이 전혀 없는 분이다. 내가 어렸을 때 이모는 자신의 어머니를 집으로 모셔와 사랑으로 돌봤다. 이후에는 시어머니까지 모시고 살았다. 아직도 할머니 두 분이 이모네 난롯가에 앉아 있는 모습이 눈에 선하다. 두 분은 이모에게 '골칫거리'였을까? 가끔 그랬을 것 같다. 하지만 이모에게 그런 기색을 찾아볼 수 없었다. 이모는 두 할머니를 진심으로 사랑했다. 두 분을 소중히 보살피고 어떤 부탁이라도 들어주며 편히 지낼 수 있도록 했다. 돌봐야 하는 아이들이 여섯이나 더 있는데도 말이다. 이모는 두 할머니를 모시는 일이 대단한 일이라거나 칭찬받아 마땅한 일이라고 여기지 않았다. 그저 마땅히 해야 하는 옳은 일이며 자신이 원하는 일이었다.

이모는 요즘 어떻게 지내고 있을까? 이모는 20년 전에 이모부를 여의었다. 독립한 자녀가 다섯 명인데 다들 이모를 좋아해서 서로 모시려고 난리다! '감사'한 마음 때문일까? 그렇지 않다! 순전히 사랑 때문이다. 이들은 어린 시절부터 이모의 밝고 따스한 온정을 느끼며 자랐다. 이제 상황이 바뀌었으니 이모에게 사랑을 돌려주려는 게 어쩌면 당연하다.

감사할 줄 아이로 키우려면 부모가 먼저 감사할 줄 알아야 한다. '아이들은 귀가 밝다'라는 사실을 명심하고 말할 때 늘 조심하라. 아이들 앞에서 누군가의 친절에 트집 잡으려 한다면 일단 아무 말도 하지 말자. "사촌이 크리스마스 선물로 보낸 이 행주 좀 봐. 직접 만들었으니 돈 한 푼 안 들었겠다!" 이런 식으로 말하면 안 된다. 우리에게 대수롭지 않은 말이라도 아이들이 듣고 있다는 사실을 기억하라. 대신 이렇게 말하는 게 좋다. "사촌이 크리스마스 선물을 직접 만드느라 시간이 오래 걸렸겠구나! 정말 멋지지 않니? 당장 감사 편지를 쓰자." 그러면 아이들은 무의식적으로 칭찬하고 감사하는 습관을 갖게 될 것이다.

감사를 받지 못해 화나고 걱정된다면 다음을 기억하라.

규칙 3

❶ 감사를 받지 못해 고민하지 말고, 당연하게 받아들라. 예수가 하루에 나환자 열 명을 고쳤지만 감사하다고 한 이는 단 한 명이었음을 기억하라. 우리가 예수보다 더 큰 감사를 받아야 할 이유가 있는가?

❷ 행복해지는 유일한 방법은 감사를 기대하지 말고 먼저 베풀며 주는 기쁨을 누리는 것이다.

❸ 감사는 '길러지는' 것이다. 감사할 줄 아는 아이로 키우려면 감사하는 법을 가르치라.

4

100만 달러보다 가치 있는 것

나는 해럴드 애벗과 꽤 오래 알고 지냈다. 미주리주 웨브시티 사우스 매이슨로 820번지에 사는 그는 예전에 내 강연 관리 업무를 맡았다. 어느 날 우리는 캔자스시티에서 만나 그의 차를 타고 미주리주 벨튼에 있는 내 농장으로 향했다. 가는 동안 그에게 걱정에서 벗어나는 법에 관해 묻자 그는 평생 잊지 못할 감동적인 이야기를 들려주었다.

"원래 저는 걱정이 참 많은 사람이었어요. 하지만 1934년 어느 봄날, 웨브시티 웨스트 도허티가를 걷다가 어떤 장면을 목격한 뒤로 모든 걱정을 날려버리게 됐죠. 불과 10초 만에 벌어진 일이었어요. 단 10초였지만 지난 10년 동안 삶에 대해 배운 것보다 더 많은 걸 깨닫게 되었죠. 당시 웨브시티에서 식료품 가게를 운영하고 있었어요. 모아 둔 돈도 다 날리고 빚까지 생겨 7년간 갚아야 할 처지였죠. 전 주 토요일에 가게를 닫고 캔자스시티로 가서 일자리라도 구하려고 은행에서 돈을 빌리려고 했어요. 전 패배자처럼 걸었어요. 삶에 대한 전의도 확신도 없었죠.

그러다 갑자기 맞은편에서 다리가 없는 남자가 오는 게 보이더군요. 그는 롤러스케이트 바퀴를 단 나무판자에 앉아 양손에 쥔 나무막대기로 땅을 밀어내며 움직이고 있었죠. 막 길을 건너서 인도 턱을 오르려고 나무판자를 약간 기울이는 순간 저와 눈이 마주쳤어요. 그는 활짝 웃으며 활기차게 인사를 건네더군요. '안녕하세요. 오늘 아침 날씨가 참 좋지요?' 그를 보고 서 있는데 순간 제가 얼마나 부자인지 깨달았어요. 제게는 두 다리가 있고, 걸을 수도 있었으니까요. 연민에 빠져 있던 제가 부끄러워졌어요. 다리가 없는 저 사람도 저렇게 행복하고 활기차고 자신감에 넘치는데 멀쩡히 다리가 있는 내가 그러지 못할 이유가 없다는 생각이 들었죠. 그리고 힘이 나기 시작했어요. 은행에서 100달러를 빌리려고 했지만 200달러를 빌릴 용기가 생겼죠. 캔자스시티에 가서 일자리를 '구해보려고 한다'라고 말할 생각이었지만, 자신 있게 캔자스시티에 가서 일자리를 '구하겠다'라고 말했죠. 그렇게 대출도 받고 일자리도 구했답니다. 저는 욕실 거울에 붙여놓고 매일 아침 면도하며 읽는 말이 있어요."

나는 신발이 없어 우울했다.
거리에서 발이 없는 남자를 만나기 전까지는.

예전에 에디 리켄배커에게 동료들과 구명보트에서 속수무책으로 21일이나 태평양에서 표류하면서 배운 가장 큰 교훈이 무엇이었냐고 물었다. 그는 이렇게 말했다. "마실 만한 깨끗한 물이 있고 먹을 만한 음식이 있다면 어떤 것도 불평해선 안 된다는 겁니다."

《타임》지에 과달카날 전투에서 다친 병사의 이야기가 실린 적이 있다. 그는 목에 포탄 파편을 맞아 일곱 번이나 수혈을 받아야 했다. 그는 "제가 살 수 있을까요?"라고 쪽지에 써서 의사에게 물었다. 의사는 "그럼요"라고 답했다. 그는 또 쪽지에 이렇게 썼다. "제가 말할 수 있을까요?" 의사는 이번에도 그렇다고 답했다. 그러자 그는 이렇게 썼다. "그러면 도대체 제가 뭘 걱정하는 거죠?"

당장 걱정을 멈추고 스스로 물어보자. "도대체 나는 뭘 걱정하는 거지?" 아마 사소하고 하찮은 일로 걱정하고 있다는 것을 알게 될 것이다. 살면서 겪는 일 중 약 90퍼센트는 좋은 일이고 10퍼센트는 나쁜 일이다. 행복해지고 싶다면 좋은 일 90퍼센트에 집중하고 나쁜 일 10퍼센트는 무시하자. 걱정하고 후회하며 살다 위궤양까지 앓고 싶다면 나쁜 일 10퍼센트에 몰두하고 신나는 일 90퍼센트를 무시하면 된다. "생각하고 감사하라"라는 문구는 영국의 많은 청교도 교회에 새겨져 있다. 우리도 이 말을 가슴 깊이 새겨야 한다. 우리가 감사해야 할 모든 것을 생각하고, 우리가 누리는 모든 것을 신께 감사하자.

『걸리버 여행기』의 저자 조너선 스위프트는 영국 문학계에서 가장 지독한 염세주의자였다. 자신이 태어났다는 사실이 끔찍했던 그는 생일마다 상복을 입고 단식했다. 이렇듯 절망에 빠져 살면서도 그는 건강한 삶을 가져다주는 즐거움과 행복의 위대한 힘에 대해 찬양했다. "세계 최고의 의사는 적절한 식사, 고요함, 즐거움이다."

우리는 '즐거움'이라는 의사의 진료를 언제든 무료로 받을 수 있다. 전설 속 알리바바가 가진 보물보다 훨씬 더 많은 재산을 가진 우리의 부에 관심을 집중하기만 하면 된다. 당신은 두 눈을 100만 달러에 팔겠는가? 당신의 두 다리는 얼마에 팔겠는가? 손이나 귀는? 당신의 아이는? 가족은? 당신이 가진 이 모든 자산을 더해보라. 록펠러나 포드, 모건의 재산을 모두 준다고 해도 당신이 가진 것을 절대 내주지 않을 거라는 사실을 알게 될 것이다.

그런데 우리는 지금 가지고 있는 것을 감사히 여기는가? 안타깝게도 그렇지 않다. 쇼펜하우어는 이렇게 말했다. "우리는 자신이 가진 것을 생각하지 않고 늘 갖지 못한 것만 생각한다." 그렇다. '자신이 가진 것보다 갖지 못한 것만 생각하는' 태도는 세상의 가장 큰 비극이다. 역사상 일어난 어떤 전쟁이나 질병보다 더 큰 고통이 바로 여기에서 비롯했다.

뉴저지주 패터슨 19번가 30번지에 사는 존 파머의 경우도 마찬가지다. 그는 '평범한 남자'에서 '불평쟁이 노인네'가 되었다. 그가 들려준 이야기는 다음과 같다.

"전역한 지 얼마 안 되어 사업을 시작했어요. 밤낮으로 열심히 일했죠. 일이 잘 풀렸어요. 그러다 문제가 생기기 시작했죠. 재료도 부품을 구할 수 없었거든요. 사업을 접게 될까 봐 두려웠어요. 걱정이 쌓이다 보니 평범했던 제가 어느새 불평쟁이 노인네가 되어 있었죠. 매사에 짜증이 치밀고 화가 났어요. 그때는 그런지 몰랐죠. 하지만 행복한 가정마저 잃을 것 같더군요. 그런데 어느 날 직원으로 일하던 장애가 있는 젊은 퇴역군인이 이런 말을 하더군요. '조니, 부끄러운 줄 아세요. 세상 고민은 혼자 다 지고 있는 것처럼 굴고 있잖아요. 회사 문을 잠깐 닫는다고 해도 그게 뭐 대수인가요? 상황이 나아지면 다시 시작하면 되지요. 감사할 게 얼마나 많은데, 그렇게 투덜거리기만 해서 되겠어요? 제가 당신이라면 더 바랄 게 없을 거예요. 절 좀 보세요. 팔은 하나뿐이고 얼굴 반이 총에 맞아 날아가버렸죠. 하지만 전 불평하지 않아요. 그렇게 계속 앓는 소리를 하고 투덜거리면 일뿐만 아니라 건강도 가정도 친구도 모두 잃을 겁니다!'

그 말을 듣고 한동안 멍했어요. 그리고 제가 가진 게 많다는 걸 깨닫게 되었죠. 이제 변하겠노라고, 예전의 모습을 되찾으리라 바로 마음먹었고, 그렇게 해냈답니다."

내 친구 루실 블레이크는 비극 앞에서 온몸을 벌벌 떨었다. 자신이 갖지 못한 것을 걱정하기보다 가진 것에 만족해야 한다는 사실을 깨닫기 전이었다.

나는 9년 전 컬럼비아대학교 언론대학원의 단편소설 쓰기 수업에서 루실을 만났다. 당시 애리조나주 투손에 살았던 루실은 충격적인 일을 겪었다. 그의 이야기를 들어보자.

"눈코 뜰 새 없이 바빴어요. 대학교에서는 오르간을 공부하고, 시내에서 언어치료사로 일하고, 제가 살던 목장에서는 음악 감상 수업을 했어요. 게다가 파티, 춤, 야간 승마까지 즐겼죠. 그러던 어느 날 아침, 갑자기 쓰러졌어요. 심장이 문제였어요! 의사가 앞으로 일 년간 무조건 안정을 취하며 누워 있어야 한다는 말했어요. 다시 건강해질 거라는 말은 못 들었죠.

일 년 동안이나 병원 신세라니! 환자처럼 누워 있다 죽게 되겠지! 두려움에 온몸이 떨렸어요. 왜 이런 일이 내게 생긴 거지? 내가 뭘 잘못했길래 이런 일을 당하는 걸까? 눈물이 멈추지 않았어요. 억울하니 반항심까지 생겼죠. 하지만 의사의 말대로 병원에 입원했어요. 그런데 이웃에 사는 예술가 루돌프가 내게 이런 말을 하더군요. '침대에서 일 년을 보내야 한다는 게 지금은 비극처럼 느껴질 거예요. 하지만 그렇지 않을 겁니다. 생각할 시간이 생겼으니 자신을 알아가는 기회가 될 거예요. 여태 살아왔던 날들보다 더 크게 정신적으로 성장하게 될 겁니다.' 전 마음이 차분해졌어요. 그리고 새로운 가치관을 세우려고 노력했죠.

그리고 영감을 불러일으킬 만한 책을 읽기 시작했어요. 어느 날 라디오 진행자가 이런 말을 하더라고요. '인간은 자신의 의식 속에 있는 것만을 표현할 수 있다.' 이런 말은 전에도 수없이 들었지만, 그날은 제 마음속 깊이 박혔어요. 저는 기쁨, 행복, 건강처럼 삶에서 원하는 것만 생각하기로 했죠. 아침에 일어나자마자 감사해야 할 것을 모두 떠올렸어요. 어렵지 않았어요. 사랑하는 딸, 시력, 청력, 라디오에서 흘러나오는 사랑스러운 음악, 책 읽는 시간, 좋은 음식, 좋은 친구. 활기를 되찾자 저를 보러 오는 사람들도 많아졌어요. 의사가 정해진 시간에 한 번에 한 명씩만 방문 가능하다는 안내문까지 병실에 붙일 정도였죠.

그 후 9년이 흘렀지만 여태 활기차고 충만한 삶을 살고 있어요. 돌이켜보면 침대에서 일 년을 보낸 일이 참 감사해요. 애리조나에서 보낸 가장 가치 있고 행복한 시간이었으니까요. 아침마다 감사한 일을 세는 건 지금도 하고 있어요. 저의 소중한 보물이거든요. 죽음의 문턱에서 두려움에 떨기 전까지 제대로 사는 법을 알지 못했다는 게 부끄러워요."

소중한 내 친구 루실 블레이크는 어쩌면 자신도 모르는 사이에 새뮤얼 존슨이 200년 전에 깨달은 것과 같은 교훈을 얻었다. 새뮤얼 존슨은 이렇게 말했다. "모든 일의 좋은 점을 보는 습관은 일 년에 1000파운드를 버는 것보다 낫다." 이 말은 타고난 낙관주의자가 한 말이 아니다. 20년 동안 불안과 가난, 배고픔에 허덕이다 끝내 시대를 대표하는 유명한 작가가 된 사람이 한 말이라는 사실을 기억하자.

로건 피어솔 스미스는 지혜를 짧은 문장에 함축적으로 담았다. "삶에서 두 가지를 목표로 삼아라. 첫째, 원하는 것을 얻어라. 둘째, 그것을 즐겨라. 현명한 자만이 두 번째를 이룬다."

부엌에서 설거지하는 일조차 신나는 경험으로 만드는 법을 알고 싶은가? 그렇다면 놀라운 용기를 불러일으키는 보르그힐드 달의 『나는 보고 싶었다I Wanted to See』를 읽어보라.

50년 동안 앞을 제대로 보지 못한 한 여성이 쓴 책이다. 달은 책에서 이렇게 말했다. "나는 눈이 하나뿐이다. 그마저도 심한 상처로 덮여 있어 왼쪽 눈에 난 작은 틈으로만 보아야 한다. 책을 얼굴에 바짝 붙이고 눈을 찌푸려 눈동자를 최대한 왼쪽으로 보낸 뒤에야 겨우 글을 읽을 수 있었다."

하지만 그는 동정을 거부했고 '다르게' 대우받고 싶어 하지도 않았다. 어릴 때 친구들과 사방치기 놀이를 하고 싶었지만, 땅에 그려놓은 표시가 보이지 않았다. 친구들이 모두 집으로 돌아간 뒤 그는 바닥에 엎으려 눈을 최대한 땅에 가까이 붙여 표시를 따라 기어 다녔다. 그 결과 땅의 구석구석을 외우게 되었고 곧 사방치기의 고수가 되었다. 책은 집에서 읽었는데, 글씨가 큰 책을 눈에 바짝 갖다 대고 읽다 보니 속눈썹이 책에 닿을 정도였다. 학위도 두 개나 되는데, 미네소타대학교 문학 학사와 컬럼비아대학교 문학 석사다.

달은 미네소타주 트윈 밸리의 작은 마을에서 학생들을 가르치기 시작했고, 이후 사우스다코타주 수폴스의 어거스타나대학교에서 언론학과 문학 교수가 되었다. 그곳에서 13년간 학생들을 가르치며 여성 클럽에서 강연도 하고 책과 저서를 다루는 라디오 방송에도 출연했다. 그는 이렇게 썼다. "내 마음 한편에는 눈이 완전히 보이지 않게 될까 봐 늘 두려웠다. 이 마음을 극복하려고 우스워 보일 정도로 신나게 행동했다."

그러다 1943년, 그가 52세가 되던 해에 기적이 일어났다. 유명한 메이오 클리닉에서 눈 수술을 받은 것이다! 이제 그는 예전보다 40배나 더 잘 볼 수 있다.

그의 앞에는 사랑으로 가득 찬 새롭고 흥미진진한 세계가 펼쳐졌다. 부엌에서 설거지하는 것조차 즐겁다. "설거지통에 있는 하얀 거품을 가지고 놀기 시작했다. 손을 거품에 푹 담그고 비누 거품을 만든다. 거품을 빛에 비추면 작은 무지개가 밝게 빛난다."

그는 부엌 창문 너머로 "펑펑 내리는 눈 사이로 참새들이 진회색 날개를 파닥거리며 날아오르는" 모습도 봤다.

비누 거품과 참새들을 보는 큰 기쁨을 알게 된 그는 이렇게 말하며 책을 끝맺었다. "하늘에 계신 아버지, 감사합니다. 정말 감사합니다."

설거지를 하고 비누 거품 속에서 무지개를 보고 눈 속을 날아다니는 참새를 보게 되어 신께 감사한다고 상상해보라.

당신과 나는 부끄러운 줄 알아야 한다. 우리는 아름다움이 가득한 동화의 나라에 살면서도 정작 아무것도 보지도, 즐기지도 못하고 있으니 말이다.

걱정을 멈추고 새 삶을 살고 싶다면 다음을 기억하라.

규칙 4
문제가 아니라 감사한 일을 세어보라.

5

진정한 나로 살아가라

나는 노스캐롤라이나주 마운트 에어리에 사는 이디스 올레드 부인에게 편지 한 통을 받았다. "저는 어렸을 때 굉장히 예민하고 소심했어요. 살이 찌기도 했지만 볼살 때문에 더 뚱뚱해 보였죠. 엄마는 옛날 분이라 예쁜 옷을 입는 건 어리석다고 생각하셨죠. 늘 '큰 옷은 입을 수 있어도 작은 옷은 찢어져'라고 말씀하셨죠. 파티에 가본 적도 없고 즐겁게 놀아본 일도 없어요. 학교에 가서 체육 수업은커녕 친구들과 야외 활동도 해보지 못했죠. 심각하게 수줍음이 많았거든요. 저는 친구들과 '다르다'라는 생각이 들었고 아무도 절 원하는 것 같지 않았어요.

성인이 되어 저보다 몇 살 많은 남자와 결혼했어요. 하지만 어렸을 때와 달라진 건 없었죠. 시댁 식구들은 침착하고 자신감이 넘쳤어요. 제가 늘 되고 싶었지만 그러지 못했던 모습을 모두 갖춘 사람들이었죠. 그들처럼 되어보려고 노력했지만, 쉽지 않았어요. 그들도 저를 끄집어내 보려고 했지만 그럴수록 전 안으로 숨어들었지요. 전 예민해지고 짜증이 늘기 시작했어요. 친구들도 만나지 않았어요. 상태가 심각해져 초인종 소리만 들어도 두려웠죠. 전 실패자였어요. 이미 알고 있었지만, 남편이 알게 될까 봐 무서웠어요. 그래서 사람들과 함께 있을 때면 밝은 척하면서 지나치게 괜찮은 척했죠. 그러면 며칠 동안이나 비참했어요. 사는 게 힘드니 살아야 할 이유조차 모르겠더라고요. 그러다 자살을 생각하게 된 겁니다."

그렇다면 이 불행한 여성의 삶이 어떻게 바뀌었을까? 바로 우연한 말 한마디였다!

"우연히 들은 말 한마디가 제 삶을 송두리째 바꿔놓았어요. 어느 날 시어머니가 자식들을 어떻게 키웠는지 이야기하시면서 이런 말씀을 하셨죠. '나는 무슨 일이 있어도 아이들에게 늘 자기 자신이 되라고 가르쳤단다.' 자기 자신이 되어라. 바로 이 말이었어요! 순간 이 모든 고통이 맞지 않는 틀 속에 저를 맞추려다 보니 생긴 거란 걸 깨달은 거죠.

저는 하룻밤 사이에 바뀌었어요! 저 자신이 되기 시작했죠. 제 성격을 꼼꼼하게 파악하려고 노력했어요. 제가 진짜 어떤 사람인지 알아내려고요. 제 강점을 찾아내고 색상이나 스타일도 공부하면서 제게 어울리는 옷도 입었죠. 먼저 다가가 친구들도 사귀었어요. 작은 단체에 가입했는데, 그곳의 소모임에 들어가서는 바짝 긴장했답니다. 하지만 사람들 앞에서 말을 하면 할수록 자신감이 생겼죠. 시간이 오래 걸렸지만, 이제는 제가 꿈꾸던 것보다 훨씬 행복해요. 아이들을 키우면서도 아픈 경험에서 배운 교훈을 늘 가르쳐요. 무슨 일이 있어도 늘 자기 자신이 되어라!"

제임스 고든 길키 박사는 "자기 자신으로 살아가는 일의 어려움은 인류의 역사와 함께 시작되었고 인간의 삶처럼 보편적이다"라고 말했다. 자기 자신으로 살아가지 않을 때 자신도 모르는 사이에 여러 가지 신경증과 정신질환, 콤플렉스를 앓게 된다. 아동 교육에 관한 13권의 책과 1000편이 넘는 신문 사설을 쓴 안젤로 파트리는 이렇게 말했다. "현재의 몸과 마음이 자신이 아닌 다른 사람이나 다른 존재가 되고자 하는 것보다 비참한 일은 없다."

자신이 아닌 다른 존재가 되려는 욕망은 특히 할리우드에 만연해 있다. 할리우드의 유명한 감독 샘 우드는 유망한 젊은 배우들에게 자신만의 모습을 드러내게 하는 것이 가장 힘들다고 말했다. 다들 제2의 라나 터너나 제3의 클라크 게이블이 되길 원하기 때문이다. "그들은 이제 식상해. 대중은 새로운 인물을 원한다고."

샘 우드는 〈굿바이 미스터 칩스〉나 〈누구를 위하여 좋은 울리나〉와 같은 영화를 감독하기 전에 부동산 업계에 몇 년 종사하면서 영업 기술을 익혔다. 그는 사업의 원칙이 영화 업계에도 똑같이 적용된다고 주장했다. "어설프게 흉내 내려 하면 아무것도 이루지 못합니다. 앵무새가 되어선 안 되죠. 제 경험상 자신이 아닌 다른 사람을 흉내 내는 사람은 가능한 한 빨리 끊어내는 것이 안전합니다."

최근에 소코니 배큐엄 정유 회사 인사 담당자 폴 보인턴에게 취업 준비생들이 저지르는 가장 큰 실수가 무엇인지 물었다. 지금까지 6만 명 이상의 구직자를 면접하고 『취업에 성공하는 여섯 가지 방법6 Ways to Get a Job』이라는 책도 쓴 터라 답을 하기에 충분할 것 같았다. "취업 준비생들이 저지르는 가장 큰 실수는 자기 자신이 되지 않는 것입니다. 솔직하고 편하게 말하지 않고 면접관들이 원하는 답만 내놓으려고 하죠." 하지만 이는 효과가 없다. 누가 가짜를 원하겠는가? 위조지폐를 갖고 싶어 하는 사람은 아무도 없다.

어떤 전차 기관사의 딸은 어렵게 이 교훈을 깨달았다. 그는 가수가 되고 싶었다. 하지만 얼굴이 문제였다. 입이 크고 뻐드렁니까지 툭 튀어나왔기 때문이다. 뉴저지에 있는 나이트클럽에서 처음으로 노래를 부르게 되었을 때 윗입술을 아래로 바짝 내려 뻐드렁니를 감추려고 했다. 최대한 '멋지게' 보이려고 했지만, 오히려 우스꽝스럽기만 했다. 이렇게 가수의 꿈을 접어야 할 것만 같았다.

하지만 그날 그의 노래를 들은 한 남자가 재능을 알아보았다. 그는 직설적으로 말했다. "이봐요. 당신이 노래하는 모습을 봤는데 뭘 자꾸 감추려고 하더군요. 뻐드렁니가 부끄러운 거군요?" 당황하는 그를 두고 남자는 말을 이어나갔다. "그런데 그게 어때서요? 뻐드렁니를 가진 게 죄라도 됩니까? 감추려고 하지 말아요! 입을 벌리고 당당하게 노래하는 모습에 관객들도 열광할 거요." 그리고 재빨리 이렇게 덧붙였다. "그 뻐드렁니 덕분에 돈을 엄청나게 벌 수도 있을 겁니다!"

캐스 데일리는 그의 조언을 듣고 자신의 뻐드렁니를 더는 신경 쓰지 않았고, 관객들에게만 집중했다. 그는 입을 크게 벌리며 즐겁고 열정적으로 노래한 덕분에 영화와 라디오에서 톱스타가 되었다. 이제는 그를 따라 하는 코미디언들까지 생겼다!

윌리엄 제임스가 말한 자신을 발견하지 못한 사람이란 자신이 가진 잠재력의 10퍼센트도 채 쓰지 못하는 평범한 사람들이다. 그는 이렇게 말했다. "우리가 가진 잠재력에 비하면 우리는 반만 깨어 있는 상태다. 신체와 정신의 자원 중 일부만을 사용하고 있기 때문이다. 넓게 보자면 인간은 자신의 한계에 닿아보지도 못한 채 살아간다. 온갖 다양한 능력을 갖췄지만, 습관에 젖어 능력을 이용하려 하지 않는다."

당신과 나는 그런 잠재력을 가지고 있다. 그러니 단 1초도 걱정하지 말라. 우리는 남들과 다르다. 당신은 이 세상에서 새로운 존재다. 태초부터 지금까지 당신과 똑같은 사람은 없었고, 앞으로 많은 시간이 흐른 뒤에도 없을 것이다. 유전학이라는 새로운 과학에 따르면 당신은 아버지에게 받은 23개의 염색체와 어머니에게 받은 23개의 염색체가 합쳐진 결과물이다. 이 46개의 염색체가 당신의 유전적 특성을 결정한다. 암란 셰인펠트에 따르면 각 염색체에는 "수십 개에서 수백 개의 유전자가 있고, 어떤 경우에는 단 한 개의 유전자만으로도 한 사람의 삶이 완전히 달라질 수도" 있다. 이렇듯 우리는 '무시무시할 정도로 경이로운' 존재다.

당신의 어머니와 아버지가 만나 만나서 결혼하고 출산했을 때 당신이라는 사람이 태어날 확률은 300조 분의 1이다! 즉, 당신에게 300조 명의 형제자매가 있더라도 모두 당신과는 다르다는 것이다. 이는 추측이 아니라 과학적 사실이다. 좀 더 알고 싶다면 도서관에 가서 암란 셰인펠트가 쓴 『당신과 유전You and Heredity』을 읽어보라.

자기 자신으로 살아야 한다는 주제에 관해 이토록 확신 있게 이야기할 수 있는 이유는 쓰리지만 값진 경험을 통해 나 스스로 절실히 느꼈기 때문이다. 나는 미주리주 옥수수밭에서 뉴욕으로 와서 미국 연극예술 아카데미에 등록했다. 배우가 되고 싶었기 때문이다. 내게는 기발한 계획이 있었는데, 그토록 간단하고 쉬운 방법이자 성공으로 가는 지름길을 열의에 찬 배우 지망생들이 모르는 게 이상했다. 나의 계획은 존 드루, 월터 햄프던, 오티스 스키너 등 당시 유명한 배우들의 인기 비결을 조사해서 그들의 장점만을 조합해 기가 막히게 따라 하는 것이었다. 얼마나 말도 안 되고 어리석은 생각이었는지 모른다. 다른 사람을 모방하느라 몇 년을 허비하고 나서야 이 멍청이는 '나는 다른 누구도 될 수 없으며 오롯이 나 자신이 되어야겠다'라고 생각했다.

이 쓰라린 경험으로 잊지 못할 교훈을 얻었어야 했지만, 너무 어리석게도 그러지 못했다. 나는 같은 실수를 또 저지른 것이다. 몇 년 후 나는 직장인을 위한 최고의 연설 책을 쓰겠다고 마음먹었다. 그런데 책을 쓰면서 전에 연기를 준비하며 했던 어리석은 생각을 그대로 되풀이하고 있었다. 다른 작가들의 여러 생각을 빌려 하나로 모으기만 하면 필요한 모든 내용이 담긴 최고의 책이 될 거로 생각했다. 대중 연설에 관한 수십 권의 책을 사서 안에 담긴 내용을 내 원고에 하나로 엮는 데만 일 년이 걸렸다. 하지만 바보 같은 짓이라는 생각이 들었다. 내가 쓰고 있었던 글은 다른 사람들의 생각이 뒤죽박죽 얽혀 짜깁기한 티가 너무 나고 지루해서 아무도 읽지 않을 것 같았다. 나는 일 년 동안 작업한 글을 쓰레기통에 버리고 처음부터 다시 시작했다.

이번에는 굳게 다짐했다. '너는 데일 카네기여야 해. 결점도 있고 한계도 있겠지. 하지만 너 자신 이외에 다른 누구도 될 수 없어.' 나는 다른 사람들의 짜깁기가 되는 걸 멈추었다. 그리고 마음을 다잡고 진작에 해야 했을 일을 시작했다. 바로 대중에게 연설하고 연설법을 가르치며 얻은 경험, 관찰, 그리고 확신을 담아 대중 연설에 관한 책을 쓰는 것이었다. 나는 월터 롤리 경이 깨달은 것과 같은 교훈을 얻었다. 바라건대 평생 잊지 않았으면 한다.

(내가 말하는 월터 롤리 경은 엘리자베스 여왕이 진흙을 밟지 않도록 자신의 옷을 던진 사람이 아니다. 1904년 옥스퍼드대학교에서 영문학을 가르친 교수다). 그는 이렇게 말했다. "나는 셰익스피어에 버금가는 글을 쓸 수 없다. 하지만 나의 글은 쓸 수 있다."

자기 자신이 되어라. 어빙 벌린이 조지 거슈윈에게 건넨 현명한 충고를 따르라. 두 사람이 처음 만났을 때, 벌린은 유명했지만 거슈윈은 틴 팬 앨리에서 주급 35달러를 받고 일하는 가난한 젊은 작곡가였다. 벌린은 거슈윈의 재능에 감탄해 그에게 당시 받고 있던 주급의 세 배를 줄 테니 자신의 음악 보조가 되어달라고 제안했다. 그리고는 이렇게 충고했다. "내 제안을 받아들이지 말게. 그렇게 한다면 제2의 어빙에서 머물 테니. 하지만 지금처럼 자네만의 모습으로 살아간다면, 언젠가 유일한 거슈윈이 될 걸세."

거슈윈은 충고를 마음에 새겼고 당대 최고의 음악 작곡가로 성장해갔다.

찰리 채플린, 윌 로저스, 메리 마거릿 맥브라이드, 진 오트리를 비롯해 수많은 이들이 내가 이 장에서 강조하는 교훈을 진작 깨달았어야 했다. 그들도 나처럼 쓰라린 경험을 통해 이 교훈을 얻었다.

찰리 채플린이 처음으로 영화에 출연할 당시 감독은 그에게 당시 유명한 독일 코미디언을 흉내 내라고 요구했다. 하지만 그는 자신의 모습을 그대로 드러냈을 때 비로소 빛을 보게 되었다. 밥 호프도 비슷했다. 그는 몇 년 동안 춤추고 노래하며 연기했지만 별다른 주목을 받지 못하다가 자신만이 할 수 있는 재치 있는 입담으로 인기를 끌게 되었다. 윌 로저스는 말 한마디 하지 않고 몇 년 동안 보더빌 쇼에서 밧줄만 돌렸다. 하지만 그 역시 자신만의 독특한 유머 감각을 발견하고 밧줄을 돌리며 말하기 시작하자 유명해졌다.

메리 마거릿 맥브라이드가 처음 라디오 방송에 출연했을 때 그는 아일랜드 코미디언을 흉내 냈지만 영 반응이 없었다. 하지만 미주리주에서 온 평범한 시골 여자아이라는 자신의 원래 모습을 되찾자 뉴욕에서 가장 인기 있는 라디오 스타가 되었다.

진 오트리는 텍사스 억양을 감추며 도시 남자처럼 차려입고 뉴욕 출신인 척했지만, 다들 뒤에서 비웃었다. 하지만 밴조를 튕기며 카우보이 노래를 부르기 시작하자 영화와 라디오에서 가장 인기 있는 카우보이로 알려지게 되었다.

당신은 이 세상에 유일한 존재다. 이 사실에 기뻐하라. 당신이 본래 가진 것을 최대한 활용하라. 결국 모든 예술은 자서전이다. 당신은 당신만이 가진 것을 노래하고, 그릴 수 있다. 당신은 자신만의 경험, 환경, 유전으로 만들어진 존재가 되어야 한다. 마음에 들든 그렇지 않든, 자신만의 작은 정원을 가꾸어야 한다. 잘하든 못하든, 삶이라는 오케스트라에서 자신만이 가진 작은 악기를 연주해야 한다.

에머슨은 『자기 신뢰』에서 이렇게 말했다. "누구나 배움을 통해 질투는 무지며, 모방은 자살 행위라는 사실을 확신하는 순간이 온다. 그러니 좋든 싫든 자신을 온전히 받아들여야 한다. 온 우주가 좋은 것으로 가득하지만, 자신에게 주어진 밭을 스스로 잘 갈지 않으면 옥수수 한 톨도 얻지 못한다. 자신에게 내재한 능력은 완전히 새로운 것이니 무엇을 할 수 있는지 자신 이외에는 누구도 알 수 없고 시도하기 전까지는 자신도 알 길이 없다."

시인 더글러스 맬럭은 이렇게 말했다.

언덕 꼭대기의 소나무가 될 수 없거든
골짜기의 관목이 되어라. 하지만
실개천의 가장 멋진 관목이 되어라.
나무가 될 수 없거든 덤불이 되어라.
덤불이 될 수 없다면 풀 한 포기가 되어라.
그래서 큰 길을 행복하게 만들어라.
강늉치고기가 될 수 없거든 농어가 되어라.
하지만 호수에서 가장 센 농어가 되어라.
모두가 선장이 될 수 없으니 선원도 되어야 한다.
누구에게나 할 일은 있다.
큰 일도 작은 일도 있다.
우리가 해야 하는 일은 가까이 있다.
고속도로가 될 수 없다면 오솔길이 되어라.
해가 될 수 없다면 별이 되어라.
이기고 지는 건 크기와 상관없다.
무엇이 되든 최고가 되어라.

마음의 평화와 행복을 가져다줄 정신을 기르고 싶다면 다음을 기억하라.

규칙 5

다른 사람을 모방하지 말라. 나를 찾고 내가 되라.

6

레몬을 받으면
레모네이드를 만들라

　　이 책을 쓰는 동안 시카고대학교에 들러 로버트 메이너드 허친스 총장에게 걱정하지 않는 법을 물었더니 그는 이렇게 답했다. "이제는 고인이 되신 시어스 로벅 앤드 컴퍼니의 줄리어스 로젠월드 대표가 해주신 조언을 늘 따르려고 합니다. '레몬을 받으면 레모네이드를 만들라'는 말이지요."

　　위대한 교육자가 실천하는 방법이다. 하지만 어리석은 사람들은 이와 반대로 행동한다. 그들은 인생에서 힘든 일을 겪으면 금세 포기하고 이렇게 말한다. "나는 실패자야. 이건 운명이지. 어쩔 수 없는 일이야." 그러면서 세상을 원망하고 자기 연민에 빠져 허우적거린다. 하지만 현명한 사람은 같은 상황 속에서도 이렇게 말한다. "이 시련으로 무엇을 배우게 될까? 내 상황을 나아지게 하는 방법은 뭘까? 어떻게 하면 레몬을 레모네이드로 만들 수 있을까?"

　　인간과 인간의 잠재력을 평생 연구한 위대한 철학자 알프레트 아들러는 인간의 놀라운 능력 중 하나가 '마이너스를 플러스로 바꾸는 힘'이라고 주장했다.

내가 아는 한 여성은 바로 그것을 실천했다. 뉴욕 모닝사이드 드라이브 100번지에 사는 델마 톰슨은 내게 굉장히 흥미로운 경험담을 들려주었다. "전쟁 중에 남편은 뉴멕시코 모하비 사막 근처 육군훈련소에 배치되었어요. 남편 곁에 있으려고 저도 그리로 갔죠. 하지만 그곳이 너무 싫었습니다. 살면서 그렇게 비참했던 적은 없었어요. 남편이 모하비사막으로 훈련을 나가면 좁은 판잣집에 덩그러니 혼자 남겨졌거든요. 더위도 견디기 힘들었죠. 선인장 그늘에서도 50도나 되었어요. 이야기할 사람이라고는 멕시코인과 인디언뿐이었지만, 그들은 영어를 못했죠. 바람이 계속 불어대니 음식이든 공기든 모래투성이였어요!

비참한 기분이 들고 스스로 안쓰럽다는 마음이 들어 부모님께 편지를 썼어요. 다 포기하고 집으로 돌아가겠다고 말씀드렸습니다. 단 1분도 더 견딜 수 없다면서요. 감옥에 있는 게 더 낫겠다는 말도 덧붙였죠. 아버지의 답장에는 단 두 줄뿐이었어요. 하지만 제 삶을 완전히 바꾸었고 영원히 잊지 않은 문장입니다.

두 남자가 감옥 밖을 내다본다.
한 사람을 진흙을, 다른 사람은 별을 보았다.

두 문장을 읽고 또 읽었어요. 저 자신이 부끄러웠죠. 그래서 제가 처한 상황에서 좋은 점을 찾아보기로 했어요. 저는 별을 보기로 했습니다.

먼저 원주민들과 친구가 되기로 했어요. 그들의 반응을 보면서 저는 깜짝 놀랐어요. 제가 수공예품과 도자기에 관심을 보이니 관광객에게 팔지 않고 아껴두었던 것까지 선물을 주었거든요. 독특한 선인장과 유카, 조슈아 나무에 관해서도 알게 되었어요. 프레리도그에 대해 배우고, 사막의 석양을 보고 사막 모래가 해저에 깔려 있던 수백만 년 전에 묻힌 조개껍데기를 찾으러 다니기도 했죠.

이렇게 큰 변화가 어떻게 일어났을까요? 모하비사막도, 인디언도 바뀌지 않았죠. 바로 제가 바뀐 거예요. 제 생각과 태도를 바꾼 거죠. 그러고 나니 비참한 경험은 인생의 신나는 모험이 된 겁니다. 제가 발견한 새로운 세상이 흥미진진했어요. 너무 신나서 제 경험을 바탕으로 『빛나는 성벽 Bright Ramparts』이라는 제목의 소설도 썼어요. 스스로 만든 감옥에서 벗어나 결국 별을 본 거죠."

델마 톰슨은 고대 그리스인들이 가르친 진리를 스스로 깨달았다. "가장 좋은 것은 가장 얻기 어렵다."

해리 애머슨 포스딕 목사는 20세기에 이 말을 다시 반복했다. "행복은 기쁨이 아니라 승리감이다." 그리고 그 승리감은 레몬을 레모네이드로 만들었다는 성취감과 승리감에서 온다.

예전에 플로리다의 농부를 만난 적이 있다. 그는 심지어 독이 든 레몬을 레모네이드로 바꾼 행복한 농부였다. 처음 농장을 마련했을 때 그는 무척 실망했다. 땅이 척박해서 과일도 돼지도 기를 수 없었기 때문이다. 무성한 덤불과 방울뱀밖에 보이지 않았다. 그러다 묘안이 떠올랐다. 그는 방울뱀을 활용해 이 부채를 자산으로 바꿀 작정이었다. 놀랍게도 그는 방울뱀 고기 통조림 사업을 시작한 것이다. 몇 년 전 그를 방문했을 때 이 방울뱀 농장을 보러 오는 관광객이 매년 2만 명이라고 들었다. 사업도 번

창했다. 방울뱀의 독니에서 추출한 독은 해독제를 만들기 위해 연구소로 보내지고, 방울뱀의 가죽은 여성용 신발이나 핸드백을 만들기 위해 높은 가격에 팔렸으며, 방울뱀 고기 통조림은 전 세계로 수출되었다. 나는 거기서 산 사진엽서를 부치기 위해 마을 우체국으로 향했다. 그런데 독이 든 레몬을 달콤한 레모네이드로 바꾼 한 남자를 기념하기 위해 그 지역의 이름이 '플로리다주 방울뱀 마을'로 바뀌어 있었다.

　나는 미국의 곳곳을 누비며 운 좋게도 '마이너스를 플러스로 바꾸는 힘'을 보여준 사람을 수없이 만났다.

　『신에 맞선 12인』의 저자 윌리엄 볼리토는 이렇게 말했다. "인생에서 가장 중요한 것은 이익을 활용하는 것이 아니다. 바보라도 그렇게 할 수 있다. 진정 중요한 것은 손실에서 이익을 얻는 것이다. 그러려면 머리를 써야 하는데, 여기서 현명한 자와 어리석은 자의 차이가 드러난다." 볼리토가 열차 사고로 다리를 잃은 후 한 이야기다.

　내가 아는 한 남자는 두 다리를 잃고도 마이너스를 플러스로 바꾸었다. 그의 이름은 벤 포트슨이다. 나는 조지아주 애틀랜타의 호텔 엘리베이터에서 그를 만났다. 엘리베이터를 타려는데 한쪽 구석에 두 다리가 없는 남자가 밝은 모습으로 휠체어에 앉아 있었다. 내릴 때가 되자 그는 유쾌한 목소리로 휠체어를 이동할 수 있게 한쪽으로 비켜줄 수 있겠느냐고 물었다. "번거롭게 해서 정말 죄송해요"라고 말하는 그의 얼굴에는 마음이 따뜻해지는 진심 어린 미소가 가득했다.

　엘리베이터에서 내려 방에 들어가서도 밝은 모습의 그 장애인이 계속 생각났다. 그를 이리저리 찾아 헤맨 끝에 나는 그에게 자신의 이야기를 들려달라고 부탁했다. 그는 밝게 웃으며 이렇게 말했다.

"1929년에 일어난 일입니다. 콩밭에 말뚝을 치려고 나무를 베러 나갔어요. 차에 히코리 나뭇가지를 한가득 싣고 집으로 돌아오고 있었죠. 그런데 급커브를 트는 순간 나뭇가지 하나가 차 아래로 떨어져 핸들이 말을 듣지 않는 거예요. 차는 그대로 둑으로 돌진했고 저는 나무에 처박혔죠. 척추를 다치고 다리가 마비되었어요. 그때가 스물네 살이었는데, 이후로 걷지 못하게 됐죠."

스물네 살 한창나이에 평생 휠체어 신세가 되다니! 나는 그런 일을 어떻게 담담하게 받아들였는지 물었다. "처음에는 그러지 못했어요." 그는 분노에 차서 반항을 일삼았고, 자신의 운명에 분통을 터뜨렸다. 하지만 시간이 지날수록 그런 반항적인 태도는 억울한 마음만 더 커지게 할 뿐 아무 소용이 없다는 사실을 알게 되었다. "다들 제게 친절하고 예의 바르게 대한다는 걸 깨달았어요. 저도 똑같이 그들을 대하는 게 제가 할 수 있는 최선이라는 생각이 들었죠."

많은 시간이 흐른 지금도 그 사고를 끔찍한 불행이라고 여기는지 물었다. 그는 망설임 없이 이렇게 대답했다. "아니요. 지금은 오히려 다행이라고 생각해요." 당시의 충격과 분노를 극복하고 나서 그는 완전히 다른 삶을 살기 시작했다고 말했다. 그는 책을 읽기 시작하며 문학에 대한 애정이 생겼다. 1400권이 넘는 책을 읽는 동안 세상을 보는 시야가 넓어졌고 상상도 못 할 만큼 삶이 풍요로워졌다. 좋은 음악도 듣기 시작했는데, 예전에는 지루하기만 했던 교향곡을 들으며 짜릿할 만큼 기분이 좋아지곤 한다. 하지만 가장 큰 변화는 생각할 시간이 생겼다는 것이다. "살면서 처음으로 세상을 제대로 보며 올바른 가치관을 가지게 되었어요. 그전까지 제가 추구하던 대부분이 가치가 없다는 것을 깨닫기 시작했죠."

독서를 통해 정치에도 관심이 생겼고 공공문제를 연구하기 시작했으며 휠체어에 앉아 강연도 했다! 그는 많은 사람을 만났고 점차 사람들에게 알려지기 시작했다. 현재 그는 여전히 휠체어에 앉아 조지아주의 국무장관으로 일하고 있다!

지난 35년간 뉴욕에서 성인들을 가르치면서 대학에 가지 않은 것을 후회하는 이들을 많이 보았다. 그들은 대학을 졸업하지 못한 것이 큰 장애라고 생각하는 듯했다. 하지만 나는 고등학교만 나오고도 성공한 이들을 수없이 알고 있기에 그들의 생각이 옳다고는 하지 못하겠다. 그래서 초등학교도 제대로 졸업하지 못한 한 남자 이야기를 그들에게 자주 들려주었다. 그는 찢어지게 가난한 집에서 자랐다. 아버지가 돌아가셨을 때 아버지의 친구들이 돈을 모아 관을 사주어야 할 정도였다. 이후 어머니는 우산 공장에서 하루에 열 시간씩 일했고 삯일까지 집으로 가져와 밤 11시까지 일했다.

이런 환경에서 자란 남자아이는 교회의 한 모임에서 공연한 연극에 출연하게 되었다. 연기에 재미를 느낀 그는 대중 연설을 하겠다고 결심했다. 이후 자연스럽게 정치에 입문하게 되었고 30세가 되던 해에 뉴욕 주의원으로 당선되었다. 하지만 그 직책을 맡기에는 아직 역부족이었다. 사실 무슨 일인지 감조차 잡지 못했었다고 그는 말했다. 찬반을 결정하기 위해 길고 복잡한 법안을 열심히 들여다봤지만 이해할 수 없는 촉토 인디언의 언어로 쓰인 것만 같았다. 숲에 가본 적도 없는데 삼림위원회 의원이 되자 걱정도 되고 혼란스러웠다. 은행 계좌도 만들어보지 못했는데 주립 은행위원회 의원이 되었을 때도 마찬가지였다. 그는 몹시 낙담했지만, 어머니에게 자신이 실패했다고 말씀드리기 죄송해서 의원직을 내려놓지도 못했다. 절망스러웠지만 그는 매일 16시간씩 공부하며 무지라는 레몬을 지식이라는 레모네이드로 바꾸기로 했다. 그렇게 공부에 매진한 결과, 지역 의원에서 한 나라를 대표하는 정치인이 되었고, 이후 눈부신 활약으로 《뉴욕타임스》가 "뉴욕이 가장 사랑하는 시민"이라고 호평하기도 했다.

그는 바로 앨 스미스다. 하루 16시간씩 10년간 독학으로 정치를 공부하고 뉴욕주 정부의 당대 최고 권위자가 되었다. 뉴욕 주지사로 네 번이나 선출된 그의 기록을 깬 이는 여태 아무도 없다. 1928년에는 민주당 대통령 후보가 되었다. 컬럼비아대학교와 하버드대학교를 비롯한 명문대 여섯 곳에서 초등학교도 겨우 졸업한 그에게 명예 학위를 수여했다.

앨 스미스는 마이너스를 플러스로 바꾸려고 하루에 16시간씩 공부하지 않았더라면 그 어떤 변화도 일어나지 않았을 거라고 말했다.

니체는 초인이란 "불가피한 일을 견딜 뿐 아니라 사랑하는 자"라고 정의했다.

성공한 사람들의 삶을 연구하면 할수록 놀랍게도 대다수가 불리한 조건을 발판 삼아 이를 극복하고 노력하는 과정에서 눈부신 성과를 일궈냈다고 확신하게 되었다. 윌리엄 제임스가 말한 대로 "뜻밖에도 우리의 약점이 우리를 돕는다".

이 말은 사실이다. 밀턴이 앞을 보지 못했기 때문에 더 뛰어난 시를 쓰게 되었고 베토벤은 귀가 들리지 않아 더 훌륭한 음악을 작곡했을 수 있다. 헬렌 켈러는 보지 못하고 들리지 않았기에 놀라운 업적을 이루어냈을 수 있다.

차이콥스키가 불행한 결혼 생활에 좌절해 자살하려고 하지 않았다거나 삶이 그토록 비참하지 않았다면 불후의 교향곡 〈비창〉을 작곡하지 못했을 것이다. 도스토옙스키와 톨스토이도 처절한 삶을 살지 않았다면 위대한 작품을 남기지 못했을 것이다.

지구상 생명체에 관한 과학적인 개념을 바꿔놓은 한 사람은 "내가 심하게 아프지 않았더라면 그 많은 일을 해내지 못했을 것이다"라고 말했다. 자신의 약점이 뜻밖에도 자신을 도왔다고 고백한 이 사람은 바로 찰스 다윈이다.

다윈이 영국에서 태어나던 날 미국 켄터키주 숲속 오두막에서 한 아이가 태어났다. 그 역시 뜻밖에도 약점의 도움을 받았다. 바로 에이브러햄 링컨이다. 만약 귀족 집안에서 태어나 하버드대학교에서 법학을 공부하고 행복한 결혼 생활을 했다면 게티즈버그에서의 길이 남을 연설이나 재선 취임사에서 전한 신성한 시를 마음 깊은 곳에서 떠올리지 못했을 것이다. "누구에게도 악의를 품지 말고 모두에게 자비를 베푸소서"라는 구절은 세상 어떤 통치자가 한 말보다 아름답고 숭고한 말이다.

해리 애머슨 포스딕은 『세상을 꿰뚫어 보는 힘 The Power to See it Through』에서 이렇게 말했다.

"우리가 삶의 신조로 삼을 만한 스칸디나비아 속담이 있다. '거센 북풍이 바이킹을 만들었다.' 왜 우리는 어떤 어려움 없이 안정되고 즐겁고 편안하게 살아갈 때 선해지고 행복해진다고 생각하게 됐을까? 현실은 그렇지 않다. 자기 연민에 빠진 사람은 편히 누워서도 끊임없이 자신을 불쌍하게 여길 것이다. 하지만 역사적으로 상황이 좋든 나쁘든 그저 그렇든, 자신에게 주어진 책임을 기꺼이 짊어지는 자만이 행복과 영예를 누렸다. 그러니 거센 북풍이 바이킹을 만든다는 사실을 명심하라."

삶에서 좌절감을 느끼고 레몬을 레모네이드로 바꿀 가망이 전혀 없다고 느낄 수도 있다. 그래도 노력해야 하는 이유가 두 가지 있다. 노력한다면 얻는 것만 있을 뿐 잃을 게 없는 이유는 다음과 같다.

첫째, 우리는 성공할 수 있다.

둘째, 성공하지 못하더라도 마이너스를 플러스로 바꾸려는 노력으로 과거가 아닌 미래를 내다보게 된다. 그러면 부정적인 생각이 긍정적으로 바뀌며 창조적인 에너지를 발산해 바빠지게 되어 이미 지나간 일로 슬퍼할 마음도 시간도 없게 된다.

세계적으로 유명한 바이올리니스트 올레 불은 파리에서 공연하던 중 갑자기 바이올린 줄이 끊어졌다. 하지만 그는 남은 세 줄로 무사히 연주를 마쳤다. 해리 에머슨 포스딕은 말했다. "A현이 끊어져도 나머지 세 줄로 연주를 마치는 것이 바로 인생이다."

그것은 그냥 인생이 아니다. 단순히 인생을 넘어 성공한 인생이다!

할 수만 있다면 나는 윌리엄 볼리토의 말을 부식하지 않는 동판에 새겨 미국의 모든 학교에 걸어두고 싶다.

인생에서 가장 중요한 것은 이익을 활용하는 것이 아니다. 바보라도 그렇게 할 수 있다. 진정 중요한 것은 손실에서 이익을 얻는 것이다. 그러려면 머리를 써야 하는데, 여기서 현명한 자와 어리석은 자의 차이가 드러난다.

마음의 평화와 행복을 가져다줄 정신을 기르고 싶다면 다음을 기억하라.

규칙 6
운명이 레몬을 건네면 레모네이드를 만들려고 노력하라.

7

14일 안에 우울증을 치료하는 법

　　이 책을 쓰기 시작했을 때 '나는 걱정을 이렇게 극복했다'라는 주제로 가장 유용하고 감동적인 글을 보내준 사람에게 200달러를 주겠다고 공지했다. 심사는 이스턴항공 대표 에디 리켄배커, 링컨메모리얼대학교 총장 스튜어트 W. 매클리랜드, 라디오 뉴스 평론가 H.V. 칼텐본 세 명이 맡기로 했다. 하지만 마지막에 우열을 가리기 힘든 두 글을 두고 고민하다가 모두에게 상을 수여하기로 했다. 치열한 접전을 벌인 두 글 중 하나를 소개한다. 미주리주 스프링필드 커머셜가 1067번지에 살며 미주리 위저 자동차 판매사에서 일하는 버턴의 이야기다.

　　"저는 아홉 살에 어머니를 잃고 열두 살에 아버지를 여의었습니다. 아버지는 돌아가셨지만, 어머니는 19년 전에 집을 나간 후로 보지 못했죠. 어머니가 데려간 두 여동생도 지금까지 만나지 못했어요. 어머니는 집을 나간 지 7년 만에 편지 한 통을 보냈어요. 아버지는 어머니가 집을 나가고 3년 뒤에 사고로 돌아가셨죠. 동업자와 미주리의 작은 시내에 카페를 마련했는데 출장 중에 동업자가 카페를 팔아넘기고 현금을 챙겨 도망갔어요. 서둘러 돌아오라는 친구의 연락을 받고 급히 오다가 캔자스주 살리나스에서 교통사고로 돌아가셨습니다. 가난하고 늙고 병든 고모 두 분이 우리 남매 중 셋을 키우겠다고 데려가셨죠. 저와 제 남동생을 맡아줄 사람은 아무도 없었어요. 우리는 마을 사람들 손에 맡겨졌습니다. 고아 취급을 받을까 봐 두려웠어요. 그런데 두려움은 현실이 되었죠.

저는 한동안 가난한 가족과 지냈어요. 하지만 당시 경기가 안 좋았고 그 집 가장이 직장까지 잃어 더는 그곳에서 지낼 수 없었습니다. 이후 저는 로프틴 부부를 따라 마을에서 약 18킬로미터 떨어진 농장으로 가게 되었어요. 일흔 살의 로프틴 씨는 대상포진에 걸려 침대에 누워 있었어요. 그는 내가 '거짓말하지 않고 훔치지 않으며 시키는 대로만 하면' 평생 함께 지내도 좋다고 하셨어요. 이후로 저는 그 세 가지 규칙을 성경 말씀으로 삼고 철저히 지키며 살았어요. 학교도 다니게 되었죠. 그런데 첫 일주일 동안 학교에서 돌아와 아기처럼 엉엉 울었어요. 다른 아이들이 제 코가 크다고 놀리고 멍청하다고 비웃으며 '고아 자식'이라고 불렀거든요. 너무 화가 나서 한 대 패주고 싶은 생각이 들었죠. 하지만 저를 받아준 농부 로프틴 씨가 이렇게 말씀하셨어요. '싸우는 것보다 싸우지 않고 물러서는 게 더 큰 사람이라는 사실을 명심해라.' 그래서 저는 싸우지 않으려고 했어요. 하지만 어느 날 한 아이가 학교 가축우리에서 닭똥을 제 얼굴에 집어 던지는 순간 화가 폭발하고 말았습니다. 녀석을 두들겨 팼어요. 덕분에 친구 몇 명을 사귀게 되었죠. 친구들은 그 녀석이 당해도 싸다고 하더군요.

저는 로프틴 부인이 사준 모자를 늘 자랑스럽게 쓰고 다녔어요. 하루는 저보다 나이 많은 여학생들이 제 모자를 낚아채더니 안에 물을 가득 부어 완전히 망가뜨렸습니다. 그러더니 내 돌머리를 물로 잘 적셔야 팝콘처럼 터지지 않을 거라고 하더군요.

학교에서는 절대 울지 않았지만 집에 돌아와서 펑펑 운 적이 많아요. 그러다 어느 날 로프틴 부인의 충고를 듣고 모든 고민과 걱정을 날려버리고 원수 같은 아이들과도 친구가 되었습니다. 부인은 이렇게 말했어요. '랠프, 네가 아이들에게 관심을 가지고 도와준다면 아이들이 더는 너를 괴롭히지도 않고 고아라고 놀리지도 않을 거야.' 저는 그 충고를 따랐어요. 열심히 공부한 결과 반에서 1등도 했죠. 하지만 누구도 절 질투하지 않았어요. 늘 친구들을 먼저 도와주려고 했거든요.

아이들의 작문을 도와주기도 했고, 아예 몽땅 써주기도 했죠. 한 아이는 제가 도와준다는 사실이 들통나는 걸 부끄러워했어요. 그래서 어머니에게 늘 주머니쥐를 잡으러 간다고 말하고 로프틴 부부의 농장으로 찾아와 헛간에 개를 묶어둔 뒤 제 도움을 받으며 공부했지요. 한 아이의 독후감을 써주기도 했고 한 아이의 수학 공부를 도와주느라 며칠 저녁을 보내기도 했죠.

어느 날 동네에 죽음이 들이닥쳤습니다. 나이 든 농부 두 명이 세상을 떠났고 남편이 아내를 버리고 떠나버린 집도 있었죠. 네 가구 중에 남자라고는 저 하나뿐이었어요. 그래서 이 년 동안 혼자가 된 아주머니들을 도왔습니다. 하교하는 길에 농장에 들러 장작을 패고 소젖을 짜고 가축에게 물과 먹이도 주었어요. 이제는 제 흉을 보는 사람이 없었고 어딜 가나 환영받았죠. 모두와 친구가 된 거예요. 해군 전역 후 돌아갔을 때는 모두 진심으로 저를 반겨주었습니다. 첫날 200명이 넘는 농부가 저를 보러 집으로 왔어요. 무려 129킬로미터 떨어진 곳에서 온 사람도 있을 정도였죠. 다들 진심으로 저를 대해주었어요. 다른 사람을 도우려다 보니 바쁘기도 하고 행복에 젖어 걱정할 겨를이 없었어요. 지난 13년 동안 저를 '고아'라고 부른 사람은 아무도 없습니다."

버턴에게 큰 박수를 보낸다! 그는 친구를 얻는 방법을 안다. 그리고 걱정을 극복하고 삶을 즐기는 법도 아는 사람이다.

워싱턴주 시애틀에 살았던 프랭크 루프 박사도 마찬가지였다. 그는 23년 동안 관절염을 앓았다. 하지만 일간지《시애틀 스타》의 스튜어트 위드하우스는 내게 보낸 편지에 이렇게 썼다. "저는 루프 박사를 수차례 인터뷰했는데, 여태 이렇게 이타적이고 삶을 즐기는 분을 본 적이 없어요."

어떻게 병상에 누워서 삶을 즐겼다는 걸까? 두 가지를 추측해볼 수 있다. 불평하고 불만하면서 즐거움을 느꼈을까? 그렇지 않다. 자기 연민에 빠져 모든 사람이 자기에게 관심을 쏟고 맞춰주길 바라면서 즐거워했을까? 물론 이것도 아니다. 그는 영국 왕세자가 삶의 신조로 삼은 "나는 봉사한다"를 자신의 좌우명으로 삼았기 때문이다. 그는 환자들의 이름과 주소를 찾아 격려 편지를 보내며 환자들뿐만 아니라 자신에게 즐거움을 선사했다. 그는 환자를 위한 편지 쓰기 모임도 만들어 서로에게 편지를 쓰도록 했고, 마침내 전국적인 '환자를 위한 모임'이라는 단체를 만들었다.

그는 병상에 누워서 1년에 평균 1400여통의 편지를 썼고 외출하지 못하는 환자들을 위해 책이나 라디오를 전달했다.

루프 박사와 다른 사람의 가장 큰 차이점은 무엇일까? 그는 삶의 목적, 즉 사명감을 지닌 내면이 빛나는 사람이었다. 그는 브래드 쇼가 말한 "세상이 자신을 행복하게 해주지 않는다고 불평을 늘어놓는 자기중심적이고 어리석은 환자"가 아니었다. 자신의 안위보다 더 고귀하고 의미 있는 곳에 자신이 쓰이는 것을 알고 기뻐할 줄 아는 사람이었다.

위대한 정신의학자 알프레트 아들러가 남긴 말 중 놀라운 부분이 있다. 그는 자신을 찾아온 우울증 환자에게 이렇게 말했다. "우울증을 단 14일 만에 고칠 방법이 있습니다. 오늘부터 매일 누군가를 기쁘게 할 방법을 생각해보세요."

이 말은 좀처럼 믿기 힘들어 구체적인 설명을 위해 아들러 박사의 훌륭한 저서 『다시 일어서는 용기』의 일부를 인용한다. 이 책은 꼭 읽어보길 바란다.

> 우울증은 타인을 향한 분노와 비난이 오래가는 것과 같다. 환자는 관심과 연민, 격려받으려고 자신의 잘못에 크게 낙담하는 척한다. 우울증 환자의 첫 기억은 대개 다음과 같다. "소파에 눕고 싶었는데 형이 이미 거기에 누워 있었어요. 제가 심하게 울어대니 형이 자리를 내어줬죠."
> 우울증 환자들은 자살을 통해 직접 복수하려는 경향이 있다. 따라서 의사들은 환자에게 우선 자살할 핑곗거리를 주지 않도록 주의해야 한다. 나는 치료의 첫 번째 규칙으로 "하기 싫은 일은 절대 하지 마세요"라고 환자에게 말하며 긴장을 완화하고자 한다. 대수롭지 않아 보이지만, 모든 문제의 핵심이기도 하다. 우울증 환자가 원하는 대로 행동한다면 누구를 탓하겠으며, 무엇 때문에 복수를 생각하겠는가? 나는 환자에게 "영화

관에 가고 싶거나 휴가를 떠나고 싶다면 그렇게 하세요. 그러다 하기 싫어지면, 그만두면 됩니다"라고 말한다. 누구나 시도해볼 만한 좋은 방법이다. 이는 우월감을 충족시키기도 한다. 신이라도 된 것처럼 원하는 일만 하기 때문이다. 하지만 이 방법이 환자 삶의 방식에 쉽게 들어맞지 않을 수도 있다. 다른 사람을 지배하고 비난하고 싶은데 쉽게 자기 말에 동의해버리면 그들을 지배할 여지가 없어지기 때문이다. 이 규칙으로 많은 환자가 안정감을 얻었고 덕분에 내 환자 중에는 자살한 사람이 한 명도 없었다.

환자들은 보통 "하고 싶은 게 없어요"라고 말한다. 이런 이야기를 많이 듣다 보니 이제는 쉽게 답할 수 있다. "그러면 하기 싫은 일을 하지 마세요." 하지만 가끔 이렇게 답하는 사람도 있다. "온종일 침대에 누워만 있고 싶어요." 내가 그렇게 하라고 하면 하기 싫다고 답할 게 뻔하다. 그러지 말라고 하면 난리를 칠 것이다. 그래서 나는 늘 환자가 하고 싶다는 대로 하라고 한다.

이상이 첫 번째 규칙이었고, 다른 규칙은 환자의 생활 방식에 더 직접 파고드는 것이다. 나는 환자에게 "이 처방만 따른다면 14일 안에 우울증이 나을 겁니다. 오늘부터 매일 누군가를 기쁘게 할 방법을 생각해보세요"라고 말한다. 늘 다른 사람을 걱정시킬 방법만 고민하던 사람들이 이 말을 어떻게 받아들일까? 그들의 답이 꽤 흥미롭다. 어떤 환자들은 "그거야 식은 죽 먹기죠. 평생 그렇게 해왔으니까요"라고 말한다. 하지만 한 번도 그런 적이 없다. 다시 한번 생각해보라고 말해봤자 소용없다. 그러면 나는 그들에게 이렇게 말한다. "잠이 안 올 때 누군가를 기쁘게 할 방법을 생각해보세요. 건강에도 큰 도움이 될 겁니다." 다음 날 그들은 "제가 말씀드린 걸 생각해봤나요?"라는 내 질문에 이렇게 답한다. "어제는 눕자마자 잠들었어요." 이런 대화는 환자에 대한 우월감 없이 겸손하고 친근한 분위기 속에서 이루어져야 한다.

"저는 절대 못 해요. 걱정이 너무 많거든요"라고 대답하는 사람도 있다. 나는 그들에게 "절대 걱정하지 말라는 소리가 아니에요. 가끔 다른 생각도 해볼 수 있잖아요"라고 말한다. 나는 늘 그들의 관심을 주변 사람들에게 돌리려고 한다. 많은 이들이 "왜 다른 사람을 기쁘게 해주어야 하나요? 저를 기쁘게 하는 사람은 아무도 없는데 말이죠"라고 말하면 나는 이렇게 답한다. "당신의 건강을 위해서죠. 안 그러면 나중에 고생할 겁니다." 여태 "선생님의 말씀을 잘 생각해보겠습니다"라고 말한 환자는 찾아보기 힘들다. 나는 환자가 주변에 더 관심을 가질 수 있도록 모든 노력을 쏟고 있다. 우울증의 진짜 원인은 주변과 어우러져 살고자 하는 마음이 부족한 것이고, 나는 환자 역시 이를 깨달았으면 한다. 주변 사람들과 동등하고 협력적인 관계를 맺는다면 우울증은 치료된다. (…) 종교에서 우리에게 내린 가장 중요한 과제는 "네 이웃을 사랑하라"다. (…) 타인에게 관심이 없는 사람은 인생에서 큰 시련을 겪고 사람들에게 쓰린 상처를 남긴다. 인간의 모든 실패가 이들에게서 비롯한다. (…) 우리가 인간에게 바라는 것은 좋은 동료, 모든 이의 친구, 진정한 동반자가 되는 것이며 그런 사람들에게 최고의 찬사를 보낸다.

아들러 박사는 매일 선행을 베풀라고 충고한다. 그렇다면 선행이란 무엇일까? 선지자 무함마드는 "선행이란 다른 사람의 얼굴에 기쁨의 미소가 번지게 하는 일"이라고 말했다.

매일 선행을 베풀면 왜 놀라운 효과를 얻게 될까? 타인을 기쁘게 하다 보면 걱정이나 두려움, 우울감을 유발하는 자기 자신에 대해 생각하지 않게 되기 때문이다.

뉴욕 5번가 521번지에서 문 비서 학교를 운영하는 윌리엄 문 부인은 우울증을 없애기 위해 다른 사람을 기쁘게 해줄 방법을 14일 동안이나 생각할 필요가 없었다. 그는 아들러보다 한 수 위였다. 아니, 사실 열 세수나 위였다. 고아 두 명을 기쁘게 할 방법을 생각하며 14일이 아니라 단 하루 만에 우울증을 날려버렸기 때문이다. 다음은 부인이 들려준 이야기다.

"5년 전 12월이었어요. 저는 슬픔과 자기 연민에 빠져 허우적대고 있었죠. 몇 년간 행복한 결혼생활을 했지만 남편을 잃었어요. 크리스마스가 다가오니 슬픔이 커졌죠. 살면서 크리스마스를 혼자 보낸 적이 없어서 크리스마스가 다가오는 게 두려웠습니다. 친구들이 함께 시간을 보내자고 절 초대했지만 별로 즐겁지 않았어요. 어떤 파티에 가든 우울하게 분위기를 망칠 게 뻔했으니까요. 그래서 모든 초대를 거절했죠. 크리스마스이브가 코앞에 다가오자 자기 연민에 빠져 감정을 주체할 수가 없었죠. 누구에게나 감사할 일은 있지요. 제가 누리는 많은 것에 감사해야 했지만, 전 그러지 못했어요. 크리스마스 전날 오후 3시쯤 사무실을 나와 정처 없이 5번가를 걸으며 자기 연민이나 우울한 기분을 떨쳐내 보려고 했습니다. 거리를 가득 메운 행복하고 즐거운 사람들을 보니 행복했던 옛 시절이 떠올랐어요.

집에 돌아가 텅 빈 아파트에 쓸쓸하게 혼자 시간을 보낼 생각을 하니 더 힘들어졌죠. 혼란에 빠져 우왕좌왕하는데 눈물이 멈추질 않았어요. 한 시간쯤 그렇게 무작정 걷다 보니 버스 정류장이 보였죠. 예전에 남편과 모험 삼아 안 타던 버스를 탔던 일이 떠올랐어요. 그래서 처음으로 눈에 띄는 버스에 올랐습니다. 허드슨강을 건너 한참을 달리다가 '손님, 종점입니다'라는 차장의 말을 듣고 버스에서 내렸어요. 이름도 모르는 동네더군요. 조용하고 평화로운 작은 마을이었죠. 집으로 가는 다음 버스를 기다리는 동안 동네를 둘러보기로 했어요. 교회를 지나는데 〈고요한 밤 거룩한 밤〉의 아름다운 선율이 들렸죠. 안으로 들어갔더니 오르간 연주자만 있었어요. 저는 조용히 구석 자리에 앉았어요. 크리스마스트리에 예쁘게 장식된 불빛이 달빛에 별들이 춤추는 것 같았어요. 아침부터 밥도 먹지 않은 데다 길게 이어지는 음악 소리를 들으니 잠이 쏟아졌어요. 말 그대로 수고하고 무거운 짐을 진 자였던 전 그대로 잠이 들었죠.

 잠에서 깼을 때 제가 어디 있는지 모르니 덜컥 겁이 났습니다. 그런데 제 앞에 두 아이가 서 있었죠. 크리스마스트리를 보러 들어온 것 같았어요. 한 여자아이가 저를 가리키며 '산타클로스가 저 아줌마를 데려왔나봐'라고 말하더군요. 이 아이들도 제가 눈을 뜨자 놀랐던 거죠. 저는 아이에게 헤치려고 하는 게 아니라고 말하며 안심시켰어요. 아이들은 허름한 옷을 입고 있었어요. 부모님이 어디에 있는지 물었더니 '우리는 엄마와 아빠가 없어요'라고 했죠. 저보다 더 불쌍한 고아 두 명이 제 앞에 있었던 겁니다. 슬픔과 자기 연민에 빠진 제가 부끄러웠어요. 전 아이들에게 크리스마스트리를 보여주고 근처 가게로 가서 함께 간단히 밥을 먹고 사탕과 선물도 사주었어요. 그러자 외로움이 감쪽같이 사라졌어요. 두 아이 덕분에 저는 몇 달 만에 처음으로 저를 잊고 진정한 행복을 느끼게 되었죠.

아이들과 이야기를 나누면서 제가 얼마나 운이 좋은 사람인지 깨달았어요. 어린 시절 부모님의 따뜻한 사랑을 받으며 즐거운 크리스마스를 보낸 것을 감사하게 되었죠. 제가 베푼 것보다 훨씬 큰 것을 두 아이에게서 받은 셈이었어요. 그날의 경험을 통해 자기가 행복하려면 다른 사람을 행복하게 해야 한다는 것을 확신하게 되었죠. 행복은 전염되는 거지요. 행복을 주면 받게 됩니다. 다른 사람을 돕고 사랑을 주면서 저는 걱정과 슬픔, 자기 연민을 몰아냈고, 완전히 새로운 사람이 되었어요. 그때만이 아니라 아직까지도 저는 새 사람으로 살아가고 있어요."

나는 자신을 잊음으로써 행복과 건강을 되찾은 이들의 이야기로 책 한 권을 쓸 수 있다. 미 해군에서 가장 유명한 마거릿 테일러 예이츠의 사례를 살펴보자.

예이츠 부인은 소설가지만, 자신이 쓴 어떤 추리소설보다 일본군이 진주만을 공격했던 운명적인 그날 아침에 겪은 일이 더 흥미진진하다. 부인은 당시 일 년째 심장이 좋지 않아 하루 24시간 중 22시간을 침대에서 지내야 했다. 햇볕을 쬐러 정원을 잠깐 걸은 게 가장 긴 여행일 정도였다. 그조차도 가정부의 팔에 의지해 겨우 걸어야 했다. 평생 심장병을 앓으며 그렇게 살 거라고 여겼다. 부인은 내게 이렇게 말했다.

"일본이 진주만을 공격해 내 일상을 뒤흔들어놓지 않았다면 삶을 제대로 살지 못했을 겁니다. 당시 공격이 시작되고 모두가 혼란에 빠졌죠. 집 근처에 폭탄이 떨어져 그 진동에 침대에서 떨어졌어요. 군용 트럭이 히캄 공군기지, 쇼필드 기지, 카네오헤만 비행장으로 급히 모여들어 군인 가족을 태워 공립학교로 데려갔죠. 적십자는 군인 가족을 수용할 가정이 있는지 수소문했어요. 제 침대 옆에 전화기가 있는 걸 알게 된 적십자 요원들이 정보교환원의 역할을 부탁했죠. 저는 군인 가족들의 당시 소재지를 파악하기 시작했고 군인들이 적십자의 안내에 따라 제게 연락하면 가족들이 있는 곳을 알려주었습니다.

곧 제 남편인 로버트 롤리 예이츠 중령이 무사하다는 것을 알았죠. 저는 남편의 생사를 궁금해하는 부인들을 격려하고 남편을 잃은 부인들을 위로하려고 했어요. 해군과 해병대의 장교와 병사 2117명이 전사했고 960명이 행방불명되었습니다.

처음에는 침대에 누워서 전화를 받았지만, 곧 침대에 앉아서 받았죠. 그러다 결국에는 일이 바빠지고 정신이 없으니 아픈 것도 잊은 채 침대에서 나와 탁자 앞에 앉았어요. 저보다 딱한 처지에 있는 사람들을 도와주다 보니 저 자신을 잊는 거죠. 그날 이후로 잠자는 여덟 시간을 빼고 침대에 누운 일은 없답니다. 일본이 진주만을 공격하지 않았더라면 저는 평생 환자처럼 침대에 누워서 지냈을 거예요. 침대에서 생활하는 게 편했어요. 늘 도와주는 사람이 곁에 있으니 저도 모르게 재활 의지를 잃어버렸던 것 같습니다. 진주만 공격은 미국 역사상 최대의 비극이지만, 제 삶에는 좋은 일이었어요. 끔찍한 일을 겪으며 꿈에도 몰랐던 제 능력을 발견하게 되었죠. 자신에게만 집중하던 제가 다른 사람을 생각하게 된 거예요. 그리고 삶에서 굉장히 중요하고 큰 교훈을 얻게 되었죠. 이제는 자신을 고민하고 돌보느라 시간을 낭비하지 않아요."

마거릿 예이츠처럼 타인을 돕는 데 관심을 가진다면 정신과에서 도움을 받으려는 사람 중 3분의 1이 스스로 병을 고칠 수 있다. 이건 내 생각이 아니다. 유명한 심리학이자 정신과 의사인 칼 융은 이렇게 말했다. "나를 찾아오는 환자의 3분의 1은 임상적으로 정의 내릴 만한 신경증을 앓는 게 아니라 무의미하고 공허한 삶 때문에 고통을 받고 있다." 다시 말해 그들은 삶에 무임 승차하려고 하지만, 모두 그들을 외면해버리니 하찮고 무의미하고 쓸모없어진 자신의 삶에 고통받으며 정신과 의사를 찾는 것이다. 그들은 배를 놓치고도 부두에 서서 자신을 제외한 모든 사람을 비난하며 세상이 자신의 이기적인 욕구를 채워주기를 바라고 있는 셈이다.

당신은 지금 이렇게 말할지도 모른다. "별로 놀랍지도 않은 이야기네. 크리스마스에 고아들을 만나면 당연히 관심을 가지겠지. 진주만에 있었다면 마거릿 테일러 예이츠처럼 했을 거고. 하지만 내 상황은 달라. 단조롭고 평범한 삶을 살고 있지. 날마다 여덟 시간씩 지겹게 일하고 극적인 일이 일어나지도 않아. 그런데 어떻게 다른 사람을 돕는 일에 관심이 생기겠어? 게다가 왜 그래야 하지? 그래서 내가 얻는 게 뭐야?"

당연히 그런 의문이 들 수 있다. 이제 답을 해보고자 한다. 삶이 아무리 단조로워도 당신은 매일 사람들을 만날 것이다. 그들을 어떻게 대하고 있는가? 그저 빤히 쳐다보기만 하는가, 아니면 관심을 가지고 알아보려고 하는가? 예를 들어 우체부를 생각해보자. 그는 편지를 배달하기 위해 온갖 곳을 돌아다니며 매년 수백 킬로미터를 걷는다. 그런데 한 번이라도 그가 어디에 사는지, 가족은 있는지 물어본 적이 있는가? 다리가 아프지는 않은지, 일이 지겹지는 않은지 물어본 적이 있는가?

식료품 가게 점원이나 가판대 판매원, 구두닦이는 또 어떤가? 이들도 모두 여러 골칫거리와 꿈, 개인적 야망으로 가득 차 자신의 이야기를 나누고 싶어 하는 사람들이다. 그런 그들에게 당신은 기회를 준 적이 있는가? 그들에게 혹은 그들의 삶에 진심으로 관심을 보인 적이 있는가? 내가 말하는 관심은 바로 그런 것이다. 세상을 바꾸기 위해 플로렌스 나이팅게일이나 사회 개혁가가 되라는 말이 아니다. 내일 아침에 당신이 만나는 사람들부터 바로 시작하면 된다!

그렇게 해서 당신이 얻는 게 뭐냐고? 더 큰 행복이 당신에게 찾아온다! 더불어 더 큰 만족감과 자신감도 얻을 것이다. 아리스토텔레스는 이러한 태도를 "계몽된 이기심"이라고 했다. 조로아스터는 "타인에게 선행을 베푸는 것은 의무가 아니라 기쁨이다. 자신의 건강과 행복을 증진하기 때문이다"라고 말했다. 벤저민 프랭클린은 이를 매우 간결하게 요약했다. "다른 사람에게 좋은 일을 하면 자신에게는 가장 좋은 일을 하는 것이다."

뉴욕 심리상담센터 소장 헨리 링크는 이렇게 썼다. "현대 심리학에서 가장 중요한 발견은 자아를 실현하고 행복을 얻기 위해 자기희생이나 규율이 필요하다는 사실을 과학적으로 증명했다는 것이다."

타인을 생각하면 자신의 걱정을 몰아낼 뿐 아니라 친구를 많이 사귀면서 즐겁게 지낼 수 있다. 어떻게 그럴 수 있을까? 예일대학교의 윌리엄 라이언 펠프스에게 그의 경험담을 들려달라고 했다.

"저는 호텔이나 이발소, 상점 등 어딜 가더라도 만나는 사람 모두에게 기분 좋은 말을 건넵니다. 그들이 기계의 부속품이 아니라 하나의 인격체로 대하려고 하죠. 상점에서 저를 도와주던 여직원에게 눈이나 머리가 예쁘다는 칭찬을 종종 해요. 이발사에게는 종일 서서 일하는데 힘들지 않은지 묻기도 하죠. 어떻게 일을 시작하게 됐는지 얼마나 오래 했는지 여태 몇 명의 머리를 깎았는지도요. 때로는 계산하는 것을 도와주기도 해요. 제가 이렇게 관심을 보이면 사람들은 환히 웃어요. 내 짐을 들어주는 짐꾼과 악수도 자주 해요. 그러면 힘을 얻고 종일 신나게 일하게 되죠.

무더위가 한창인 여름날이었어요. 뉴헤이븐 철도 식당칸으로 점심을 먹으러 갔죠. 사람들로 붐비는 식당칸은 용광로처럼 더웠고 주문하려면 오래 기다려야 했어요. 마침내 승무원이 메뉴판을 건넬 때 제가 이렇게 말했죠. '뜨거운 주방에서 일하는 사람들은 오늘 같은 날 정말 힘들겠어요.' 그러자 그 승무원이 불만을 쏟아내기 시작하더군요. 말투가 몹시 격해서 처음엔 화가 난 줄 알았죠. 그는 소리높여 이렇게 말했어요. '뭘 좀 아시는군요! 사람들이 몰려와 음식이 왜 맛이 없냐, 서비스는 왜 이리 느리냐고 불평을 해대죠. 게다가 여기는 왜 이렇게 덥냐 음식값은 또 이게 뭐냐고 난리를 쳐요. 여기서 일하는 19년 동안 그런 불평만 들었는데 찜통 같은 주방에서 일하는 사람을 걱정해준 분은 처음이에요. 선생님 같은 손님들이 더 많이 오면 좋겠네요.'

승무원은 제가 흑인 요리사를 큰 철도회사의 부속품이 아닌 한 명의 사람으로 대하는 모습에 깜짝 놀랐어요. 이렇듯 우리가 원하는 것은 인간으로서의 작은 관심이죠. 길거리에서 개를 데리고 산책하는 남자를 만나면 전 늘 개가 멋지다고 칭찬합니다. 다시 길을 가다가 슬쩍 뒤를 돌아보면 주인이 개를 쓰다듬으며 예뻐해주는 모습을 보게 돼요. 제 칭찬을 받은 개를 또 칭찬해주고 싶은 거죠.

한번은 영국에서 양치기를 만났어요. 저는 그가 데리고 있는 크고 영리한 목양견에 대해 진심으로 칭찬했죠. 어떻게 훈련을 시켰는지도 물어보았지요. 다시 길을 나서 걷다가 뒤를 돌아보았더니 양치기가 자신의 어깨에 두 발을 올리고 서 있는 개를 사랑스럽게 쓰다듬고 있었죠. 내 작은 관심으로 양치기는 행복해했고, 그 모습을 본 나 역시 행복해졌어요."

짐꾼과 악수를 하고 찜통 같은 주방에서 일하는 요리사들에게 관심을 보이고 남들이 키우는 개를 칭찬하는 사람이 우울하고 걱정이 많아 정신과 의사를 찾는 일을 쉽게 상상할 수 있겠는가? 당연히 어렵다. 중국에는 이런 속담이 있다. "장미를 건네는 손에는 늘 향기가 남는다."

예일대학교 빌리 펠프스 교수에게는 이 속담을 알려줄 필요가 없다. 이미 알고 실천한 사람이기 때문이다.

당신이 남자라면, 다음 이야기는 별로 흥미가 없을 테니 건너뛰어도 좋다. 지금부터 걱정 많고 불행한 여자아이가 어떻게 여러 남자에게 청혼을 받게 되었는지 들려주겠다.

그 아이는 이제 할머니가 되었다. 몇 년 전 나는 그 부인과 남편이 사는 집에서 하룻밤 묵은 적이 있다. 그가 살던 마을에서 강연했기 때문이다. 다음 날 아침 내가 뉴욕 센트럴역으로 가는 기차를 탈 수 있도록 그는 80킬로미터나 떨어진 곳까지 나를 데려다주었다. 가는 동안 친구를 사귀는 법에 관해 이야기하다가 그가 이렇게 말했다. "카네기 씨, 이제껏 누구에게도 말하지 않은 이야기를 해드릴게요. 남편에게도 이야기한 적 없어요." (당신이 기대하는 것보다 재미없을지도 모른다). 그는 필라델피아 사교계에서 잘 알려진 집에서 자랐다. "어리고 젊은 시절 가장 힘들었던 건 가난이었어요. 사교계 또래 친구들이 누리는 것들은 기대할 수도 없었죠. 최고급 옷은 입어보지도 못했고 옷이 작아져 몸에 맞지도 않을뿐더러 유행도 다 지난 것들이었어요. 속상하고 창피해서 울다 지쳐 잠드는 날이 많았죠. 절망에 빠져 있던 어느 날 묘안이 떠올랐어요. 저녁 파티에서 만나는 남성들에게 그의 경험이나 생각, 미래에 대한 계획을 묻기로 한 거죠. 대답이 궁금해서 물은 건 아니에요. 제 초라한 옷차림에 신경 쓰지 못하게 하려는 거였죠. 그런데 신기한 일이 일어났어요. 젊은 남성들의 이야기를 듣고 그들을 알아갈수록 정말로 그들의 이야기에 관심이 생겼거든요. 대화에 집중하다 보니 저조차도 옷 생각은 나지도 않더군요. 더 놀라운 일은 남성들에게 이야기를 잘 유도하고 잘 들어주었더니 그들은 행복해했고 저는 사교계에서 가장 인기 있는 여성이 된 거죠. 제게 청혼한 남자만 셋이나 된답니다."

이성에게 바로 이대로만 하라.

이 장을 읽으며 이렇게 말하는 사람도 있을 것이다. "다른 사람에게 관심을 가지라니, 무슨 말 같지 않은 소리야? 종교를 가진 사람에게나 먹히겠지. 나랑은 상관없는 일이야. 지갑에 돈을 두둑이 넣고 내가 원하는 건 지금 당장 다 가질 거야. 바보 같은 다른 녀석들은 될 대로 되라지!"

어떻게 생각하든 당신 마음이다. 하지만 당신이 옳다면 예수, 공자, 부처, 플라톤, 아리스토텔레스, 소크라테스, 성 프란체스코 등 인류의 위대한 철학자와 스승 모두가 틀린 셈이다.

당신이 종교 지도자들의 가르침은 가볍게 여길 수 있으니 무신론자의 조언을 들어보도록 하자. 케임브리지대학교 교수이자 당대 대표적인 학자였던 고故 하우스먼의 이야기다. 1936년에 그는 케임브리지대학교에서 '시의 제목과 특성'이라는 주제로 강연하며 이렇게 말했다. "시대를 막론하고 가장 위대한 진리이자 가장 심오한 도덕적인 발견은 예수의 말에 있다. '자기 목숨을 얻으려는 자는 잃을 것이요, 나를 위해 목숨을 잃는 자는 얻을 것이다.'"

우리는 살면서 설교가들에게 이 말을 많이 들었다. 하지만 하우스먼은 무신론자에 자살까지도 생각한 비관론자였다. 그런 그가 자신만을 생각하는 사람은 삶에서 많은 것을 얻지 못할 거라고 했다. 그런 사람은 비참해질 뿐이다. 하지만 자신을 잊고 다른 사람에게 봉사하는 사람은 삶의 기쁨을 얻을 것이다.

하우스먼의 말에도 별로 감흥이 없다면 20세기 미국의 대표적인 무신론자의 조언을 들어보자. 시어도어 드라이저는 모든 종교를 한낱 동화에 지나지 않는다며 비웃었고, 삶을 "어리석은 자가 들려주는 시끄럽고 정신 사나운 무의미한 이야기"라고 여겼다. 하지만 그는 예수가 가르친 위대한 원칙 중 한 가지, 즉 "다른 사람에게 봉사하라"라는 말은 옹호했다. 그는 이렇게 말했다. "인간이 살면서 기쁨을 얻고 싶다면 자신뿐만 아니라 다른 사람에게 좋은 일을 생각하고 계획해야 한다. 자신을 위한 기쁨은 다른 사람의 기쁨에 달려 있고, 그들의 기쁨은 자신에게 달려 있기 때문이다."

드라이저가 말한 대로 "다른 사람에게 좋은 일"을 하고자 마음먹었다면 당장 실천하자. 시간은 우리를 기다려주지 않는다. "나는 이 길을 단 한 번만 걸어갈 수 있다. 그러니 내가 베풀 수 있는 선행이나 내가 보일 수 있는 친절을 지금 당장 하자. 미루거나 무시하지 말자. 이 길을 다시 걸을 수 없을 테니."

걱정을 없애고 평화와 행복을 누리고 싶다면 다음을 기억하라.

규칙 7
다른 사람에게 관심을 가짐으로써 자신을 잊으라. 매일 선행을 베풀며 다른 사람의 얼굴에 기쁨의 미소가 번지게 하라.

평화롭고 행복한 삶을 위한 7가지 마음가짐

❶ 평화, 용기, 건강, 희망으로 마음을 가득 채우라.
우리의 삶은 우리의 생각대로 만들어진다.

❷ 절대로 적에게 복수하려고 하지 말라. 적보다 자신을 더 다치게 할 뿐이다. 좋아하지도 않는 사람을 생각하는 데 단 1분도 낭비하지 말라.

❸–① 감사를 받지 못해 고민하지 말고, 당연하게 받아들라. 예수가 하루에 나환자 열 명을 고쳤지만 감사하다고 한 이는 단 한 명이었음을 기억하라. 우리가 예수보다 더 큰 감사를 받아야 할 이유가 있는가?

❸–② 행복해지는 유일한 방법은 감사를 기대하지 말고 먼저 베풀며 주는 기쁨을 누리는 것이다.

❸–③ 감사는 '길러지는' 것이다. 감사할 줄 아는 아이로 키우려면 감사하는 법을 가르치라.

❹ 문제가 아니라 감사한 일을 세어보라.

❺ 다른 사람을 모방하지 말라. 나를 찾고 내가 되라.
'질투는 무지'이며 '모방은 자살 행위'다.

❻ 운명이 레몬을 건네면 레모네이드를 만들려고 노력하라.

❼ 다른 사람에게 작은 행복을 주려고 노력하며 자신의 불행을 잊으라. "다른 사람에게 좋은 일을 하면, 자신에게는 가장 좋은 일을 하는 것이다."

"악으로 인해 고통받던 이들이
두려움에서 벗어나 맞서겠다고 마음먹는 순간
악은 기운을 북돋는 선으로도 바뀔 수 있다."

윌리엄 제임스

5부

걱정을 극복하는 최고의 방법

1

부모님이 걱정을 극복한 비결

　이미 말했듯이 나는 미주리주 농장에서 나고 자랐다. 당시 대부분 농부와 마찬가지로 부모님도 형편이 여의치 않았다. 어머니는 시골 학교 선생님이었고 아버지는 농사를 지으며 한 달에 12달러를 벌었다. 어머니는 내 옷을 손수 만들고 빨래할 비누까지 만들었다.

　일 년에 한 번 돼지를 팔 때를 제외하면 집에 늘 돈이 없었다. 그래서 버터나 달걀을 식료품점에 가져가 밀가루와 설탕, 커피로 바꿨다. 내가 열두 살 때 받은 용돈이라고는 일 년에 고작 50센트였다. 독립기념일 행사에 가서 아버지가 10센트를 주며 마음껏 쓰라고 한 일이 아직도 생생히 기억난다. 세상에서 제일 부자가 된 것 같았다.

　나는 교실이 하나 있는 시골 학교로 매일 2킬로미터씩 걸어 다녔다. 눈이 펑펑 쏟아지고 기온이 영하 28도까지 떨어지는 날에도 걸었다. 열네 살 때까지 고무장화는 물론 덧신도 없었다. 길고 추운 겨울 동안 발은 늘 젖어 있었고 차가웠다. 겨울에 발이 따뜻하고 뽀송뽀송할 수 있다고 상상조차 하지 못했다.

부모님은 하루에 16시간씩 죽도록 일했지만 계속 빚에 허덕였고 불운까지 겹쳤다. 아주 어린 시절 102번강이 홍수로 범람해 옥수수밭과 건초밭을 엉망으로 만들었다. 7년 중 6년은 홍수 때문에 농작물을 수확할 수 없었고 해마다 돼지가 콜레라로 죽어서 모두 태워야 했다. 눈을 감으면 아직도 돼지를 태울 때 나던 구역질 나는 악취가 느껴진다.

홍수가 나지 않은 해도 있었다. 그때 옥수수가 풍년이라 가축을 사서 옥수수를 먹여 키웠다. 하지만 홍수가 났을 때와 달라진 건 없었다. 시카고 시장의 가축 가격이 폭락했기 때문이다. 가축을 사서 키운 비용을 제하니 수중에 30달러가 남았다. 일 년을 공들여 일한 대가가 고작 30달러였던 셈이다!

우리 가족은 무슨 일을 하든 손해를 봤다. 아직도 아버지가 샀던 노새들이 기억난다. 우리는 3년 동안 노새들을 먹이고 사람까지 고용해 길들인 후 테네시주 멤피스로 보냈다. 하지만 3년 전 샀던 것보다 더 낮은 가격에 팔렸다.

10년 동안 죽어라 일했지만 우리는 돈 한 푼 없이 빚만 잔뜩 지게 되었다. 농장을 담보로 돈을 빌렸는데, 뼈 빠지게 일해도 이자조차 낼 수 없었다. 은행은 아버지에게 욕을 해대며 농장을 압류하겠다고 위협했다. 당시 아버지의 나이는 마흔일곱이었다. 30년이 넘는 세월 동안 열심히 일했지만 남은 것이라고는 빚과 모욕감뿐이었다. 더 이상 견딜 수 없는 상황이었다. 걱정이 늘자 건강까지 망가졌다. 식욕을 잃어 살이 계속 빠졌다. 종일 밭에서 일하고도 아무것도 먹지 않았고, 약을 먹어야만 그나마 음식을 삼킬 수 있었다. 의사는 아버지가 6개월밖에 살지 못할 거라고 했다. 걱정이 많던 아버지는 삶의 의지도 잃었다. 어머니는 아버지가 말에게 먹이를 주고 소젖을 짜러 헛간에 갔다가 늦기라도 하면, 혹시라도 밧줄에 목을 맨 아버지 모습을 보게 될까 봐 두려워하며 헛간으로 달려갔다고 했다. 하루는 농장을 압류하겠다는 위협을 듣고 메리빌에서 돌아오는 길에 아버지는 102번강을 건너는 다리 위에서 말을 멈추었다. 마차에서 내려 한참 서서 흐르는 강을 내려다보았다. 강물로 뛰어내려 모든 걸 끝내버릴지 고민한 것이다.

시간이 흘러 아버지는 그때 강물로 뛰어내리지 않은 유일한 이유가 어머니 때문이었다고 말씀하셨다. 어머니는 우리가 하느님을 사랑하고 그의 계명을 잘 지키면 모든 일이 잘될 거라고 한결같은 마음으로 믿고 계셨다. 어머니가 옳았다. 결국 모든 일이 잘되었다. 아버지는 그 후로 42년을 행복하게 살다가 1941년 89세의 나이로 돌아가셨다.

힘들었던 그 시절에도 어머니는 걱정하지 않았다. 기도하며 모든 문제를 하느님께 맡겼다. 매일 밤 우리가 자기 전에 어머니는 성경을 한 장씩 읽어주셨다. 부모님이 읽어준 구절 중에 위안이 되는 말이 있었다. "내 아버지 집에는 지낼 곳이 많다. (…) 너희가 지낼 곳을 마련해주겠다. (…) 내가 있는 곳에 너희도 함께 있게 될 것이다." 우리 가족은 조용한 미주리 농장에서 다 같이 무릎 꿇고 앉아 우리를 지켜달라고 하느님께 기도했다.

윌리엄 제임스가 하버드대학교에서 철학을 가르칠 때 이런 말을 했다. "걱정을 없애는 최고의 방법은 단연 종교적 믿음이지요."

하버드대학교까지 가야 이런 사실을 깨닫게 되는 것은 아니다. 우리 어머니는 미주리주 농장에서 이를 깨달았다. 홍수도 빚도 그 어떤 어려움도 어머니가 지닌 행복하고 빛나는 승리감에 찬 정신을 꺾지 못했다. 나는 어머니가 일하며 흥얼거리던 노래를 아직도 기억한다.

> 평화, 평화, 놀라운 평화
> 하늘에 계신 아버지에게서 내려오네
> 바라건대 영원히 내 영혼을 채워주소서
> 한없는 사랑의 물결로.

어머니는 내가 종교가가 되어 살길 원했다. 그래서 해외 선교사가 될까 진지하게 고민하기도 했다. 그러다 대학에 들어갔고 시간이 흐르며 조금씩 생각이 달라지기 시작했다. 나는 생물학, 과학, 철학, 비교종교학을 공부했고 성경이 어떻게 쓰였는지에 관한 책도 읽었다. 그러다 많은 부분에 의문이 생겼고, 당시 시골 목사들이 주장하는 편협한 교리에 의구심을 갖기 시작했다. 굉장히 혼란스러웠다. 시인 월트 휘트먼처럼 "호기심 가득한 당돌한 질문들이 내 안에 꿈틀대는 듯" 했다. 무엇을 믿어야 할지 감을 못 잡았고 삶의 목적도 보이지 않았다. 나는 더는 기도하지 않았고, 결국 불가지론자가 되었다.

나는 모든 삶이 계획도 목표도 없다고 믿었다. 2억 년 전 지구를 배회하던 공룡과 마찬가지로 인간도 신성한 목적이 없다고 생각했다. 언젠가 인간도 공룡처럼 사라질 것 같았다. 과학은 태양의 표면 온도가 10퍼센트만 낮아져도 지구상에는 어떤 생명체도 존재할 수 없다는 사실을 밝혔다. 자비로운 하느님이 자신의 모습과 똑같이 인간을 창조했다는 생각이 터무니없다고 생각했다. 칠흑같이 어둡고 차가우며 생명이 존재하지 않는 공간을 떠도는 수없이 많은 행성은 목적 없는 힘에 의해 창조되었다고 믿었다. 어쩌면 창조된 것이 아닐 수도 있다. 시간과 공간이 영원히 존재하는 것처럼 그 행성들도 영원히 존재하고 있었는지도 모른다.

내가 이 모든 문제의 답을 알 거라는 생각은 하지 말아 달라. 우주의 신비는 물론 생명의 신비를 밝혀낸 사람은 아직 없다. 우리는 신비에 둘러싸여 있다. 당신의 몸이 움직이는 것도 신비한 일이다. 집에 들어오는 전기도, 갈라진 벽에 피는 꽃도, 창밖에 보이는 푸른 잔디도 모두 마찬가지다. 제너럴모터스 연구소의 천재 찰스 케터링은 안티오크대학에 매년 3만 달러를 자비로 기부하며 잔디가 왜 푸른색을 띠는지 밝히고자 했다. 그는 풀이 햇빛과 물, 이산화탄소를 당분으로 바꾸는 방식을 알아내면 우리의 문명에 혁신적인 변화를 가져올 거라고 확신했다.

자동차 엔진이 작동하는 방식 역시 굉장히 신비롭다. 제너럴모터스 연구소는 오랜 시간 동안 거액을 들여 실린더 속 작은 불꽃이 폭발해 차를 움직이는 원리를 알아내려고 한다. 하지만 아직 답을 찾지 못했다.

우리가 인체나 전기, 엔진의 신비를 이해하지 못한다고 이 모두를 이용하지 못하거나 누리지 못하는 것은 아니다. 마찬가지로 기도나 종교의 신비를 이해하지 못한다고 종교가 가져다주는 풍부하고 행복한 삶을 누리지 못할 이유가 없다. 나는 마침내 철학자이자 작가인 산타야나가 한 말의 지혜를 깨달았다. "인간은 삶을 이해하도록 만들어진 게 아니라, 삶을 살도록 만들어졌다."

나는 종교로 되돌아갔다. 정확히 말하자면 이전과 달리 이번에는 새로운 개념의 종교로 나아갔다. 기독교 종파를 나누는 각 교리의 차이에는 조금도 관심이 없다. 하지만 종교가 내게 미치는 영향에 관심이 많다. 전기나 좋은 음식, 그리고 물이 내게 미치는 영향에 관심을 두는 것과 같다. 더 풍요롭고 충만하며 행복한 삶을 살게 해주니 말이다. 하지만 종교는 이보다 더 큰 영향을 내게 미친다. 내게 영적 가치를 주기 때문이다. 윌리엄 제임스의 말처럼 종교는 "삶에 대한 새로운 열정 (…) 더 많은 생명력과 더 크고 풍요롭고 만족스러운 삶"을 가져다준다. 종교는 믿음과 희망, 용기를 주고, 긴장이나 불안, 두려움, 걱정을 없애준다. 종교는 삶의 목적과 방향을 제시한다. 나를 행복하게 하고 건강하게 한다. 그리고 모래가 소용돌이치는 사막 같은 삶에 나를 위한 평화로운 오아시스를 만들게 해준다.

350년 전 철학자 프랜시스 베이컨의 주장이 옳았다. "얕은 철학은 인간의 마음을 무신론으로 이끌지만, 깊이 있는 철학은 인간의 마음을 종교로 이끈다."

사람들이 과학과 종교의 갈등에 관해 이야기하던 시절이 있었지만, 지금은 아니다. 최신 과학인 정신의학에서도 예수의 교리를 가르친다. 정신의학자들도 기도와 깊은 종교적 믿음을 통해 모든 질병의 반 이상을 일으키는 걱정과 불안, 긴장, 두려움을 없앨 수 있다는 사실을 깨달았기 때문이다. 그들 역시 정신의학계의 권위자인 브릴 박사의 "신앙심이 깊은 사람은 신경 질환에 걸리지 않습니다"라는 말에 동의했다. 신앙심이 없다면 삶은 무의미하다. 한낱 비극적인 광대극일 뿐이다.

나는 헨리 포드가 사망하기 몇 년 전에 그를 인터뷰했다.

그를 만나기 전에는 세계 최고의 기업을 세우고 경영했으니 오랜 세월 그가 받은 부담감의 흔적이 드러날 것이라고 짐작했다. 그런데 78세의 나이가 무색할 만큼 건강하고 침착하며 평온해 보였다. 걱정해본 적이 있느냐는 질문에 그는 이렇게 말했다. "아니요. 저는 하느님이 모든 일을 하시니 제가 어떤 조언도 할 필요가 없지요. 하느님이 책임지고 계시니 결국 모든 게 잘 될 거라고 믿습니다. 그러니 걱정할 이유가 있겠습니까?"

오늘날 정신과 의사들은 현대적인 복음 전도사의 역할을 하고 있다. 물론 내세의 지옥 불을 피하려면 신앙생활을 하라고 설득하는 것은 아니다. 위궤양, 협심증, 신경쇠약, 정신이상 같은 현세의 지옥 불을 피하려면 신앙생활을 하라고 설득하는 것이다. 심리학자나 정신의학자가 주장하는 바를 더 알고 싶다면 헨리 링크 박사의 『종교로의 귀의 The Return to Religion』를 읽어보라. 공공 도서관에서도 찾을 수 있을 것이다.

그렇다. 기독교 신앙은 영감과 건강을 주는 활동이다. 예수는 이렇게 말했다. "내가 여기 왔으니 너희는 생명을 얻고 더 풍성히 얻으리라." 예수는 당시 종교의 메마른 형식과 무의미한 예배를 비난하고 공격했다. 기존 세력에 저항한 것이다. 그는 세상을 뒤엎을 새로운 종교를 전했고, 이 때문에 십자가에 못 박히게 되었다. 예수는 종교를 위해 인간이 존재하는 것이 아니라 인간을 위해 종교가 존재해야 한다고 가르쳤다. 그리고 안식일은 인간을 위한 만든 것이지 안식일을 위해 인간을 만든 게 아니라고 덧붙였다. 또한 죄보다 두려움에 대해 더 많이 이야기했다. 그는 그릇된 두려움이야말로 죄라고 했다. 자기 건강에 대한 죄이자 예수가 가르쳤던 더 풍요롭고 충만하며 행복하고 용기 있는 삶에 대한 죄다. 에머슨은 자신을 "기쁨의 학문을 가르치는 교수"라고 칭했다. 그렇다면 예수는 '기쁨의 학문'을 가르치는 스승이다. 예수는 제자들에게 "크게 기뻐하고 즐거워하라"라고 했기 때문이다.

예수는 단 두 가지를 명심하라고 했다. "진심으로 하느님을 사랑하고, 이웃을 내 몸처럼 사랑하라." 이를 실천한다면 자신이 알든 모르든 신앙적인 사람이다. 오클라호마주 털사에 사는 나의 장인 헨리 프라이스는 황금률을 지키며 살아가고자 한다. 따라서 인색하고 이기적이며 부정직한 일은 꿈도 꾸지 않는다. 하지만 교회를 다니지도 않고 심지어 스스로 불가지론자라고 여긴다. 말도 안 되는 소리다! 어떤 사람이 기독교인일까? 에든버러 대학교의 저명한 신학 교수 존 베일리의 말을 들어보자. "특정한 사상을 지적으로 받아들이고 특정한 교리를 따른다고 기독교인이 되는 것은 아닙니다. 특정한 정신을 가지고 특정한 삶을 살아갈 때 비로소 기독교인이라 할 수 있습니다." 이것이 기독교인의 자격이라면 헨리 프라이스야말로 진정한 기독교인이다.

현대 심리학의 아버지 윌리엄 제임스는 자신의 친구 토머스 데이비드슨에게 보낸 편지에 "시간이 지날수록 하느님 없이는 살아가기 힘들다"라고 썼다.

앞서 말했듯이 걱정을 극복하는 법에 관한 글을 공모했을 때 두 편의 글이 워낙 뛰어나 마지막까지 우열을 가리지 못해 결국 상금을 나누었다고 말했다. 이제 두 번째 이야기를 들려주겠다. 잊지 못할 경험을 통해 "하느님 없이는 살아가기 힘들다"라는 사실을 힘겹게 깨닫게 된 한 여성의 이야기다. 여기서는 이 여성을 메리 쿠시먼이라고 부르겠다. 쿠시먼이 자녀와 손주가 자신의 이야기를 읽게 되면 당황할 거라고 했기에 가명을 쓰기로 약속했다. 몇 달 전 쿠시먼은 내 책상 옆에 놓인 의자에 앉아 이야기를 들려주었다.

"대공황 때 남편은 평균 주당 18달러 정도를 벌었어요. 하지만 그마저도 벌지 못했죠. 아파서 일하지 못할 때가 많았거든요. 가벼운 사고도 연이어 일어난 데다 볼거리, 성홍열을 비롯해 독감도 자주 앓았죠. 직접 지은 작은 집도 결국 잃게 되었어요. 식료품점에 50달러도 갚지 못했는데 건사해야 할 아이들이 다섯이나 되었죠. 저는 이웃들의 빨래나 다리미질을 하며 돈을 벌었고 구세군에서 중고 옷을 사서 아이들에게 맞게 수선해서 입혔어요. 걱정이 많다 보니 병이 날 지경이었습니다. 하루는 외상값이 밀린 식료품점 주인이 열한 살 난 제 아들이 연필 두 자루를 훔쳤다고 몰아세웠죠.

제 아들은 그 이야기를 하며 펑펑 울었어요. 정직하고 섬세한 아이였으니 다른 사람들 앞에서 얼마나 수치스럽고 창피했을까 하는 생각이 들었어요. 저는 인내심의 한계를 느꼈습니다. 이제껏 고생한 일이 모두 떠올랐지만, 미래에 대한 희망이라고는 보이지 않았어요. 순간 휘몰아치는 걱정에 정신을 잃은 것 같았어요. 세탁기를 끄고 다섯 살 난 딸을 침실에 데려놓은 뒤 창문을 비롯해 보이는 틈새란 틈은 모두 종이와 헝겊으로 틀어막았죠. 어린 딸이 "엄마, 뭐 해?"라고 묻더군요. 저는 찬바람이 들어오지 못하게 막는 거라고 대답했죠. 그러고서 침실에 있는 가스난로를 켰어요. 불은 붙이지 않았습니다. 딸과 침대에 나란히 눕자 아이가 이렇게 말하더군요. "엄마, 이상해요. 우리 좀 전에 일어났잖아요!" 하지만 저는 "괜찮아. 이번에는 낮잠 자는 거야"라고 말했습니다. 그리고 저는 눈을 감고 난로에서 가스가 새어 나오는 소리를 들었죠. 그 가스 냄새는 평생 잊지 못할 거예요.

그런데 갑자기 어디선가 음악 소리가 들리는 것 같았습니다. 아니, 분명히 들었어요. 부엌에 있는 라디오를 깜박하고 끄지 않았던 거죠. 이제 아무 상관없다고 생각했어요. 하지만 음악이 계속 이어졌고 곧 누군가 찬송가를 부르는 소리가 들렸죠.

예수님과 같은 친구가 어디 있을까
우리의 모든 죄와 슬픔을 짊어지시네!
얼마나 귀한 특권인가
기도로 주께 모두 맡길 수 있으니
그런데 우리는 얼마나 자주 평화를 잃어버리나
그런데 우리는 얼마나 쓸데없는 고통을 짊어지는가
그 이유는 우리의 짐을 맡기지 않아서네
기도로 주께 모두 맡길 수 있는데!

그 찬송가를 듣는데 제가 얼마나 끔찍한 잘못을 저질렀는지 깨달았어요. 혼자서 처절하게 문제와 싸우고 있었던 거죠. 기도로 모든 문제를 하느님께 맡기지 않았던 것이지요. 저는 벌떡 일어나 가스난로를 끄고 문과 창문을 활짝 열었답니다.

그날은 온종일 울면서 기도했어요. 도움을 구하는 기도는 아니었죠. 이제껏 하느님이 주신 축복, 몸도 마음도 건강하고 멋지고 강인한 다섯 아이를 제게 주신 것을 진심으로 감사하는 기도를 했어요. 그리고 다시는 배은망덕한 일은 저지르지 않겠다고 하느님께 맹세했죠. 이후로 지금까지 그 약속을 지키고 있습니다.

집을 잃은 뒤 우리는 월세 5달러에 빌린 작은 시골 학교로 이사해야 했습니다. 이마저도 하느님께 감사했어요. 지붕이 있으니 따뜻하고 뽀송뽀송하게 지낼 수 있어서 감사했고, 상황이 더 나빠지지 않아서 감사했죠. 저는 하느님이 제 기도를 들으신 것 같았어요. 이후로 상황이 나아지기 시작했거든요. 물론 하룻밤 만에 좋아진 건 아닙니다. 경기가 좋아지면서 우리는 돈을 더 벌게 되었어요. 저는 대형 골프장의 물품 보관소에서 일하게 되었고 부업으로 스타킹도 팔았죠. 아들 하나는 학비를 벌려고 농장에서 일하며 밤낮으로 13마리나 되는 소의 젖을 짰어요. 이제 아이들은 모두 자라 결혼했고, 제게는 귀여운 손주가 셋이나 생겼답니다. 가스난로를 켜고 누웠던 끔찍했던 그날을 떠올릴 때마다 저를 늦지 않게 '깨워주신' 하느님께 감사하고 또 감사해요. 생각했던 대로 일을 저질렀다면 수많은 기쁨을 놓쳐버리고 행복한 날들을 영원히 잃어버렸겠지요! 이제는 누군가가 그만 살고 싶다는 이야기를 하면 이렇게 소리치고 싶어요. '절대로 그러지 말아요! 절대!' 살아갈 날이 캄캄하기만 해도 모두 한순간이에요. 그러다 곧 미래가 펼쳐지죠."

미국에서는 평균적으로 35분마다 한 명이 자살한다. 120초마다 한 명은 정신이상이 된다. 종교나 기도를 통해 평온과 위안을 얻으면 대부분의 비극을 방지할 수 있다.

당대의 가장 저명한 정신의학자 칼 융 박사는 『영혼을 찾는 현대인』에서 이렇게 말했다. "지난 30년간 세계 모든 문맹국 사람들을 상담하고 환자 수백 명을 치료했다. 그중 인생의 후반부, 그러니까 35세가 넘은 환자들은 삶에 대한 종교적 관점을 끝내 찾지 못해 어김없이 문제가 생겼다. 그들이 아팠던 이유는 시대를 막론하고 종교가 신도들에게 전한 그 믿음을 잃었기 때문이라고 해도 무방하다. 그리고 믿음을 회복하지 못하면 온전히 치유되지 않았다."

이 말은 굉장히 중요하므로, 다시 한번 적어보겠다.

> 지난 30년간 세계 모든 문명국 사람들을 상담하고 환자 수백 명을 치료했다. 그중 인생의 후반부, 그러니까 35세가 넘은 환자들은 삶에 대한 종교적 믿음을 끝내 찾지 못해 어김없이 문제가 생겼다. 그들이 아픈 이유는 시대를 막론하고 종교가 신도들에게 전한 그 믿음을 잃었기 때문이라고 해도 무방하다. 그리고 믿음을 회복하지 못하면 온전히 치유되지 않았다.

윌리엄 제임스도 비슷한 말을 했다. "인간은 믿음으로 살아간다. 따라서 믿음이 없다면 무너지고 말 것이다."

석가모니 이후 인도의 최고 지도자 마하트마 간디는 기도를 통해 끊임없이 용기를 얻지 못했다면 무너졌을 것이다. 내가 어떻게 아느냐고? 간디가 그렇게 말했기 때문이다. 그는 "기도가 없었다면, 나는 이미 오래전에 미쳐버렸을 것이다"라고 했다.

수천 명이 이와 비슷한 경험을 했다. 앞서 말했듯이 내 아버지도 어머니의 기도와 믿음이 없었다면 강물에 뛰어들었을 것이다. 그리고 지금 정신병원에서 울부짖으며 괴로워하는 수많은 영혼도 삶의 투쟁에 홀로 맞서는 대신 저 높은 곳의 힘에 의지했다면 더는 고통받지 않았을 것이다.

우리는 지치고 능력의 한계에 부딪히고 나서야 자포자기한 심정으로 신에게 의지한다. "참호 안에서는 무신론자가 없다."

하지만 왜 절망적일 때까지 기다리는가? 왜 매일 새 힘을 얻지 않는가? 왜 일요일까지 기다리는가? 나는 몇 년째 평일 오후 아무도 없는 교회에 가고 있다. 너무나 바쁘고 마음이 급해져 정신이 없다면 스스로 이렇게 말한다. "잠깐만, 데일 카네기. 뭐가 그리 급해? 잠시 멈춰서 진짜 중요한 게 뭔지 살펴봐." 그럴 때마다 나는 제일 먼저 보이는 문 열린 교회에 들른다. 개신교도이지만 평일 오후에는 성 패트릭 성당에 자주 간다. 앞으로 30년쯤 뒤에는 죽게 되겠지만 교회가 가르치는 위대한 영적 진리는 영원하리라고 생각하며 눈을 감고 기도한다. 이렇게 하면 곤두섰던 신경이 차분해지고 몸도 편안해지며 머리가 맑아져 가치관을 재정립하는 데 도움이 된다. 당신도 한번 해보라고 조심스럽게 권한다.

지난 6년간 이 책을 쓰면서 걱정과 두려움을 기도로 극복한 구체적인 사례를 많이 모았다. 덕분에 내 서류함이 터질 지경이다. 그중 전형적인 사례로 자기 상황에 낙담하고 실망한 책 판매원 존 앤서니의 이야기를 소개하겠다. 그는 현재 텍사스주 휴스턴 험블 빌딩 사무실에서 변호사로 일하고 있다.

"22년 전, 개인 법률 사무소의 문을 닫고 미국 법률 서적 회사의 판매원으로 일하기 시작했어요. 제 일은 변호사들에게 꼭 필요한 필수 전집을 파는 것이었죠. 저는 철저하게 교육을 받았어요. 고객의 구매를 유도하거나 거절 의사를 보일 때도 확신 있는 말로 설득할 자신이 있었죠. 고객을 방문하기 전 그의 지위나 전문분야, 정치적 성향, 취미 등을 파악해서 대화를 나누는 동안 자연스럽게 활용했습니다. 하지만 뭔가 잘못되고 있었죠. 주문을 하나도 받지 못한 겁니다. 갈수록 낙담하기 시작했어요. 며칠이 지나고 몇 주가 지나도록 몇 배의 노력을 기울였지만 여전히 비용을 감당조차 할 수 없었죠. 두렵고 불안해지기 시작했어요. 사람들을 방문하는 것이 무서워졌죠. 고객의 사무실에 들어가야 할 때면 두려움에 사로잡혀 복도를 왔다 갔다 하거나 건물을 나가서 서성였어요. 그렇게 귀한 시간을 다 써버리고 사무실 문도 부술 만한 용기라도 생긴 척한 후에야 떨리는 손으로 살며시 문손잡이를 돌렸죠. 고객이 안에 없기를 바라면서요.

판매 책임자는 제가 주문을 더 받지 못하면 앞으로 선금을 주지 않겠다고 윽박질렀습니다. 아내는 자신과 세 아이가 먹고살 식비라도 보내달라고 애원했죠. 걱정에 사로잡혔고, 날이 갈수록 절망감은 커져만 갔어요. 뭘 해야 할지 도무지 알 수 없었습니다. 이미 말씀드렸듯이 고향의 개인 법률 사무소는 이미 문을 닫았고 고객을 모두 잃은 상태였어요. 그렇게 돈 한 푼 없는 신세가 되었습니다. 숙박비를 낼 돈도 고향으로 돌아갈 차비도 없었어요. 차표를 구한다 해도 실패자가 되어 고향으로 돌아갈 용기도 나질 않더군요. 비참한 날이 계속되던 어느 날 저녁, 호텔로 터벅터벅 걸어가는데 이제 끝이라는 생각이 들었죠. 저는 완전히 무너졌습니다.

절망스럽고 암울한 마음으로 무작정 걸었어요. 죽든지 살든지 아무 상관없었죠. 태어난 게 후회되었어요. 저녁으로 먹을 거라고는 뜨거운 우유 한 잔뿐이었지만, 그마저도 돈이 모자랐습니다. 절망에 빠진 사람들이 왜 호텔 창문에서 뛰어내리는지 그날 밤 이해되더군요. 하지만 저는 그럴 용기도 없었죠. 인생의 목적이 무엇일까 생각해봤지만 도저히 모르겠더군요.

기댈 사람이 전혀 없던 저는 하느님을 찾았어요. 그리고 기도하기 시작했죠. 제 앞에 놓인 끝이 보이지 않는 어두운 절망의 황무지를 지날 수 있도록 인도해주시고 빛과 지혜를 달라고 전지전능한 하느님께 간청했습니다. 책 주문을 받게 도와주시고 아내와 아이들을 먹일 돈도 벌게 해달라고 기도했어요. 기도를 마치고 눈을 뜨니 적막한 호텔 방 서랍장 위에 놓인 성경책이 보였습니다. 저는 책을 펴서 외롭고 걱정 많고 절망에 빠진 수많은 사람을 위로하고 격려한 예수님의 아름답고 영원한 말씀을 읽었습니다. 제자들에게 걱정에서 벗어날 방법을 알려주신 말씀이었습니다.

'목숨을 위해 무엇을 먹을지 무엇을 마실지, 몸을 위해 무엇을 입을지 걱정하지 말라. 목숨이 음식보다 중요하고, 몸이 의복보다 중요하거늘. 공중에 나는 새들을 보라. 심지도 거두지도 창고에 모아두지 않지만 너희 하늘에 계신 아버지가 기르신다. 너희는 이 새들보다 귀하지 아니하냐. (…) 너희는 하느님과 그의 의를 구하라. 그러면 이 모든 것을 너희에게 주시리라.'

기도를 하고 이 말씀을 읽는데 기적이 일어났습니다. 초조한 마음이 사라졌거든요. 불안과 두려움, 걱정은 가슴 뜨거운 용기와 희망, 승리에 찬 믿음으로 바뀌었죠.

호텔 숙박비를 낼 돈은 없었지만 저는 행복했어요. 그리고 몇 년 만에 처음으로 아무런 걱정 없이 푹 잤습니다. 다음 날 아침, 고객의 사무실 문이 열릴 때까지 기다릴 수 없었어요. 춥고 비가 내리던 아름다운 그날, 저는 첫 고객의 사무실을 향해 당당하고 힘차게 걸어가서 자신 있게 문손잡이를 돌렸습니다. 사무실로 들어가서 활기차고 당당한 태도로 예의를 갖춘 뒤 환하게 미소를 지으며 말했습니다. '안녕하세요, 스미스 씨! 저는 올마메리칸 법률서적 회사의 존 앤서니입니다!' 고객은 자리에서 일어나 웃는

얼굴로 악수를 청했어요. '아, 그러시군요. 만나서 반갑습니다. 자리에 앉으시죠.'

저는 지난 몇 주 동안 받은 것보다 더 많은 주문을 받았어요. 그날 저녁, 세상을 지배한 영웅이라도 된 것처럼 당당히 호텔로 돌아갔죠. 새롭게 태어난 기분이었어요. 실제로도 새사람이 되었죠. 새롭고 자신감 넘치는 마음이 생겼거든요. 그날 저녁은 뜨거운 우유 대신 제대로 된 스테이크를 먹었답니다. 그날 이후 제 판매 실적은 무섭게 치솟았어요.

저는 21년 전 텍사스주 애머릴로의 작은 호텔에서 절망에 빠졌던 그날 밤에 다시 태어났어요. 다음 날에도 제 외부 상황은 실패에 몸부림치던 지난 몇 주와 별반 다른 게 없었죠. 하지만 제 안에는 엄청난 변화가 일어났습니다. 하느님과의 관계를 깨닫게 되었거든요. 한낱 인간은 혼자서는 쉽게 패배할 수 있지만 하느님을 가슴에 품고 살아간다면 천하무적이 됩니다. 정말이에요. 제가 살면서 직접 겪었으니까요.

'구하라. 그러면 얻을 것이다. 찾으라. 그러면 찾을 것이다. 두드려라. 그러면 너희에게 열릴 것이다.'"

일리노이주 하이랜드 8번가 1421번지에 사는 비어드 부인은 끔찍한 비극이 닥쳤을 때 무릎을 꿇고 "하느님, 제 뜻이 아니라 주의 뜻으로 행하소서"라고 기도하며 마음의 평화와 안정을 찾았다. 부인의 이야기가 담긴 편지가 지금 내 앞에 놓여 있다.

"어느 날 저녁 전화벨이 울렸어요. 벨이 14번이나 울릴 때까지 용기가 나질 않아 받지 못했죠. 병원에서 온 전화가 틀림없었거든요. 저는 겁에 질렸어요. 우리 아이가 죽어가고 있다는 소식이 아닐까 두려웠죠. 뇌수막염에 걸린 아이는 페니실린 주사를 맞고 난 후 체온 변화가 심해졌어요. 의사는 병이 뇌로 전이했으니 뇌종양으로 아이가 죽게 될 수도 있다고 했죠. 전화를 받아 보니 제가 두려워하던 대로였어요. 의사가 당장 병원으로 오라고 하더군요.

대기실에 앉아 남편과 제가 얼마나 속을 태웠을지 짐작이 될 거예요. 다들 아이를 안고 있는데 저희만 빈손이었고 귀여운 우리 아이를 다시 안아볼 수 있을지조차 알 수 없었죠. 한참 만에 의사의 진료실에 들어갔는데, 의사를 보자마자 가슴이 덜컥 내려앉았어요. 의사의 말을 들으니 더 두려워졌죠. 아이가 살 확률이 25퍼센트이며 아는 의사가 있다면 그에게 맡겨도 좋다고 했어요.

집으로 가는 길에 남편은 억장이 무너져 주먹으로 운전대를 내리치며 '나는 우리 아이를 절대로 포기 못 해'라고 소리쳤습니다. 남자가 우는 걸 본 적 있나요? 그다지 유쾌한 경험은 아니에요. 우리는 차를 세우고 이야기를 나누었어요. 그리고 교회에 가서 아이를 데려가는 게 하느님의 뜻이라면 그 뜻을 따르겠다는 기도를 드리기로 했죠. 저는 의자에 앉아 눈물을 흘리며 기도했어요. '제 뜻이 아니라 하느님 뜻대로 하소서.'

그러자 기분이 나아지더군요. 한동안 느끼지 못한 편안함을 느끼게 됐죠. 집으로 가는 내내 '제 뜻이 아니라 하느님 뜻대로 하소서'라고 되뇌었어요.

그날 밤 일주일 만에 처음으로 푹 잤답니다. 며칠 뒤 의사는 전화로 아이가 위험한 고비를 넘겼다는 소식을 전해주었어요. 이제 네 살이 된 아들을 건강하게 저희 곁에 있게 해주신 하느님께 감사드립니다."

종교는 나약한 사람이나 아이들, 목회자들을 위한 것이라고 믿는 사람들이 있다. 모든 어려움을 혼자서 이겨낼 수 있는 '강한 사람'이라고 자부하면서 말이다.

하지만 세상에서 가장 유명한 '강자'들이 매일 기도한다는 사실을 알게 된다면 그들은 놀랄 것이다. 예를 들어 잭 뎀프시는 자기 전에 항상 기도한다. 밥을 먹기 전에도 늘 감사 기도를 한다. 시합을 앞두고 훈련할 때도 매일 기도하며 시합 때는 매 라운드 시작을 알리는 종이 울리기 직전에 기도한다. 그는 이렇게 말했다. "기도는 제게 싸울 수 있는 용기와 자신감을 줍니다."

프로야구 선수이자 감독인 코니 맥 역시 자기 전에 늘 기도한다고 말했다.

훌륭한 군인으로 손꼽히는 에디 리켄배커는 기도 덕분에 목숨을 구했다고 말했다. 그 역시 매일 기도한다.

제너럴모터스와 US 스틸의 고위 간부였고 전 국무장관이었던 에드워드 R. 스테티니어스는 매일 아침저녁으로 올바른 가르침과 지혜를 달라고 기도한다.

최고의 금융가인 J. 피어폰트 모건은 토요일 오후에 월가의 초입에 있는 트리니티 교회에 혼자 가서 무릎을 꿇고 기도한다.

아이젠하워 장군이 영미 연합군의 최고사령관으로 부임하러 영국으로 향할 때 가져간 책은 단 한 권, 바로 성경이었다.

마크 클라크 장군은 전쟁 중에도 매일 무릎을 꿇고 성경을 읽었다고 내게 말했다. 장제스 총통과 '엘 알라메인의 몬티'라고 불리는 몽고메리 장군도 마찬가지였다. 트리팔카해전의 넬슨 제독, 워싱턴 장군과 로버트 리 장군, 스톤월 잭슨을 비롯해 수많은 군사 지휘자가 모두 그랬다.

이들은 윌리엄 제임스가 전한 진리를 깨달은 것이다. "우리와 하느님은 깊이 연결되어 있다. 우리 자신을 하느님의 뜻에 맡기면 우리의 깊은 운명이 실현된다."

이제 많은 이가 이 사실을 깨닫고 있다. 현재 미국의 기독교 신자는 7200만 명이다. 역사상 가장 많은 수다. 앞서 말했듯이 과학자들도 종교로 귀의하고 있다. 예를 들어『인간의 조건』의 저자이자 노벨상 수상자 알렉시스 카렐 박사는《리더스 다이제스트》에 이렇게 썼다. "기도는 인간이 만들어낼 수 있는 가장 강력한 에너지다. 이는 지구의 중력과 마찬가지로 실재하는 힘이다. 의사인 나는 온갖 치료법으로도 치유되지 못하다가 차분히 기도해서 질병과 우울증에서 벗어난 사람을 수없이 봤다. (…) 기도는 라듐처럼 빛을 내고 스스로 힘을 발생시키는 에너지원이다. (…) 인간은 기도를 통해 무한한 에너지원에 말을 걸며 자신의 유한한 에너지를 늘리고자 한다. 우리는 기도를 하면서 우주를 움직이는 무한한 동력과 자신을 연결하여 그 힘의 일부를 우리가 필요한 곳에 쓰게 해달라고 요청하는 것이다. 이렇게 요청하는 것만으로도 우리의 인간적인 결핍이 채워진다. 우리는 강해지고 치유된다. (…) 간절히 기도하면 우리의 몸과 마음은 더 좋아진다. 잠깐이라도 기도한다면 누구든 좋은 결과를 얻게 될 것이다."

버드 제독은 '우주를 움직이는 무한한 동력과 자신을 연결'하는 것이 무슨 뜻인지 알고 있었다. 그래서 인생의 가장 힘든 시련을 견뎌낼 수 있었다. 그는『혼자서』에서 자신의 이야기를 들려준다. 1934년 그는 남극 대륙 깊은 곳의 로스 배리어 빙원 아래에 파묻힌 오두막에서 5개월을 지냈다. 그는 남위 78도에 살아 있는 유일한 생명체였다. 오두막에는 눈보라가 휘몰아치고 기온은 영하 26도까지 내려갔으며 칠흑같이 어두운 밤이 끝없이 이어졌다.

그러던 어느 날, 그는 난로에서 새어 나오는 일산화탄소에 서서히 중독되어간다는 사실을 알게 되었다! 그는 어떻게 했을까? 도움을 받을 수 있는 곳은 약 200킬로미터 떨어져 있었고 그마저도 몇 달이 걸려야 갈 수 있었다. 그는 난로와 환기 장비를 고쳐보려고 했지만 가스가 새는 것을 막기 힘들었다. 기절하는 일이 잦아졌고 의식을 잃고 바닥에 쓰러지기도 했다. 제대로 먹거나 잘 수도 없었다. 기력이 없으니 침상에서 일어날 수조차 없었다. 다음 날 아침까지 버티지 못할까 봐 두려움에 떠는 날이 많아졌다. 그는 자신이 이 오두막에서 죽게 될 것이고 시체는 만년설에 묻혀버리리라 생각했다.

그는 어떻게 살아남았을까? 깊은 절망에 빠진 그는 어느 날 일기장을 펴고 자신의 인생철학을 써보기로 했다. 그는 "인간은 우주에서 혼자가 아니다"라고 썼다. 그런 후 하늘의 별을 떠올리고 별자리와 행성의 질서정연한 움직임을 생각했으며 때가 되면 영원한 태양이 황량한 남극 지방도 다시 환하게 비추리라고 생각했다. 그리고 이렇게 썼다. "나는 혼자가 아니다."

지구 끝의 얼음 구덩이에 갇혀 있다 하더라도 혼자가 아니라는 깨달음으로 리처드 버드는 살아남았다. "그래서 나는 견딜 수 있었다. 사람은 평생 살아가면서 자신에게 내재한 자원을 거의 다 써버릴 만한 일을 겪지 않는다. 우리에게는 한 번도 써보지 못한 힘을 주는 깊은 우물이 있기 때문이다." 리처드 버드는 이 깊은 우물에 닿아 그 힘을 사용했다. 바로 하느님께 의지했기에 가능한 일이었다.

글렌 A. 아널드는 버드 제독이 남극 빙원에서 얻은 것과 같은 깨달음을 옥수수밭에서 얻었다. 일리노이주 칠리코시 베이컨

빌딩에서 보험 중개인으로 일하는 그는 걱정을 극복한 이야기를 이렇게 시작했다.

"8년 전 저는 이제 마지막이라는 심정으로 집 현관문을 잠갔습니다. 그리고서 차를 타고 강으로 갔죠. 저는 인생의 실패자였습니다. 한 달 전 세상이 무너지는 일을 겪었어요. 제가 운영하던 전자제품 회사가 망해버렸죠. 어머니는 위중한 상태였고 아내는 둘째 아이를 임신 중이라 병원비가 쌓여가고 있었죠. 사업을 시작하느라 차나 가구 등 재산 전부를 저당 잡힌 상태였습니다. 보험 대출까지 받았어요. 그런데 모두 날려버린 거죠. 더는 견딜 수 없었어요. 그래서 강으로 차를 몰고 간 거죠. 엉망진창인 삶을 끝내버릴 작정으로요.

시골길을 얼마쯤 가다가 차를 멈추고 밖으로 나와 길바닥에 앉아서 아이처럼 펑펑 울었습니다. 그러다가 생각을 정리해보기로 했죠. 걱정의 악순환에서 벗어나 건설적으로 생각해보려고 했습니다. 상황이 얼마나 심각한 거지? 더 심각해질 수도 있을까? 가망이 전혀 없을까? 어떻게 하면 상황이 나아질까?

저는 곧바로 모든 문제를 하느님께 맡기고 하느님의 뜻대로 해결해달라고 요청하기로 했습니다. 그리고 간절히 기도했어요. 제 목숨이 달리기라도 한 것처럼 말이죠. 실제로도 그랬지만요. 그러자 신기한 일이 일어났습니다. 모든 문제를 저보다 더 큰 힘을 가진 존재에게 맡기자 몇 달 만에 처음으로 마음이 편안해졌어요. 울고 기도하며 거기서 30분 정도를 앉아 있었을 겁니다. 그리고 집으로 돌아와서 아이처럼 푹 잠들었죠.

다음 날 아침 저는 자신감에 찬 마음으로 일어났어요. 두려울 게 없었죠. 하느님이 인도해주실 거라고 믿었으니까요. 그날 저는 지역 백화점으로 가서 가전제품 판매원에 지원한다고 당당하게 말했습니다. 그리고 예상했던 대로 일자리를 구하게 되었어요. 전쟁 때문에 가전산업이 붕괴되기 전까지 일이 잘 풀렸죠. 이후 생명보험 판매를 시작했습니다. 모든 것을 위대한 안내자의 뜻에 계속 맡겼어요. 그게 불과 5년 전 일이에요. 그동안 빚도 모두 갚고, 귀여운 아이 셋과 행복한 가정을 꾸리고 있죠. 집도 있고 차도 있고 2만 5000달러의 생명보험도 들었답니다. 돌이켜보면 모든 것을 잃고 절망에 빠져 강으로 향했던 일이 오히려 감사합니다. 그 일로 하느님께 의지하게 됐으니까요. 이제는 예전에는 꿈도 꾸지 못한 편안하고 자신감 있는 삶을 살아가고 있답니다."

어떻게 우리는 종교적 믿음으로 평화와 안정, 용기를 얻게 되는 걸까? 윌리엄 제임스의 말을 들어보자. "일렁이는 표면에 거센 파도가 몰아쳐도 대양의 깊은 곳은 잔잔하다. 더 방대하고 더 영원한 실재를 붙잡은 자에게 개인적인 운명에서 벌어지는 일상의 우여곡절은 상대적으로 하찮은 일이다. 따라서 신앙심이 깊은 자는 흔들리지 않고 평정심으로 가득하며 그날 자신에게 주어지는 일에 침착히 대처할 수 있다."

걱정되고 불안하다면 하느님께 의지해보는 건 어떨까? "우리에게 필요한 것은 하느님에 대한 믿음이다"라고 한 이마누엘 칸트의 충고를 따라서 말이다. 자신을 "우주를 움직이는 무한한 동력과 연결"해보면 어떨까?

선천적 혹은 후천적으로 종교를 믿지 않거나, 심지어 무신론자이더라도 기도는 당신의 생각보다 훨씬 도움이 된다. 매우 실질적이기 때문이다. 실질적이라는 말은 누구나 기본적으로 가진 세 가지 기본적인 심리적 욕구를 충족시켜준다는 의미다.

첫째, 기도는 우리가 겪는 문제를 정확히 말로 표현하게 해준다. 앞서 4부에서 살펴봤듯이 문제가 모호하면 해결하기가 어렵다. 기도는 문제를 글로 써보는 것과 같은 행위다. 문제를 해결하기 위한 도움을 요청하려면, 하느님께 기도할 때도 반드시 말로 표현해야 한다.

둘째, 기도는 짐을 혼자가 아니라 누군가와 나눈다는 느낌을 준다. 끔찍이 고통스러운 문제와 같은 무거운 짐을 오롯이 혼자 감당할 만큼 강한 사람은 없다. 게다가 은밀한 자신만의 문제는 아무리 가까운 친구나 가족에게도 털어놓지 못한다. 그럴 때는 기도가 답이다. 정신의학자들은 마음이 답답하고 괴로울 때 누군가에게 문제를 말하는 것이 치료 효과가 있다고 말한다. 누구에게도 말할 수 없다면 하느님께 털어놓으면 된다.

셋째, 기도는 실행이라는 적극적인 원칙을 활성화한다. 즉, 기도는 실행을 위한 첫걸음이다. 어떤 일을 이루려고 매일 기도한다면 원하는 바를 얻게 된다. 다시 말해서 기도는 원하는 것을 얻기 위해 조치를 취하는 것이다. 세계적으로 유명한 과학자는 이렇게 말했다. "기도는 인간이 만들어낼 수 있는 가장 강력한 에너지다." 그러니 기도를 활용하는 것이 어떨까? 하느님이든 알라든 영혼이든 뭐든 좋다. 자연의 신비한 힘이 우리를 돌봐준다는데 신에 대한 정의를 놓고 다툴 필요가 있을까?

지금 당장 책을 덮고 침실로 가서 문을 닫고 무릎을 꿇은 뒤 마음의 짐을 덜어보는 게 어떨까? 신앙심을 잃었다면 전지전능한 하느님께 믿음을 되찾게 해달라고 간절히 기도하라. "하느님, 혼자서 더는 싸울 수 없습니다. 당신의 도움과 사랑을 내려주소서. 제 잘못을 모두 용서해주시고, 제 안의 모든 악을 씻어주세요. 평화롭고 안정되고 건강한 삶으로 향하는 길을 보여주시고, 원수도 품을 수 있는 사랑으로 가득 채워주세요."

기도하는 법을 모르겠다면 성 프란체스코가 700년 전에 남긴 아름답고 위안이 되는 기도문을 읊어보자.

주님, 저를 평화를 위한 도구로 쓰소서.
증오가 있는 곳에 사랑을,
다툼이 있는 곳에 용서를,
분열이 있는 곳에 일치를,
의심이 있는 곳에 믿음을,
그릇됨이 있는 곳에 진리를,
절망이 있는 곳에 희망을,
어둠이 있는 곳에 빛을,
슬픔이 있는 곳에 기쁨을 심게 하소서.
오, 거룩한 주님,
위로받기보다는 위로하기를,
이해받기보다는 이해하기를,
사랑받기보다는 사랑하게 해주소서.
우리는 줌으로써 받고,
용서함으로써 용서받으며,
자기를 버리고 죽음으로써
영원한 생명을 얻기 때문입니다.

"인간은 삶을 이해하도록 만들어진 게 아니라,
삶을 살도록 만들어졌다."

조지 산타야나

6부

비난받아도 걱정하지 않는 법

1

죽은 개를
걷어차는 사람은 없다

　　1929년 미국 교육계를 뒤흔든 일이 일어났다. 미국 전역의 학자들이 이 사건을 직접 보기 위해 시카고로 몰려들었다. 몇 년 전 로버트 허친스는 웨이터, 벌목꾼, 과외교사, 빨랫줄 판매원으로 일하며 예일대학교를 졸업했다. 그리고 8년이 지난 지금, 미국에서 네 번째로 부유한 시카고대학교의 총장으로 취임했다. 그의 나이는 고작 서른이었다. 정말 놀라운 일이다!

　　나이가 지긋한 교육계 관계자들은 고개를 내저었다. 이 '신동'에게 비난의 화살이 쏟아졌다. 너무 어리다, 경험이 부족하다, 교육관이 비뚤어졌다 등 비난은 끝이 없었다. 심지어 신문사들도 공격에 가담했다.

　　취임식 날, 한 친구가 그의 아버지에게 이렇게 말했다. "오늘 아침에 자네 아들을 비난하는 신문 사설을 읽으며 얼마나 놀랐는지 모르네." 허친스의 아버지는 이렇게 답했다. "맞아, 좀 심하더군. 하지만 죽은 개를 차는 사람은 없는 법이지."

　　그렇다. 영향력이 큰 사람일수록 사람들은 그를 비난하며 더 큰 만족을 얻는다. 지금은 윈저 공이 된 에드워드 8세는 왕세자 시절 이를 뼈저리게 느꼈다. 그는 데번셔에 있는 다트머스대학교에 다녔는데, 미국 아나폴리스의 해군사관학교 같은 곳이었다. 당시 그는 열네 살이었다. 어느 날 해군 장교는 울고 있던 그를 발견하고 무슨 문제가 있는지 물었다. 왕세자는 처음에 아무 말도 하지 않으려 했지만 결국 모두 털어놓았다. 다른 생도들이 그를 걷어찬 것이다. 교장은 생도들을 불러 모아 왕세자가 고자질한 것은 아니라고 설명한 뒤, 다만 왕세자만 골라 괴롭힌 이유를 알고자 한다고 말했다.

대답을 피하며 우물쭈물하던 생도들이 마침내 입을 열었다. 나중에 영국 해군의 사령관이나 함장이 되었을 때 왕을 걷어찬 적이 있다고 말하며 우쭐대고 싶었다는 것이다!

그러니 당신이 걷어차이고 비난받는다면 당신을 괴롭히는 사람은 자신이 대단한 사람이라고 느끼기 위해 그렇게 한 것이라는 사실을 기억하라. 이는 당신이 훌륭한 일을 해냈거나 관심을 받을 만한 일을 하고 있다는 뜻이다. 자신보다 더 많이 배우고 더 성공한 이들을 비난하며 미개한 만족감을 얻는 이들이 많다. 이 장을 쓰고 있는 동안에 구세군을 설립한 윌리엄 부스 장군을 비난하는 한 여성에게 편지를 받았다. 예전에 내가 방송에서 부스 장군을 칭찬해서였다. 여성은 부스 장군이 가난한 사람들을 돕는다며 모은 800만 달러를 횡령했다고 말했다. 당연히 터무니없는 주장이었지만, 여성은 진실에는 아무 관심이 없었다. 그저 자신보다 나은 사람을 비방하며 비열한 만족감을 추구한 것이다. 나는 악의에 찬 이 편지를 쓰레기통에 던져버리고 그 여성과 결혼하지 않은 것에 하느님께 감사드렸다. 그 편지로 부스 장군에 대해 알게 된 건 전혀 없지만, 그가 어떤 사람인지는 확실히 알게 되었다. 오래전에 쇼펜하우어는 이렇게 말했다.

"천박한 사람은 위대한 사람의 잘못과 결점에서 큰 기쁨을 얻는다."

예일대학교의 총장을 천박한 사람이라 생각하는 사람은 드물 것이다. 하지만 전 예일대학교 총장이었던 티머시 드와이트는 미국 대통령 후보 한 사람을 비난하면서 큰 기쁨을 얻은 것 같다. 드와이트 총장은 이 후보가 대통령이 된다면 "우리의 아내와 딸들이 합법적 매매춘의 희생자가 되어 완전히 타락하고 더럽혀질 것이며 더는 우아하고 고결하지 못한 탓에 하느님과 인간 모두에게 혐오스러운 존재가 될 것이다"라고 경고했다.

마치 히틀러를 향한 비난처럼 보이지만, 그렇지 않다. 그가 비난한 대상은 바로 토머스 제퍼슨이었다. 미국 독립선언서를 쓰고 민주주의의 수호자이며 역사에 길이 남을 토머스 제퍼슨은 설마 아닐 것 같은가? 아니다, 바로 그 토머스 제퍼슨이었다.

'위선자' '사기꾼' '살인자나 다름없는 인간'으로 비난받은 미국인 중에 떠오르는 인물이 있는가? 한 시사만화에는 단두대에서 목이 잘리기 직전인 그의 모습이 실리기도 했다. 그가 말을 타고 길을 지나가면 다들 그에게 야유를 보내고 조롱했다. 그는 누구였을까? 바로 조지 워싱턴이었다.

하지만 모두 오래전에 일어난 일이다. 이후로 인간 본성이 나아졌는지도 모르니 한번 살펴보자. 로버트 피어리 제독은 1909년 4월 6일에 개가 끄는 썰매를 타고 북극점에 도달해 세상을 깜짝 놀라게 했다. 수많은 사람이 수백 년 동안 북극점을 최초로 밟기 위해 용감하게 도전했지만 어려움을 겪고 목숨을 잃기도 했다. 피어리도 추위와 굶주림을 견디지 못하고 죽기 직전까지 갔고 동상에 걸린 발가락 여덟 개를 잘라내야 했다. 그는 고통스러운 시간을 보내며 미치게 될까 봐 두려웠다.

한편 워싱턴에 있던 상관들은 피어리가 사람들의 관심과 찬사를 받자 속이 탔다. 그래서 피어리가 과학 탐험을 빌미로 돈을 모아놓고 '북극에서 빈둥거리기만 한다'라는 혐의를 제기했다. 실제로도 그렇게 믿었을 것이다. 사람들은 믿고 싶은 것만 믿으려고 하기 때문이다. 피어리를 향한 비난과 질타가 맹렬히 이어져 매킨리 대통령이 직접 지시를 내리고 나서야 피어리는 북극 탐험을 이어갈 수 있었다.

피어리가 워싱턴 해군 본부에서 행정 업무나 보고 있었다면 그토록 맹렬한 비난을 받았을까? 그렇지 않았을 것이다. 사람들이 질투할 정도로 그렇게 대단한 사람이 아니었을 테니 말이다.

그랜트 장군은 피어리 제독보다 더 험한 일을 겪었다. 1862년, 그는 결정적인 첫 대승을 거두며 북군과 승리를 축하하고 있었다. 반나절 만에 승리를 거두고 하룻밤 사이에 그는 국민 영웅이 되었다. 이 승리는 멀리 떨어진 유럽에서도 큰 반향을 일으켰으며 승리를 기념하는 교회의 종소리와 폭죽이 메인주에서 미시시피강 둑까지 온 나라에 울려 퍼졌다. 하지만 위대한 승리를 거둔지 6주 만에 이 북군의 영웅은 체포되었고 지휘권마저 박탈당했다. 그는 치욕스럽고 절망스러운 마음에 눈물을 흘렸다.

대승을 거두고도 그가 체포된 이유는 무엇일까? 오만한 상관들의 시기와 질투 때문이었다.

부당한 비난으로 걱정하고 있다면 다음을 기억하라.

비난받아도 걱정하지 않는 법 1

부당한 비난은 칭찬의 다른 모습이다.

죽은 개를 걷어차는 사람은 없다.

2

비난에 상처받지 않는 법

나는 '매의 눈' 스메들리 버틀러 소장을 인터뷰한 적이 있다. '지옥의 악마'로 불린 버틀러를 기억하는가? 그는 미국 해병대를 통솔한 사람 중에 가장 화려하고 허세가 심한 장군이었다.

그는 어릴 때 인기를 한 몸에 받고 싶어 했고 사람들에게 좋은 인상을 남기고자 했다. 그때는 사소한 비난에도 가슴에 비수가 되어 꽂혔다고 한다. 하지만 해병대에서 30년간 복무하면서 오기가 생겼다고 털어놓았다. "질책이나 모욕을 받는 게 일상이었습니다. 비굴한 똥개, 사나운 독사, 역겨운 스컹크라는 말까지 들었죠. 상관들에게 욕을 듣는 건 당연했고요. 차마 입에 담기도 힘든 욕이란 욕은 다 들은 거죠. 화나지 않냐고요? 전혀요. 이제는 누가 제게 욕하면 고개도 돌리지 않습니다."

'매의 눈' 버틀러가 비난에 무딜 수도 있다. 하지만 한 가지는 확실하다. 많은 사람이 자신에 대한 사소한 험담이나 비판에 지나치게 신경을 쓴다는 것이다. 몇 년 전에 일간지 《뉴욕 선》의 기자가 내 공개수업에 참석해 나와 내 수업을 두고 풍자 기사를 쓴 적이 있다. 나는 화가 났을까? 물론이다. 나는 개인적인 모욕으로 받아들였다. 그래서 《뉴욕 선》의 집행위원회 의장인 길 호지스에게 전화해서 그 기자가 조롱하는 글이 아닌 사실을 전달하는 글을 써야 한다고 요구했다. 기자가 저지른 행동에 대한 벌도 받게 할 작정이었다.

하지만 지금은 당시의 내 행동이 부끄럽다. 신문을 산 사람 중 절반도 그 기사를 읽지 않았을 테니까. 기사를 읽은 사람 중 절반은 그저 재미로 받아들였을 것이다. 그리고 기사에 동조하며 고소해하던 사람의 절반은 몇 주가 지나 모두 잊어버렸을 것이다.

사람들은 당신이나 내 일에 신경 쓰지 않고 우리가 어떤 이야기를 듣는지 관심도 없다. 그들은 아침을 먹기 전에도 후에도, 자정이 넘은 한밤중에도 끊임없이 자신만을 생각한다. 당신이나 내가 죽었다는 소식보다 자신들의 가벼운 두통에 1000배 더 관심을 가진다.

절친 여섯 명 중 한 명이 우리에게 거짓말을 하거나 비웃고 배신하거나 우리 등에 칼을 꽂고 우리를 팔아넘기더라도 자기 연민에 빠지지 말자. 대신 예수는 실제로 이런 일을 겪었다는 사실을 기억하자. 예수의 가장 친한 열두 명 중 한 명은 지금으로 치자면 19달러의 뇌물을 받고 그를 배신했다. 다른 한 명은 예수가 곤경에 처하자 그를 버리고 달아나 세 번이나 그를 모른다고 맹세까지 했다. 그런데 당신과 내가 이보다 나은 확률을 기대해야 할까?

나는 사람들이 나를 부당하게 비난하는 것을 막을 수 없지만 나는 훨씬 더 중요한 일을 할 수 있다는 사실을 오래전에 깨달았다. 부당한 비난에 내가 불안해할지 말지를 결정하는 것이다.

모든 비난을 무시하라는 말이 아니다. 오히려 그 반대다. 부당한 비난만 무시하라는 말이다. 나는 엘리너 루스벨트에게 부당한 비난에 어떻게 대처했는지 물은 적이 있다. 엘리너가 그런 일을 많이 겪었다는 사실은 알 만도 안다. 그는 백악관에 살았던 영부인 중에 열렬한 지지자와 맹렬한 적이 가장 많았을 것이다.

엘리너는 어릴 때 심각하게 수줍음이 많았고 사람들에게 듣게 될 말이 늘 두려웠다고 했다. 하루는 비난이 너무나 두려워 고모인 시어도어 루스벨트의 누나에게 조언을 구했다. "바이 고모, 저는 이것저것 해보고 싶은 게 많은데 사람들에게 비난받을까 봐 두려워요."

루스벨트의 누나는 엘리너의 눈을 바라보며 이렇게 말했다. "네가 옳다는 생각이 든다면 다른 사람들의 말에 신경 쓰지 말거라." 시간이 흘러 영부인이 되었을 때 엘리너 루스벨트는 이 조언을 자신의 버팀목으로 삼았다고 했다. 우리가 어떤 비난을 피하는 유일한 방법은 드레스덴 도자기처럼 선반 위에 가만히 있는 것뿐이라고 말했다. "당신이 옳다고 믿는 일을 하세요. 어차피 비난받을 테니까요. 당신이 하면 했다고, 안 하면 안 했다고 비난이 쏟아질 겁니다." 이것이 엘리너의 충고였다.

매슈 C. 브러시가 월스트리트 40번지에 있는 아메리칸 인터내셔널 코퍼레이션의 사장이었을 때, 나는 그에게 비난에 민감한 적이 있느냐고 물었다. 그는 이렇게 말했다. "그럼요. 젊었을 때는 비난에 굉장히 민감했지요. 회사 전 직원이 제가 완벽하다고 생각하길 바랐습니다. 그러지 않을 때면 걱정이 되었죠. 저는 제게 불만을 드러내는 직원부터 기쁘게 해주려고 했는데, 그를 진정시키려는 이런 제 행동이 오히려 다른 직원의 불만이 되었어요. 그러면 또 그 직원의 불만을 해결하려고 하지만, 벌떼처럼 또 다른 직원들의 화를 돋우기 마련이었죠. 제 개인적인 비난을 피하려고 상처받은 누군가의 마음을 위로하려고 노력할수록 오히려 적이 더 생긴다는 사실을 깨닫게 되었습니다. 그래서 스스로 이렇게 다짐했죠. '영향력이 큰 사람은 비난받을 수밖에 없어. 그러니 비난에 익숙해지자.' 이후 저는 할 수 있는 만큼 최선을 다한 다음 우산을 펴서 비난이라는 빗줄기에 젖지 않도록 합니다."

딤스 테일러는 여기서 한 걸음 더 나아갔다. 그는 사람들 앞에서 비난이라는 빗줄기를 맞으면서 웃기까지 했다. 그가 뉴욕 필하모닉 심포니 오케스트라의 일요일 오후 라디오 콘서트 막간 해설을 하고 있을 때였다. 한 여성이 편지를 보내 그를 "거짓말쟁이, 배신자, 독사, 머저리"라고 불렀다. 다음 주 방송에서 테일러는 그 편지를 청취자 수백만 명에게 읽어주었다. 그는 『인간과 음악에 대해Of Men & Music』에서 이렇게 썼다. "며칠 뒤 같은 여성에게 편지 한 통을 더 받았다. 내가 여전히 거짓말쟁이, 배신자, 독사, 머저리라고 하며 뜻을 굽히지 않았다. 그는 내 이야기가 영 별로였나 보다." 비난을 이렇게 받아넘기는 사람을 보면 놀라지 않을 수 없다. 그의 평정심과 흔들림 없는 태도, 그리고 유머 감각까지 모두 존경스럽다.

찰스 슈와브는 프린스턴대학교에서 학생들에게 자신이 배운 가장 중요한 삶의 교훈을 들려주었다. 그는 이 교훈을 자신의 제철소에서 일하던 한 독일 노인에게 배우게 되었다고 털어놓았다. 그 노인은 다른 제철소 직원들과 전쟁과 관련된 격렬한 논쟁에 휘말렸다가 결국 강물로 던져졌다. 슈와브는 이렇게 말했다. "그는 진흙을 뒤집어쓴 채로 제 사무실로 들어왔어요. 그를 강물에 집어 던진 사람들에게 뭐라고 말했는지 물어보니 그는 '그냥 웃었어요'라고 하더군요." 이후 슈와브는 그 노인의 말을 자신의 좌우명으로 삼았다고 했다. "그저 웃어라."

이 좌우명은 당신이 부당한 비난의 희생자가 되었을 때 특히 도움이 된다. 말대꾸하는 사람에게는 말로 받아칠 수 있지만, '그저 웃는' 사람에게 무슨 말을 하겠는가?

링컨은 자신을 향한 신랄한 비난에 모두 대꾸하는 일이 어리석은 짓이라는 사실을 몰랐다면 남북 전쟁에서 받은 스트레스로 아마 쓰러져버렸을 것이다. 그는 이렇게 말했다. "나를 향한 모든 비난에 일일이 대꾸는커녕 읽기만 했어도 진작에 내 일을 그만두었어야 했을 것이다. 나는 내가 알고 있고 할 수 있는 최선을 다한다. 그리고 마지막까지 그럴 것이다. 결과로 내 옳음이 증명되면 나를 향한 비난은 신경 쓸 필요 없다. 그 반대의 결과라면 천사 열 명이 내가 옳다고 편을 들어줘도 소용이 없을 것이다."

당신이 부당하게 비난을 받고 있다면 다음을 기억하라.

비난받아도 걱정하지 않는 법 2
할 수 있는 만큼 최선을 다하라. 그리고 우산을 펴서 비난이라는 빗줄기에 젖지 않도록 하라.

3

내가 저지른 바보짓

내 개인 서류함에는 '내가 저지른 바보짓Fool Things I Have Done'을 줄여 'FTD'라고 이름 붙인 폴더가 있다. 거기에는 여태 내가 저지른 바보 같은 일에 대한 기록이 담겨 있다. 가끔 비서에게 기록하라고도 하지만, 너무나 사적이고 바보 같은 짓을 기록해야 할 때면 창피해서 내가 직접 쓴다.

나는 아직도 15년 전에 FTD 폴더에 넣었던 나에 대한 비난을 기억한다. 내가 자신에게 정말 솔직했다면 서류함은 FTD 폴더만으로도 이미 터져버렸을 것이다. 이제는 나도 20세기 전 이스라엘의 사울이 한 말을 솔직히 받아들일 수 있다. "나는 어리석은 행동을 했고 많은 실수를 저질렀도다."

FTD 폴더를 꺼내 나에 대해 쓴 비판의 글을 읽을 때마다 앞으로 겪게 될 큰 문제, 즉 '데일 카네기를 어떻게 관리할 것인가?'를 해결하는 데 도움이 된다.

나는 예전에 내 문제를 남의 탓으로 돌렸다. 하지만 나이가 들고, (바라건대) 더 현명해지면서 내게 닥친 불행은 모두 내 책임이라는 사실을 깨닫게 되었다. 대부분 나이가 들면서 이 사실을 깨닫는다. 나폴레옹은 세인트헬레나에서 이렇게 말했다. "내가 몰락한 이유는 그 누구도 아닌 바로 나 자신 때문이다. 내가 나의 가장 큰 적이었고, 불행한 운명의 원인이었다."

자기평가와 자기관리에서 예술가라고 부를 만한 한 남자의 이야기를 들려주겠다. 그의 이름은 H.P. 하웰이다. 1944년 7월 31일 그가 뉴욕 앰배서더호텔 약국에서 급사했다는 뉴스가 전국에 보도되었을 때 월스트리트는 충격에 빠졌다. 그는 월스트리트 56에 있는 상업신탁은행의 이사장이자 여러 대기업의 이사로 미국 금융계를 이끌어가는 사람이었기 때문이었다. 그는 정식 교육을 거의 받지 못했다. 시골 가게의 점원으로 사회생활을 시작해 이후 US스틸의 대출 담당자가 되었고 지위와 권력을 얻으며 성공 가도를 달렸다. 내가 그에게 성공 비결을 묻자 그는 이렇게 답했다.

"저는 수년간 하루의 약속을 모두 보여주는 약속 알림장을 썼어요. 가족들은 저를 위해 토요일에는 어떤 계획도 세우지 않았죠. 제가 토요일 저녁에 일주일 동안의 일을 검토하고 평가하며 자기성찰의 시간을 가진다는 걸 알았기 때문입니다. 저는 저녁 식사를 마친 뒤 혼자서 약속 알림장을 펴고 월요일 아침부터 진행한 모든 인터뷰, 토론, 회의를 검토하며 스스로 이렇게 물어요. '그때 내가 무슨 실수를 했지?' '잘한 일은 뭐지?' '더 좋은 성과를 내려면 어떻게 해야 할까? 그 경험으로 내가 배운 점은 뭐지?' 이렇게 주간 평가하다 보면 기분이 안 좋아지기도 해요. 제가 저지른 실수에 어처구니가 없을 때도 있죠. 물론 시간이 지나면서 이런 실수는 점차 줄어들었습니다. 수년간 지속한 자기분석 시스템은 제가 여태 시도해본 것 중에 제일 도움이 되었어요."

하웰은 벤저민 프랭클린에게 이 아이디어를 빌렸을 수도 있다. 프랭클린이 토요일 밤까지 기다리지 않은 것만 빼면 말이다. 프랭클린은 매일 밤 혹독하게 자신을 돌아보았다. 그는 심각한 결점을 13개나 발견했다. 그중 세 가지는 '시간 낭비, 사소한 일에 연연하기, 남의 주장에 반박하거나 논쟁하기'였다. 현명했던 프랭클린은 이런 결점을 없애지 않는다면 크게 성공할 수 없다는 사실을 깨달았다. 그래서 일주일 동안 매일 자신의 단점과 싸움을 벌이며 이 피 터지는 경기에서 누가 승자인지 매일 기록했다. 그다음 날에는 다른 단점을 고르고 싸울 준비를 제대로 한 뒤 종이 울리면 바로 달려들었다. 그는 이렇게 매주 2년 동안 자기 단점과 싸움을 벌였다.

그러니 미국에서 가장 사랑받고 영향력 있는 인물이 된 것은 어쩌면 당연하다!

미국 작가 엘버트 허버드는 이렇게 말했다. "누구나 하루에 적어도 5분은 어처구니없는 바보가 된다. 그 시간을 넘기지 않는 것이 지혜다."

소인배는 사소한 비난에도 분노하지만, 대인배는 자신을 비난하고 꾸짖으며 '앞길을 방해하는 자'에게도 배우고자 한다. 월트 휘트먼은 이렇게 말했다. "여태 당신에게 친절하고 당신 편만 드는 사람에게서만 교훈을 얻었습니까? 당신의 의견에 반대하고 당신에게 맞서고 당신의 앞길을 막으려는 사람에게서 큰 교훈을 얻지 못했단 말입니까?"

적이 우리나 우리의 일을 비난할 때까지 기다리지 말고 우

리가 먼저 해버리자. 스스로 자신의 가장 냉혹한 비판자가 되어
보자. 적들이 말도 꺼내기 전에 우리의 약점을 모두 찾아내서 고
쳐버리자. 찰스 다윈이 바로 그렇게 했다. 사실 그는 15년이나 자
신을 비판했다. 다윈은 불후의 저서 『종의 기원』 원고를 완성했을
때, 창조를 설명한 자신의 획기적인 개념이 학계와 종교계를 뒤
흔들 거라는 사실을 깨달았다. 그래서 스스로 자신만의 비평가가
되어 데이터를 확인하고 논리적 오류를 점검하며 자신이 내린 결
론을 비판하는데 15년이라는 시간을 보냈다.

누군가 당신을 '얼빠진 멍청이'라고 비난한다면 어떻게 하
겠는가? 화를 내며 분노할 것인가? 링컨은 어떻게 했는지 보자.
링컨 정부의 국방장관 에드워드 M. 스탠턴은 한때 링컨을 "얼빠
진 멍청이"라고 불렀다. 링컨이 자기 일에 간섭해서 화가 났기 때
문이다. 링컨은 한 이기적인 정치인의 비위를 맞추느라 특정 연
대의 이동 명령을 승인했다. 스탠턴은 링컨의 명령을 거부할 뿐
만 아니라 그런 명령을 승인한 얼빠진 멍청이라고 욕까지 했다.
그의 말을 들은 링컨은 차분히 이렇게 말했다. "스탠턴이 그렇게
말했다면 내가 얼빠진 멍청이가 맞겠지. 그는 늘 옳은 말만 하니
까. 내가 그를 직접 만나봐야겠군."

링컨은 실제로 스탠턴을 찾아갔다. 스탠턴은 명령이 잘못
되었다고 링컨을 설득했고, 링컨은 명령을 철회했다. 링컨은 지
식에 기반하고 도움을 주려는 진솔한 마음에서 비롯한 비판이라
면 기꺼이 받아들였다.

당신과 나도 이런 비판을 기꺼이 받아들여야 한다. 네 번
중 세 번 이상 옳은 결정을 내리기가 힘들기 때문이다. 시어도어
루스벨트가 백악관에 있을 때 자신이 바라는 것은 그것뿐이라고

말했다. 현대의 가장 심오한 사상가인 아인슈타인은 자신이 내린 결론의 99퍼센트는 잘못되었다고 털어놓았다.

프랑스 작가 프랑수아 드 라로슈푸코는 "나에 대한 적들의 의견이 내 의견보다 진실에 더 가깝다"라고 말했다.

나는 이 말이 사실일 수도 있다는 것을 여러 번 느꼈다. 하지만 내가 나를 돌아보지 않으면 누군가가 나를 비난할 때 무슨 말을 듣게 될지도 모르면서 반사적으로 방어 태세를 취하게 된다. 그럴 때마다 나 자신이 역겨워진다. 우리는 비난이나 칭찬의 정당성과 관계없이 비난에 분한 마음이 들고 칭찬은 무작정 받아들인다. 우리는 논리적인 존재가 아니다. 우리는 감정적인 존재다. 우리가 가진 논리는 깊고 어둡고 폭풍우가 휘몰아치는 감정의 바다에서 이리저리 휩쓸리는 작은 배와 같다. 오늘 자신이 꽤 괜찮아 보이더라도 앞으로 40년이 지나 과거를 돌이켜보며 지금의 모습을 비웃을지도 모른다.

역사상 '가장 유명한 소도시 신문 편집장' 윌리엄 앨런 화이트는 50년 전의 자신을 "교만하고 뻔뻔하며 거만하고 미숙한 바리새인, 현실에 안주하는 보수주의자"라고 말했다. 앞으로 20년이 지나면 당신과 나도 지금의 모습을 그렇게 떠올릴지 누가 알겠는가?

앞에서 나는 당신이 부당한 비난을 받았을 때 어떻게 해야 할지 이야기했다. 여기에 또 한 가지 방법이 있다. 당신이 부당하게 비난받는다는 생각에 화가 나기 시작하면 잠시 멈추고 스스로 이렇게 이야기하라. "잠깐! 나는 절대 완벽하지 않아. 아인슈타인도 자신이 99퍼센트나 틀렸다고 인정한 이상 나도 최소한 80퍼센트는 틀리지 않겠어? 그러니 비난을 받는 게 당연할 수도 있지. 그렇다면 오히려 고마워하면서 내게 유리하게 써봐야지."

　　치약 회사 펩소던트 컴퍼니의 사장 찰스 럭맨은 코미디언 밥 호프를 방송에 출연시키느라 일 년에 100만 달러를 쓴다. 그는 프로그램을 칭찬하는 편지는 보지 않고 비판적인 편지만 읽으려고 한다. 비판에서 배울 점이 있다고 믿기 때문이다. 포드사는 회사의 경영과 관리의 허점을 알아내고자 전 직원을 대상으로 여론조사를 실시해 회사에 대해 비판해달라고 했다.

　　나는 심지어 비판을 요청하기까지 했던 전직 비누 영업사원을 알고 있다. 처음 그가 콜게이트의 비누를 판매하기 시작했을 때는 실적이 좋지 않아 일자리를 잃게 될까 걱정했다. 제품의 품질과 가격에 문제가 없으니 그는 자신이 문제라고 생각했다. 그래서 실적을 올리지 못했을 때 동네를 거닐며 문제점을 파악하려고 애썼다. 너무 모호하게 설명했나? 열정이 부족했을까? 때로는 고객에게 돌아가 직접 묻기도 했다. "비누를 팔려고 다시 온 게 아닙니다. 조언과 비판을 들으려고 이렇게 다시 왔습니다. 조금 전에 제가 비누를 판매하려고 했을 때 어떤 게 문제였는지 말씀해주시겠어요? 고객님은 저보다 경험도 훨씬 많고 성공한 분이십니다. 그러니 돌려 말씀하지 마시고 솔직하게 평가해주십시오."

　　그는 이런 태도 덕분에 많은 친구와 값진 조언을 얻을 수 있었다.

　　이후 그에게 어떤 일이 벌어졌을까? 세계 최대 비누 제조사인 콜게이트 팜올리브 피트 컴퍼니의 사장 에드워드 H. 리틀이 바로 그 사람이다. 그는 작년에 24만 141달러를 벌어들이며 미국에서 15번째로 높은 수입을 기록했다.

하웰, 벤저민 프랭클린, 에드워드 H. 리틀처럼 행동하려면 대범해져야 한다. 자, 아무도 보지 않을 때 거울을 가만히 들여다보면서 당신도 그런 사람인지 자문해보라.

비난받아도 걱정하지 않는 법 3

자신이 저지른 어리석은 짓을 기록하고 스스로 비판해보자. 누구도 완벽할 수 없으니 에드워드 H. 리틀처럼 다른 사람에게 유익하고 건설적이며 편견 없는 비판을 요청하라.

비난받아도 걱정하지 않는 법

❶ 부당한 비난은 칭찬의 다른 모습이다.
당신이 다른 사람의 시기와 질투를 받고 있다는 뜻이기도 하다. 죽은 개를 걷어차는 사람은 없다는 사실을 기억하라.

❷ 할 수 있는 최선을 다하라. 그리고 우산을 펴서 비난이라는 빗줄기에 젖지 않도록 하라.

❸ 자신이 저지른 어리석은 짓을 기록하고 스스로 비판해보자. 누구도 완벽할 수 없으니 다른 사람에게 유익하고 건설적이며 편견 없는 비판을 요청하라.

■

"누구나 하루에 적어도 5분은 어처구니없는 바보가 된다. 그 시간을 넘기지 않는 것이 지혜다."

앨버트 허버트

7부

걱정과 피로를 예방하고 활기차게 사는 6가지 방법

1

하루에 1시간 더
활동하는 비결

걱정을 멈추라는 내용의 책에서 왜 피로 예방법에 관해 이야기하려고 하는지 아는가? 이유는 간단하다. 피로가 걱정의 원인일 때가 많고 적어도 우리를 걱정에 취약한 상태로 만들기 때문이다. 의학을 아는 사람이라면 누구나 피로가 우리의 신체 면역력을 감소시켜 감기를 비롯한 수많은 질병에 걸리기 쉽게 만든다는 사실을 안다. 정신의학자자라면 피로가 걱정이나 두려움에 쉽게 동요하게 한다는 사실을 안다. 따라서 피로를 예방하면 걱정을 막는 데 효과가 있다.

'효과가 있다'라는 말은 완곡하게 표현한 것이다. 에드먼드 제이컵슨 박사는 더 강하게 말한다. 그는 이완에 관한 『점진적 휴식Progressive Relaxation』과 『휴식하라You Must Relax』라는 책 두 권을 썼다. 또한, 시카고대학교 임상생리학연구소 소장으로 지내며 휴식을 의학적 치료에 활용하는 방안에 관해 수년간 연구했다. 그는 "신경과민이나 불안정한 상태는 완전히 이완된 휴식 상태에서 존재할 수 없다"라고 주장했다. 다시 말하면 긴장을 풀고 편안한 상태에서는 걱정을 계속할 수 없다. 그러니 피로와 걱정을 예방하기 위한 첫 번째 규칙은 바로 이것이다. 자주 쉬어라. 피곤해지기 전에 휴식을 취해야 한다.

　　이 규칙이 왜 중요할까? 피로는 놀랄 만큼 빠르게 쌓이기 때문이다. 미국 육군은 여러 번의 실험을 통해 수년간 훈련으로 단련된 젊은 군인들도 1시간에 10분씩 군장을 벗고 쉬고 나면 행군도 더 잘하고 더 오래 버틴다는 사실을 알아냈다. 그래서 모든 군대에서 그렇게 한다. 당신의 심장도 미국 군인만큼 똑똑하다. 심장은 기차의 유조차 한 칸을 채울 만한 혈액을 매일 전신으로 내보낸다. 이는 석탄 20톤을 1미터 높이로 쌓는데 드는 에너지와 맞먹는다. 심장은 이 엄청난 일을 50년, 70년, 심지어 90년 동안 해낸다. 어떻게 이를 견딜 수 있을까? 하버드대학교 의학대학 월터 캐넌 박사는 이렇게 설명한다. "사람들은 심장이 쉬지 않고 일한다고 생각합니다. 하지만 심장은 수축하고 나면 반드시 휴식을 취합니다. 평균적으로 1분당 70회 박동이 일어난다고 치면 심장은 실제로 24시간 중 9시간만 일하는 것입니다. 하루에 15시간은 쉬는 겁니다."

　　2차 세계대전 중 윈스턴 처칠은 60대 후반에서 70대 초반의 나이로 몇 년 동안 하루에 16시간을 일하며 영국의 승리를 이끄는 데 총력을 다했다. 이 놀라운 기록의 비결은 뭘까? 그는 승리를 매일 아침 11시까지 침대에서 신문을 읽고 명령을 내리며 전화를 하고 중요한 회의를 이끌었다. 점심을 먹은 후에는 한 시간 동안 낮잠을 잤다. 저녁에는 8시에 식사를 하기 전까지 2시간 동안 잠을 잤다. 그는 피로를 해소하지 않았다. 그럴 필요가 없었다. 그는 피로를 예방했기 때문이다. 자주 쉬면서 건강하고 활기차게 자정이 넘어서까지 계속 일할 수 있었다.

존 록펠러는 엄청난 기록을 두 개나 세웠다. 역사상 가장 많은 부를 축적했고 98세까지 장수했다. 비결이 무엇이었을까? 물론 주된 이유는 장수 유전자를 물려받았기 때문이다. 다른 이유는 매일 정오에 사무실에서 30분 동안 낮잠을 자는 습관 덕분이었다. 사무실 소파에 누워 자는 동안에는 미국 대통령이라도 그와 통화할 수 없었다!

대니얼 W. 조슬린은 그의 유명한 책 『왜 피로한가 Why Be Tired』에서 이렇게 말했다. "휴식은 아무것도 하지 않는 게 아니다. 휴식은 회복이다. 단 5분의 낮잠처럼 짧은 휴식을 취해도 회복력이 생겨 피로를 예방하는 데 효과가 있다!" 야구계의 원로 코니 맥은 경기 전에 낮잠을 자지 않으면 5회 초쯤 기진맥진하다고 말했다. 하지만 5분이라도 자두면 하루에 경기를 두 번 치르더라도 전혀 피곤하지 않다고 했다.

나는 엘리너 루스벨트에게 백악관에서 지내는 12년 동안 빡빡한 일정을 어떻게 모두 소화했는지 물은 적이 있다. 엘리너는 대중을 만나거나 연설하기 전에 의자나 소파에 앉아 눈을 감고 20분 동안 휴식을 취했다고 답했다.

최근에 나는 세계 로데오 경기의 인기 스타 진 오트리를 매디슨스퀘어가든의 한 분장실에서 인터뷰했다. 그곳에는 간이 침대가 놓여 있었다. "저는 매일 오후에 저 침대에 누워서 공연 중간중간에 한 시간 정도 낮잠을 자요. 할리우드에서 영화를 찍을 때도 큰 안락의자에 앉아 하루에 10분씩 두세 번 낮잠을 잤죠. 그러면 기운이 생기더라고요."

토머스 에디슨은 자신의 엄청난 에너지와 지구력은 원할

때마다 잠을 자는 습관 덕분이라고 했다.

　나는 헨리 포드가 80세 생일을 맞기 전에 그를 인터뷰한 적이 있다. 생기 있고 건강한 그의 모습에 놀라서 그 비결을 물었다. 그는 "저는 앉을 수 있을 때는 절대 일어 서 있지 않아요. 누울 수 있을 때는 절대 앉지 않죠"라고 말했다.

　'현대 교육의 아버지'로 불리는 호러스 만도 나이가 들면서 헨리 포드와 같은 행동을 했다. 그는 안티오크대학 총장이었을 때 소파에 편히 기대고 앉아 학생들을 면담했다.

　나는 할리우드의 한 영화감독에게 비슷한 방법을 써보라고 권한 적이 있다. 그는 기적 같은 효과를 봤다고 말했다. 그는 바로 할리우드 최고의 영화 스튜디오 메트로골드윈메이어MGM의 유명 감독 잭 처톡이다. 몇 년 전 나를 찾아왔을 때 그는 MGM의 단편영화 부서를 이끌고 있었다. 피로에 지쳐 탈진 지경이었던 그는 피로회복제나 비타민, 약까지 먹어보았지만 아무런 효과가 없었다고 했다. 나는 그에게 매일 휴가를 떠나라고 제안했다. 사무실에서 작가들과 회의할 때 몸을 쭉 펴고 편히 기대어 휴식을 취하는 것이다.

　2년 후 다시 만나게 되었을 때 그는 이렇게 말했다. "놀라운 일이 일어났어요. 주치의들이 기적이라고 하더군요. 예전에는 회의를 할 때면 긴장된 상태로 뻣뻣하게 의자에 앉아 있었죠. 이제는 사무실 소파에 편안히 기대고 앉아 회의해요. 20년 동안 이렇게 편한 적이 없답니다. 하루에 두 시간씩 더 일하면서도 별로 피곤하지 않아요."

　어떻게 하면 당신도 이를 적용해볼 수 있을까? 당신이 속기사라면 에디슨이나 샘 골드윈처럼 사무실에서 낮잠을 자기는 어려울 것이다. 회계사라면 상사와 재무제표를 검토하는 자리에서 소파에 편안히 기대 앉아 있을 수는 없을 것이다. 하지만 소도시에 살고 점심을 먹으러 집에 들를 수 있다면 10분 정도의 낮잠은 누릴 수 있을 것이다. 조지 마셜 장군이 바로 그랬다. 그는 전쟁 중에 미국 육군을 지휘하느라 기진맥진하여 정오에는 반드시 휴식을 취했다. 당신이 50세 이상이고 너무 바빠서 쉴 수 없다면 가능한 모든 생명보험에 가입하라. 요즘에는 언제 죽을지도 모르고 당신의 아내가 보험금을 가로채 젊은 남자와 결혼하고 싶어 할 수도 있으니 말이다!

오후에 낮잠을 잘 수 없다면 저녁을 먹기 전에 적어도 한 시간은 누워 있도록 해보자. 하이볼 한 잔보다 저렴하고 장기적으로 보면 5467배나 효과가 있다. 오후 5시에서 7시 사이에 1시간 정도 잘 수 있다면 하루에 활동 시간을 1시간 더 늘릴 수 있다. 이게 어떻게 가능할까? 저녁 식사 전 1시간의 낮잠과 밤에 자는 6시간을 합친 총 7시간이 깨지 않고 연달아 8시간을 자는 것보다 더 효과가 있기 때문이다.

육체노동자는 많이 쉴수록 더 많은 일을 할 수 있다. 프레더릭 테일러는 베들레헴스틸 컴퍼니에서 과학적 관리 공학자로 일하며 이를 증명했다. 그는 노동자 한 사람이 매일 약 12.5톤의 선철을 화차에 싣고 정오가 되면 지친다는 사실을 알게 되었다. 그는 피로와 관련된 모든 요소를 과학적으로 파악한 후 노동자들이 하루에 실을 수 있는 선철의 양은 12.5톤이 아닌 47톤이어야 한다고 주장했다! 노동자들이 지치지 않고 네 배나 더 일할 수 있다고 결론을 내린 것이다. 이게 어떻게 가능한 것일까?

그는 이를 증명하기 위해 슈미트라는 한 노동자를 선택해

스톱워치에 맞춰 일하도록 했다. 슈미트는 스톱워치를 들고 옆에 서 있는 사람의 지시에 따라 일했다. "이제 선철을 들고 걸어가세요. (…) 이제 앉아서 쉬세요. (…) 다시 걸어가세요. (…) 이제 쉬세요."

어떤 일이 벌어졌을까? 다른 노동자가 하루에 12.5톤을 싣는 동안 슈미트는 47톤이나 실었다. 그리고 그의 작업량은 프레더릭 테일러가 회사에 있는 3년 동안 변함이 없었다. 슈미트가 이렇게 할 수 있었던 이유는 지치기 전에 쉬었기 때문이다. 그는 1시간에 약 26분 동안 일하고 34분을 쉬었다. 일하는 시간보다 쉬는 시간이 더 많았지만 남들보다 네 배나 더 많이 일한 것이다! 말이 안 된다고 생각하는가? 프레더릭 윈슬로 테일러가 쓴 『과학적 관리의 원칙』에서 직접 확인해보기 바란다.

다시 한번 말한다. 군대에서 하듯이 자주 휴식을 취하라. 우리의 심장처럼 피곤해지기 전에 쉬어라. 그러면 하루에 1시간 더 활동할 수 있다.

2

피로의 원인과 해결책

놀랍고도 중요한 사실이 있다. 사람은 정신노동만으로는 피곤해지지 않는다. 터무니없는 말처럼 들릴지 모른다. 하지만 몇 년 전 과학자들은 인간의 뇌가 피로의 과학적 정의인 '노동 능력의 감소'에 이르지 않고 얼마나 오랫동안 일할 수 있는지 알아내고자 했다. 놀랍게도 활발히 뇌를 통과하는 혈액에서는 피로의 징후가 전혀 보이지 않았다. 육체노동자가 일하는 동안 정맥에서 혈액을 채취해 관찰해보면 피로 독소와 피로 물질이 가득할 것이다. 하지만 아인슈타인의 뇌에서 혈액을 채취해보면 하루가 끝날 때까지도 피로 독소를 전혀 발견할 수 없을 것이다.

뇌는 하루에 8시간을 일하든 심지어 12시간을 일하든 처음과 마찬가지로 원활하게 그리고 신속히 작동할 수 있다. 뇌는 절대 지치지 않는다. 그렇다면 당신은 왜 피곤한 것일까?

정신의학자들은 피로는 대개 정신적이고 감정적인 태도에서 비롯된다고 말한다. 영국의 유명한 정신의학자 제임스 해드필드는 그의 저서 『힘의 심리학The Psychology of Power』에서 "우리가 고통받는 피로는 대부분 정신적인 것에서 비롯한다. 육체적으로만 피로한 경우는 거의 없다"라고 했다.

미국의 저명한 정신의학자 A.A. 브릴은 더 강한 의견을 내놓았다. "건강한 사무직 노동자들이 피로를 느끼는 이유는 100퍼센트 심리적 요인, 즉 감정적 요인 때문이다."

사무직 노동자들은 어떤 감정적 요인으로 피로를 느끼는 걸까? 기쁨이나 만족감을 느끼지 못해서일까? 절대 그렇지 않다. 지루함이나 억울함, 인정을 못 받는다는 느낌, 허무감, 초조함, 불안, 걱정과 같은 감정적인 요인 때문에 사무직 노동자들은 지쳐 쉽게 감기에 걸리고 성과를 잘 내지 못하며 늘 신경성 두통을 달고 산다. 그렇다. 우리가 피곤한 이유는 감정이 육체에 신경성 긴장을 일으키기 때문이다.

메트로폴리탄 생명보험사가 만든 안내 책자에는 피로에 관해 이렇게 설명하고 있다. "잠을 푹 자거나 쉬어도 회복되지 않는 피로의 원인은 육체적 노동이 아니다. (…) 피로의 세 가지 주된 요인은 걱정, 긴장, 불안정한 감정이다. 육체적 혹은 정신적 노동으로 피로를 느낄 때도 이 세 가지가 원인일 때가 많다. (…) 근육이 긴장하면 일하는 상태와 마찬가지다. 그러니 힘을 빼라! 중요한 일을 하려면 힘을 아껴라."

당신이 어디 있든지 하던 일을 당장 멈추고 자신을 돌아보자. 이 글을 읽으며 눈을 찌푸리고 있지는 않은가? 미간에 잔뜩 힘을 주고 있지는 않은가? 의자에 편하게 앉아 있는가, 아니면 어깨를 웅크리고 있는가? 얼굴 근육이 긴장한 상태인가? 온몸이 낡은 봉제 인형처럼 흐느적거리며 축 늘어지지 않았다면 이 순간 당신의 신경과 근육은 긴장하고 있다. 당신은 지금 신경성 긴장과 피로를 일으키는 중이다!

우리는 정신노동을 하며 왜 쓸데없이 긴장하는 것일까? 조슬린 박사는 이렇게 말했다. "가장 큰 문제는 (…) 일반적으로 사람들은 노력하는 기분이 들어야 열심히 했다고 생각하고 그렇지 않으면 제대로 하지 않았다고 생각하는 것이다." 그래서 우리는 집중할 때 얼굴을 찌푸리고 어깨를 웅크린다. 근육에 노력하는 자세를 보이라고 요청하는 것이다. 뇌가 제 역할을 하는 데에는 아무 도움이 되지 않는데도 말이다.

놀랍고도 비극적인 사실을 알려주겠다. 많은 사람이 돈에 대해서는 낭비하지 않을까 엄격하면서도 정작 자신의 에너지는 '싱가포르의 술 취한 일곱 선원'처럼 무모하게 탕진하며 낭비하고 있다.

신경성 피로를 해결하려면 어떻게 해야 할까? 휴식! 휴식이 답이다! 일하면서도 쉴 수 있는 법을 배워야 한다. 물론 쉬운 일은 아니다. 평생 가지고 있던 습관을 바꿔야 할 수도 있다. 하지만 노력할 만한 가치는 있다. 당신의 삶을 송두리째 바꿀 수도 있을 테니! 윌리엄 제임스는 『휴식의 복음The Gospel of Relaxation』에서 이렇게 말했다. "미국인의 과도한 긴장, 조급함, 격한 감정으로 인한 호흡곤란, 격렬하고 고통에 찬 표정은 나쁜 습관에 지나지 않는다. 긴장은 습관이다. 휴식도 마찬가지다. 나쁜 습관을 버리고 좋은 습관을 들여야 한다."

당신은 어떻게 쉬는가? 마음부터 시작하는가, 아니면 신경부터 시작하는가? 어느 쪽이든 좋은 방법은 아니다. 쉴 때는 항상 근육부터 이완하라.

한번 시도해보자. 어떻게 이루어지는지 보기 위해 우선 눈부터 시작해보자. 이 문단을 다 읽고 나서 몸을 뒤로 젖히고 눈을 감은 후에 눈에 조용히 말해보자. "풀어라, 풀어라. 긴장을 풀어라. 찌푸리지 말고, 풀어라, 풀어라." 1분 동안 이 말을 천천히 반복하라.

몇 초가 지나고 눈 근육이 서서히 말을 듣기 시작하는 게 느껴질 것이다. 누군가의 손이 눈의 긴장을 없애주는 것 같지 않았는가? 믿기 어렵겠지만 당신은 단 1분 만에 휴식을 취하는 비법을 맛본 셈이다. 턱, 얼굴 근육, 목, 어깨 등 온몸에 같은 방식을 적용할 수 있다. 하지만 우리 몸의 가장 중요한 기관은 눈이다. 시카고대학교의 에드먼드 제이컵슨 박사는 눈 근육을 이완할 수 있으면 다른 문제도 모두 해결할 수 있다고까지 말했다! 신경성 긴장을 완화하는 데 눈이 중요한 이유는 신체가 소비하는 신경 에너지 중 4분의 1을 눈이 소비하기 때문이다. 그래서 시력이 좋아도 '눈의 피로'를 겪는 사람이 많다. 그들은 눈을 긴장시키고 있기 때문이다.

유명한 소설가 비키 바움은 어릴 적 만난 노인에게 인생의 중요한 교훈을 배웠다. 넘어져서 무릎이 까지고 손목이 다쳤을 때 한 노인이 그를 일으켜주었다. 한때 서커스단에서 곡예를 했던 노인은 그의 옷을 털어주며 이렇게 말했다. "네가 다친 이유는 몸을 이완하는 법을 몰랐기 때문이야. 너를 낡고 쭈글쭈글한 양말이라고 생각해보렴. 이리 와, 어떻게 하는지 보여줄게."

노인은 비키와 다른 아이들에게 넘어지는 법이나 공중제비 도는 법을 알려주며, 중간중간에 이렇게 강조했다. "자신을 낡고 쭈글쭈글한 양말이라고 생각해야 해. 그래야 긴장을 풀 수 있단다."

당신은 언제 어디서든 쉴 수 있다. 하지만 쉬기 위해 억지로 노력해서는 안 된다. 휴식이란 어떠한 긴장이나 노력도 없는 상태다. 편안하게 쉰다는 생각만 하라. 우선 눈과 얼굴 근육을 이완하기 위해 "풀어라, 풀어라, 긴장을 풀어라"라는 말을 반복하자. 에너지가 얼굴 근육에서 몸의 중심으로 흘러가는 것을 느껴보자. 그리고 자신이 긴장을 전혀 하지 않은 아기라고 생각해보자.

위대한 소프라노 갈리쿠르치 역시 이 방법을 사용했다. 헬렌 젭슨이 공연 직전에 찾아가 보니, 그는 아래턱이 축 늘어질 정도로 모든 근육에 힘을 빼고 의자에 앉아 있었다고 한다. 정말 좋은 습관이다. 덕분에 갈리쿠르치는 무대에 오르기 전에 긴장하지 않았고 피로도 예방했다.

긴장을 푸는 데 도움이 될 만한 다섯 가지 방법이 있다.

첫째, 데이비드 해럴드 핑크가 쓴 휴식에 관한 명저 『신경성 긴장에서 벗어나기 Release from Nervous Tension』를 읽자.

둘째, 아무 때나 긴장을 풀자. 낡은 양말처럼 몸의 힘을 쭉 빼는 것이다. 나는 일할 때 낡은 고동색 양말을 책상 위에 올려둔다. 그리고 양말을 볼 때마다 몸을 어느 정도까지 이완시켜야 할지 생각한다. 양말이 없다면 고양이도 좋다. 햇살 아래 잠든 고양이를 안아 올려본 적이 있는가? 고양이는 머리부터 꼬리까지 젖은 신문지처럼 축 늘어진다. 인도의 요가 수행자들은 이완의 기술을 터득하고 싶다면 고양이를 잘 관찰해보라고 말한다. 나는 한 번도 고양이가 피곤해하거나 신경쇠약에 걸려 괴로워하거나 불면증에 시달리며 걱정하다가 위궤양에 걸린 모습을 본 적이 없다. 당신도 고양이처럼 몸에 힘을 빼는 방법을 배운다면 수많은 질병을 막을 수 있을 것이다.

셋째, 가능하면 편한 자세로 일하자. 몸이 긴장하면 어깨가 아프고 신경이 피로해진다는 사실을 기억하라.

넷째, 하루에 네다섯 번은 스스로 돌아보며 이렇게 말하자. "일을 실제보다 더 어렵게 만드는 게 아닌가? 지금 하는 일과 관계없는 근육을 쓰고 있지는 않은가?" 질문을 통해 휴식하는 습관이 생길 것이다. 데이비드 해럴드 핑크 박사는 "심리학을 잘 아는 사람이라면 십중팔구 이런 습관을 가지고 있다"라고 말했다.

다섯째, 하루의 일과가 끝나면 스스로 이렇게 묻자. "지금 얼마나 피곤한가? 피곤하다면 정신노동 때문이 아니라 일하는 방식이 잘못되었기 때문이다." 대니얼 조슬린 박사는 이렇게 말했다. "나는 일과가 끝나면 얼마나 피곤한지가 아니라 얼마나 피곤하지 않은가를 기준으로 하루를 평가한다. 유독 피곤하거나 신경이 곤두서서 짜증이 나는 날은 양적으로나 질적으로 비효율적이었다고 확신한다." 모든 사업가가 이 교훈을 배운다면 고혈압으로 인한 사망률이 단번에 떨어질 것이다. 또한 걱정과 피로로 병들어 요양원이나 정신병원을 찾는 사람도 줄어들 것이다.

3

가정주부가 피로를 풀고
젊음을 유지하는 법

지난가을 어느 날, 내 동료 한 명이 세상에서 가장 특이한 의학 수업을 들으러 보스턴으로 갔다. 의학 수업이 틀린 표현은 아니다. 수업은 일주일에 한 번 보스턴 진료소에서 열렸는데, 수업에 참여하는 환자들은 수업을 듣기 전에 철저한 검진을 받아야 했다. 수업의 공식 명칭은 응용심리학 강좌였지만, 이 수업의 실제 목적은 걱정으로 병을 얻은 이들을 치료하는 것이었다. 예전에는 첫 회원의 제안에 따라 '사고 통제 강좌'라고 불렸다. 환자 중 대부분은 정서장애를 겪는 가정주부들이었다.

걱정 많은 이들을 위한 이 수업이 어떻게 시작되었을까? 1930년 윌리엄 오슬러 경의 제자 조지프 H. 프랫은 보스턴 진료소를 찾는 많은 외래환자가 신체적으로 아무 문제가 없는 데도 실제로 아플 때와 같은 증상을 보인다는 사실을 발견했다. 한 여성은 '관절염'으로 양손을 쓰지 못했고, 극심한 '위암' 증상으로 고통스러워하는 사람도 있었다. 요통, 두통, 만성피로를 비롯해 막연한 통증을 호소하는 이들도 있었다. 그들은 실제로 고통을 느꼈지만, 정밀 검사를 해보면 신체적으로는 아무 문제가 없었다. 옛날 의사들이라면 모두 생각에서 비롯한 '마음의 병'이라고 말했을 것이다.

하지만 프랫 박사는 이 환자들에게 "아무 문제 없으니 모두 잊고 집으로 돌아가세요"라고 말해봐야 별 소용이 없다는 사실을 깨달았다. 아프고 싶어 하는 사람은 없기 때문에, 쉽게 잊어버릴 수 있다면 그들은 이미 스스로 해봤을 것이다. 그렇다면 어떻게 해야 할까?

프랫 박사는 의학적 효과를 의심하는 이들의 반대에도 수업을 열었다. 수업의 효과는 놀라웠다! 시작한 지 18년이 지난 지금, 수업에 참여해 '치유된' 환자가 수천 명에 달한다. 어떤 환자들은 마치 교회에 가듯이 수년째 이 수업에 열심히 참여하고 있다.

내 동료는 9년 동안 계속해서 수업에 참여한 여성과 이야기를 나눈 적이 있다. 그는 처음 진료소를 찾았을 때, 신장이 이리저리 움직이는 부유신장과 심장병을 앓고 있다고 확신했다. 지나치게 걱정하고 긴장한 탓에 가끔 앞이 보이지 않았고 한동안 아무것도 볼 수 없었다. 하지만 현재 그는 자신감과 활력이 넘치고 매우 건강하게 지낸다. 마흔 정도 되어 보이는 그의 무릎에는 손주가 자고 있었다. "가족 문제 때문에 걱정이 많았어요. 그냥 죽고 싶다는 생각뿐이었죠. 하지만 이 수업에서 걱정이 백해무익이라는 사실을 배웠답니다. 걱정을 멈추는 법도 배웠죠. 이제는 제 삶이 평화롭다고 자신 있게 말할 수 있어요."

이 수업의 의학 고문 로즈 힐퍼딩 박사는 걱정을 줄이는 최고의 방법은 "믿을 만한 사람에게 자신의 고민을 털어놓는 것"이라고 말했다. "그게 바로 카타르시스입니다. 환자가 이곳에 오면 자신의 고민이 사라질 때까지 계속 이야기할 수 있어요. 혼자서 걱정을 짊어지고 아무에게도 말하지 않으면 심각한 신경성 긴장감을 유발하죠. 우리는 고민을 공유해야 합니다. 걱정도 함께 나누어야 하고요. 이 세상에 기꺼이 내 이야기를 들어주고 이해할 사람이 있다는 걸 알아야 해요."

내 동료는 자신의 고민거리를 이야기하며 큰 위안을 얻은 여성을 직접 보았다. 가정 문제로 걱정이 많았던 그는 이야기를 시작할 때 팽팽히 감긴 용수철처럼 잔뜩 긴장한 상태였다. 하지만 이야기를 이어가면서 차츰 안정을 되찾았고, 이야기가 끝날쯤에는 미소까지 지었다. 문제가 해결된 걸까? 아니다. 그렇게 쉽게 해결될 문제가 아니었다. 이런 변화는 누군가에게 이야기하고 조언을 얻고 인간적인 공감을 얻었기 때문이다. 다름 아닌 말이 지닌 엄청난 치유 효과 덕분인 것이다!

정신분석은 어느 정도 말이 지닌 치유력에 기반한다. 프로이트의 시대 이후 정신분석학자들은 환자가 말하는 것만으로도 내면의 불안에서 벗어나 안정을 찾을 수 있다는 사실을 알게 되었다. 말하면서 문제를 제대로 파악하고 다방면으로 생각해보게 되기 때문이다. 문제를 해결할 완벽한 답을 아는 사람은 아무도 없다. 하지만 우리는 마음을 '털어놓거나' 마음의 응어리를 '토해내는' 행위를 통해 즉각적인 위안을 얻는다는 사실을 알고 있다.

감정적인 문제를 겪게 되면 이제 이야기를 나눌 사람이 있는지 주변을 돌아보자. 그렇다고 눈에 띄는 아무나 붙잡고 징징대고 투덜거리며 귀찮게 하라는 말이 아니다. 믿을 만한 사람이 있다면 약속을 잡으라. 친척이나 의사, 변호사, 목사님이나 신부님 그 누구라도 좋다. 그리고 이렇게 말하라. "지금 저는 조언이 필요해요. 문제가 있는데 제 이야기를 잘 들어보고 조언을 해주었으면 합니다. 제가 지나친 부분을 볼 수도 있을 테니까요. 그렇지 않더라도 이야기를 들어주기만 해도 제게 큰 도움이 될 겁니다."

보스턴 진료소에서 사용하는 주된 치료법은 자신의 고민을 털어놓는 것이었다. 수업 시간에 활용한 다양한 방법 중 가정주부가 집에서 쉽게 할 수 있는 것들을 알려주겠다.

첫째, 영감을 주는 글을 모아둘 공책이나 스크랩북을 마련하라. 마음에 와닿거나 기운을 북돋울 만한 시, 짧은 기도문, 인용구를 여기에 기록하라. 그러면 비 내리는 오후 기분이 한없이 처질 때마다 우울감을 없애줄 좋은 방법을 여기서 찾을 수 있을 것이다. 보스턴 진료소에서 치유된 대다수가 오랫동안 이렇게 기록했다. 그들은 이 기록을 정신적인 '활력소'라고 했다.

둘째, 다른 사람의 결점을 너무 오래 생각하지 말라. 당신 남편도 당연히 결점은 있다! 그가 성인군자였다면 당신과 결혼하지 않았을 것이다. 수업에 참여한 한 여성은 자신이 점점 더 남편을 구박하고 잔소리하고 초췌해져 간다고 생각했는데 남편이 죽으면 어떻게 하겠느냐는 질문을 받는 순간 완전히 다른 사람이 되었다고 했다. 여성은 곧바로 자리에 앉아 남편의 장점을 정리하기 시작했는데, 꽤 긴 글이 되었다. 만약 당신이 인색한 폭군과 결혼했다는 생각이 든다면 남편의 장점을 글로 써보라. 남편의 장점을 읽고 나면 당신의 이상형이 바로 남편이라는 사실을 깨닫게 될 것이다.

셋째, 당신의 이웃에게 관심을 가져라. 같은 동네에 사는 이웃에게 친근하고 건전한 관심을 가져보라. 자신이 너무 '배타적'이라 친구가 없다고 생각하는 한 여성은 여태 만난 사람들의 이야기를 지어보라는 조언을 들었다. 그는 전차에서 본 사람들의 배경과 환경을 설정하기 시작하며 그들이 어떤 삶을 살았을지 상상했다. 이제 그는 어디서든 사람들과 대화를 나누며 예전의 '고통'에서 벗어나 행복하고 매력적인 사람으로 살고 있다.

넷째, 자기 전에 내일 할 일을 계획하라. 보스턴 진료소 수업에 참여한 주부 대다수가 끝없는 집안일과 자신이 해야 할 여러 가지 일에 시달리고 있었다. 그들은 일을 제대로 다 끝내지 못하고 늘 시간에 쫓겼다. 조급하고 걱정스러운 마음을 치료하기 위해 가정주부들은 다음 날 할 일을 계획하라는 조언을 들었다. 어떤 일이 벌어졌을까? 그들은 더 많은 일을 해내면서도 피로감을 덜 느꼈고 자신감과 성취감이 생겼다. 게다가 휴식도 취하고 '자신을 가꿀' 여유도 생겼다. 사람이라면 누구나 하루 중 시간을 내어 자신을 가꾸어야 한다. 자신이 멋지다고 생각하는 사람은 '신경 질환'을 앓는 일이 드물다.

다섯째, 긴장과 피로를 피하라. 긴장을 풀고 또 풀어라! 노화의 원인은 바로 긴장과 피로다. 당신의 생기 있는 외모를 망치는 주범이다! 내 동료는 보스턴 진료소의 수업에서 앞서 우리가 살펴본 휴식의 원칙에 관해 소장 폴 존슨 교수가 설명하는 것을 한 시간쯤 듣고 있었다. 다른 사람들과 휴식을 취하는 실습을 10분 정도 하고 나자 의자에 앉은 채 잠들 뻔했다! 몸의 이완을 그렇게 강조한 이유가 뭘까? 다른 의사들처럼 진료소에서도 걱정을 몰아내려면 우선 몸의 긴장을 풀어야 한다는 사실을 알고 있었기 때문이다.

그렇다. 당신이 가정주부라면 긴장을 풀고 쉬어야 한다. 당신만이 가진 장점이 있지 않은가? 원하면 어디서든 누울 수 있다는 것이다. 마룻바닥에도 누울 수 있다. 재미있는 사실은 딱딱한 바닥이 푹신한 침대보다 휴식을 취하기에 더 낫다. 바닥은 저항력이 더 커서 척추에 무리가 덜 간다.

이제 긴장을 풀기 위해 집에서 해볼 만한 방법을 소개하겠다. 일주일간 실천해보고 외모와 성격에 어떤 변화가 생겼는지 확인해보자.

① 피곤할 때마다 바닥에 눕는다. 가능한 한 최대로 몸을 쭉 편다. 원하면 뒹굴어도 좋다. 이 동작을 하루에 두 번씩 한다.

② 눈을 감고 존슨 박사가 추천한 대로 이렇게 말한다. "머리 위에는 태양이 빛나고, 푸른 하늘이 반짝인다. 자연은 고요히 세상을 움직인다. 자연의 아이인 나는 우주와 조화를 이룬다." 더 좋은 방법도 있다. 기도하라!

③ 시간이 없거나 오븐 앞에 있어서 누울 수 없다면 의자에 앉아서도 거의 같은 효과를 볼 수 있다. 딱딱하고 곧은 의자가 휴식을 취하기에 좋다. 이집트 좌상처럼 의자에 꼿꼿이 앉은 후에 손에 힘을 풀고 손바닥을 아래로 해서 허벅지에 올린다.

④ 이제 천천히 발가락에 힘을 주었다가 다시 힘을 뺀다. 다리의 근육도 힘을 주었다가 다시 힘을 뺀다. 이런 식으로 천천히 온몸의 근육을 조였다가 느슨하게 풀면서 목까지 올라간다. 이번에는 머리를 축구공이라 생각하며 크게 돌린다. 앞서 말한 대로 근육에 "풀어라, 풀어라, 긴장을 풀어라"라고 계속 말해보자.

⑤ 느리고 차분한 호흡으로 신경을 진정시킨다. 깊게 숨을 들이마시고 내쉰다. 인도의 요가 수행자들이 말한 대로 신경을

진정시키는 최고의 방법은 규칙적인 호흡이다.

⑥ 얼굴의 주름과 찌푸린 표정을 떠올리며 이를 매끈하게 만든다. 걱정으로 패인 미간과 입꼬리 주변의 주름을 펴자. 하루에 두 번만 이렇게 하면 따로 마사지를 받을 필요가 없다. 주름이 말끔히 사라질 테니 말이다.

4

걱정과 피로를 예방하는
4가지 업무 습관

좋은 업무 습관 1 당장 처리할 일과 관계없는 서류를
책상에서 모두 치우라

시카고 앤드 노스웨스턴 철도의 사장 롤런드 L. 윌리엄스는 이렇게 말했다. "책상에 온갖 서류를 높이 쌓아둔 사람은 당장 처리할 일과 관계없는 서류를 책상에서 치우기만 해도 더 정확하고 쉽게 업무를 처리할 수 있다. 나는 이것을 '유익한 정리'라고 부르는데 효율성을 향상하는 가장 좋은 방법이다."

워싱턴 D.C. 국회도서관 천장에는 시인 알렉산더 포프가 쓴 시구가 새겨져 있다. "질서는 하늘의 가장 중요한 법칙이다."

사업에서도 질서가 가장 중요한 법칙이 되어야 한다. 하지만 그렇게 하고 있는가? 보통 직장인들의 책상에는 오랫동안 쳐다보지도 않은 서류가 어수선하게 널려 있다. 뉴올리언스의 한 신문사 발행인은 비서가 자기 책상을 치우다가 2년째 행방불명이었던 타자기를 찾은 적이 있다고 말했다.

답장하지 않은 편지나 보고서, 메모 등 온갖 잡동사니로

어수선한 책상을 보기만 해도 마음이 혼란스럽고 긴장과 걱정이 생긴다. 더 심각한 문제는 이제부터 시작이다. "할 일이 산더미처럼 쌓여 있지만 처리할 시간이 없다"라고 끊임없이 상기하면 긴장과 피로가 쌓일 뿐만 아니라 고혈압, 심장병, 위궤양을 앓을까 봐 걱정하게 된다.

펜실베이니아대학교 의학대학원 존 스토크스 박사는 미국 의학협회의 학회에서 「장기 질환 합병증을 일으키는 기능성 신경증」이라는 논문을 발표했다. 그는 '환자의 정신 상태에서 파악해야 할 사항'이라는 소주제에 11가지 사항을 정리했는데, 첫 번째는 "무조건 처리해야 하는 끝없는 일에 대한 의무감이나 압박감"이다.

하지만 책상을 치우거나 결정을 내리는 것처럼 단순한 행동이 무조건 처리해야 한하는 끝없는 일에 대한 의무감이나 압박감을 피하는데 어떻게 도움이 되는 걸까? 유명한 정신의학자 윌리엄 L. 새들러 박사는 이 간단한 방법으로 신경쇠약을 면한 환자의 이야기를 들려주었다. 그 환자는 시카고의 한 대기업 이사였다. 새들러 박사를 처음 찾았을 때 그는 긴장하고 초조해하며 걱정이 많은 상태였다. 상태가 악화하고 있다는 것을 알았지만 일을 그만둘 수도 없었다. 그는 도움이 필요했다. 새들러 박사는 이렇게 이야기했다.

"이 환자가 이야기하는 동안 전화벨이 울렸어요. 병원에서 온 전화였죠. 전화를 바로 받고 잠깐 시간을 내어 바로 일을 처리했습니다. 저는 가능하면 바로 그 자리에서 문제를 해결하려고 해요. 그러자 바로 또 전화가 오더군요. 급한 문제라 시간을 내어 이야기를 나누었죠. 그런데 이번에는 동료 한 명이 중증 환자에 대한 제 조언이 필요하다며 사무실로 온 겁니다. 일을 모두 마무리 짓고 환자에게 기다리게 해서 미안하다고 사과했죠. 그런데 그의 얼굴이 오히려 환해졌더군요. 표정이 완전히 달라져 있었습니다."

환자는 새들러에게 이렇게 말했다. "괜찮습니다, 선생님. 기다리는 동안 제 문제가 무엇인지 알게 되었어요. 사무실로 돌아가 업무 습관을 고쳐야겠습니다. 실례지만 가기 전에 선생님의 책상을 좀 살펴봐도 괜찮을까요?"

새들러 박사는 책상 서랍을 모두 열어 보여주었다. 비품을 제외하면 모두 텅 비어 있었다. 환자는 "아직 처리하지 못한 서류는 어디에 보관하시나요?"라고 물었다.

"모두 처리했죠!" 새들러가 말했다.

"답장을 보내야 하는 편지는 어디에 보관하시나요?

"전부 답장했지요! 답장해야 할 편지는 바로 답장을 보냅니다. 회신 내용을 비서에게 즉시 받아적게 하고 있죠."

6주가 지나고 그 남자가 새들러 박사를 자신의 사무실로 초대했다. 그는 달라졌고, 책상도 마찬가지였다. 책상 서랍을 모두 열어서 보여주며 끝내지 못한 일이 없다는 것을 확인시켜주었다. 그는 이렇게 말했다. "6주 전에는 사무실 두 군데에 책상 세 개가 있었습니다. 저는 일에 파묻혀 살고 있었습니다. 해도 해도 끝이 없었어요. 선생님과 이야기를 나눈 후 사무실로 돌아와 산더미처럼 쌓인 오래된 서류와 보고서를 몽땅 치워버렸습니다. 이제는 한 책상에 앉아 일이 생기면 즉시 처리한 덕분에 끝내지 못한 서류를 보며 걱정하거나 초조해하지 않습니다. 제일 놀라운 일은 건강을 완전히 회복했다는 겁니다. 이제 몸에 아무 이상이 없어요!"

전 미국 대법원장 찰스 에번스 휴스는 이렇게 말했다. "과로로 죽는 사람은 없다. 쓸데없이 에너지를 낭비하고 걱정하기 때문에 죽는다." 맞는 말이다. 사람은 쓸데없는 곳에 에너지를 낭비하고 일을 제대로 끝내지 못할까 봐 걱정하기 때문에 죽는다.

좋은 업무 습관 2 중요한 순서대로 일을 처리하라

전국 시티즈 서비스 컴퍼니의 설립자 헨리 L. 도허티는 월급을 아무리 많이 주더라도 찾아보기 힘든 두 가지 재능이 있다고 말했다. 돈으로 얻기 힘든 귀한 첫 번째 능력은 생각하는 능력이고, 두 번째는 일의 중요도에 따라 처리하는 능력이다.

맨땅에서 시작해 12년 만에 펩소던트 컴퍼니의 사장이 된 찰스 럭맨은 연봉 10만 달러를 받았고 그 외에도 100만 달러를 더 벌었다. 그는 헨리 도허티가 말한 돈으로도 얻기 힘든 귀한 두 가지 능력을 개발한 덕분에 자신이 성공할 수 있었다고 말했다. "기억이 나는 아주 오래전부터 저는 새벽 5시에 일어났습니다. 다른 때보다 가장 좋은 아이디어가 떠오르는 시간이었거든요. 하루를 계획하며 중요도에 따라 처리할 목록을 작성했습니다." 미국에서 가장 성공한 보험 영업사원 프랭클린 베트거는 하루 계획을 세우기 위해 새벽 5시까지 기다리지 않았다. 그는 전날 밤에 계획을 세우고 팔아야 할 보험 개수도 정확히 정했다. 만약 목표량을 채우지 못하면 그 양만큼 다음 날에 더하며 목표를 세웠다.

오랜 경험을 통해 누구나 일의 중요도에 따라 처리할 수는 없다는 사실을 안다. 하지만 가장 중요한 일을 먼저 처리하는 편이 일을 닥치는 대로 해치우는 것보다 훨씬 낫다는 사실도 안다.

조지 버나드 쇼가 중요한 일을 먼저 처리한다는 엄격한 규칙을 세우지 않았다면 작가로 성공하지 못하고 평생 은행 창구에서 일했을지도 모른다. 그는 하루에 다섯 쪽씩 글을 쓰겠다는 계획을 세웠다. 자신의 세운 계획을 지키려는 끈질긴 집념으로 그는 결국 성공하게 되었다. 9년 동안 1년에 30달러, 즉 하루에 1페니도 채 벌지 못했지만 자신이 세운 계획에 따라 계속 글을 쓰며 버틴 것이다.

좋은 업무 습관 3   문제가 닥쳤을 때 결정에 필요한 사실을 알고 있다면 미루지 말고 바로 문제를 해결하라.

예전에 내 수업을 들었던 하웰이 US스틸의 이사로 재직했을 때의 이야기를 들려준 적이 있다. 이사회에서 여러 안건을 논의했지만 어떤 결론도 내지 못한 채 늘어지는 일이 많았다. 그래서 이사진들은 검토해야 할 자료를 잔뜩 안고 퇴근해야 했다.

결국 하웰은 한 번에 하나씩 안건을 다루고 처리하자며 이사진을 설득했다. 미루거나 질질 끌지 말자는 것이었다. 결정을 내리려면 추가 조사가 필요하기도 했고 어떤 일을 해야 하거나 하지 말아야 할 때도 있었다. 하지만 문제에 대해 결론을 반드시 짓고 다음 문제로 넘어가기 시작했다. 결과는 놀라웠고 매우 유익했다고 그는 말했다. 안건 목록이 쌓이지 않았고 회의도 말끔히 정리되었다. 검토 자료를 잔뜩 안고 퇴근할 일도 없었고, 처리하지 못한 일 때문에 걱정할 필요도 없었다.

US스틸 이사진뿐 아니라 당신과 나도 실천할 만한 훌륭한 규칙이다.

좋은 업무 습관 4   조직하고 위임하고 관리하는 법을 배우라

많은 직장인이 너무 일찍부터 자기 무덤을 파고 있다. 업무를 다른 사람에게 위임하는 법을 몰라서 모든 일을 혼자 해내려고 하기 때문이다. 그러다가 세부 사항을 놓치고 혼란에 빠지게 되어 결국 조급해지고 걱정과 초조, 긴장감에 휩싸이는 것이다. 업무를 위임하는 일이 쉽지 않다는 것을 안다. 내게도 어렵기는 마찬가지다. 엉뚱한 사람에게 일을 잘못 맡겨 큰 곤란이 생길 위험도 경험해봤기에 잘 안다. 하지만 업무 위임이 어려워도 관리자라면 걱정과 긴장, 피로에서 벗어나기 위해 반드시 해야 한다.

대기업을 세웠지만 조직과 위임, 관리하는 법을 배우지 못한 사람은 과도한 업무로 인한 긴장과 걱정으로 50대나 60대 초반에 심장질환으로 사망하는 경우가 많다. 구체적인 사례를 알고 싶은가? 신문의 부고란만 봐도 쉽게 알 수 있다.

5

걱정, 피로, 분노의 원인 제거하기

　　　　피로의 주된 원인은 지루함이다. 동네에서 흔히 볼 수 있는 속기사로 일하는 앨리스의 사례를 살펴보자. 어느 날 밤, 앨리스는 지친 몸을 이끌고 집으로 돌아왔다. 녹초가 된 듯 보였고, 실제로도 그랬다. 머리도 아프고 허리까지 뻐근했다. 너무 피곤해 저녁도 먹지 않고 바로 침대에 눕고 싶었지만, 엄마가 말리는 바람에 어쩔 수 없이 식탁에 앉았다. 그때 전화벨이 울렸다. 남자 친구였다. 같이 춤추러 가자는 말을 듣자마자 눈이 반짝거리고 기분이 좋아졌다. 쏜살같이 방으로 달려가 연푸른색 드레스를 입었다. 그는 다음 날 새벽 3시까지 춤을 추었다. 집에 돌아와서도 전혀 피곤하지 않았다. 오히려 기분이 너무 좋은 나머지 잠이 오지 않았다.

　　　　녹초가 된 듯한 앨리스는 8시간 전 실제로 피곤했을까? 물론이다. 지루한 일과 삶에 지쳤을 것이다. 세상에는 수많은 앨리스가 있다. 당신도 그중 하나일지 모른다.

　　　　격렬한 신체 활동보다 마음가짐이 사람을 더 피곤하게 한다는 사실은 잘 알려져 있다. 몇 년 전 조지프 E. 바맥 박사가 출간한 『심리학에 관한 기록Archives of Psychology』에는 지루함이 어떻게 피로를 유발하는지 보여주는 몇 가지 실험이 기술되어 있다. 그는 한 무리의 학생을 대상으로 그들이 흥미를 느끼지 못할 법한 실험에 참여시켰다. 결과는 어땠을까? 학생들은 피로와 졸음을 느꼈고 두통과 눈의 피로에 짜증까지 더해졌다. 어떤 학생은 장에 탈이 나기도 했다. 모두 '상상'에서 온 증상일까? 그렇지 않다. 학생들의 신진대사를 측정한 결과 혈압과 산소 소비량은 그들이 지루한 일을 할 때 떨어졌지만, 흥미롭고 재미있는 일을 하자 다시 정상으로 돌아갔다.

재미있고 신나는 일을 할 때는 피곤함을 잘 느끼지 못한다. 최근에 나는 캐나다 로키산맥의 루이스호 근처에서 휴가를 보냈다. 코랄 시내를 따라 송어 낚시를 하며 며칠을 지냈다. 내 키보다 큰 덤불과 씨름하며 통나무에 걸려 넘어지기도 하고 쓰러진 나무를 헤집고 다니며 길을 찾느라 고생이 이만저만이 아니었다. 그런데 이렇게 여덟 시간을 보내고도 전혀 피곤하지 않았다. 왜 그랬을까? 굉장히 즐겁고 재미있었기 때문이다. 게다가 송어 여섯 마리를 잡아서 성취감까지 느꼈다. 하지만 낚시가 지루했다면 내 기분이 어땠을까? 해발 약 2100미터가 넘는 곳에서 고단한 일을 했으니 아마 녹초가 되었을 것이다.

등산처럼 힘든 활동을 할 때도 지루함이 다른 고단한 활동보다 당신을 더 지치게 한다. 미니애폴리스 농공은행장 킹먼이 이를 설명할 좋은 사례를 들려주었다. 1943년 7월 캐나다 정부는 캐나다 산악인 클럽에 영국 왕세자 근위대의 등반 훈련을 이끌어줄 가이드를 추천해달라고 했다. 킹먼은 이 훈련을 위해 선발된

가이드 중 한 명이었다. 42세에서 59세까지 다양한 연령층의 가이드들은 젊은 군인들과 함께 끝없이 펼쳐진 빙하와 설원을 가로질러 밧줄과 작고 위태로워 보이는 틈에 손발을 의지하며 약 12미터나 되는 가파른 절벽을 올랐다. 그들은 마이클 피크와 바이스 프레지던트 피크를 비롯해 캐나다 로키산맥 리틀 요호 계곡의 이름 모를 정상까지 모두 완주했다. 6주간의 혹독한 특공 훈련을 막 끝내고 체력이 좋아진 젊은이들도 15시간의 등반을 끝내자 완전히 녹초가 되었다.

그들은 특공 훈련 중에 단련하지 못한 근육을 써서 녹초가 된 걸까? 특공 훈련을 받아본 사람이라면 이 말도 안 되는 질문에 헛웃음이 나오리라. 그들이 완전히 녹초가 된 이유는 등산이 지루했기 때문이다. 너무나 피곤해서 먹지도 않고 잠든 이들도 많았다. 군인들보다 두세 배는 나이가 많은 가이드들은 피곤했을까? 그들도 피곤했지만 녹초가 될 지경은 아니었다. 가이드들은 저녁을 먹고 밤늦게까지 그날의 경험을 함께 나누었다. 그들이 지쳐 쓰러지지 않은 이유는 등산에 관심이 많아서다.

컬럼비아대학교의 에드워드 손다이크 박사는 젊은이를 대상으로 피로에 관한 실험을 했다. 그는 젊은이들에게 끊임없이 흥밋거리를 제공하며 약 일주일간 재우지 않은 적도 있다. 여러 가지 실험을 거치며 그는 이렇게 말했다. "일의 능률을 떨어뜨리는 실제적이고 유일한 이유는 지루함이다."

당신이 정신노동자라면 일을 많이 해서 피곤한 경우는 드물다. 오히려 일을 끝내지 않아서 피곤하다. 예를 들어 지난주 일에 집중하지 못한 날을 떠올려보라. 편지에 답장도 못 하고 약속은 깨지고 여기저기서 문제가 생겨 하루가 엉망진창이 되어버렸다. 제대로 해결한 일 하나 없이 머리는 깨질 듯이 아프고 몸은 녹초가 되어 퇴근했다. 다음 날은 일이 순조롭게 잘 흘러갔다. 전날보다 40배나 더 많은 일을 했지만 상쾌하고 가벼운 마음으로 퇴근했다. 누구에게나 이런 경험이 있을 것이다. 나도 마찬가지다. 피로는 일 때문이 아니라 걱정, 좌절, 분노 때문에 생긴다는 사실을 반드시 기억하라.

이 장을 쓰면서 제롬 컨의 유쾌한 코미디 뮤지컬 〈쇼 보트〉를 다시 보러 갔다. 공연 중 코튼 블로섬호의 선장 앤디는 철학적인 대사를 남겼다. "자신이 좋아하는 일을 하는 자는 행운아다." 그들이 행복한 이유는 더 활기차고 행복하며 걱정과 피로를 덜 느끼기 때문이다. 당신이 관심을 느끼는 그곳에서 당신의 에너지가 샘솟는다. 사랑하는 연인과 10킬로미터를 걷는 것보다 잔소리하는 아내와 열 블록을 걷는 게 훨씬 더 피곤하다.

그렇다면 어떻게 해야겠는가? 오클라호마주 털사의 정유회사에서 일하는 한 속기사의 사례를 소개하겠다. 그는 매달 며칠씩 세상에서 가장 지루한 일을 해야 했다. 정유 계약과 관련된 문서에 수많은 수치와 통계를 채워넣는 일이었다. 일이 너무 지루했던 그는 자신을 위해서라도 일을 재미있게 만들어야겠다고 마음먹었다. 어떻게 했을까? 매일 자신과 시합을 벌인 것이다! 그는 아침마다 자신이 작성한 서류의 수를 세고 오후에는 그 기록을 뛰어넘으려고 했다. 그리고 매일 자신이 작성한 서류의 수를 세면서 다음 날에는 전날의 기록을 경신하고자 노력했다. 결과는 어땠을까? 그는 부서의 속기사 중에서 이 지루한 서류 작업을 가장 많이 한 사람이 되었다. 그래서 그가 얻은 것은 무엇일까? 칭찬? 아니다. 감사? 그것도 아니다. 승진? 역시 아니다. 월급 인상?

모두 아니다. 지루함에서 오는 피로를 느끼지 않게 되었다. 정신적인 보상을 받은 것이다. 지루한 일을 재미있게 만들고자 노력한 덕분에 활력과 열정이 생기고 쉴 때도 더 큰 행복감을 누릴 수 있었다. 이 이야기가 사실이라고 당당히 말할 수 있다. 그 속기사가 바로 내 아내이기 때문이다.

　　여기 또 다른 속기사의 이야기가 있다. 그도 자기 일을 즐기는 것처럼 행동하는 게 효과적이라는 사실을 깨달았다. 예전에 그는 일에 치여 살았지만 이제는 달라졌다. 그의 이름은 밸리 G. 골든이고, 일리노이주 엘름허스트 사우스 케닐워스가 473번지에 살고 있다. 밸리는 내게 쓴 편지로 자신의 경험을 들려주었다.

　　"사무실에는 속기사 네 명이 있었는데 한 사람이 여러 명의 편지를 받아 적어야 했어요. 가끔 업무가 넘쳐나 속수무책일 때도 있었죠. 하루는 부팀장이 긴 편지를 다시 작성하라고 하더군요. 그러고 싶지 않았던 저는 전체를 다시 작성하지 말고 편지만 수정하면 되지 않냐고 반박했죠. 부팀장은 지시하는 대로 하지 않으면 다른 사람에게 일을 넘기겠다며 쏘아붙였습니다! 화가 머리끝까지 났어요. 하지만 편지를 다시 작성하다가 제가 하는 일을 하려고 호시탐탐 기회를 노리는 이들이 많을 거라는 생각이 불현듯 들었죠. 게다가 그 일을 하라고 회사에서 제게 월급을 주는 거였고요. 그러자 기분이 나아졌어요. 맡은 일이 여전히 싫었지만 즐기듯이 해보겠다고 마음먹었죠. 그리고 중요한 사실을 깨달았습니다. 즐기는 척하며 일하다 보니 어느 정도 일을 즐기게 되었고, 즐기다 보니 업무 처리 속도도 빨라진다는 사실을 알게 되었어요. 이제는 초과 근무도 하지 않죠. 새로운 마음가짐 덕분에 일 잘하는 직원이라는 좋은 평판도 얻게 되었어요. 개인 비서가 필요한 부장 한 분이 제게 그 자리를 제안하기도 했습니다. 추가 업무를 맡아도 투덜대지 않고 잘 처리한다는 게 이유였죠. 이 경험을 통해 마음가짐이 지닌 엄청난 힘을 깨닫게 되었습니다. 제게 기적 같은 일들이 일어나고 있으니까요!"

밸리는 자신도 모르는 사이에 '마치 어떠한 것처럼'이라는 유명한 철학을 실천하고 있었다. 윌리엄 제임스는 '마치' 용감한 것처럼 행동하면 실제로 용감해지고 '마치' 행복한 것처럼 행동하면 실제로도 행복해진다고 조언했다.

그러니 당신의 일에 '마치' 관심이 있는 것처럼 행동해보라. 실제로도 관심이 생기고 결과적으로 피로와 긴장, 걱정도 줄어들 것이다.

몇 년 전 할런 A. 하워드는 삶을 송두리째 바꾼 결정을 내렸다. 지루한 일을 재미있게 만들어보기로 한 것이다. 친구들이 공놀이하거나 여자아이들과 시시덕거릴 때 그는 학교 식당에서 접시를 닦고 카운터를 청소하며 아이스크림을 퍼담았다. 지루하기 짝이 없고 정말 하기 싫은 일이었지만 그만둘 수 없었다. 그래서 그는 아이스크림에 관해 공부하기로 했다. 아이스크림 재료와 제조 과정을 비롯해 맛의 비결까지 철저히 연구했다. 아이스크림의 화학적 원리를 공부하다 보니 화학의 고수가 되었다. 식품 화학에 푹 빠진 그는 매사추세츠 주립대학교에 입학해 식품공학을 전공했다. 뉴욕 코코아 거래소가 대학생을 대상으로 상금 100달러를 걸고 코코아와 초콜릿의 활용법에 관한 논문을 공모했을 때 누가 그 상금을 받았을 것 같은가? 그렇다, 바로 할런 하워드였다.

그는 취업이 어려워지자 매사추세츠주 애머스트 노스 플레전트가 750번지에 있는 자기 집 지하실에 개인 실험실을 만들었다. 얼마 후 우유에 들어 있는 박테리아 수를 밝혀야 한다는 새로운 법안이 통과되었다. 그는 조수 두 명을 고용해 애머스트의 14개 우유 회사 제품의 박테리아 수를 셌다.

앞으로 25년 뒤 그는 어떻게 되어 있을까? 현재 식품 화학 업체를 운영하는 사람들은 그때쯤이면 은퇴하거나 세상을 떠났을지도 모른다. 그러면 도전적이고 열정 넘치는 젊은이들이 그 자리에 오르게 될 텐데, 아마도 할런 하워드가 그중 하나이지 않을까. 그에게 아이스크림을 사 먹던 친구 중 몇몇은 일이 잘 풀리지 않아 일자리를 잃고 정부를 욕하며 기회가 없었다고 불평만 늘어놓을지 모른다. 할런 하워드 역시 지루한 일을 재미있게 만들려고 하지 않았다면 어떤 기회도 얻지 못했을 것이다.

수년 전 지루한 일에 지친 한 젊은이가 있었다. 공장 선반 앞에 서서 볼트를 만드는 일을 하는 그의 이름은 샘이었다. 그는 일을 그만두고 싶었지만 다른 일자리를 구하지 못할까 봐 두려웠다. 그러다 지겹지만 어차피 해야 하는 일이니 재미있게 해보기로 마음먹었다. 그는 옆에서 일하는 기계공과 시합을 했다. 한 명이 기계로 볼트의 거친 표면을 다듬으면 다른 한 명이 정확한 지름으로 볼트를 깎아냈다. 가끔 기계를 바꿔가며 누가 볼트를 더 많이 만들었는지 세어보기도 했다. 샘의 작업 속도와 정확성에 놀란 작업감독은 얼마 후 샘에게 더 나은 일을 맡겼다. 30년이 지난 후 샘은 볼드윈 기관차 제조사의 사장이 되었다. 그는 바로 새뮤얼 보클레인이다. 만약 지루한 일을 재미있게 만들겠다고 마음먹지 않았다면 그는 평생 기계공으로 살았을지도 모른다.

유명한 라디오 뉴스 해설가 한스 V. 칼텐본도 지루한 일을 재미있게 만든 일을 내게 이야기한 적이 있다. 그는 22세 때 가축

수송선을 타고 소에게 물과 먹이를 주는 일을 하며 대서양을 건넜다. 영국에서 자전거 여행을 하고 파리에 도착했을 때는 배도 고프고 돈 한 푼 없는 처지였다. 그는 카메라를 저당 잡히고 받은 5달러로 《뉴욕 헤럴드》 파리판에 구직 광고를 냈고 입체경 영업사원이 되었다. 당신이 마흔 살이 넘었다면 구식 입체경을 기억할 것이다. 입체경에 눈을 갖다 대고 똑같은 사진 두 장을 보고 있으면 그야말로 기적이 일어났다. 입체경의 두 렌즈는 두 사진에 입체효과를 주어 하나의 장면으로 만들었기 때문이다. 입체경을 통해 놀라운 원근감의 세계를 맛볼 수 있었다.

칼텐본은 파리에서 집집마다 찾아다니며 이 기계를 팔았다. 프랑스어도 할 줄 몰랐던 그는 첫해에 수수료만 5000달러를 벌었고 그해에 프랑스에서 연봉이 가장 높은 영업사원이 되었다. 그는 그때의 경험이 하버드대학교에서 공부한 어느 때보다 성공에 필요한 자질을 갖추는 데 더 도움이 되었다고 했다. 그의 성공 비결은 자신감이었을까? 칼텐본은 그런 경험을 겪고 나니 이제는 프랑스 가정주부들에게 「미국 의회 기록」도 팔 수 있을 것 같다고 말했다. 또한, 프랑스인의 삶을 깊이 이해하게 되었다. 이는 훗날 라디오 방송에서 유럽의 사건을 해설하는 데도 큰 도움을 주었다.

프랑스어도 할 줄 몰랐던 그가 어떻게 최고의 영업사원이 되었을까? 그는 고용주에게 영업에 필요한 말을 프랑스어로 완벽하게 써달라고 부탁했고, 이를 전부 외웠다. 집을 방문해 초인종을 누르고 주부가 나오면 외운 문장을 내뱉었다. 억양이 너무 엉망이라 웃기기까지 했다. 주부에게 사진 몇 장을 보여준 뒤 상대가 질문하면 어깨를 으쓱하며 이렇게 말했다. "미국 사람, 미국 사람." 그리고 모자를 벗어서 안쪽에 붙여 놓은 프랑스어로 된 영업용 문장을 가리킨다. 주부가 웃으면 그도 따라 웃으며 더 많은 사진을 보여준다. 칼텐본은 이 이야기를 들려주며 절대 쉽지 않은 일이었다고 털어놓았다. 그래도 끝까지 버틸 수 있었던 건 일을 재미있게 만들겠다는 의지 덕분이었다. 매일 아침 집을 나설 때마다 그는 거울을 보며 스스로 격려했다. "칼텐본, 먹고살려면 이 일을 해야 해. 어차피 해야 한다면 즐겁게 하는 게 좋지 않겠어? 초인종을 누를 때마다 내가 배우라고 생각하자. 모든 관객의 관심을 한몸에 받으며 무대에 서 있는 거지. 어차피 이 일도 무대에서는 일처럼 재미있잖아? 그러니 열정을 가지고 신나게 한번 해보자!"

그는 매일 자신을 격려한 덕분에 한때는 싫고 두렵기만 했던 일을 즐거운 모험으로 즐기게 되었고 엄청난 수입까지 벌어들였다.

성공하고 싶어 하는 미국 젊은이들을 위한 조언을 부탁하자 그는 이렇게 말했다. "매일 아침 자신을 격려하세요. 많은 사람이 잠이 덜 깬 채 돌아다니는데 비몽사몽인 상태에서 벗어나려면 신체를 움직여 운동하는 것이 중요하다는 사실을 다들 알고 있지요. 하지만 아침마다 우리를 자극해 실제로 행동하기 위해서는 정신 운동이 더 중요하답니다. 그러니 매일 자신을 격려하세요."

매일 스스로 격려하라는 말이 어리석고 얄팍하며 유치하다고 생각하는가? 그렇지 않다. 오히려 정통 심리학의 정수가 담긴 행위다. "우리의 삶은 우리의 생각대로 만들어진다." 이 말은 1800년 전 마르쿠스 아우렐리우스가 『명상록』에 처음 썼을 때처럼 여전히 진리다. "우리의 삶은 우리의 생각대로 만들어진다."

매일 매시간 스스로 격려하면 용기와 행복, 힘과 평화를 주는 생각을 할 수 있다. 또한, 고마워해야 할 일을 자신에게 이야기하다 보면 가슴 벅차고 신나는 생각으로 기분이 좋아질 것이다.

올바른 생각을 하면 어떤 일이든 덜 지루하게 만들 수 있다. 당신의 상사는 당신이 일을 좋아하게 되어 더 많은 돈을 벌기를 바란다. 하지만 상사가 원하는 것 따위는 잊으라. 일에 흥미와 재미를 느끼는 사람은 인생에서 얻는 행복이 두 배가 된다는 사실을 기억하자. 우리는 깨어 있는 시간의 절반을 일하면서 보내는데 이때 행복을 찾지 못하면 어디에서도 행복을 찾기는 어렵기 때문이다. 일에 흥미를 느끼면 걱정이 사라지고 결국 승진도 하고 연봉도 올라갈 것이다. 그렇지 않더라도 피로를 거의 느끼지 않게 되어 여가를 더 잘 즐기게 될 것이다.

6

불면증의 걱정에서
벗어나기

　　잠을 잘 자지 못해 걱정인가? 그렇다면 평생 제대로 잠을 자본 적이 없는 유명한 국제변호사 새뮤얼 언터마이어의 이야기에 관심이 생길 것이다. 그는 대학 시절 천식과 불면증에 시달렸다. 둘 다 치료가 어렵다고 생각한 그는 차선책을 택하기로 했다. 잠들지 못하는 시간을 최대한 이용하는 것이다. 밤새도록 뒤척이며 신경쇠약에 걸릴까 봐 걱정하는 대신 일어나 공부했다. 결과는 어땠을까? 그는 전 과목에서 최고 성적을 거두기 시작했고 뉴욕 시립대학교의 천재로 알려지게 되었다.

　　변호사 개업을 한 후에도 불면증은 계속되었지만, 그는 걱정하지 않았다. "자연이 나를 보살펴줄 거야." 실제로 그랬다. 수면이 부족했지만 건강이 양호했고 뉴욕의 다른 젊은 변호사들만큼 열심히 일할 수 있었다. 사실 그들이 잘 때도 일했으니 더 열심히 일한 셈이다.

　　그는 21세에 연간 7만 5000달러의 수입을 얻었다. 그의 성공 비결을 알아내고자 젊은 변호사들이 법정으로 몰려들었다.

1931년 그는 한 사건을 맡고 역사상 가장 높은 수임료를 받기도 했다. 무려 현금으로 100만 달러였다.

하지만 불면증은 여전했다. 밤늦게까지 책을 읽고 새벽 5시에 일어나 편지를 구술했다. 사람들 대부분이 막 일을 시작할 때쯤이면 그는 이미 하루 업무의 절반을 끝낸 상태였다. 평생 숙면을 해본 적 없지만 그는 81세까지 살았다. 불면증을 걱정하고 조바심쳤다면 자신의 인생을 망쳐버렸을지도 모른다.

우리는 인생의 3분의 1을 잠으로 소비하지만, 수면에 대해 제대로 아는 사람은 없다. 우리는 잠이 습관이며 휴식 상태로, 자는 동안 자연이 해진 소매를 손질하듯 우리를 보살핀다고 생각한다. 하지만 한 개인이 얼마나 자야 하는지, 심지어 잠을 자야만 하는지도 모르고 있다.

어떻게 생각하는가? 1차 세계대전에 참전한 헝가리 군인 폴 컨은 전두엽에 총상을 입었다. 그런데 이상하게도 부상에서 회복하고도 잠을 잘 수 없었다. 의사들이 온갖 진정제와 수면제, 심지어 최면 치료까지 시도해보았지만, 폴 컨은 깊이 자기는커녕 졸리지도 않았다.

의사들은 그가 오래 살지 못할 거라고 했다. 하지만 의사들의 예상을 비웃기라도 하듯 취직도 하고 꽤 오랫동안 건강하게 살았다. 그는 누워서 눈을 감고 쉬기는 했지만 잠이 들지는 않았다. 그의 사례는 수면에 대한 우리의 믿음에 강한 의문을 제기하는 의학계의 미스터리다.

다른 사람들보다 잠을 더 많이 자야 하는 사람도 있다. 지휘자 아르투로 토스카니니는 하루에 다섯 시간만 자도 충분했지만 미국 대통령이었던 캘빈 쿨리지는 그보다 2배 이상의 잠을 자야 했다. 쿨리지는 하루 24시간 중 무려 11시간이나 잤다. 정리하자면, 토스카니니는 인생의 약 5분 1을 잠으로 보냈지만 쿨리지는 절반을 잠으로 보낸 셈이다.

그런데 불면증보다 불면증에 대한 걱정이 건강에 훨씬 해롭다. 예를 들어 내 수업을 들었던 뉴저지주 리지필드 파크 오버팩가 173번지에 사는 아이라 샌드너는 만성 불면증으로 자살 직전까지 갔다.

"저는 점점 미쳐가는 것 같았습니다. 원래 잠을 너무 잘 잤던 게 문제였어요. 시계 알람이 울려도 일어나지 못해 아침마다 지각했죠. 걱정이 많았어요. 상사가 제시간에 출근하라고 경고까지 했거든요. 계속 이렇게 늦잠을 자다가는 잘릴 게 뻔했죠. 친구들에게 고민을 털어놓았더니 한 명이 자기 전에 알람 시계에 완전히 집중해보라더군요. 그때부터 불면증이 시작되었어요! 째깍거리는 빌어먹을 시계 소리에 시달리기 시작했거든요. 밤새 잠들지 못하고 뒤척거렸습니다. 아침이 되면 피로와 걱정 때문에 온몸이 아픈 것 같았어요. 이렇게 8주를 보냈습니다. 그때 겪은 고통은 말로 다 할 수 없어요. 이러다 미치겠다 싶었죠. 때로는 몇 시간씩 방 안을 서성이다가 창밖으로 뛰어내려 모두 끝내버리고 싶다는 생각도 했습니다!

그러다 오랫동안 알고 지낸 의사를 찾아갔어요. 의사가 말했어요. '아이라, 내가 도울 수 있는 일은 없어요. 다른 사람도 마찬가지죠. 모두 당신이 자초한 거니까요. 밤이 되면 일단 침대에 누워요. 잠이 오지 않아도 모두 다 잊어버리세요. 그러고는 잠이 들지 않아도 신경 쓰지 말자, 아침까지 못 자도 괜찮다고 말해봐요. 그런 다음 눈을 감고, 걱정 없이 가만히 누워 있는 것도 어쨌

든 쉬는 거라고 말해봐요.'

저는 그대로 했어요. 그렇게 2주를 보내고 나니 깜박 잠이 들었죠. 그리고 한 달이 채 되기 전에 8시간을 잘 수 있었고 긴장했던 신경도 회복되었답니다."

아이라 샌드너를 자살 직전까지 내몰았던 것은 불면증이 아니었다. 불면증에 대한 걱정이었다.

시카고대학교의 너새니얼 클라이트먼 교수는 누구보다 수면에 관한 연구를 많이 한 세계적인 전문가다. 그는 불면증으로 죽은 사람은 한 번도 본 적이 없다고 단호히 말했다. 물론 불면증을 걱정하면 기력이 빠져 질병에 걸려 죽을 수도 있다. 하지만 불면증 자체가 아니라 불면증에 대한 걱정이 문제를 일으킨 것이다.

클라이트먼 박사는 불면증을 걱정하는 사람들이 자신이 생각하는 것보다 훨씬 더 많이 자는 경우가 많다고 말했다. "어제 한숨도 못 잤어"라고 말하는 사람도 자기가 모르는 사이에 몇 시간은 잤을 수 있다. 19세기의 유명한 영국 사상가 허버트 스펜서의 사례를 보자. 하숙집에 살면서 평생을 독신으로 살았던 그는 사람들을 만날 때마다 자신이 겪는 불면증에 대해 지루하게 늘어놓았다. 소음을 막고 신경을 진정시키려고 귀마개도 끼고, 심지어 잠들려고 아편까지 복용했다. 그러던 어느 날 밤 그는 옥스퍼드대학교의 세이스 교수와 같은 방에서 묵게 되었다. 이튿날 아침 스펜서는 밤새 한숨도 못 잤다고 말했다. 사실 잠을 못 잔 건 세이스 교수였다. 스펜서가 밤새도록 코를 골았기 때문이다.

숙면하려면 안정감이 가장 중요하다. 우리보다 훨씬 커다란 존재가 아침까지 우리를 보살펴줄 거라고 믿으면 마음이 편안해진다. 그레이트 웨스트 라이딩 정신병원의 토머스 히슬롭 박사는 영국의학협회에서 강연할 때 이점을 강조했다. "오랫동안 환자를 치료하면서 편안하게 잠드는 최고의 방법은 기도라는 사실을 알게 되었습니다. 순전히 의학자로서 말씀드리는 겁니다. 습관적으로 기도하는 사람에게 마음을 차분하게 하고 신경을 진정시키는 가장 적절하고 정상적인 방법은 바로 기도입니다."

하느님께 맡기고 모두 내려놓는 방법도 있다. 영화배우이자 가수인 저넷 맥도널드는 우울하고 걱정에 잠겨 잠이 오지 않을 때 성경의 시편을 읽으며 안정감을 느꼈다고 말했다. "여호와가 나의 목자시니 나는 부족함이 없으리라. 그는 나를 푸른 초원에 눕게 하시고 잔잔한 물가로 인도하시리라."

당신이 종교인이 아니라 이런 방법이 힘들다면 육체를 매개로 긴장을 푸는 법을 배워야 한다. 『신경성 긴장에서 벗어나기 Release from Nervous Tension』를 쓴 데이비드 해럴드 핑크 박사는 자기 몸과 대화를 나누는 것이 가장 좋은 방법이라고 말한다. 핑크 박사에 따르면 모든 최면의 열쇠는 '말'이다. 당신이 잠들지 못하는 이유도 불면증이라는 병이 생기도록 자신에게 말하기 때문이다. 이 문제를 해결하려면 최면에서 벗어나야 한다. 당신의 근육에 이렇게 말을 걸면 된다. "풀어라, 긴장을 풀어라. 온몸에 긴장을 풀고 편히 쉬어라." 우리는 근육이 긴장하고 있으면 정신과 신경도 쉴 수 없다는 사실을 이미 알고 있다. 그러니 숙면을 원한다면 우선 근육부터 편히 쉬게 해야 한다. 핑크 박사는 다음과 같이 해보라고 권한다. 실제로도 효과가 좋으니 한번 해보자. 우선 다리의 긴장을 풀기 위해 양 무릎을 베개 하나로 받치고, 양팔 아래 작은 베개를 하나씩 더 받친다. 턱과 눈, 팔, 다리에 긴장을 풀라고 말한다. 그러다 보면 어느새 잠이 들게 된다. 나도 직접 해보았다. 만약 잠이 오지 않으면 앞서 말한 핑크 박사의 책을 읽어보자. 재미도 있으면서 불면증에 대한 치료법도 배울 수 있는 유일한 책이다.

불면증을 치료하는 가장 좋은 방법 중 하나는 정원 가꾸기, 수영, 테니스, 골프, 스키, 또는 몸이 고단한 일 등을 하면서 신체를 피곤하게 만드는 것이다. 이는 시어도어 드라이저가 실천한 방법이다. 그는 젊은 시절 작가로 아등바등 살아가며 잠을 자지 못해 걱정이 많았다. 그러다 뉴욕 센트럴 철도의 보선공으로 일해보기로 했다. 종일 못을 박고 삽으로 자갈을 퍼내느라 완전히 녹초가 되어 집으로 돌아오면 저녁을 먹기도 전에 쓰러져 잠들었다.

너무 피곤하면 걸으면서 잠들 수도 있다. 내가 열세 살 때 겪은 일이다. 아버지는 미주리주 세인트 조에 가서 통통하게 살이 오른 돼지를 팔려고 화차 한 대에 실었는데, 공짜 열차표 두 장이 생긴 덕분에 나를 데리고 가시기로 했다. 나는 그때까지 인구가 4000명이 넘는 도시에 가본 적이 없었다. 그러니 인구 6만 명이 넘는 세인트 조에 도착하자 몹시 들떴다. 6층짜리 고층 건물에 눈이 번쩍 뜨였고, 무엇보다 전차를 보고 놀라움을 감추지 못했다. 지금도 눈을 감으면 전차의 소리와 모습이 생생히 떠오른다. 내 인생에서 제일 흥분되고 신나는 하루를 보낸 후 아버지와 나는 기차를 타고 미주리주 레이븐우드로 돌아왔다. 새벽 2시쯤 역에 도착해서 농장이 있는 집까지 약 6킬로미터를 걸었다. 이야기의 요점은 이제부터다. 나는 너무 지친 나머지 걸으면서 잠이 들었고 꿈까지 꿨다. 이후에 말을 타고 가면서도 잠든 적이 있다. 그런데도 이렇게 잘 살아남아 이 이야기를 하고 있다!

사람이 정말 피곤하면 천둥이 치든 전쟁의 공포와 위험이 도사리든 어떤 상황에서라도 잠들 수 있다. 유명한 신경학자 포스터 케네디 박사는 1918년 영국 제5군단이 후퇴하는 중에 녹초가 된 군인들이 그 자리에서 그대로 쓰러져 혼수상태에 빠진 것처럼 잠든 모습을 보았다고 했다. 그가 손가락으로 군인들의 눈꺼풀을 들어 올려도 꿈쩍 하지 않았다. 심지어 그들의 눈동자가 어김없이 모두 위로 올라가 있었다. 케네디 박사는 이렇게 말했다. "그 후로 저는 잠이 오지 않을 때마다 눈동자를 위로 올리려고 합니다. 그러면 얼마 안 돼서 하품이 나면서 졸리지요. 이것은 제가 통제할 수 없는 신체의 자동 반사입니다."

자살하기 위해 잠을 자지 않은 사람은 지금까지도 없었고, 앞으로도 없을 것이다. 의지가 아무리 강한 사람이라도 사람은 잠들게 되어 있다. 사람은 음식이나 물이 없을 때보다 잠을 자지 못할 때 더 오래 버티지 못한다.

자살이라는 말을 하니 헨리 링크 박사가 쓴 『인간의 재발견 The Rediscovery of Man』에 소개된 사례 하나가 떠오른다. 사이코로지컬 코퍼레이션의 부사장인 링크 박사는 걱정이 많고 우울한 감정을 겪는 많은 이들을 상담했다. '두려움과 걱정 극복하기'라는 장에는 자살 충동을 느끼는 한 환자의 사례가 나온다. 링크 박사는 환자와 논쟁을 벌여봐야 상황이 악화될 뿐이라고 판단하고 이렇게 이야기했다. "어차피 자살하기로 마음먹었다면 남다른 방법을 써보면 어떨까요? 죽을 때까지 이 주변을 달리는 겁니다."

그 환자는 그렇게 했다. 한 번도 아니고 여러 번 주변을 달렸다. 그때마다 근육은 어땠는지 모르지만 기분이 점차 좋아졌다. 사흘째 밤이 되자 그는 링크 박사가 의도한 대로 육체적으로 피곤하지만 오히려 몸의 긴장이 풀린 상태가 되어 미동도 없이 잠들었다. 이후에 그는 육상 동호회에 가입하여 시합에도 출전했다. 그의 상태는 몰라보게 좋아져 영원히 살고 싶다는 생각까지 하게 되었다!

불면증의 걱정에서 벗어나고 싶다면 다음 다섯 가지 규칙을 따르라.

① 잠이 오지 않으면 새뮤얼 언터마이어의 방법대로 하라. 자리에서 일어나 잠이 올 때까지 일하거나 책을 읽자.
② 수면 부족으로 죽은 사람은 없다는 사실을 기억하라. 불면증을 걱정하는 것이 잠을 자지 못하는 것보다 훨씬 더 해롭다.
③ 기도하라. 혹은 저넷 맥도널드처럼 시편을 읽어라.
④ 몸의 긴장을 최대한 풀라.『신경성 긴장에서 벗어나기』를 읽어보자.
⑤ 운동하라. 깨어 있지 못할 정도로 몸을 피곤하게 만들라.

걱정과 피로를 예방하고
활기차게 사는 6가지 방법

❶ 피곤해지기 전에 쉬라.

❷ 긴장을 풀고 일하는 법을 배우라.

❸ 가정주부라면 집에서 긴장을 풀며 건강과 외모를 지키라.

❹ 다음의 4가지 좋은 업무 습관을 적용하라.

① 당장 처리할 일과 관계없는 서류를 책상에서 모두 치우라.

② 중요한 순서대로 일을 처리하라.

③ 문제가 닥쳤을 때 결정에 필요한 사실을 알고 있다면 즉시 해결하고 결정을 미루지 말라.

④ 조직하고 위임하고 관리하는 법을 배우라.

❺ 걱정과 피로를 예방하려면 열정적으로 일하라.

❻ 수면 부족으로 죽은 사람은 없다는 사실을 기억하라.

불면증이 아니라 불면증에 대해 걱정하는 것이 훨씬 더 해롭다.

"우리의 삶은 우리의 생각대로 만들어진다."
마르쿠스 아우렐리우스

8부

행복하고 성공적인 삶을 위한 직업 선택

1

인생의 가장 중대한 결정

 이 장은 아직 하고 싶은 일을 찾지 못한 청년들에게 주는 글이다. 만약 당신이 그런 상황이라면 이 글이 앞으로의 삶에 큰 영향을 미칠 것이다.

 당신이 18세 이하라면 이제 곧 인생의 두 가지 중요한 결정을 내려야 할 것이다. 그 결정은 당신의 남은 인생을 완전히 바꾸고, 행복과 소득, 건강까지 지대한 영향을 미치며, 당신을 세우거나 무너뜨릴 수도 있다.

 그렇다면 이 중대한 두 가지 결정은 무엇일까?

 첫째, 무엇을 해서 먹고살 것인가? 농부, 우체부, 화학자, 산 지킴이, 속기사, 수의사, 대학교수가 될 것인가? 아니면 노점상에서 햄버거를 팔 것인가?

 둘째, 당신이 낳을 자녀의 아버지나 어머니로 어떤 사람을 선택할 것인가?

 이 두 가지 결정은 도박 같을 때가 많다. 해리 에머슨 포스딕은 『세상을 꿰뚫어 보는 힘』에서 이렇게 말했다. "직업을 선택하는 젊은이는 도박사와 같다. 자신의 모든 인생을 걸어야 하기 때문이다."

어떻게 하면 직업을 선택할 때 위험을 낮출 수 있을까? 최선을 다해 설명할 테니 계속 읽어주길 바란다. 첫째, 자신이 즐길 수 있는 일을 찾으라. 예전에 타이어 제조회사 B.F 굿리치 컴퍼니의 회장 데이비드 굿리치에게 사업에서 성공하려면 가장 중요한 요건이 무엇인지 물었다. 그는 이렇게 답했다. "일을 즐기는 겁니다. 그러면 오래 일해도 전혀 일하는 기분이 들지 않지요. 마치 노는 것 같죠."

에디슨이 좋은 예이다. 어린 시절 학교도 다니지 않고 신문을 팔았지만 미국 산업의 판도를 바꾼 그는 자신의 연구실에서 먹고 자며 하루 18시간씩 연구에 몰두했다. 하지만 전혀 힘들어하지 않았다. 그는 이렇게 말했다. "저는 평생 일해본 적이 없습니다. 모든 것이 놀이였어요."

그러니 성공할 수밖에 없지 않았겠는가?

찰스 슈와브도 이와 비슷한 말을 한 적이 있다. "열정을 쏟을 수만 있다면 무슨 일이든 성공할 수 있다."

하지만 무슨 일을 하고 싶은지도 잘 모르는데 일에 대한 열정을 어떻게 가질 수 있을까? 한때 듀폰에서 수천 명을 채용했고 현재는 아메리칸 홈 프로덕트 컴퍼니에서 노무 부책임자로 일하는 에드나 커는 이렇게 말했다. "가장 큰 비극은 젊은 사람들이 자기가 진짜로 하고 싶은 일을 찾지 못했다는 겁니다. 세상에서 제일 불쌍한 사람은 일하면서 돈 말고는 얻는 게 하나도 없는 사람이지요." 심지어 대학 졸업생들도 에드나에게 와서 이렇게 말했다고 한다. "저는 다트머스대학교를 졸업했어요(혹은 코넬대학교에서 석사 학위를 받았어요). 당신 회사에서 제가 할 수 있는 일이 있을까요?" 그들은 자신이 무엇을 할 수 있는지, 심지어 자신이 무엇을 하고 싶은지도 모른다. 그러니 큰 포부를 안고 장밋빛 미래를 꿈꾸며 사회생활을 시작한 젊은이들이 고작 40세에 좌절하고 신경쇠약에 걸리는 게 당연하지 않겠는가? 실제로 올바른 직업 선택은 건강을 위해서도 중요하다. 존스홉킨스대학교의 레이먼드 펄 박사는 여러 보험사와 함께 장수에 영향을 끼치는 요인을 연구했다. 그 결과 '올바른 직업'이 주요 요인으로 밝혀졌다. 그는 토머스 칼라일처럼 이렇게 말했을 것이다. "자기가 해야 할 일을 찾은 사람은 이미 축복받았다. 다른 복을 바랄 필요가 없다."

최근에 나는 소코니 배큐엄 정유회사 인사 담당자 폴 보인턴과 함께 저녁을 보냈다. 그는 지난 20년 동안 7만 5000명이 넘는 구직자를 인터뷰했고 『취업에 성공하는 6가지 방법』이라는 책도 썼다. 나는 그에게 "일자리를 구하는 청년들이 저지르는 가장 큰 실수는 무엇인가요?"라고 물었더니 그가 이렇게 답했다. "자기가 무슨 일을 하고 싶은지 전혀 모르는 게 문제입니다. 몇 년만 지나도 낡아서 해질 옷을 사는 데는 깊게 고민하면서 자신의 행복과 마음의 평화, 그리고 미래를 좌지우지할 직업을 선택하는 데는 그만큼도 고민하지 않는다는 게 정말 참담합니다!"

그렇다면 어떻게 해야 할까? 당신은 '직업지도'라고 불리는 새로운 분야를 활용할 수 있다. 상담사의 능력이나 성향에 따라 당신에게 도움이 될 수도 있고 해가 될 수도 있다. 이 분야는 아직 체계가 완벽하게 잡히지 않았기 때문이다. 자동차의 경우라면 포드사가 만든 세계 최초 자동차인 모델 T의 수준에도 미치지 못했다. 하지만 전망이 매우 밝다. 이 분야의 도움을 받으려면 어떻게 해야 할까? 우선 자신이 사는 지역 어디에서 직업적성검사와 직업지도를 받을 수 있는지 찾아보아야 한다.

대개 직업지도는 제안의 형식에서 그친다. 결정은 당신의 몫이다. 상담사들도 완벽하지 않다는 사실을 기억하라. 상담사마다 다른 의견을 내놓기도 하고 말도 안 되는 실수를 저지르기도 한다. 어떤 상담사는 내 학생 중 한 명에게 어휘력이 풍부하다며 작가가 되어보라고 조언했다. 참 터무니없는 생각이다. 작가라는 일이 단순히 어휘력만 좋다고 할 수 있는 게 아니다. 좋은 글을 쓰려면 자기 생각과 감정을 전달해야 하고 그러기 위해서는 풍부한 어휘력보다는 아이디어, 경험, 확신, 사례, 흥미 요소 등을 갖추어야 한다. 어휘력이 풍부하니 작가가 되어보라고 충고했던 그 상담사는 그래도 한 가지는 해냈다. 여태 행복하게 살던 속기사를 좌절감에 빠진 소설가 지망생으로 만들어버린 일이다.

내가 하고자 하는 말은 직업지도 전문가도 당신과 나처럼 완벽하지 않다는 것이다. 우선 몇 명과 상담을 나눠보고 그들의 조언을 상식에 비추어 이해하는 것이 바람직하다.

걱정에 관한 책에서 직업 선택에 관한 이야기를 읽으니 의아할 수도 있다. 하지만 우리가 겪는 걱정과 후회, 좌절이 대개 싫어하는 일을 하면서 생긴다는 사실을 알게 된다면 전혀 이상할 게 없다. 아버지나 이웃, 혹은 상사에게 물어보라. 영국 경제학자 존 스튜어트 밀 같은 위대한 지성인도 직업 부적응자들은 "사회의 가장 큰 손실"이라고 말했다. 그렇다. 세상에서 가장 불행한 사람은 자신이 매일 하는 일을 정말 싫어하는 '직업 부적응자'다.

군대에서 어떤 사람이 무너지는지 아는가? 바로 맞지 않는 일에 배치된 사람이다! 전투로 인한 사상자가 아니라 평시 복무

때 무너지는 사람을 말한다. 현존하는 위대한 정신의학자이자 전쟁 중 육군의 신경정신과를 담당했던 윌리엄 메닝어는 이렇게 말했다. "우리는 군에서 선발과 배치, 즉 적재적소의 원칙이 얼마나 중요한지 배웠습니다. (…) 자신이 맡은 일의 가치에 대한 확신이 무엇보다 중요합니다. 관심 없는 일을 하거나 자신이 잘못 배치되었다는 생각이 들고, 혹은 인정받지 못하고 재능이 낭비되고 있다고 생각하는 사람은 실제는 아니더라도 늘 잠재적인 정신적 피해를 받고 있었습니다."

같은 이유로 사람들은 사회에서 무너질 수 있다. 자기가 하는 일을 싫어하면 일을 망치기도 한다.

필 존슨의 사례를 보자. 세탁소를 운영하던 그의 아버지는 아들이 가업을 이어가길 바라며 일자리를 마련해주었다. 하지만 세탁소 일이 싫었던 필은 꾸물거리고 빈둥대며 시키는 일 외에는 전혀 하지 않았다. 결근하는 날도 잦았다. 그의 아버지는 꿈도 야망도 없는 아들 때문에 너무 상심한 나머지 직원들 앞에서도 체면이 서지 않았다.

하루는 필 존슨이 아버지에게 정비공이 되고 싶다고 말했다. 기계나 만지는 공장으로 돌아가겠다는 아들의 말에 아버지는 충격을 받았다. 하지만 필은 완강했다. 그는 기름때 묻은 작업복을 입고 세탁소에서보다 훨씬 더 고된 일을 했다. 그런데 더 오래 일하면서도 휘파람까지 불며 신나게 했다! 그는 공학 수업을 들으며 엔진에 대해 배우고 쉴 때도 늘 기계와 함께했다. 1944년 사망 당시 필 존슨은 보잉사의 사장이자 2차 세계대전 승리의 주역인 대형 폭격기 B-17 플라잉 포트리스를 제작하는 중이었다! 만약 그가 세탁소에서 계속 일했다면 어땠을까? 아마 아버지가 돌아가시고 난 후 사업을 송두리째 날려버렸을 것이다.

가족 간의 다툼을 일으킬 수도 있겠지만 내가 젊은이들에게 꼭 해주고 싶은 말이 있다. 가족이 원한다고 해서 꼭 그 일을 해야 할 의무는 없다. 당신이 원하지 않으면 시작하지 말라! 물론 부모님의 충고는 깊이 새겨들어야 한다. 당신보다 두 배는 더 사신 분들이고 오랜 세월 숱한 풍파를 겪으며 얻은 지혜가 있다. 하지만 마지막 결정은 당신 몫이다. 일하며 행복해할 사람도 불행해할 사람도 결국 당신이다.

이제 일을 선택할 때 참고할 만한 몇 가지 조언과 경고를 하겠다.

첫째, 직업지도 상담사를 선택할 때는 다음의 다섯 가지 제안을 숙지하라. 미국 최고의 전문 직업지도사인 컬럼비아대학교 해리 덱스터 키슨 박사가 직접 해준 믿을 만한 이야기다.

① 당신에게 '직업 적성'을 알려줄 마법의 시스템이 있다고 말하는 사람에게는 절대 가지 말라. 골상학자, 점성술사, 성격분석가, 필적 감정가 등이 여기에 해당한다. 그들이 말하는 '시스템'은 도움이 되지 않는다.

② 당신에게 검사를 통해 어떤 직업을 선택할지 알려주겠다고 말하는 사람에게 가지 말라. 그들은 내담자의 신체적, 사회적, 경제적 환경을 고려해야 한다는 직업상담 원칙을 위반하고 있다. 직업 상담사는 내담자에게 열려 있는 직업적 기회를 고려하여 상담해야 한다.

③ 직업에 관련된 충분한 정보를 가지고 상담 시 적절히 활용할 수 있는 상담사를 찾으라.

④ 충분한 직업지도 상담을 받으려면 한 번으로는 부족하다.
⑤ 편지로 상담을 받지 말라.

둘째, 이미 사람들로 넘쳐나는 업계나 직업은 피하라. 먹고사는 방법은 다양하다. 하지만 젊은이들이 이런 사실을 알까? 수정 구슬을 들여다보며 미래를 점치는 점성술사를 고용하지 않는 한 모를 것이다. 그 결과 한 학교에서는 남학생 3분의 2가 선택한 직업은 2만 개나 되는 직업 중 고작 다섯 개로 추려졌고, 여학생 5분의 4가 선택한 직업 역시 마찬가지였다. 그러니 특정 직업군에 사람이 넘쳐나고, 화이트칼라 직업군에 불안정, 걱정, 불안 신경증이 만연하는 현실이 놀랍지 않다. 이미 포화 상태인 법률, 언론, 라디오, 영화 등 화려한 직업에 발을 들여놓으려는 건 아닌지 주의하라.

셋째, 생계를 유지할 가능성이 10분의 1밖에 안 되는 일은 피하라. 예를 들어 생명보험을 파는 일을 생각해보자. 주로 직업이 없는 사람을 비롯해 매년 수없이 많은 사람이 앞으로 일어날 일은 생각해보지도 않고 생명보험을 팔기 시작한다. 필라델피아 리얼 에스테이트 트러스트 빌딩에서 일하는 프랭클린 베트거가 그들에게 어떤 일이 벌어지는지 설명해주었다. 지난 20년 동안 베트거는 미국에서 가장 성공한 보험 영업사원이었다. 그는 생명보험 영업에 뛰어든 사람 100명 중 90명이 몹시 실망하고 좌절하여 일 년도 채 못 버티고 그만둔다고 했다. 남아 있는 10명 중 한 명이 전체 보험의 90퍼센트를 판매하고, 그중 아홉 명이 남은 10퍼센트를 판매한다. 정리하자면, 당신이 생명보험 판매를 시작해 일 년 안에 실패하고 그만둘 가능성이 90퍼센트고, 한 해에 1만 달러를 벌어들일 가능성이 고작 1퍼센트밖에 되지 않는다. 당신이 계속 일한다고 해도 간신히 벌어먹는 것 이상으로 돈을 벌 가능성은 겨우 10퍼센트에 불과하다.

넷째, 당신이 직업을 선택하기 전에 몇 주라도, 필요하다면 몇 달이 걸리더라도 그 직업에 대해 샅샅이 알아봐야 한다. 그 직업에 10년이나 20년, 혹은 40년 동안 종사해온 사람과 만나 직접 이야기를 나누어보라.

이런 경험은 당신의 미래에 막대한 영향을 끼칠 수 있다. 내가 경험해봐서 안다. 20대 초반에 나는 어르신 두 분에게 직업과 관련된 조언을 구했다. 돌이켜보면 두 번의 만남이 인생의 전환점이 되었다. 솔직히 그분들을 만나지 않았더라면 내 인생이 어떻게 됐을지 가늠조차 되지 않는다.

이러한 만남을 통한 직업지도는 어떻게 받을 수 있을까? 예를 들어 당신이 건축가가 되고 싶다고 하자. 결정을 내리기 전 몇 주에 걸쳐 당신이 사는 도시나 인근 도시의 건축가들을 직접 만나보아야 한다. 그들의 이름과 주소는 검색하면 얻을 수 있다. 만날 약속을 잡고 싶다면 다음과 같은 내용의 편지를 보내자.

> 선생님께 부탁을 드리고자 이렇게 편지를 보냅니다. 저는 열여덟 살이고 건축가가 꿈입니다. 결정을 내리기 전에 선생님의 조언을 듣고 싶습니다. 매우 바쁘셔서 사무실에서 만나기 힘드시다면, 선생님 댁에서 30분이라도 시간을 내어주신다면 제게는 큰 영광이겠습니다.
>
> 제가 여쭤보고 싶은 내용은 다음과 같습니다.

① 다시 태어나도 건축가가 되시겠습니까?
② 저를 한번 보신 후 제가 건축가로 성공하는 데 필요한 자질을 갖추었는지 알려주세요.
③ 건축가는 경쟁이 치열한가요?
④ 4년간 건축을 공부한 후에 취업이 어려울까요? 처음에는 어떤 일을 하게 되나요?
⑤ 평균 정도의 실력을 가졌다면 건축일을 시작하고 나서 5년간 어느 정도 돈을 벌 수 있을까요?
⑥ 건축가의 장단점이 무엇인가요?
⑦ 제가 선생님의 아들이라면 건축가가 되라고 권하시겠습니까?

당신이 소심한 탓에 혼자 '거물'을 만나기 두렵다면 도움이 될 만한 두 가지 방법을 제안하겠다.

첫째, 또래 친구와 함께 가라. 둘이 함께라면 서로에게 의지하며 자신감이 생길 것이다. 함께 갈 친구가 없다면 부모님께 같이 가달라고 부탁하자.

둘째, 조언을 구하는 것은 그 사람에게 존경을 표하는 행동이라는 사실을 기억하라. 당신의 요청을 받은 사람은 우쭐한 마음이 들 것이다. 어른들은 젊은이들에게 조언해주는 것을 좋아한다. 아마 건축가는 당신에게 이야기하는 것을 즐길 것이다.

만약 시간을 내어 만나 달라는 편지를 쓰기 힘들다면 따로 약속을 잡지 말고 건축가의 사무실로 찾아가 조언을 해주시면 감사하겠다고 말해보라.

당신이 건축가 다섯 명을 만났는데 그럴 일은 없겠지만 다들 바빠서 시간을 내주지 못했다면 다른 다섯 명을 찾아가보라. 누군가는 기꺼이 당신을 만나서 값진 충고를 해줄 것이다. 이렇게 얻은 충고 덕분에 당신은 쓸데없이 시간을 낭비하며 괴로워하는 일은 없을 것이다.

당신은 인생에서 가장 중요하고 지대한 영향을 미치는 두 가지 결정 중 하나를 하고 있다. 그러니 결정을 내리고 행동하기에 앞서 시간을 두고 모든 사실을 파악하라. 그러지 않으면 남은 인생의 절반은 후회하며 보낼 것이다.

형편이 괜찮다면 자신의 귀한 30분을 내주고 조언을 해준 사람에게 보답하라.

다섯째, 당신이 단 한 가지 직업에만 적합하다는 잘못된 믿음을 깨라! 평범한 사람이라면 많은 분야에서 성공할 수도, 실패할 수도 있다. 나 역시 마찬가지다. 나 역시 어떤 직업을 택하기로 하고 공부하며 준비했다면 어느 정도는 성공도 하고 즐기면서 일했을 것 같다. 어떤 직업이란 바로 농업, 과수업, 과학적 영농, 의학, 판매, 광고, 지역 신문 편집, 교직, 임업 등이다. 하지만 즐기지도 못하고 실패로 끝났을 만한 일도 있다. 부기, 회계, 공학, 호텔이나 공장 경영, 건축, 기계와 관련된 일 등 수많은 직업이 그러하다.

"자기가 해야 할 일을 찾은 사람은 이미 축복받았다. 다른 복을 바랄 필요가 없다."
토머스 칼라일

9부

돈 걱정을
줄이는 법

1

걱정의 70퍼센트를 차지하는 돈 문제

내가 모든 사람의 돈 걱정을 해소할 방법을 안다면 지금 이 책을 쓰는 게 아니라 백악관에, 그것도 대통령 바로 옆에 앉아 있을 것이다. 하지만 한 가지는 할 수 있다. 이 문제와 관련된 권위자들의 말을 인용하고 실질적인 방안을 제안하며 추가적인 도움을 얻을 만한 책과 논문을 소개하는 것이다.

《레이디스 홈 저널》에서 실시한 설문조사에 따르면 우리가 하는 걱정의 70퍼센트는 돈과 관련된 문제다. 갤럽 여론조사의 조지 갤럽은 여론조사 결과 사람들 대부분이 지금보다 10퍼센트만 더 벌면 모든 돈 걱정이 사라질 거라고 믿는다고 밝혔다. 그럴 때가 많긴 하지만 놀랍게도 그렇지 않은 경우도 상당히 많다. 예를 들어 이 장을 쓰는 동안 나는 예산 전문가 엘시 스테이플턴과 인터뷰했다. 엘시는 오랫동안 뉴욕 워너메이커 백화점과 짐벨스 백화점의 고객과 직원의 재정 자문가로 일했다. 또한 개인 상담사로 돈 걱정에 시달리는 사람들을 도와주었다. 엘시가 도와준 사람들은 연간 1000달러도 벌지 못하는 짐꾼부터 연간 10만 달러를 버는 기업의 간부까지 다양했다. 그는 내게 이렇게 말했다. "돈을 더 번다고 돈 걱정이 사라지는 것은 아니에요. 사실 소득이 높아지면 덩달아 지출과 두통이 늘어나는 경우가 많죠. 많은 사람이 걱정하는 이유는 충분한 돈을 벌지 못해서가 아니라 돈 쓰는 법을 모르기 때문입니다!" (마지막 말을 읽고 콧방귀를 뀌진 않았는가? 자, 다시 콧방귀를 뀌기 전에 스테이플턴이 '모든' 사람이 아닌 '많은' 사람이라고 한 점에 주목하라. 그러니 당신이 여기에 속하지 않을 수도 있다. 당신의 형제자매나 사촌 등 아는 사람일 수 있다.)

많은 독자가 이렇게 말하고 싶을 것이다. "이 카네기라는 사람에게 내 주급으로 각종 고지서에 빚까지 갚아보라고 하고 싶네. 한 번이라도 해보면, 저런 말은 못 할 텐데." 하지만 나도 재정적인 문제를 겪어봤다. 미주리주 옥수수농장과 건초 헛간에서 하루 10시간씩 막노동을 할 때가 있었다. 온몸이 쑤시고 완전히 녹초가 되면 그 고통에서 벗어나기만을 빌었다. 죽을 듯이 일하고도 시간당 1달러, 아니 50센트, 심지어 10센트조차 받지 못했다. 하루 10시간을 일해서 번 돈은 고작 5센트뿐이었다.

욕실도 없고 물도 안 나오는 집에서 20년을 산다는 게 어떤 것인지 나는 안다. 영하 15도의 침실에서 자는 게 어떤 것인지도 안다. 차비 5센트를 아끼려고 몇 킬로미터를 걷고 밑창에 구멍이 난 신발을 신고 바지의 해진 엉덩이 부분을 덧대어 입는 게 어떤 것인지 안다. 식당에서 제일 싼 음식을 시키고 양장점에서 다림질할 돈이 없어 침대 매트리스 아래 깔고 잔다는 게 어떤 것인지도 알고 있다.

하지만 그러한 상황에서도 나는 수입에서 푼돈이라도 저

축했다. 그러지 않으면 두려웠기 때문이다. 이 경험으로 빚을 지지 않고 돈 걱정에서 벗어나고자 한다면 누구나 기업에서 하는 방식대로 해야 한다는 사실을 깨달았다. 즉, 지출에 대한 계획을 세우고 그 계획에 따라 돈을 쓰는 것이다. 그런데 이렇게 하는 사람은 드물다.

이 책의 출판사 총괄 책임자이자 내 친구이기도 한 레온 심킨은 사람들이 자신이 번 돈에 대해서는 앞뒤 분간도 못 하는 게 희한하다고 지적했다. 그는 자신이 아는 경리 직원에 관한 이야기를 들려주었다. 그 경리 직원은 회사에서 숫자를 다루는데 뛰어난 재능을 보였지만 정작 본인의 돈 관리는 영 별로였다. 금요일 오후에 주급을 받고 길을 걷다가 상점가에서 마음에 드는 코트를 발견하면 한 치의 망설임도 없이 바로 사버린다. 곧 내야 할 월세나 전기세 등 '고정'비용은 전혀 생각도 하지 않은 채 말이다. 주머니에 현금이 있으니 쓰면 그만이었다. 하지만 그도 자신이 일하는 회사가 이렇게 무턱대고 쓰고 보자는 식으로 사업을 한다면 파산하게 되리라는 것쯤은 알고 있을 것이다.

기억하라. 당신의 돈은 당신이 책임져야 한다! 당신의 돈으로 무엇을 할지는 말 그대로 당신의 일이다.

그렇다면 돈을 관리하는 원칙은 무엇일까? 어떻게 예산을 짜고 계획을 세워야 할까? 다음의 11가지 규칙을 살펴보자.

규칙 1 사실을 기록하라

50년 전 아널드 베넷이 런던에서 소설가가 되기로 마음먹었을 때, 그는 생활고에 시달렸다. 그래서 6펜스마다 지출 내역을 기록했다. 돈이 다 어디로 나가는지 궁금해서였을까? 아니다. 그

내역은 이미 알고 있었다. 단지 기록하는 일이 굉장히 마음에 들어서였다. 그는 세계적으로 유명해지고 개인 요트를 살 만큼 부자가 된 후에도 기록을 계속했다.

존 록펠러 역시 지출 장부를 썼다. 그는 단 1센트까지도 어디에 썼는지 모두 점검한 후에야 기도하고 잠자리에 들었다.

당신과 나도 노트를 마련해 기록하기 시작해야 한다. 평생 그렇게 해야 할까? 꼭 그럴 필요까지는 없다. 예산 전문가들은 최소 한 달, 가능하다면 석 달까지는 동전 한 푼까지도 자세히 기록하길 권한다. 기록을 통해 돈이 어디로 빠져나가는지 정확히 파악해 예산을 짤 수 있기 때문이다.

당신의 돈이 어디로 빠져나가고 있는지 아는가? 만약 그렇다면 당신은 0.1퍼센트에 해당하는 사람이다! 스테이플턴은 사람들이 지출 내역을 정확히 알고 있다며 몇 시간째 말하다가도 종이에 기록하고 나서 결과를 보고는 "내 돈이 이렇게 나간다고요?"라고 하며 깜짝 놀라는 경우가 많다고 했다. 그들은 결과를 믿기 힘들어한다. 당신도 그런가? 아마 그럴지도 모른다.

규칙 2 자신의 필요에 맞는 예산을 짜라

스테이플턴은 같은 지역에 똑같이 생긴 집에 살고 자녀 수도 같고 수입도 같은 가정이라도 필요한 예산은 완전히 다를 수 있다고 말했다. 이유는 사람이 다르기 때문이다. 따라서 예산은 개개인에 맞춰 짜야 한다.

예산을 짜는 일은 인생에서 즐거움을 사그라지게 하는 게 아니다. 우리는 예산을 세우며 물질적 안정감을 얻을 수 있고, 결과적으로 정신적으로 안정되고 걱정에서도 벗어나게 된다. 스테이플턴은 이렇게 말했다. "예산에 맞춰 사는 사람들이 그러지 않는 사람보다 더 행복합니다."

그런데 예산은 도대체 어떻게 짜야 할까? 우선 앞서 말한 대로 모든 지출 목록을 쓰고 조언을 구하라. 인구 2만 명이 넘는 도시라면 가족복지 단체에서 무료로 재정 문제에 관한 조언을 구하거나 소득에 맞는 예산을 짜도록 도움을 받을 수 있다.

규칙 3 현명하게 소비하는 법을 배우라

당신의 돈으로 최대의 가치를 얻는 법을 알아야 한다. 대기업에는 전략구매팀이 있다. 이들의 목표는 회사를 위해 최고의 가치를 창출할 것에만 돈을 쓴다. 당신도 본인의 자산 관리자로서 그렇게 해야 하지 않겠는가?

규칙 4 소득이 늘어났다고 두통까지 늘리지 말라

스테이플턴은 연 소득 5000달러인 가정을 상담하는 일이 가장 꺼려진다고 털어놓았다. 내가 이유를 묻자 이렇게 답했다. "연 소득 5000달러는 미국 가정 대부분이 이루려는 목표거든요. 오랫동안 현명하고 분별 있게 잘 살다가 연 소득 5000달러를 달성하자마자 다들 '끝났다'라고 생각하죠. 그래서 일을 벌여요. 외곽에 '아파트 월세보다 저렴한' 집을 사고 차를 사고 새 가구도 사고 새 옷도 삽니다. 그러다 곧 적자가 나기 시작했다는 사실을 알게 되죠. 그들은 전보다 행복하지도 않아요. 수입이 늘어나면서 분에 넘치게 돈을 써버렸기 때문이죠."

자연스러운 일이다. 누구나 살면서 더 많이 가지길 원한다. 하지만 빠듯한 예산에 맞춰 지내려고 애쓰는 삶과 우체통에 독촉

장이 쌓이고 현관문을 두드리는 빚쟁이들에 치여 사는 삶 중에 어느 쪽이 더 행복할까?

규칙 5 대출을 대비해 신용을 쌓으라

급한 일이 생겨 대출을 받아야 한다면 생명보험이나 국채, 장기예금증서 등은 현금이나 마찬가지다. 하지만 보험사 대출을 받으려면 현금 가치를 갖는 저축성 보험이어야 한다. '정기보험'과 같은 종류의 보험은 정해진 기간에 당신을 보호할 뿐 돈이 쌓이지는 않는다. 이러한 보험들은 대출에 별 도움이 안 된다. 따라서 돈을 급히 마련해야 할 때 보험 해약 시 환급금이 있는지 보험계약서에 서명하기 전에 반드시 물어봐야 한다.

대출할 수 있는 보험도 없고 채권도 없지만 집과 차, 혹은 다른 담보가 있다고 가정해보자. 어디서 대출을 받을 수 있을까? 무조건 은행으로 가라! 이 나라의 모든 은행은 엄격한 규제를 받고 있고 지역 사회에서 좋은 평판도 유지해야 한다. 고객에게 부과할 이자율도 법으로 정해져 있으니 당신을 공정하게 대할 것이다. 당신이 재정적으로 힘든 상황이라면 은행은 당신과 함께 의논하고 계획을 짜고 걱정과 채무에서 벗어날 방법까지도 도와줄 것이다. 다시 말하지만, 담보가 있다면 반드시 은행으로 가라!

하지만 담보도 없고 재산도 없고 급여 외에는 보증할 만한 게 없다고 가정해보자. 당신의 삶이 소중하다면 이 말을 명심하라. 신문에 화려한 광고로 눈길을 끄는 '대부 업체'는 절대 생각도 하지 말라. 광고만 보면 산타클로스처럼 마음이 후한 것처럼 보이지만, 절대 믿으면 안 된다.

물론 윤리적이고 정직하며 합법적인 곳도 있다. 하지만 대개 그들은 질병이나 긴급한 상황 때문에 급하게 돈이 필요한 사람들을 상대로 거래한다. 그리고 대출금을 회수하는데 큰 위험부담과 비용이 들기 때문에 은행보다 이자율이 높다. 그러니 대부 업체와 거래하기 전에 일단 은행으로 가서 담당자와 상담하고 그가 아는 공정한 업체를 추천해 달라고 요청하라. 그렇게 하지 않으면, 겁주려는 것은 아니지만 지금부터 이야기할 악몽 같은 일이 당신에게도 일어날 수 있다.

미니애폴리스에 있는 한 신문사는 대부 업체들이 러셀 세이지 협회가 만든 규정을 성실히 이행하고 있는지 조사했다. 나는 그 조사에 참여한 사람을 안다. 그의 이름은 더글러스 루턴이고 현재 《유어 라이프》의 편집장이다. 그는 빈곤한 채무자들이 겪는 가혹한 일이 머리카락이 쭈뼛 설 정도로 끔찍하다고 했다. 처음에는 고작 50달러였던 대출금이 그들이 갚기 시작하기도 전에 순식간에 늘어나 300~400달러가 된다. 월급이 압류되면 회사에서도 대개 해고된다.

대출금을 갚지 못하면 사채업자들은 감정사를 집으로 보내 가구를 '감정'하게 한 다음 물건들을 몽땅 가져가버리는 경우가 많다! 소액 대출을 하고 4~5년 정도 상환했지만, 여전히 대출금을 갚고 있는 사람도 있다. 이런 일은 비일비재하다. 더글러스 루턴은 이렇게 말했다. "우리는 조사를 하는 동안 판사들이 두 손 두 발 다 들 만큼 수많은 사건을 법정에 넘겼습니다. 신문사에도 중재소를 따로 만들어 이런 사건들을 처리해야 했죠."

어떻게 이런 일이 가능할까? 눈에 보이지 않는 요금과 별도의 '합법적인 수수료' 때문이다. 대부 업체를 이용해야 한다면 다음을 반드시 기억하라. 추호의 의심도 없이 돈을 바로 갚을 수 있다고 확신한다면 대부 업체의 이자는 상당히 적은 편이라 쉽게 빠져나올 수 있다. 하지만 대출 기간을 계속 갱신한다면 이자는 아인슈타인도 현기증이 날 만큼 어마어마하게 불어날 것이다. 더글러스 루턴에 따르면 별도의 수수료가 원래 대출보다 2000퍼센트나 많아져 은행 수수료의 약 500배에 달하는 일도 있다고 한다.

> **규칙 6** 질병, 화재, 긴급 상황에 대비해 보험에 가입하라

보험은 비교적 적은 돈으로 각종 불의의 사고나 재해, 긴급 상황에 대처할 수 있다. 욕조에서 넘어지거나 풍진에 걸리는 등 모든 경우를 대비해 보험에 들라는 것은 아니다. 하지만 처리하는 데 비용이 많이 들어 골치 아플 수밖에 없는 큰 사고는 미리 대비하는 게 좋다. 그런 면에서 보험은 가성비가 좋다.

내가 아는 한 여성은 작년에 10일 동안 병원에 입원했다. 그런데 퇴원할 때 청구서를 보니 달랑 8달러가 전부였다! 모두 의료보험 덕분이었다.

> **규칙 7** 생명보험금이 배우자에게 현금으로 지급되지 않도록 하라

당신이 사망한 후 가족에게 지급되는 생명보험이 있다면 부디, 절대로 일시금으로 지급되지 않도록 하라.

'돈이 생긴 홀아비나 과부'에게 어떤 일이 생길까? 매리언 에벌리 부인의 이야기를 들어보자. 에벌리는 뉴욕 이스트 42번가 60번지에 있는 생명보험협회의 여성부를 맡고 있다. 그는 미국 전역의 여성 모임에서 남편의 생명보험금을 일시금으로 받는 것보

다 연금처럼 일정한 금액을 매달 받는 것이 현명하다고 말한다. 에벌리는 최근에 남편이 남긴 생명보험금 2만 달러를 아들의 자동차 액세서리 사업에 모두 투자한 한 여성의 이야기를 들려주었다. 사업은 망했고 여성은 돈을 다 날렸다. 다른 여성은 "일 년 안에 가치가 두 배는 오른다"라며 그럴싸한 말을 늘어놓는 부동산 중개인의 말을 믿고 보험금 대부분을 공터에 투자했다. 하지만 3년 후 구매가의 10분의 1밖에 되지 않는 헐값에 공터를 팔았다. 또 다른 여성은 생명 보험금 1만 5000달러를 받고 일 년도 지나지 않아 아동복지협회에 자녀들의 양육 도움을 요청해야 했다. 이러한 비극적인 사례는 수없이 많다.

"여성의 손에 들어간 2만 5000달러는 7년이 채 가지 않는다."《뉴욕포스트》의 경제부장 실비아 포터가 《레이디스 홈 저널》에 기고한 내용이다.

몇 년 전 《새터데이 이브닝 포스트》에 이런 사설이 실렸다. "사회생활 경험도 없고 조언을 구할 은행원도 없는 평범한 주부는 번지르르한 말을 늘어놓으며 처음으로 접근해온 판매원에게 낚여서 배우자가 남긴 보험금을 무모하게 투자해버리는 경우가 다반사다. 평생 희생하고 절제하며 모은 돈을 사기꾼의 감언이설에 속아 모두 날리고 생계마저 위협당하는 배우자의 사례는 변호사나 은행원이라면 수없이 알고 있다."

배우자나 자녀를 지키고 싶다면 역사상 가장 현명한 금융가인 J.P. 모건의 조언을 명심하라. 모건은 주요 수령자 16명에게 유산을 남겼는데 12명이 여성이었다. 그는 여성들이 일시금으로 받게 했을까? 그렇지 않다. 여성들이 평생 매달 일정 수입을 받을 수 있도록 신탁 기금에 돈을 맡겼다.

규칙 8 자녀가 돈에 대해 책임감을 갖도록 가르치라

나는 예전에 《유어 라이프》에서 읽었던 내용을 평생 잊지 못할 것 같다. 스텔라 웨스턴 터틀은 어린 딸에게 돈에 대한 책임감을 가르친 방법을 설명했다. 스텔라는 은행에서 여분의 수표책을 받아 아홉 살 난 딸에게 주었다. 딸은 매주 용돈을 받아서 엄마에게 '예금'했다. 엄마가 딸의 돈을 관리하는 은행이 된 것이다. 이후 주중에 돈이 필요할 때마다 딸은 필요한 만큼 '수표를 발행'하고 잔액을 확인했다. 딸은 재미있어했고 돈을 관리하는 책임감도 배우게 되었다. 어린 자녀에게 돈을 관리하는 법을 가르쳐주고 싶다면 이 훌륭한 방법을 추천한다.

규칙 9 필요하다면 작게 시작해서 쌈짓돈을 모으라

현명하게 지출을 관리하고도 생활이 빠듯하다면 둘 중 한 가지를 하면 된다. 자책하고 조바심치며 걱정하고 불평하거나, 혹은 조금이라도 쌈짓돈을 버는 것이다. 어떻게 해야 할까? 충분히 채워지지 않은 누군가의 절실한 욕구를 채워주는 것이다. 이는 뉴욕 잭슨 하이츠 83번가 37-09번지에 사는 넬리 스피어가 했던 일이다. 1932년 넬리는 방 세 개짜리 아파트에서 혼자 살고 있었다. 남편은 사망하고 두 자녀는 결혼했다. 어느 날 잡화가게의 카페에서 아이스크림을 먹고 있는데 거기서 판매하는 파이가 모양도 별로고 맛도 없어 보였다. 그는 가게 주인에게 수제 파이를 살 의향이 있느냐고 물었다. 그러자 주인은 곧바로 두 개를 주문했다. 넬리는 이렇게 말했다. "요리를 잘하는 편이었지만 조지아에 살 때는 가사도우미들이 있어서 혼자서 파이를 12개 이상 구워본 적이 없었어요. 파이 두 개를 주문받고 이웃집 부인에게 사과파이 만드는 법을 물었죠. 카페 손님들은 제가 처음으로 만든 수제 파이를 굉장히 좋아했어요. 하나는 사과파이, 하나는 레몬파이였답니다. 다음 날 다섯 개나 더 주문받았어요. 그러자 다른 카페와 작은 식당에서도 주문이 들어오기 시작했죠. 2년도 안 되어 한 해에 파이를 5000개나 구웠답니다. 좁은 부엌에서 혼자 일하며 일 년 동안 거뜬히 1000달러를 번 거죠. 파이에 들어가는 재료비를 제외하고는 다른 돈이 전혀 들지 않았거든요."

수제 파이의 인기는 날이 갈수록 높아져 그는 부엌에서 나와 가게를 차리고 직원 두 명을 고용해 파이, 케이크, 빵, 롤 등을 만들었다. 전쟁 중에도 사람들은 넬리가 만든 빵을 사려고 한 시간 넘게 줄을 서서 기다렸다.

"평생 그렇게 행복한 적이 없었어요. 하루에 12시간에서 14시간을 일했지만 전혀 피곤하지 않았죠. 제게는 일이 아니라 흥미진진한 모험이었거든요. 저는 제가 할 수 있는 일을 하며 사람들을 조금 더 행복하게 해주었죠. 이제는 너무 바쁘다 보니 외롭거나 걱정할 틈이 없어요. 이 일은 어머니와 남편을 먼저 떠나보내고 공허했던 제 마음과 집을 꽉 채워주었답니다."

나는 인구 만 명이 넘는 도시에서 요리를 잘하는 여성이 넬리와 비슷한 방법으로 돈을 벌 수 있을지 물어보았더니 그는 이렇게 답했다. "그럼요. 얼마든지 가능하죠!"

오라 스나이더 부인도 같은 이야기를 들려줄 것이다. 오라는 인구 3만 명이 사는 일리노이주 메이우드에 산다. 그도 부엌에서 재료비 10센트도 들이지 않고 사업을 시작했다. 그는 병든 남편을 대신에 돈을 벌어야 했다. 하지만 어떻게 해야 할지 모든 게 막막했다. 경험도 기술도 자본도 없는 평범한 가정주부였기 때문이다. 그러던 어느 날 부엌에서 달걀흰자와 설탕으로 사탕을 만들었다. 그리고 사탕을 학교 근처로 가져가 하교하는 아이들에게 한 개에 1센트씩 팔며 이렇게 말했다. "내일 돈을 더 들고 와. 집에서 만든 맛있는 사탕을 가지고 매일 여기서 기다릴게." 첫 주부터 수익이 났고 삶에 새로운 의욕도 생겼다. 자신과 아이들 모두에게 행복을 주려 하다 보니 걱정 따위는 할 틈이 없었다.

일리노이주 메이우드에 사는 얌전하고 아담한 스나이더 부인은 야심 차게 사업을 확장하기로 마음먹었다. 그는 사람들로 붐비고 복잡한 시카고에서 직접 만든 사탕을 대신 팔아줄 사람을 물색했다. 그리고 길거리에서 땅콩을 팔고 있는 이탈리아인에게 조심스럽게 다가갔다. 그는 별로 달가워하지 않으며 자신의 손님들은 사탕이 아니라 땅콩을 사러 온 것이라고 말했다. 하지만 그가 건넨 사탕을 맛보고는 마음을 바꾸어 사탕도 함께 팔기 시작했다. 그렇게 스나이더 부인은 첫날 큰 수익을 얻었다. 4년 후 그는 시카고에 첫 상점을 열었는데, 너비가 2.5미터도 안 되는 좁은 곳이었다. 부인은 밤에 사탕을 만들어 낮에 팔았다. 부엌에서 사탕을 만들던 이 소심한 가정주부는 현재 17개의 지점을 운영하고 있고, 그중 15개는 시카고의 중심가인 루프 구역에 있다.

내가 전하고자 하는 요점은 이것이다. 뉴욕 잭슨 하이츠에 사는 넬리 스피어와 일리노이주 메이우드에 사는 오라 스나이더는 돈 걱정을 하는 대신 도움이 될 만한 일을 직접 시도했다. 그들은 부엌에서 아주 작게 시작해 돈을 벌기 시작했다. 간접비나 월세, 광고비, 임금 등 돈 한 푼 들이지 않았다. 이렇게 한다면 돈 때문에 걱정할 일은 거의 없을 것이다.

주변을 돌아보라. 아직 채워지지 않은 누군가의 욕구를 많이 발견할 것이다. 만약 당신이 요리를 잘한다면 젊은이들을 대상으로 집에서 요리 교실을 열어 돈을 벌 수 있다. 직접 여러 집을 돌아다니며 수강생을 모집할 수도 있다.

자투리 시간을 활용해 돈을 버는 방법을 다루는 책이 많다. 근처 도서관에 한번 가보라. 누구에게나 기회는 열려 있다. 한 가지 주의할 점은 판매에 재능이 없다면 방문 판매는 하지 않는 게 좋다. 낯선 사람의 방문을 반기는 사람은 없으므로 이 일은 실패 확률이 높다.

규칙 10 도박은 절대 하지 말라

경마나 슬롯머신으로 돈을 벌겠다는 사람들을 볼 때마다 늘 소스라치게 놀란다. 나는 이런 '외팔이 강도' 여러 개를 굴리며 돈을 버는 사람을 안다. 그는 이미 승패가 조작된 기계를 이길 수 있다고 순진하게 믿는 멍청한 사람들을 조롱한다.

내 수업을 듣는 수강생 가운데는 미국에서 유명한 경마업자도 있다. 그는 경마에 대해 아무리 많이 알아도 경마에서 돈을 벌 수 없었다고 털어놓았다. 그런데도 어리석은 사람들이 일 년에 60억 달러를 경마에 건다. 1910년 당시 국가 부채 총액보다 여섯 배나 많은 돈이다. 이 경마업자는 정말 싫어하는 적이 있다면 경마에 돈을 걸게 한 다음 파산시키는 것이 최고의 방법이라고 말했다. 경마 정보지의 추천대로 돈을 걸면 어떻게 되느냐고 물었더니 그는 이렇게 답했다. "그렇게 했다가는 조폐국이라도 돈을 다 잃을 겁니다."

그래도 도박을 해야겠다면 적어도 생각은 좀 해보자. 우선 당신이 질 확률을 알아내라. 브리지와 포커의 고수이자 일류

수학자이며 통계 전문가에 보험계리인이기도 한 오즈월드 저코비의 『확률 계산법How to Figure the Odds』을 읽어보자. 이 책은 총 215쪽에 걸쳐 경마, 룰렛, 크랩스, 슬롯 머신, 드로 포커, 스터드 포커, 콘트랙트 브리지, 옥션 피노클, 주식 투자를 할 때 당신이 질 확률을 알려준다. 이외에도 수많은 활동의 승률도 과학적이고 수학적으로 제시한다. 이 책은 도박으로 돈을 버는 방법을 보여주려는 게 아니다. 저자에게 다른 속셈은 없다. 그저 당신이 도박에서 질 확률을 상식적으로 설명할 뿐이다. 이 확률을 알게 되면 당신은 자신이 열심히 번 돈을 경마나 카드, 주사위, 슬롯머신에 걸고 있는 멍청이들을 불쌍하게 여길 것이다. 크랩스나 포커, 경마에 돈을 걸고 싶은 충동이 생긴다면 이 책을 읽어보라. 책값의 100배, 아니 1000배의 돈을 아끼게 될 것이다.

규칙 11 재정 상태가 좀처럼 나아지지 않더라도 억울해하지 말고 자신을 관대하게 대하라

재정 상태를 도무지 개선할 수 없다 하더라도 우리의 마음가짐은 바꿀 수 있다. 누구나 돈 문제로 골치를 앓는다는 사실을 기억하자. 우리는 옆 사람에게 뒤처질까 봐 걱정하지만, 그들도 또 다른 누군가에게 뒤처질까 봐 걱정하고, 누군가는 또 다른 누군가에게 뒤처질까 봐 걱정한다.

미국 역사상 가장 유명한 인물들도 재정적인 문제를 겪었다. 링컨과 워싱턴은 대통령 취임식에 갈 차비가 없어 돈을 빌려야 했다.

우리가 바라는 것을 모두 얻을 수 없더라도 걱정하고 억울해하며 일상과 성격까지 해치지는 말자. 자신에게 관대해져라. 그리고 철학적인 태도를 견지하라. 로마의 위대한 철학자 세네카는 이렇게 말했다. "가진 것이 부족하다고 생각하는 사람은 이 세상을 다 가져도 불행할 것이다."

누구도 넘보지 못하게 장벽을 치고 미국 땅을 다 가졌다 한들 하루에 세 끼를 먹고 하루에 한 곳에서만 잘 수 있다는 사실을 기억하자.

돈 걱정을 줄이는 법

❶ 사실을 기록한다.

❷ 자신의 필요에 맞는 예산을 짠다.

❸ 현명하게 소비하는 법을 배운다.

❹ 소득이 늘어났다고 두통까지 늘리지 않도록 조심한다.

❺ 대출을 대비해 신용을 쌓는다.

❻ 질병, 화재, 긴급 상황에 대비해 보험에 가입한다.

❼ 생명보험금이 배우자에게 현금으로 지급되지 않도록 한다.

❽ 자녀가 돈에 대해 책임감을 갖도록 가르친다.

❾ 필요하다면 작게 시작해서 쌈짓돈을 모은다.

❿ 도박은 절대 하지 않는다.

⓫ 재정 상태가 좀처럼 나아지지 않더라도
억울해하지 말고 자신을 관대하게 대하라.

"가진 것이 부족하다고 생각하는 사람은
이 세상을 다 가져도 불행할 것이다."
세네카

10부

나는 걱정을 이렇게 극복했다

32명의 생생한 경험담

한꺼번에 나를 짓누른 여섯 가지 큰 걱정

C.I. 블랙우드   블랙우드 데이비스 직업전문학교 이사장
　　　　　　　 오클라호마주 오클라호마시

　　1943년 여름, 나는 세상 걱정거리의 절반을 지고 있는 듯했다. 나는 40년 넘게 평탄한 삶을 살았다. 문제라고 해봐야 남편이자 아버지, 사업가가 흔히 겪는 사소한 일이었고, 쉽게 해결할 수 있었다. 하지만 갑자기 커다란 문제 여섯 개가 한꺼번에 걷잡을 수 없이 터졌다. 밤새도록 뒤척이며 제대로 자지도 못하고 아침을 맞이하기가 두려웠다. 내게 들이닥친 여섯 가지 문제를 마주할 자신이 없었기 때문이다.

　　① 내가 운영하는 직업전문학교가 재정적으로 위기에 처했다. 남학생들은 모두 전쟁터에 나갔고 여학생 대부분은 기술을 배워 사무실에 취직하는 것보다 군수공장에서 일하는 편이 돈을 더 많이 벌 수 있었기에 학교를 그만두었다.
　　② 큰아들이 전쟁터에 나갔다. 걱정에 휩싸여 망연자실했다. 전쟁터에 아들을 보낸 부모라면 다들 공감하리라.
　　③ 오클라호마시는 공항을 짓기 위해 큰 부지를 개발하기 시작했는데 그 한가운데에 아버지가 물려주신 우리 집이 있었다. 시세의 10분의 1밖에 보상받을 수 없는 일도 큰일이었지만 살 집이 없어지는 게 더 문제였다. 주택난이 심각해 여섯 식구가 살 집을 구할 수나 있을지 걱정되었기 때문이다. 천막을 치고 자야 할까 봐 두려웠고, 그러다 천막을 살 돈이 남아 있기나

할지 걱정에 사로잡혔다.

④ 근처에 배수로가 생기면서 우리 집 우물이 말라버렸다. 새 우물을 팠다가 집이 공항 부지에 포함되면 500달러는 그냥 버리는 꼴이 된다. 그래서 두 달 동안 아침마다 가축에게 먹일 물을 양동이로 퍼다 날랐다. 전쟁이 끝날 때까지 이런 상황이 계속될까 봐 두려웠다.

⑤ 내가 운영하는 학교는 집에서 약 16킬로미터 떨어져 있었고, 내 차는 연료 효율 B등급이라 새로운 타이어로 교체할 수 없었다. 오래된 내 포드 차의 닳아빠진 타이어가 수명을 다하면 출근을 어떻게 해야 하나 걱정이 태산이었다.

⑥ 큰딸이 고등학교를 일 년 일찍 졸업했다. 대학 진학이 꿈이지만 형편이 녹록지 않아 학비를 댈 수 없었다. 딸이 얼마나 속상할지 알기에 마음이 아팠다.

어느 날 오후 사무실에 앉아 골칫거리를 걱정하다가 그것들을 한번 써봐야겠다는 생각이 들었다. 세상에 나보다 더 걱정이 많은 사람은 없어 보였기 때문이다. 해결될 기미가 보이는 걱정으로 씨름하는 건 괜찮았지만, 내가 하는 걱정은 해결할 방법이 전혀 없었다. 그래서 문제 목록을 작성한 다음 파일에 넣어버렸다. 몇 달이 지나자 그런 목록을 썼다는 사실조차 새까맣게 잊어버렸다. 일 년 6개월이 지난 후에 파일을 옮기다가 한때 내 건강마저 엉망으로 만든 여섯 가지 커다란 문제 목록을 우연히 발견했다. 그리고 읽는 내내 굉장히 흥미로웠고 유익하기까지 했다. 여섯 가지 문제 중에 실제로 일어난 일은 하나도 없었다. 그 문제들이 어떻게 해결되었는지 이야기해주겠다.

① 학교 문을 닫아야 할지도 모른다는 걱정은 쓸데없었다. 정부는 퇴역군인 교육을 위해 직업학교에 보조금을 지급하기 시작했고 학교도 곧 정원을 모두 채웠다.

② 전쟁터로 간 아들에 대한 걱정도 쓸데없었다. 아들은 어디 긁힌 데 하나 없이 전쟁터에서 돌아왔다.

③ 집이 공항 부지에 포함될 거라는 걱정도 쓸데없었다. 우리 집 근처에 유전이 발견되자 공항 건설에 필요한 땅을 마련하는 비용이 막대해졌기 때문이다.

④ 가축에게 먹일 물에 관한 걱정도 쓸데없었다. 땅이 공항 부지에 포함되지 않는다는 사실을 알게 되자마자 돈을 들여 새 우물을 더 깊이 팠고, 덕분에 물로 고생할 일은 없었다.

⑤ 타이어에 대한 걱정도 쓸데없었다. 타이어를 보수하고 조심히 운전한 덕분에 타이어가 그럭저럭 잘 굴러갔다.

⑥ 딸아이의 교육에 관한 걱정도 쓸데없었다. 대학 개강 60일 전 나는 기적처럼 회계감사직을 제안받았다. 이렇게 학교일 외에 부수입을 얻게 되어 무사히 딸아이를 대학에 보낼 수 있었다.

사람들이 불안해하고 걱정하는 일의 99퍼센트는 일어나지 않는다는 말이 있다. 그 끔찍했던 오후에 작성한 이 걱정 목록을 일 년 6개월 전에 우연히 발견하지 못했다면 나는 이 말을 대수롭지 않게 여겼을 것이다.

이제는 여섯 가지 커다란 걱정과 쓸데없이 씨름했던 일이 감사하다. 그때의 경험으로 평생 잊지 못할 교훈을 얻었기 때문이다. 일어나지도 않은 일이나 어쩔 수 없는 일을 불안해하고 걱정하는 것은 참으로 어리석고 불행한 짓이다.

기억하라. 오늘은 당신이 어제 걱정했던 내일이다. 스스로 이렇게 물어보라. 지금 걱정하는 일이 정말 일어날지 어떻게 알겠는가?

나는 한 시간 안에 낙천주의자가 될 수 있다

로저 W. 밥슨   경제학자
                                          매사추세츠주 웰슬리힐스 파크

내가 처한 상황 때문에 우울해져도 나는 한 시간 안에 걱정을 없애고 낙천주의자가 될 수 있다.

내 방법을 소개하겠다. 우선 서재로 들어가 눈을 감고 역사서만 꽂힌 책장으로 걸어가서 손을 뻗어 아무 책이나 집는다. 프레스콧의 『멕시코 정복Conquest of Mexico』일 수도, 수에토니우스의 『풍속으로 본 12인의 로마황제』일 수도 있다. 눈을 계속 감은 채 아무 쪽이나 펼친다. 눈을 뜨고 펼쳐진 부분을 한 시간 동안 읽는다. 책을 읽으면 읽을수록 세상은 늘 극심한 고통으로 가득하고 문명은 언제나 멸망하기 직전에 있었다는 사실을 뼈저리게 깨닫는다. 역사서에는 전쟁, 기아, 가난, 전염병, 인간의 극악무도한 만행에 대한 잔인한 이야기가 가득하다. 이렇게 한 시간쯤 책을 읽다 보면 내 상황이 좋지 않더라고 과거에 비하면 훨씬 더 낫다는 생각이 든다. 그리고 세상이 끊임없이 나아지고 있다고 깨달으면서 결국 내가 현재 겪고 있는 문제를 다양한 관점에서 들여다볼 수 있게 된다.

한 장 전체를 설명해도 모자랄 좋은 방법이 있다. 역사서를 읽으라! 1만 년을 아우를 정도로 관점을 확장하라. 그리고 영원이라는 오랜 세월에서 당신의 문제가 얼마나 사소한 것인지 깨닫자.

나는 열등감을 극복했다

엘머 토머스   오클라호마주 상원의원

나는 열다섯 살 때 걱정과 두려움, 과도한 자의식으로 늘 괴로웠다. 키는 188센티미터로 또래보다 컸지만, 몸은 삐쩍 말라 겨우 53킬로그램이었다. 이렇게 키만 컸지 몸은 허약해서 야구나 달리기 시합은 엄두도 낼 수 없었다. 아이들은 나를 '뾰족 얼굴'이라고 부르며 놀려댔다. 나는 걱정도 많고 남들의 시선 때문에 누군가를 만나기가 두려웠고 실제로도 거의 만나지 못했다. 내가 살던 농장은 도로에서 1킬로미터쯤 멀리 떨어져 있는 데다 울창한 숲으로 에워싸여 있었기 때문이다. 일주일 동안 부모님과 형제자매 외에는 아무도 보지 못할 때도 있었다.

이렇게 걱정과 두려움에 휩싸여 살았다면 나는 인생의 실패자가 되었을 것이다. 한순간도 큰 키와 수척한 얼굴, 허약한 몸을 생각하지 않은 적이 없다. 온통 그 생각뿐이었다. 창피하고 두려웠던 마음은 형언할 수 없을 만큼 나를 짓눌렀다. 한때 학교 선생님이었던 어머니는 나를 잘 알고 계셨고, 이렇게 말씀하셨다. "아들아, 열심히 공부해야 해. 몸이 네 마음대로 안 된다면 머리를 써서 먹고살 방도를 찾아야지."

형편이 어려워 부모님의 도움으로 대학에 갈 수 없었던 나는 스스로 학비를 벌어야 했다. 겨우내 주머니쥐, 스컹크, 밍크, 너구리를 잡았고 봄에 그 가죽을 팔아서 4달러를 벌었다. 그 돈으로 새끼 돼지 두 마리를 사서 음식물 찌꺼기와 옥수수를 먹여 키웠다. 이듬해 가을에 돼지를 팔아 40달러를 벌었다. 그리고 그 돈으로 인디애나주 댄빌에 있는 센트럴사범대학교의 등록금을 냈다. 입학하고 나서는 일주일에 식비로 1달러 40센트, 방값으로는 주당 50센트나 들었다. 나는 어머니가 만들어주신 갈색 셔츠를 입고 다녔다(때가 타도 표시가 덜 나니 갈색으로 만드셨을 것이다). 아버지가 물려주신 정장 한 벌도 있었다. 아버지의 옷은 내게 맞지 않았고 발목 부츠도 마찬가지였다. 이 부츠는 원래 옆이 신축성 있는 소재로 되어 있어 발에 딱 맞아야 했지만, 이제는 너무 낡아서 헐렁해졌고 걸을 때 벗겨지기도 했다. 모든 게 창피했던 나는 친구들과 어울리지 못하고 혼자 방에 처박혀 공부만 했다. 당시 내 소원은 내게 딱 맞고 누구에게도 부끄럽지 않을 만한 옷 한 벌을 상점에서 사는 것이었다.

그런데 얼마 지나지 않아 내 걱정과 열등감을 극복하도록 도와준 네 가지 일이 일어났다. 특히 그중 한 가지 일 덕분에 나는 용기와 희망, 자신감을 얻게 되었고 완전히 다른 삶을 살게 되었다. 어떤 일이었는지 간단히 이야기하겠다.

첫째, 학교에 다닌 지 단 8주 만에 시험을 치렀는데 다행히 시골 공립학교에서 가르칠 수 있는 3급 교사 자격증을 받게 되었다. 이 자격증은 6개월 동안만 유효했지만, 누군가가 나를 믿어준다는 사실을 잠깐이라도 느낄 수 있었다. 어머니를 제외한 누군가에게 신뢰를 얻기는 처음이었다.

둘째, 해피 할로우라는 시골 학교에 채용되었다. 하루에 2달러씩, 한 달에 40달러를 받기로 하고 가르치기 시작했다. 누군가에게 신뢰받는다는 증거를 또 얻은 것이다.

셋째, 첫 월급을 받자마자 옷 가게로 가서 남들에게 창피하지 않을 옷을 샀다. 지금 누군가 100만 달러를 준다 해도 겨우 몇 달러를 주고 처음으로 정장을 샀을 때만큼 기쁘지는 않을 것이다.

넷째, 인디애나주 베인브리지에서 해마다 열리는 퍼트넘 카운티 박람회에서 진정한 인생의 전환점을 맞이했다. 나를 괴롭히던 수줍음과 열등감을 완전히 극복한 것이다. 어머니는 박람회에서 열리는 대중 연설 대회에 나가보라고 권하셨다. 말도 안 되는 생각이었다. 용기가 없어 한 사람과도 이야기를 나누지 못하는데 대중 앞에서 연설하라니. 하지만 나는 간절한 어머니의 마음을 지나칠 수 없었다. 어머니는 내가 언젠가 잘될 거라고 믿으셨다. 내 행복이 당신의 행복이라 믿으며 평생 사신 어머니 때문에라도 대회에 나가야 했다. 나는 제일 모르는 분야인 '미국의 미학과 인문학'이라는 주제를 선택했다. 솔직히 연설을 준비하기 시작할 당시 인문학이 뭔지도 몰랐다. 하지만 듣는 사람들도 마찬가지일 테니 별로 신경 쓰지 않았다.

나는 그럴싸해 보이는 글을 외우고 나무와 소 앞에서 수백 번 연습했다. 어머니를 위해서라도 좋은 성적을 거두기 위해 감정을 실어 최선을 다해 연설했다. 그 결과 나는 1등을 했다. 어안이 벙벙했다. 사람들이 환호했고, 한때 나를 '뾰족 얼굴'이라고 놀리던 아이들도 내 등을 두드리면서 "네가 해낼 줄 알았어, 엘머"라고 말했다. 어머니는 나를 꼭 끌어안고 흐느끼셨다. 돌이켜보면 연설 대회에서 1등을 한 일이 내 삶의 전환점이 되었다. 지역 신문은 1면에 나에 관한 기사를 실으며 앞날이 기대된다고 했다. 이후 나는 지역에서 유명해졌고 명성도 얻었다. 하지만 이보다 훨씬 더 중요한 일은 자신감이 100배쯤 늘어났다는 것이다. 그때 1등을 하지 못했다면 이렇게 미국 상원의원이 되지 못했을 것 같다. 그 경험 덕분에 시야가 달라지고 넓어졌으며 나도 몰랐던 잠재력을 발견하게 되었기 때문이다. 게다가 부상으로 센트럴사범대학교의 일 년 치 장학금을 받게 되었다.

이후 나는 배움에 대한 갈망이 더 커졌다. 그래서 1896년부터 1900년까지 일과 학업을 병행했다. 드퍼대학교 학비를 마련하기 위해 식당과 용광로에서 일하고 잔디를 깎거나 부기 장부 정리도 했으며 여름에는 밀밭과 옥수수밭에서 일하고 공공도로 건설 현장에서 자갈을 나르기도 했다.

1986년, 열아홉 어린 나이에 대통령 후보 윌리엄 제닝스 브라이언의 지지 연설을 했다. 지지 연설에 재미가 붙으니 직접 정치에 입문해보고 싶다는 열망이 생겼다. 그래서 드퍼대학교에 다니며 법과 대중 연설을 공부했다. 1899년 나는 버틀러대학교와의 토론회에 학교 대표로 나가게 되었다. 인디애나폴리스에서 열린 이 토론회의 주제는 '미국 상원의원은 일반투표로 선출되어야 한다'였다. 그 외 다른 연설 대회에서도 1등을 했고 1900년 대학연보 「미라지」와 대학신문 《팔라듐》의 총편집장을 맡았다.

드퍼대학교에서 학사를 마치고 언론인 호러스 그릴리의 충고를 따랐다. 다만 서부로 간 건 아니고 남서부의 새로운 오클라호마주로 향했다. 카이오와, 코만치, 아파치 인디언 보호구역이 생기기 시작할 때 나는 정부 공여 농지에 살며 오클라호마주 로튼에 법률 사무소를 열었다. 이후 오클라호마주 상원의원으로

13년, 미국 연방 하원의원으로 4년을 지내다 마침내 나이 오십에 평생소원을 이루었다. 오클라호마주에서 미국연방 상원의원이 된 것이다. 그리고 1927년 3월 4일부터 지금까지 상원의원으로 일하고 있다. 오클라호마와 인디언 특별보호구가 1907년 11월 16일에 오클라호마주로 합쳐지면서 영광스럽게도 민주당은 계속해서 나를 처음에는 주 상원의원으로, 다음에는 연방 하원의원으로, 그리고 마침내 연방 상원의원으로 지명했다.

　　나는 그동안 이룬 보잘것없는 일을 자랑하려고 이렇게 이야기하는 게 아니다. 별 재미도 없는 이야기에 누가 관심이 있겠는가. 다만 나처럼 아버지가 물려준 해진 옷을 입고 걸을 때마다 벗겨지는 낡아빠진 신발을 신고 다니며 수치심과 열등감, 온갖 걱정에 사로잡혀 삶이 피폐해진 가난한 젊은이들에게 조금이나마 새로운 용기와 자신감을 북돋아주었으면 좋겠다.

알라의 정원에서 보낸 7년

R.V.C 보들리　　영국 보들리언도서관을 세운 토머스 보들리 경의 자손, 『사하라의 바람 Wind in the Sahara』 『메신저 The Messenger』 외 14권을 쓴 작가

　　1918년 나는 세상을 등지고 아프리카 북서부로 향했다. 그리고 '알라의 정원'이라고 불리는 사하라사막에서 아랍인들과 7년을 함께 살았다. 유목민들의 언어를 배우고 그들의 옷을 입고 그들의 음식을 먹으며 그들처럼 생활했다. 지난 2000년 동안 거

의 변함없이 이어져온 그들의 방식대로 말이다. 나는 양 떼를 돌보고 아랍인들이 친 천막 바닥에서 잤다. 그들이 종교에 대해서도 자세히 공부했다. 후에 나는 무함마드에 관한 내용을 담은 『메신저』를 쓰기도 했다.

나는 이 유목민들과 7년 동안 내 삶에서 가장 평화롭고 만족스러운 시간을 보냈다.

사하라사막으로 가기 전에도 이미 다양하고 풍부한 경험을 했다. 나는 파리의 영국인 가정에서 태어나 그곳에서 9년간 살았다. 이후 영국 최고의 학교인 이튼과 영국육군사관학교에서 공부했다. 인도에서 영국군 장교로 6년간 복무하는 동안에도 폴로와 사냥을 즐기고 히말라야산맥을 탐험했다. 그러다가 1차 세계대전에 참전했고, 전쟁이 끝난 뒤 군사 보좌관으로 파리강화회의에 참석했다. 그곳에서 나는 몹시 충격을 받고 실망하게 되었다. 지난 4년 동안 대량 학살이 벌어지던 서부전선에서 나는 우리가 문명을 지키기 위해 싸운다고 믿었다. 하지만 파리강화회의에서는 이기적인 정치인들이 또 다른 세계대전의 전초전을 치르는 듯 보였다. 다들 자국의 이익에 혈안이 되어 서로 간의 적대감은 고조되었고 비밀외교가 재개되었다.

나는 전쟁도, 군대도, 사회도 모두 역겹고 지긋지긋했다. 입대 후 처음으로 앞으로 어떻게 살지 걱정하며 뜬눈으로 밤을 지새웠다. 영국 총리 로이드 조지는 내게 정치에 입문해보라고 했다. 그런데 그의 조언을 한창 고민하던 중에 이상한 일이 일어났고, 이후 7년간의 내 삶은 완전히 바뀌었다. 그 일은 1차 세계대전이 낳은 가장 화려하고 낭만적인 인물로 알려진 아라비아의 로런스, '테드' 로런스와 나눈 단 200초간의 짧은 대화였다. 이미 사막에서 아랍인들과 살고 있었던 그는 내게 자신처럼 해보라고 권유했다. 처음에는 터무니없는 말처럼 들렸다.

하지만 군대를 떠나기로 작정했기에 뭐라도 해야 했다. 전직 육군 장교를 고용하려는 민간인은 없었다. 이미 수백만 명의 실업자로 노동시장은 포화 상태였다. 그래서 나는 로런스의 제안대로 아랍인들과 살기로 마음먹고 길을 나섰다. 그렇게 한 게 지금 생각해보면 참 다행이다. 그들은 내게 걱정을 극복하는 법을 가르쳐주었다. 독실한 이슬람교도는 모두 운명론자다. 그들은 무함마드가 코란에 쓴 모든 말이 알라의 신성한 계시라고 믿는다. 코란에서 "신이 너와 너의 모든 행동을 창조했다"라고 하면 그대로 받아들인다. 그래서 삶을 차분히 받아들이고 일이 잘못되더라도 서두르거나 쓸데없이 발끈하지 않는다. 그들은 이미 정해진 일은 정해진 대로 일어나고 오직 신만이 바꿀 수 있다는 것을 안다. 그렇다고 재앙이 닥쳤을 때 가만히 앉아 아무것도 하지 않는다는 말은 아니다. 사하라사막에서 열풍이 거세게 몰아칠 때 겪은 일을 들려주겠다. 당시 사흘 밤낮으로 거센 열풍이 계속되었다. 사하라사막의 모래가 수백 킬로미터의 지중해를 가로질러 프랑스 론강 골짜기까지 날아갈 만큼 거세고 매서웠다. 바람이 너무 뜨거워 머리카락이 다 타는 듯했다. 목이 바싹 마르고 눈은 따가웠으며 이에는 모래가 잔뜩 끼였다. 마치 유리 공장 용광로 앞에 서 있는 것만 같았다. 미치기 일보 직전이었지만 간신히 정신을 붙들고 있었다. 그런데 아랍인들은 불평 한마디 하지 않았다. 아무렇지 않다는 듯 이렇게 말했다. "메크툽! 이미 정해진 일입니다."

열풍이 그치자마자 그들은 바로 움직이기 시작했다. 우선 어차피 죽을 수밖에 없는 새끼 양들을 한꺼번에 모두 죽였다. 그렇게 해서 어미 양들을 살리고자 했다. 그런 다음 어미 양들을 남쪽으로 몰아 물을 먹였다. 그들은 양을 잃어 한탄하거나 걱정이나 불평도 하지 않은 채 침착하게 일을 처리했다. 부족장은 이렇게 말했다. "그렇게 나쁘지만은 않아. 다 잃을 수도 있었는데 말이지. 신의 도움 덕분에 아직 양의 40퍼센트가 남았으니 새로 시작할 수 있겠어."

다른 일도 떠오른다. 자동차로 사막을 횡단하고 있는데 타이어에 펑크가 난 적이 있다. 운전사가 여분의 타이어를 미리 수리해두지 않아서 교체할 수도 없었다. 이제 차에는 타이어가 세 개뿐이었다. 나는 화가 머리끝까지 나서 씩씩거리며 아랍인에게 이제 어떻게 할 거냐고 물었다. 그들은 "화를 내봐야 도움 될 게 없어요. 더 더워지기만 할 뿐이죠"라고 말하며 이렇게 덧붙였다. "타이어에 펑크가 난 것도 알라의 뜻이니 어쩔 수 없어요." 위험천만한 상황이었지만 우리는 기어가다시피 조심히 차를 몰고 갔다. 그런데 얼마 가지도 않아 차가 픽 하는 소리와 함께 멈춰버렸다. 이번에는 기름이 다 떨어진 것이다! 부족장은 이번에도 그저 "메크툽!"이라는 말만 했다. 그리고 누구 하나 기름을 충분히 채우지 않았다고 운전사를 나무라지 않고 다들 침착하게 목적지를 향해 걷기 시작했다. 노래까지 부르면서 말이다.

나는 아랍인들과 함께 7년을 보내면서 미국과 유럽에 만연한 신경증, 정신이상, 알코올의존증 등은 우리가 소위 문명이라고 부르는 곳에서 바쁘고 지치게 산 결과물이라고 확신하게 되었다.

사하라사막에서 나는 걱정이 전혀 없었다. 알라의 정원이라 불리는 그곳에서 우리가 긴장과 절망 속에서 그토록 찾아 헤매던 평화와 만족, 육체적 건강을 찾을 수 있었다.

많은 사람이 숙명론을 비웃는다. 그들이 옳을 수도 있다. 세상에 정답은 없으니 말이다. 하지만 자신의 운명이 어떻게 결정되는지는 알아야 한다. 예를 들어 내가 1919년 8월의 어느 더운 오후 12시 3분에 아라비아의 로런스와 이야기를 나누지 않았다면 이후의 내 삶은 완전히 다르게 흘러갔을 것이다. 돌이켜보면 내가 어쩔 수 없는 일들로 내 삶이 만들어지고 바뀌었다는 사실을 알게 된다. 아랍인들은 이를 '메크툽' 혹은 알라의 의지라는 뜻의 '키스멧'이라고 부르리라. 당신이 뭐라고 부르든지 간에, 이는 당신의 삶에 놀라운 변화를 일으킬 것이다. 사하라사막을 떠난 지 17년이 지난 지금도 나는 아랍인에게 배운 대로 불가피한 일은 기꺼이 받아들이면서 살고 있다. 이 삶의 철학은 마음을 진정시키는데 그 어떤 진정제보다 훨씬 더 효과가 좋다.

당신과 나는 이슬람교도가 아니니 반드시 운명론자가 될 필요는 없다. 하지만 막을 수 없는 거센 열풍이 삶에 몰아친다면 불가피한 일로 여기고 받아들이자. 그리고 열풍이 지나간 후에 당장 할 수 있는 일부터 하나씩 처리해나가자.

다섯 가지 걱정 해소법

윌리엄 라이언 펠프스　　　　　　　　　　　예일대학교 교수

24세 때 갑자기 눈이 이상해졌다. 3~4분 정도 책을 읽고 나면 눈이 바늘로 찌르듯이 아팠고 책을 읽지 않을 때도 눈이 너무 부셔서 창 쪽을 바라보지 못했다. 뉴헤이븐과 뉴욕 최고의 안과

의사들을 찾아갔지만 소용없었다. 오후 4시가 지나면 제일 컴컴한 방구석에 놓인 의자에 앉아 잘 시간만 기다렸다. 덜컥 겁이 났다. 가르치는 일을 그만두고 서부로 가서 벌목이라도 해야 하는 것은 아닌지 두려웠다. 그러다 신기한 일이 일어났다. 정신이 육체에 기적 같은 영향을 미친다는 사실을 확인하게 된 계기다. 나는 눈 상태가 최악이던 그해 겨울에 대학생들을 위해 강연해달라는 부탁을 받았다.

강당은 천장에 매달린 커다란 가스등 불빛으로 아주 환했다. 나는 강한 조명 때문에 눈이 시려 대기하는 동안 바닥을 볼 수밖에 없었다. 그런데 30분 동안 강연할 때는 눈이 전혀 아프지 않았고 눈을 깜박이지 않고도 조명을 바라볼 수 있었다. 강연이 끝나자, 눈이 다시 아프기 시작했다.

그때 갑자기 30분이 아니라 일주일 동안 무언가에 몰입할 수 있다면 병이 나을 수도 있겠다는 생각이 들었다. 정신적 즐거움으로 육체적 질병을 극복하는 것이었다.

이후에 바다를 건너면서도 비슷한 일을 겪었다. 당시 나는 허리가 너무 아파 걷지도 못하고 서 있으면 통증이 더 심한 상태였는데 하필 선상 강의를 요청받았다. 그런데 강의를 시작하자마자 통증과 뻐근함이 온데간데없이 사라졌다. 나는 똑바로 서서 유연하게 몸을 움직이며 한 시간 정도 강의했다. 강연이 끝나고 유유히 선실로 돌아가며 요통이 다 나았다고 생각했다. 하지만 순전히 내 바람이었다. 곧바로 허리가 아프기 시작했기 때문이다.

나는 이런 일을 겪으며 마음가짐의 중요성을 깨닫게 되었다. 또한 할 수 있는 한 최대한 인생을 즐기려는 태도도 얼마나 중요한지 알게 되었다. 그래서 지금은 하루하루를 인생의 첫날이자 마지막 날이라는 생각으로 살아간다. 나는 매일 삶이라는 모험을 즐긴다. 즐겁게 살아가는 사람은 쓸데없는 걱정으로 힘들어하지 않을 것이다. 나는 누군가를 가르치는 내 일을 사랑한다. 그래서 『가르치는 즐거움 The Excitement of Teaching』이라는 책도 썼다. 내게 가르치는 일은 기술이나 직업 그 이상의 의미다. 열정 그 자체다. 화가가 그림 그리기를 좋아하고 가수가 노래하기를 좋아하듯 나 역시 선생으로서 가르치는 일을 사랑한다. 아침에 눈을 뜨면 그날 만날 학생들 생각에 한없이 기분이 좋아진다. 인생에서 성공하는 가장 큰 비결은 바로 열정이라고 생각한다.

흥미로운 책을 읽는 것도 걱정을 몰아내는 데 도움이 된다. 나는 59세 때 만성 신경쇠약을 앓을 때 데이비드 앨릭 윌슨의 역작 『칼라일의 일생 Life of Calyle』을 읽기 시작했다. 이 책은 병을 회복하는 데 많은 도움이 되었다. 책에 몰두한 나머지 기분이 우울할 틈조차 없었기 때문이다.

나는 심각한 우울증을 앓았을 때 억지로라도 온종일 바쁘게 움직였다. 매일 아침 격렬히 테니스를 치고 샤워를 한 뒤에 점심을 먹고 오후에는 18홀씩 골프를 쳤다. 금요일 밤에는 새벽 1시까지 춤을 추었다. 나는 엄청난 땀이 주는 효과를 확신한다. 우울증과 걱정은 땀과 함께 밖으로 빠져나가기 마련이다.

또한 나는 이미 오래전부터 긴장하며 일하거나 서두르고 성급하게 행동하는 바보 같은 짓을 하지 않는다. 윌버 크로스가 들려준 삶의 철학을 적용하려고 노력했기 때문이다. 윌버 크로스가 코네티컷 주지사였을 때 내게 이렇게 말했다. "한꺼번에 처리해야 할 일이 너무 많을 때 나는 그저 자리에 편히 앉아 한 시간 동안 파이프 담배를 피우며 아무것도 하지 않지요."

인내하고 기다리면 문제가 해결된다는 사실도 알게 되었다. 나는 걱정되는 일이 생기면 적절한 관점에서 파악해보려고 노력하며 스스로 이렇게 말한다. "두 달만 지나도 이 문제를 걱정조차 하지 않을 텐데 왜 지금 걱정하는가? 두 달 후에 하게 될 생각을 지금 바로 해보면 어떨까?"

나는 펠프스 교수가 사망하기 얼마 전, 그를 인터뷰한 적이 있다. 이 글은 그때 했던 인터뷰를 정리한 것이다. 펠프스 교수가 이야기한 다섯 가지 방법을 요약하면 다음과 같다.
① 의욕과 열정을 가지고 살라. "하루하루를 인생의 첫날이자 마지막 날이라는 생각으로 살아간다."
② 흥미로운 책을 읽으라. "만성 신경쇠약을 앓는 동안 『칼라일의 일생』을 읽기 시작했다. 이 책은 병을 회복하는 데 많은 도움이 되었다. 책에 몰두한 나머지 기분이 우울할 틈조차 없었기 때문이다."
③ 운동하라. "심각한 우울증을 앓았을 때 나는 억지로라도 온종일 바쁘게 움직였다."
④ 긴장을 풀고 일하라. "나는 이미 오래전부터 긴장하며 일하거나 서두르고 성급하게 행동하는 바보 같은 짓을 하지 않는다."
⑤ 문제를 적절한 관점에서 파악하려고 노력하라. "스스로 이렇게 말한다. 두 달만 지나도 이 문제를 걱정조차 하지 않을 텐데 왜 지금 걱정하는가? 두 달 후에 하게 될 생각을 지금 바로 해보면 어떨까?"

어제도 버텼으니 오늘도 버틸 수 있다

도로시 딕스

나는 극심한 가난과 질병에 시달렸다. 사람들이 내게 어떻게 그런 시련에도 무너지지 않았는지 물을 때마다 이렇게 대답한다. "나는 어제를 버텼어요. 그러니 오늘도 버틸 수 있지요. 내일 무슨 일이 일어날지는 생각하지 않으려고 합니다."

나는 결핍이 무엇인지, 그리고 애를 쓰고 불안해하며 절망을 느끼는 게 무엇인지 잘 안다. 나는 늘 내 능력 이상의 일을 감당해야 했다. 돌이켜보면 내 삶은 사그라진 꿈, 부서진 희망, 산산조각이 난 환상의 파편으로 뒤덮인 전쟁터였다. 나는 그곳에서 이기기 힘든 싸움을 하면서 멍이 들고 상처가 나고 절망하며 몸도 마음도 늙어버렸다.

하지만 나 자신을 불쌍하다고 생각하지 않는다. 이미 지난 일로 흘릴 눈물 따윈 남아 있지 않으니까. 나처럼 살지 않은 사람들이 부러운 것도 아니다. 그들은 삶을 지나왔지만 나는 삶을 경험했다. 그들이 삶의 거품만 살짝 맛보는 동안 나는 단 한 방울도 남기지 않고 삶을 마셨다. 나는 그들이 절대 깨우치지 못할 것까지 알게 되었다. 그들이 보지 못하는 것도 볼 수 있다. 눈물로 맑게 씻겨진 눈을 가진 사람만이 넓은 시야를 가지고 세상을 품을 수 있다.

나는 인생의 역경이라는 위대한 대학교에서 우여곡절을 겪지 않은 사람들은 얻기 힘든 삶의 철학을 배웠다. 내게 주어진 하루를 충실히 살고 미리 내일을 걱정하지 않는 것이다. 우리는 알 수 없는 미래의 위협 앞에서 겁쟁이가 된다. 하지만 나는 그 두려움을 떨쳐낼 수 있었다. 내가 두려움에 휩싸이는 순간에 이를 이겨낼 힘과 지혜가 생겨날 거라는 사실을 경험을 통해 깨달았기 때문이다. 이제는 사소한 걱정거리는 신경도 쓰지 않는다. 행복이라는 큰 건물이 눈앞에서 완전히 무너져내리는 것을 본 적이 있다면 종업원이 핑거볼 받침을 깔지 않든 요리사가 수프를 엎지르든 개의치 않게 된다.

나는 사람에게 기대를 많이 하지 않아야 한다는 것도 깨달았다. 덕분에 내게 가식적인 친구나 험담을 늘어놓는 사람에게서도 행복을 찾을 수 있다. 무엇보다 유머 감각이 생겼다. 웃어넘기거나 울거나 하나를 선택해야 할 일이 너무나 많았기 때문이다. 자신이 겪는 문제로 화내지 않고 농담으로 웃어넘길 수 있다면 그다지 마음 아플 일이 없다. 나는 이제 그동안 고생하며 보낸 시간을 슬퍼하지 않는다. 삶의 모든 순간을 온몸으로 느꼈기 때문이다. 그리고 감내할 만한 "충분히 값진 일이었다.

도로시 딕스는 '오늘에 충실한 삶'을 통해 걱정을 극복했다.

내 인생 최고의 20분

J.C.페니

1902년 4월 14일, 한 젊은이가 손에 쥔 500달러로 백만 달러를 벌겠다는 굳은 결심으로 와이오밍주 케머러에 포목점을 열었다. 케머러는 서부 개척 시절 루이스와 클라크 원정대 Louis and Clark Expedition가 설치한 오래된 포장마차 길을 따라 형성된 인구 1000명 정도의 작은 광산촌이었다. 젊은이와 아내는 빈 상자를 식탁으로 삼고 작은 상자는 의자로 쓰며 가게의 좁은 다락방에서 살았다. 젊은 아내는 아기를 담요로 감싸서 카운터 아래에 재우고 카운터 옆에 서서 남편을 도왔다. 오늘날 세계에서 가장 큰 포목점의 지점마다 그의 이름이 붙어 있다. 바로 J.C. 페니 스토어다. 현재 미국의 모든 주에 걸쳐 1600개 이상의 지점이 있다. 최근에 나는 페니와 저녁을 먹으며 그의 인생에서 가장 극적인 순간에 대해 듣게 되었다. J.C. 페니는 순식간에 걱정을 극복하는 법을 깨달았다. 단 하나의 완벽한 치료법을 발견했기 때문이다.

몇 년 전 나는 아주 괴로운 일을 겪었다. 걱정에 휩싸여 자포자기한 심정이었다. J.C. 페니 컴퍼니와는 전혀 무관한 사적인 문제였다. 사업은 탄탄했고 나날이 번창하고 있었다. 하지만 나는 1929년 대공황이 일어나기 직전에 섣불리 내린 결정 때문에 당시 많은 사람과 마찬가지로 내 책임도 아닌 일을 수습해야 했다. 걱정에 시달리다 보니 제대로 자지도 못하고 급기야 극심한 통증을 유발하는 대상포진에 걸렸다. 그래서 미시간주 배틀크리크에 위치한 켈로그 결핵요양소의 엘머 에글스턴 박사를 찾아갔다. 그는 미주리주 해밀턴에서 같은 고등학교에 다녔던 동창생으로 병원을 찾은 나를 침대에 눕히더니 상태가 심각하다고 경고했다. 나는 아주 강한 약을 처방받았지만 소용없었다. 시간이 흐를수록 상태가 더 안 좋아졌다. 정신적으로도 육체적으로도 무너져버렸다. 절망에 휩싸여 한 줄기 희망조차 보이지 않았다. 살아야 할 이유도 없었다. 이 세상에 친구도 없고 심지어 가족마저 모두 떠나버려 혼자 남겨진 것만 같았다. 어느 날 밤, 에글스턴 박사가 진정제를 주었지만 이내 약효가 떨어졌다. 이게 내 삶의 마지막 밤이라는 확신이 걷잡을 수 없이 커졌다. 나는 침대에서 일어나 아내와 아들에게 아침을 맞이하고 싶지 않다고 말하며 작별을 고하는 편지를 썼다.

다음 날 아침에 눈을 떴을 때 여전히 살아 있는 게 놀라웠다. 아래층으로 내려가니 아침마다 다양한 예배가 열리는 예배당에서 노랫소리가 들렸다. 그들이 부르던 찬송가가 아직도 생생하다. 나는 착잡한 마음으로 예배당에 들어가서 그들이 읽고 부르는 찬송가와 성서 구절, 그리고 기도를 가만히 들었다. 그러다 불현듯 알 수 없는 일이 일어났다. 기적이라고밖에 설명할 길이 없다. 마치 누군가가 나를 어두컴컴한 지하 감옥에서 꺼내 따스하고 화사한 햇살 아래로 데려가는 것 같았다. 지옥에서 천국으로 옮겨지는 듯하기도 했다. 나는 살면서 처음으로 하느님의 힘을 느낀 것이다. 그때까지만 해도 모든 문제를 나 혼자 짊어져야 한다고 생각했다. 하지만 나를 도와주기 위해 자애로운 하느님이 곁에 있다는 사실을 깨달았다. 그날 이후로 내 삶에서 걱정은 사라졌다. 71년을 사는 동안 인생에서 가장 극적이고 행복했던 순간을 꼽으라면 그날 아침 예배당에서 보낸 20분이다.

걱정의 가장 좋은 해독제

에디 이건 대령   뉴욕 변호사, 로즈 장학생, 뉴욕주 체육위원회장
올림픽 복싱 라이트헤비급 금메달리스트

걱정에 빠져 이집트에서 물레방아를 돌리는 낙타처럼 생각이 제자리를 맴돌 때마다 '우울함'을 몰아내기 위해 다양한 운동을 한다. 달리거나 시골길을 오래 걷기도 하고 30분 동안 샌드백을 칠 때도 있으며 체육관에서 스쿼시를 하기도 한다. 어떤 운동을 하든 정신이 맑아진다. 주말에도 운동을 많이 한다. 골프 코스 주변을 달리기도 하고 패들테니스를 하거나 애디론댁산에서 스키를 타기도 한다. 몸이 피곤해지면 여러 소송 사건을 잊고 비로소 마음 편히 쉴 수 있다. 그래야 다시 열정적으로 일에 몰두할 수 있다.

뉴욕에서 일하다 보면 예일 클럽 체육관에서 한 시간씩 운동할 기회가 자주 생긴다. 스쿼시를 하거나 스키를 타면서 동시에 걱정할 수 있는 사람은 없다. 몸이 바쁘다 보니 걱정할 틈이 없기 때문이다. 이렇게 새로운 생각과 행동이 스며들면 태산 같은 걱정도 작은 흙더미처럼 쉽게 바스러질 것이다.

걱정의 가장 좋은 해독제는 운동이다. 걱정이 생기면 근육을 더 쓰고 두뇌는 적게 사용하라. 놀랄 만한 일이 벌어질 것이다. 내가 이미 경험한 바이다. 걱정은 운동하기 시작하는 순간 사라진다.

버지니아 공대의 걱정왕

짐 버즈올

C.F. 뮬러 컴퍼니 공장 관리자
뉴저지주 저지 시티 볼드윈가 180번지

17년 전 비지니아주 블랙스버그 육군사관학교에 다닐 때 나는 '버지니아 공대 걱정왕'으로 불렸다. 걱정을 너무 심하게 하다 보니 자주 아팠다. 그래서 학교 보건실에 내 전용 침대가 있을 정도였다. 간호사는 보건실에 들어서는 나를 보자마자 얼른 달려와 주사를 놔주었다. 나는 모든 게 걱정이었다. 온갖 걱정을 하다 보니 가끔 무슨 걱정을 하고 있었는지조차 잊어버렸다. 학점이 낮아서 퇴학당하게 될까 봐 걱정하기도 했다. 평균 75~84점을 유지해야 했지만 물리학을 비롯해 여러 과목에서 이미 낙제점을 받았기 때문이다. 건강, 급성 소화불량으로 생긴 극심한 고통, 불면증에 대해서도 걱정했다. 돈 문제도 걱정이었다. 연인에게 사탕을 사주지 못하고 원할 때마다 춤추러 가지 못해서 기분이 별로였다. 연인이 다른 생도와 결혼할까 봐 두려웠다. 나는 이렇게 온갖 막연한 문제를 걱정하며 밤낮으로 초조해했다.

나는 자포자기한 심정으로 버지니아공과대학교 경영학과 듀크 베어드 교수에게 내 모든 문제를 털어놓았다.

베어드 교수와 보낸 15분의 시간이 대학에서 보낸 4년보다 내 건강과 행복에 더 도움이 되었다. 그는 이렇게 말했다. "짐, 가만히 앉아서 현실을 직시해보게. 걱정하는 데 쓰는 시간과 에너지의 절반이라도 문제를 해결하는 데 쓴다면 걱정은 모두 사라질 거야. 걱정은 학습된 악습일 뿐이거든."

그는 걱정하는 습관을 고쳐줄 세 가지 규칙을 알려주었다.

① 걱정하고 있는 문제가 무엇인지 정확히 파악하라.
② 문제의 원인을 파악하라.
③ 문제를 해결할 수 있는 건설적인 일을 당장 시작하라.

베어드 교수와 이야기를 나눈 후 나는 건설적인 계획을 세웠다. 물리학 과목에서 낙제점을 받았다고 걱정하는 대신 낙제를 한 이유에 대해 생각했다. 버지니아 대학신문의 편집장인 내가 그저 멍청해서 낙제했을 리는 없었으니까.

문제는 물리학에 관심이 없어서였다. 내 전공이었던 산업공학에 무슨 도움이 될까 싶어 공부를 소홀히 했던 것이다. 하지만 이제는 마음가짐을 달리했다. '학위를 받으려면 물리학 학점을 따야 하니 공부하는 수밖에 없지!'

그래서 물리학 과목을 재수강했다. 이번에는 공부가 어렵다고 투덜대고 걱정하며 시간을 허비하지 않고 착실히 공부했고, 결국 학점을 따게 되었다.

돈 걱정도 해결했다. 학교 댄스파티에서 음료 파는 일을 비롯해 몇 가지 아르바이트를 했고 아버지에게 돈을 빌리기도 했다. 물론 졸업 후 아버지께 바로 돈을 갚았다.

다른 생도와 결혼할까 봐 두려웠던 여자 친구에게 청혼해서 사랑에 대한 걱정도 해결했다.

돌이켜보면 걱정의 원인을 파악하려 하지 않고 현실을 직시하지 못해 생긴 혼란이 내 문제였다.

짐 버즈올은 자신이 겪는 문제를 정확히 분석하여 걱정을 극복했다. 그는 '걱정거리를 분석하고 해결하는 법' 장에서 설명한 원칙을 실천한 것이다.

나를 살린 한 구절

조지프 R. 시주 박사   뉴브런즈윅 신학대학교 총장
(1784년에 설립된 미국에서 가장 오래된 신학대학교)

    수년 전 모든 일에 환멸을 느끼고 불안정한 나날을 보낼 무렵 내 삶은 내가 통제할 수 없는 힘에 짓눌리고 있었다. 어느 날 아침 우연히 성경을 펼쳤는데 한 구절이 내 눈을 사로잡았다. "나를 보내신 이가 나와 함께하시니, 나를 혼자 두지 아니하셨느니라." 그 후 내 삶은 완전히 바뀌고 모든 것이 달라졌다. 나는 단 하루도 빠지지 않고 이 문장을 암송한다. 최근 많은 사람이 내게 조언을 구하러 오면 마지막에 늘 이 구절을 들려준다. 내 눈을 사로잡은 그 순간부터 이 구절은 내 좌우명이 되었다. 늘 마음에 새기며 마음의 평화와 힘을 얻고 있다. 내게 이 구절은 신앙의 본질이다. 삶을 살아갈 만한 가치가 있게 해주는 토대이자 내 삶의 가장 귀한 교훈이기도 하다.

바닥을 치고 다시 일어서다

테드 에릭센

내셔널 에나멜링 앤드 스탬핑 컴퍼니
남캘리포니아 대표
캘리포니아주 벨플라워 사우스 코누타가 16237번지

나는 한때 지독한 '걱정왕'이었다. 하지만 이제는 아니다. 1942년 여름 나는 (바라건대 앞으로도 영원히) 삶에서 걱정을 모조리 몰아내는 경험을 했다. 그 일을 겪고 나니 다른 문제들은 너무나 사소해 보였다.

나는 오래전부터 상업용 어선을 타고 알래스카에서 여름을 보내는 게 꿈이었다. 1942년 마침내 알래스카 코티악에서 출항하는 길이 10미터쯤 되는 연어잡이 어선을 계약했다. 이 정도 크기의 배라면 총지휘를 맡을 선장과 선장을 도울 부선장, 기타 잡일을 할 선원 한 명, 총 세 명의 선원이 필요했다. 잡일은 보통 스칸디나비아 사람이 맡는데, 내가 바로 스칸디나비아인이었다.

조수의 흐름에 따라 그물로 연어를 잡아야 했기 때문에 나는 하루에 20시간 동안 일할 때가 많았다. 일주일 내내 그렇게 한 적도 있었다. 다들 하기 싫어하는 일은 모조리 내가 해야 했다. 배를 청소하거나 장비를 정리하고 좁은 선실에 있는 작은 장작 난로에서 요리까지 했는데, 모터에서 나오는 열기와 연기 때문에 몹시 괴로웠다. 설거지도 하고 보트까지 수리했다. 우리가 잡은 연어를 통조림 공장으로 싣고 갈 부속선에 옮기는 일도 내 몫이었다. 고무장화를 신은 내 발은 언제나 축축했다. 장화에 물이 가득 차도 비울 시간이 없었기 때문이다. 하지만 '코르크 라인'이라고 불리는 줄을 잡아당기는 일에 비하면 그 정도는 약과였다. 배의 선수에 잘 버티고 서서 그물을 뜨게 하는 코르크와 그물을 모두 당기는 일이었는데, 말만 들으면 쉬워 보이지만 절대 그렇지 않다. 그물이 너무 무거워 아무리 잡아당겨도 꿈쩍도 하지 않았기 때문이다. 줄을 당기려다 보트가 끌려간 적도 있었다. 나는 그물을 끌어 올리려고 죽을힘을 다해 당겼다. 몇 주간 이렇게 계속하다 보니 몸에 한계가 왔다. 온몸이 쑤시기 시작했고 끔찍하게 아팠다. 통증이 몇 달간 계속되었다.

일을 하다 쉴 틈이 생기면 식품 보관함 위에 쌓인 눅눅하고 울퉁불퉁한 매트리스 위에 누웠다. 매트리스의 툭 튀어나온 부분을 제일 아픈 허리에 받치고 나면 완전 녹초가 되어 약이라도 먹은 사람처럼 곯아떨어졌다.

돌이켜보면 고통스럽고 힘든 순간을 견뎌낸 게 다행이다. 덕분에 걱정을 몰아내는 데 도움이 되었기 때문이다. 이제는 문제가 생기면 걱정하는 대신 이렇게 말한다. "에릭센, 이 일이 코르크 라인을 잡아당기는 것만큼 힘들어?" 내 대답은 늘 똑같다. "아니, 그렇게 힘든 일은 세상에 없어!" 그러면 기분이 좋아지고 문제를 해결할 용기가 생긴다. 때때로 극한의 고통을 견디는 경험을 해보는 것도 좋다. 바닥을 치고도 다시 일어설 수 있다는 중요한 사실을 깨닫게 되기 때문이다. 그러면 일상에서 겪는 문제쯤은 대수롭지 않게 보인다.

걱정의 만병통치약

퍼시 H. 휘팅   데일 카네기 앤드 컴퍼니 상무 이사
뉴욕주 뉴욕 이스트 42번가 50번지

산 사람이든 죽은 사람이든 혹은 반쯤 죽어 있는 사람이든 누구도 나처럼 온갖 질병에 걸려 죽을 고비를 많이 넘긴 사람은 없을 것이다.

나는 건강 염려증이 심했다. 사실상 아버지가 운영하시는 약국에서 자라며 매일 의사와 간호사들과 이야기를 나누다 보니 온갖 질병의 이름이나 증상에 대해 웬만한 사람보다 더 많이 알고 있었다. 어떤 질병에 대해 한두 시간쯤 걱정하다가 보면 실제로 그 병을 앓는 사람들이 겪는 증상이 똑같이 나타나기도 했다. 내 건강 염려증은 증상까지 동반하는 심각한 수준이었다. 예전에 내가 살던 매사추세츠주 그레이트 배링턴에서 디프테리아 전염병이 유행한 적이 있다. 나는 아버지 약국에서 전염병에 걸린 사람들에게 약을 팔고 있었는데, 두려워하던 일이 벌어졌다. 내가 디프테리아에 걸린 것이다. 침대에 누워서 걱정하고 있는데 여러 증상이 나타나기 시작했다. 의사가 집으로 와서 나를 살펴보더니 "그래, 퍼시. 디프테리아에 걸린 게 맞구나"라고 말했다. 그 말을 들으니 마음이 편안해졌다. 나는 어떤 병에 걸리면 오히려 병에 대한 두려움이 사라졌다. 그래서 편안한 자세로 푹 잠들었다. 그리고 다음 날 아침 완전히 회복되어 일어났다.

나는 몇 년 동안 특이한 희소병에 걸려 많은 사람의 관심과 연민을 받기도 했다. 파상풍이나 공수병에 걸려 몇 번이나 죽

을 고비를 넘겼다. 이후에는 좀 더 흔한 질병인 암이나 결핵에 걸렸다.

지금은 웃을 수 있지만 당시에는 끔찍했다. 몇 년간은 곧 죽을 것만 같아서 두려웠다. 봄이 되어 옷 한 벌을 살 때도 '옷이 해지기도 전에 죽을 텐데 굳이 돈을 낭비해야 할까?'라는 생각이 들었다.

하지만 이제는 많이 호전되었다고 말할 수 있어서 참 다행이다. 지난 10년간 죽을 듯이 아픈 적이 단 한 번도 없었다.

내 비결이 궁금한가? 터무니없는 상상에 잠길 때마다 대수롭지 않게 넘기는 것이다. 지독한 병의 증상이 느껴질 때마다 크게 웃으며 스스로 이렇게 말했다. "아니, 여보세요! 20년 동안 불치병에 그렇게 걸리고도 지금 너무 멀쩡하잖아. 게다가 최근에는 보험에 더 가입하라는 권유도 받았고. 그러니 이제는 조바심 내지 말고 한심한 걱정은 웃어넘기는 게 어때?"

나는 걱정을 하면서 동시에 웃어넘길 수 없다는 사실을 깨달았다. 그래서 여태까지 문제가 생기면 대수롭지 않게 웃어넘기기만 하고 있다.

요점은 이것이다. 너무 심각해지지 말라! 어처구니없는 걱정이 시작되면 "그저 웃으라." 걱정이 금세 사라질 것이다.

내게는 비장의 무기가 있다

진 오트리

세계에서 가장 유명하고 사랑받는
노래하는 카우보이

대부분의 걱정은 가족이나 돈과 관련한 문제일 때가 많다. 나는 운 좋게도 오클라호마주 소도시 출신으로 배경도 취향도 비슷한 여성을 만나 결혼했다. 우리는 "남에게 대접받고자 하는 대로 남을 대접하라"라는 황금률을 따르려고 노력했기에 가정에서 문제가 생기는 일은 거의 없었다.

나는 두 가지를 실천하며 재정 문제도 최소화했다. 첫째, 어떤 일이든 무조건 정직해야 한다는 규칙을 따랐다. 돈을 빌리면 한 푼도 모자람 없이 모두 갚았다. 정직하지 않을 때 쓸데없는 걱정이 가장 많이 생기는 법이다.

둘째, 새로운 일을 시작할 때는 언제나 비장의 무기를 마련해둔다. 군사 전문가들은 전투에서 보급선을 확보하는 일이 가장 중요하다고 말한다. 나는 개인의 전투에서도 마찬가지라고 생각한다. 나는 어린 시절 텍사스와 오클라호마에서 가뭄으로 지역 전체가 초토화되어 가난이 어떤 것인지 직접 겪었다. 우리 가족은 당시 먹고살기 위해 갖은 고생을 다 했다. 아버지는 포장마차를 몰고 곳곳을 다니며 말을 가지고 온갖 일을 하며 겨우 생계를 꾸려나갔다. 나는 그보다 안정적인 일을 하고 싶었다. 그래서 철도역에서 일하며 남는 시간에 전신 기술을 배웠다. 이후에는 프리스코 철도의 대리 기사가 되었다. 이리저리 옮겨 다니며 아프거나 휴가를 떠난 기사들이나 과도한 업무에 치인 기사들의 일을 대신했다. 나는 이 일로 한 달에 150달러를 벌었다. 이후에 더 나은 삶을 위한 일을 시작할 때도 철도 기사로 일하며 늘 경제적으로 안정된 생활을 할 수 있었다. 그래서 언제든 다시 돌아갈 수 있다는 가능성을 열어두었다. 새로운 분야에서 탄탄히 자리를 잡기 전까지 내 보급선과도 같은 이 일을 놓지 않았다.

예를 들어 1928년에 겪은 일을 들려주겠다. 당시 나는 오클라호마주 첼시 프리스코 철도회사 대리 기사로 일하고 있었는데 어느 날 저녁 한 낯선 사람이 전보를 보내야 한다며 찾아왔다. 그러더니 내가 기타를 치며 카우보이 노래를 부르는 걸 들었는데 실력이 훌륭하다며 뉴욕으로 가서 무대에 서거나 라디오에 출연해보라고 권했다. 어깨가 으쓱하며 몹시 기분이 좋았다. 그런데 그가 전보에 서명하는 걸 보고 까무러치게 놀랐다. 그는 바로 윌 로저스였다.

나는 당장 뉴욕으로 가는 대신 9개월 동안 심사숙고했다. 뉴욕에 가서 한번 도전한다고 해서 손해 볼 일은 없을 거라고 마침내 결론을 내렸다. 무료 철도승차권이 있으니 차비가 들지 않을 테고 잘 곳이 없으면 기차에서 자면 그만이었고 샌드위치와 과일로 끼니를 해결할 수도 있었다.

이런 마음이 들었던 나는 결국 뉴욕으로 향했다. 도착한 뒤에는 필요한 가구가 갖춰진 집을 일주일에 5달러를 주고 얻었고 자동판매식 식당에서 끼니를 때우며 10주간 돌아다녔다. 하지만 아무 성과가 없었다. 만약 먹고 살길이 막막했다면 걱정으로 병이 났을 터였다. 나는 철도회사에서 5년을 일했기에 선임권이라는 게 있었다. 하지만 90일 이상 일하지 않으면 권리를 유지할 수 없었다. 이미 뉴욕에서 70일을 보낸 나는 급히 오클라호마로 돌아가 일을 시작하면서 내 보급선을 지켰다. 몇 달간 일하며 돈을 모았고 다시 한번 도전하기 위해 뉴욕으로 갔다. 이번에는 운이 따랐다. 한 스튜디오에서 인터뷰를 보려고 기다리는 동안 기타를 연주하며 안내 여직원에게 〈지니, 난 라일락이 필 때를 꿈꿔〉를 들려주었다. 그때 이 노래의 가사를 쓴 냇 실드크라우트가 사무실로 들어갔다. 자신의 노래를 누군가 부른다는 사실에 기분이 좋았던 그는 내게 빅터 레코드사에 소개장을 써주었다. 그리고 나는 음반을 내게 되었다. 하지만 영 별로였다. 지나치게 경직되어 있고 남들의 시선을 의식했다. 당시 빅터 레코드사에 일하던 한 사람의 충고를 듣고 나는 털사로 돌아갔다. 낮에는 철도회사에서 일하고 밤에는 그곳의 라디오 프로그램에서 카우보이 노래를 불렀다. 이렇게 지내는 것이 마음에 들었다. 보급선을 유지하게 되니 걱정할 필요가 없었기 때문이다.

    털사의 라디오 방송국 KVOO에서 9개월 동안 노래를 불렀다. 그때 지미 롱과 함께 〈은발의 내 아버지〉라는 노래를 만들었다. 노래가 인기를 끌자 아메리칸 레코드사 사장인 아서 새털리가 음반을 내자고 제안했다. 대성공이었다. 음반 하나에 50달러를 받으며 음반 여러 개를 냈다. 마침내 시카고 WLS 라디오 방송국에서 주급 40달러를 받으며 카우보이 노래를 부르는 일까지 하게 되었다. 4년간 노래를 부르고 나니 주급이 90달러까지 올랐고 매일 밤 극장 무대에서 공연하며 300달러를 더 벌었다.

    1934년에는 엄청난 가능성을 열어준 기회를 얻었다. 유해 영화를 정화하기 위해 심의위원회가 만들어지면서 할리우드 제작사들은 카우보이 영화를 만들기로 했다. 그들은 노래까지 할 수 있는 새로운 모습의 카우보이를 원했다. 리퍼블릭 영화사의 공동 소유주이기도 했던 아메리칸 레코드사 사장은 나를 추천했다. "노래하는 카우보이를 원한다면 우리 회사에서 카우보이 음반을 낸 사람이 있어." 이렇게 나는 영화에 출연하게 되었다. 주급 100달러를 받으며 노래하는 카우보이 영화를 찍기 시작했다. 영화에서 성공할 수 있을지 심각하게 의심이 들었지만 걱정하지 않았다. 언제든 돌아갈 수 있는 일이 있었으니까.

    나는 애초에 기대했던 것 이상으로 영화에서 큰 성공을 거두었다. 지금은 연간 10만 달러에 내가 출연한 영화 수익금의 절반을 더 받고 있다. 평생 이렇게 돈을 벌 수는 없겠지만 걱정하지 않는다. 무슨 일이 일어나든, 심지어 전 재산을 다 잃더라도 오클라호마로 돌아가 프리스코 철도에서 일하면 되니 말이다. 이렇게 나는 늘 보급선을 마련해두고 있다.

인도에서 들린 목소리

E. 스탠리 존스   미국의 가장 역동적인 연설가이자
                                당대 유명한 선교사

    나는 40년 동안 인도에서 선교 활동을 하고 있다. 처음에는 지독한 더위를 견디기 힘들었고 과도한 업무에 스트레스를 받아 신경이 예민했다. 그렇게 8년을 지내다 보니 결국 극심한 정신적 피로와 신경쇠약으로 한 번도 아니고 여러 번 쓰러지고 말았다. 나는 미국에서 일 년간 쉬라는 지시를 받았다. 미국으로 돌아가는 배 위에서 일요일 아침 예배를 진행하면서도 쓰러졌다. 의

사는 도착할 때까지 누워서 쉬라고 말했다.

미국에서 일 년간 요양을 끝내고 나는 다시 인도로 향했다. 가는 도중에 마닐라에서 대학생들을 상대로 전도회를 몇 차례 열었다. 또 무리해서인지 예배 도중에 몇 차례 쓰러져버렸다. 의사들은 이대로 인도로 가면 죽을지도 모른다고 했다. 그들의 만류에도 나는 인도로 갔다. 하지만 마음이 무거웠다. 뭄바이에 도착했을 때 몸 상태가 너무 좋지 않아서 곧장 산으로 가 몇 달을 쉬었다. 다시 일하려고 산에서 내려왔지만 나아진 게 없었다. 나는 또 쓰러졌고 어쩔 수 없이 다시 쉬어야만 했다. 이후에도 몇 차례 사역 활동을 이어나가려 했지만 더는 감당할 수 없다는 사실을 깨닫고 충격에 휩싸였다. 몸도 마음도 감정적으로도 완전히 지친 상태였다. 모든 게 끝난 것 같았다. 이렇게 평생 내 몸 하나 가누지 못하고 살게 될까 봐 두려웠다.

누군가에게 도움을 받지 못하면 선교 활동은 포기하고 미국으로 돌아가 농장에서 일하며 건강을 회복해야 한다는 생각이 들었다. 살면서 가장 막막한 순간이었다. 당시 나는 러크나우에서 집회를 이끌고 있었는데, 어느 날 밤 내 인생을 송두리째 바꾼 일이 일어났다. 나에 대해서는 별다른 생각 없이 기도하고 있었는데 갑자기 하느님의 목소리가 들리는 것 같았다. "내가 네가 맡긴 일을 할 준비가 되었느냐?" 나는 대답했다. "아닙니다, 주님. 전 끝났어요. 이제는 완전히 지쳤어요." 다시 목소리가 들렸다. "내게 모든 일을 맡기고 걱정하지 않는다면 내가 알아서 하겠다." 나는 곧장 응답했다. "네, 주님. 당장 그렇게 하겠습니다."

그러자 마음이 편안해지더니 온몸과 정신에 스며들었다. 하느님의 말씀처럼 된 것이다! 이내 충만한 삶이 나를 가득 채웠다. 그날 밤 기분이 날아갈 것처럼 좋아져서 마치 붕 떠서 집으로 걸어가는 것 같았다. 모든 곳이 신성한 대지였다. 이후 며칠 동안 내게 몸이 있다는 생각이 들지 않았다. 피곤한 기색 하나 없이 낮에 일하고 밤늦게까지 일하면서도 자야 할 때면 굳이 잠을 자야 하나라는 생각이 들 정도였다. 내 안에는 예수님이 주신 삶과 평안, 쉼으로 충만했던 것이다.

  이런 이야기를 사람들에게 해야 할지 망설였지만 그래야 한다는 생각에 이야기했다. 판단은 그들의 몫이었다. 이후 더 힘든 일을 많이 겪었지만 예전과 같은 문제는 일어나지 않았다. 건강이 다시는 나빠지지 않았기 때문이다. 건강만 좋아진 게 아니었다. 몸과 마음과 영혼이 모두 새로워진 것 같았다. 이 일을 겪고 나서 내 삶은 한층 고양되었다. 내가 한 일은 그저 받아들인 것뿐이었다.

  이후 오랫동안 전 세계를 들며 하루에 세 번씩 설교했다. 그리고 『인도의 길에서 만나는 예수 The Christ of the Indian Road』를 비롯해 11권의 책을 썼다. 이런 와중에도 약속을 깜박하거나 늦은 적이 없다. 나를 괴롭히던 걱정은 이미 오래전에 사라졌고 63세가 된 지금도 활력이 넘치고 누군가를 돕고 살아가는 즐거움으로 가득하다.

  내가 겪었던 신체적, 정신적 변화는 너무나 복잡해서 심리학 전문가들이나 낱낱이 설명할 수 있을 것 같다. 하지만 상관없다. 삶이란 그 안에서 일어나는 과정으로만 설명하기에는 너무나 방대하고 풍성하여 그 과정을 사소하게 만들어버리기 때문이다.

  한 가지만은 분명하다. 31년 전 러크나우에서 나약하고 우울한 기분에 빠져 발버둥 치던 그날 밤 하느님의 목소리를 듣고 나서 내 삶은 완전히 바뀌고 희망으로 가득 찼다. "내게 모든 일을 맡기고 걱정하지 않는다면 내가 알아서 하겠다." 나는 대답했다. "네, 주님. 당장 그렇게 하겠습니다."

보안관이 날 찾으러 왔다

호머 크로이   소설가
뉴욕주 뉴욕 파인허스트가 150번지

내 인생에서 가장 힘들었던 순간은 1933년 보안관이 집으로 찾아와 뒷문으로 도망쳤을 때였다. 나는 롱아일랜드 포리스트 힐스 스태니시가 10번지에 있는 집을 잃었다. 아이들이 태어난 곳이자 우리 가족이 18년 동안 살았던 곳이다. 그런 일이 내게 일어날 거라고 꿈에도 생각하지 못했다. 이 일이 일어나기 12년 전 천하를 얻은 기분이었다. 내가 쓴 소설 『배수탑의 서쪽West of the Water Tower』의 영화 판권을 할리우드 최고가로 넘겼다. 우리 가족은 2년 동안 해외에서 지냈다. 여름은 스위스에서 보내고 겨울은 프랑스 리비에라에서 보내며 놀고먹는 부자처럼 살았다.

파리에 6개월간 머물면서 『그들은 파리를 봐야 했다They Had to See Paris』라는 소설을 썼다. 소설의 영화판에는 윌 로저스가 출연했다. 이 작품은 그의 첫 유성영화이기도 했다. 할리우드에 남아 윌 로저스를 위한 시나리오를 써달라는 솔깃한 제안을 받았다. 하지만 제안을 거절하고 뉴욕으로 돌아갔다. 그리고 모든 문제가 시작되었다!

나도 모르는 엄청난 잠재력이 내게 있다는 생각이 차츰 들기 시작했다. 그러다 수완이 좋은 사업가 기질이 있다는 착각에 빠졌다. 존 제이컵 애스토가 뉴욕 공터에 투자해서 수백만 달러를 벌었다는 이야기를 어디선가 들었다. '애스터라니? 그 사투리 심한 이주 행상인 말이야? 그 사람이 했다면 나라고 못 할 건 없지. 나도 부자가 되겠어!' 그러면서 요트 잡지를 읽기 시작했다.

무식하면 용감한 법이다. 에스키모가 석유난로에 대해 무지하듯이 나도 부동산 거래에 대해 아는 게 하나도 없었다. 재력가가 되기 위한 자본금을 어떻게 구하지? 간단했다. 집을 담보로 돈을 빌려 포레스트힐스에 괜찮은 건축 대지를 몇 개 사들였다. 땅을 계속 가지고 있다가 최고가까지 오르면 팔아 해치우고 호화롭게 살 작정이었다. 그때까지 나는 인형 손수건 한 장도 팔아본 적 없었다. 얼마 안 되는 월급이나 받으려고 사무실에서 노예처럼 꾸역꾸역 일하는 사람들이 불쌍했다. 하느님이 돈 버는 특출난 재능을 모두에게 주지는 않으셨다고 생각했다.

갑자기 대공황이 캔자스 폭풍처럼 들이닥쳐 닭장까지 모조리 날려버리듯 내 모든 것이 날아갔다.

나는 괴물처럼 입을 벌리고 있는 땅에다 한 달에 220달러를 들이부어야 했다. 돈 낼 날은 왜 그리 빨리 돌아오던지! 게다가 집이 담보로 잡혔으니 대출금도 갚아야 했고 가족을 먹여 살려야 했다. 걱정이 이만저만이 아니었다. 잡지 유머란에 글을 기고하려고 했지만, 재미는커녕 비탄에 빠진 예레미아의 탄식처럼 들렸다! 그러니 글이 팔릴 리 없었고 내가 쓴 소설도 망했다. 돈은 다 떨어지고 돈을 마련할 만한 물건도 없었다. 남은 거라고는 타자기와 금니뿐이었다. 우유회사는 더는 우유를 배달하지 않았고 가스도 끊겨버렸다. 어쩔 수 없이 광고에 나오는 작은 야외용 난로를 하나 샀다. 가솔린 실린더가 있어서 손으로 펌프질을 하면 화난 거위처럼 식식대며 불꽃을 내뿜는 난로였다. 석탄도 다 떨어진 마당에 석탄회사가 우리를 고소하기까지 했다. 몸을 데울 수 있는 건 벽난로뿐이었다. 밤마다 나가서 부자들이 짓는 새집에서 버린 판자나 자재를 주웠다. 일을 벌일 때만 해도 그들처럼 부자가 될 줄 알았는데 말이다.

걱정에 휩싸여 잠을 잘 수 없었다. 한밤중에 일어나 완전히 지칠 때까지 몇 시간씩 걷고 나서야 잠이 들 때가 많았다.

사들인 공터는 물론이고 거기에 쏟은 내 열정마저 모두 잃었다. 은행이 집을 압류해서 우리 가족은 길거리로 나앉았다. 어떻게든 푼돈을 마련해 작은 아파트를 월세로 얻었다. 1933년 마지막 날에 이사했다. 이삿짐 위에 앉아 주위를 둘러보고 있는데 어머니가 말씀해주신 속담 하나가 떠올랐다. "엎질러진 우유 때문에 울지 마라."

하지만 우유가 아니라 내 열정이 엎질러진 것이다. 한동안 그대로 앉아 있다가 스스로 다짐했다. "자, 바닥을 쳤고 잘 버텨냈어. 이제 올라갈 일만 남았어."

은행이 내게서 빼앗아가지 못한 귀한 것들을 떠올려보기 시작했다. 나는 여전히 건강하고 친구들도 있었다. 다시 시작하면 그만이었다. 지나간 일에 얽매이지 않으리라 다짐했다. 매일 어머니가 들려주신 속담을 되뇌었다.

나는 걱정에 쏟던 에너지를 일에 쏟았다. 조금씩 상황이 나아지기 시작했다. 이제는 내가 겪은 시련에 감사한다. 덕분에 불굴의 용기와 힘, 자신감이 생겼기 때문이다. 이제 바닥을 친다는 게 무엇인지, 그리고 설령 바닥을 치더라도 죽지는 않는다는 것도 안다. 사소한 골치나 불확실한 미래 때문에 초조하고 걱정이 밀려들기 시작하면 이삿짐 위에 앉아 이렇게 이야기한 것을 떠올리며 걱정을 몰아낸다. "바닥을 쳤고 잘 버텨냈어. 이제 올라갈 일만 남았어."

이 이야기에서 적용된 걱정을 물리치는 법은 무엇일까?
톱밥에 톱질하지 말라는 것이다. 불가피한 일은 받아들여라!
더 아래로 내려갈 수 없다면 위로 올라가면 된다.

걱정과의 한판승부

잭 뎀프시

권투선수 생활을 하는 동안 걱정이라는 녀석이 여태 승부를 펼친 어떤 헤비급 선수들보다 더 강적이었다. 걱정을 떨쳐버리는 법을 익히지 않으면 걱정으로 활력을 잃고 성공도 하지 못할 거라는 사실을 깨달았다. 그래서 조금씩 계획을 짜고 실천해 나갔다. 내가 했던 방법은 다음과 같다.

첫째, 경기하면서 용기를 잃지 않기 위해 스스로 격려의 말을 건넸다. 예를 들어 피르포와 싸울 때는 계속 이렇게 되뇌었다. "아무것도 날 막지 못해. 그는 내 털끝 하나 건들지 못해. 맞아도 아프지 않을 거야. 나는 다치지 않아. 무슨 일이 일어나도 끝까지 갈 거야." 이렇게 긍정적인 말과 생각을 하니 많은 도움이 되었다. 심지어 이 말에 완전히 몰두해서 주먹을 맞아도 아프지 않았다. 선수 생활을 하는 동안 입술이 터지고 눈이 찢기고 갈비뼈가 부러지기도 했다. 피르포의 공격에 링 밖으로 고꾸라진 나는 기자의 타자기 위에 떨어져 타자기를 박살 내기도 했다. 하지만 피르포의 주먹을 맞으면서도 아무런 느낌이 없었다. 누군가의 주먹을 느낀 적은 딱 한 번 있었다. 레스터 존슨이 내 갈비뼈 세 개를 부러뜨린 밤이었다. 아프다는 생각은 들지 않았지만 숨을 쉬기가 어려웠다. 솔직히 말해 그 외에는 어떤 주먹에도 아무런 느낌이 없었다.

둘째, 걱정해도 소용없다는 사실을 상기하려고 했다. 나는 시합을 앞두고 훈련을 하는 중에 걱정을 많이 했다. 밤이면 잠들지 못하고 걱정에 휩싸여 뜬눈으로 몇 시간이나 누워 있었다. 손이 부러지거나 발목이 삐는 건 아닐지, 1라운드에 눈을 심하게 다쳐 펀치 조절을 못 하지는 않을지 걱정했다. 그러면 침대에서 나와 거울을 보며 스스로 격려의 말을 건넸다. "일어나지도 않았고 앞으로 일어나지 않을지도 모르는 일을 걱정하는 건 어리석은 짓이야. 인생은 짧아. 어차피 영원히 살지도 못하는데, 즐기면서 살아야지." 그리고 이렇게 덧붙였다. "세상에 건강보다 중요한 건 없어. 건강이 제일 중요해." 나는 제대로 못 자고 걱정만 하다가는 건강을 망칠 것이라고 스스로 되뇌었다. 이렇게 날마다 스스로 격려와 용기의 말을 건네다 보면 결국 긍정적인 생각이 몸에 배고 걱정을 말끔히 몰아낼 수 있게 된다.

셋째, 가장 훌륭한 방법은 기도다. 시합을 준비하면서 하루에도 몇 번씩 기도했다. 링 위에서도 매 라운드 종이 울리기 직전에 기도했다. 그러면 용기와 자신감을 가지고 싸울 수 있었다.

자기 전에도 늘 기도하고 잠들었고 밥을 먹기 전에도 늘 감사 기도를 드렸다. 그래서 기도가 이루어졌냐고? 수천 번쯤!

보육원에 가지 않게 해주세요

캐슬린 홀터　　　　　　　　　　　　　　　　　가정주부
　　　　　　　　　미주리주 유니버시티 시티 14 로스가 1074번지

　　어린 시절 내 삶은 공포로 가득했다. 심장병을 앓던 어머니가 날마다 정신을 잃고 쓰러지는 모습을 보며 가족 모두 어머니가 돌아가실까 봐 두려워했다. 어머니를 여읜 여자아이들은 우리가 살던 미주리주 위런턴에 있는 센트럴 웨슬리언 보육원에 가야 하는 줄 알았기 때문이다. 당시 여섯 살이었던 나는 그곳에 간다는 생각만으로도 두려워서 늘 기도했다. "하느님, 제가 보육원에 가지 않아도 될 때까지는 엄마를 제발 살려주세요."

　　20년 후 마이너 오빠가 크게 다쳐 2년 동안 심하게 아프다가 그만 세상을 떠났다. 오빠는 혼자 밥을 먹지도 못하고 침대에서 자세를 바꾸지도 못했다. 통증을 덜어주기 위해 밤낮으로 세 시간마다 내가 오빠에게 모르핀을 주사해야 했다. 그렇게 2년을 보냈다. 당시 나는 미주리주 위런턴에 있는 센트럴웨슬리언대학에서 음악을 가르치고 있었다. 오빠가 고통에 찬 비명을 지르면 그 소리를 듣고 이웃들이 대학으로 전화했고, 그때마다 수업 도중에 집으로 달려가 오빠에게 모르핀 주사를 놓았다. 자기 전에는 시간에 맞춰 일어나 오빠를 간호하기 위해 세 시간 뒤에 알람이 울리도록 설정해두었다. 겨울밤이면 창밖에 우유병을 놓아두었는데, 추운 날씨에 우유가 얼어 내가 좋아하는 아이스크림처럼 되었다. 알람이 울리면 창밖에 둔 이 아이스크림을 먹을 수 있다고 생각하며 일어나기도 했다.

이렇게 힘든 시간을 보내면서도 자기 연민과 걱정에 빠져 인생을 원망하고 한탄만 하며 지내지 않으려고 두 가지를 실천했다. 첫째, 하루에 12시간에서 14시간씩 음악을 가르치는 일에 몰두하며 걱정할 틈을 만들지 않았다. 그러다가 자기 연민에 빠지려고 할 때면 스스로 이렇게 말했다. "자, 들어봐. 걸을 수 있고 먹을 수 있고 극심한 고통을 겪지 않는 한 너는 세상에서 제일 행복한 사람이야. 무슨 일이 일어나도 이 사실을 잊지 마. 절대로! 영원히!"

내가 누리는 복에 대해 의식적이든 무의식적이든 온 힘을 다해 감사하는 마음을 가지려고 했다. 아침에 일어날 때마다 상황이 더 나빠지지 않은 것을 감사했고, 많은 문제를 겪고 있지만 미주리주 워런턴에서 가장 행복한 사람이 되리라고 결심했다. 이 목표를 이루지 못했을 수도 있지만 적어도 마을에서 가장 감사할 줄 아는 사람이 되었다고 생각한다. 그리고 나처럼 걱정이 없는 사람은 없으리라!

> 미주리주의 이 음악 선생님은 책에서 설명한 두 가지 원칙을 실천했다. 걱정할 새 없이 바쁘게 지냈고 감사한 일을 세어보았다. 이 방법은 당신에게도 도움이 될 것이다.

바보같은 내 모습

캐머런 십   작가

나는 몇 년째 캘리포니아 워너브라더스 스튜디오의 홍보부에서 즐겁게 일하고 있었다. 전반적인 부서 관리와 보도 자료를 작성하며 워너브라더스 소속 스타들에 관한 이야기를 써서 신문과 잡지에 기고했다.

그러던 어느 날 갑자기 홍보부 차장으로 승진했다. 게다가 조직 행정에 변화가 생기면서 경영 기획 실장이라는 엄청난 직함까지 얻게 되었다. 개인 냉장고가 딸린 널찍한 사무실과 비서 두 명이 생겼고, 작가와 홍보 담당자, 방송국 직원 등 75명의 직원을 관리하게 되었다. 몹시 감격스러웠다. 곧장 새 정장을 한 벌 마련했다. 말도 품위 있게 하려고 노력했다. 업무 처리 방식을 정비하고 권위 있는 결정을 내렸으며 점심도 서둘러 먹었다.

워너브라더스의 홍보에 대한 막중한 책임감을 느꼈다. 베티 데이비스, 올리비아 드 하빌랜드, 제임스 카그니, 에드워드 로빈슨, 에롤 플린, 험프리 보가트, 앤 셰리든, 알렉시스 스미스, 앨런 헤일 등 유명 연예인들의 공적인 활동이나 사생활까지 모두 내 책임이라고 생각했기 때문이다. 한 달이 채 지나기도 전에 위궤양이 걸린 듯했다. 어쩌면 암일지도 몰랐다.

당시는 전쟁 중이라 나는 영화홍보인협회의 전쟁위원회장을 맡고 있었다. 모임에서 친구들을 만나는 게 즐거웠고 하는 일도 마음에 들었다. 하지만 차츰 모임이 두려워지기 시작했다. 모임이 끝나면 늘 심하게 앓았기 때문이다. 집으로 가는 도중에 차

를 멈추고 마음을 가다듬고 난 후에 겨우 운전을 할 수 있었다. 할 일은 넘쳐났지만 시간이 부족했다. 어느 것 하나 소홀히 할 수 없는 일들이었기에 내가 한심하고 무능해 보였다.

솔직히 말해서 이때가 내 인생에서 제일 아픈 시기였다. 나는 늘 불안했고 예민했다. 살도 빠지고 잠도 제대로 못 잤다. 하지만 고통이 잦아들지 않았다. 그러다 나는 광고 담당자에게 소개를 받아 유명하다는 내과 전문의를 찾아갔다. 광고 업계 사람들이 많이 찾는 의사라고 했다.

의사는 어디가 아픈지 하는 일이 무엇인지 등 기본적인 것만 질문했다. 내 병보다 내가 하는 일에 더 관심이 많은 듯했다. 하지만 곧 안심했다. 이후 2주간 매일 엑스레이, 내시경을 비롯해 온갖 검사를 하며 구석구석 진찰했기 때문이다. 마침내 검사 결과를 들으러 오라는 말을 들었다.

의사는 내게 담배를 권한 뒤 몸을 뒤로 젖히며 이렇게 말했다. "필요한 검사는 철저히 다 해봤습니다. 하지만 처음 봤을 때부터 위궤양은 없을 거란 걸 알았죠. 당신 같은 일을 하는 사람들은 직접 보여주지 않으면 믿지 않는다는 걸 알기에 모든 검사를 한 겁니다. 자, 결과를 보여드리죠."

그는 여러 차트와 엑스레이 사진을 보여주며 내게 위궤양이 없다는 사실을 설명해주었다. "자, 검사하느라 돈을 많이 썼지만 그만한 가치가 있을 겁니다. 처방을 내려드리죠. 걱정하지 마세요." 어이가 없던 내가 말을 하려는 순간 그는 바로 말을 이어갔다. "당장 제 처방을 따를 수 없을 거라는 걸 압니다. 도움이 될 만한 걸 드리지요. 이 알약을 드세요. 벨라돈나라는 약초로 만든 거예요. 원하는 만큼 드시고, 다 드시면 더 드리죠. 긴장을 푸는 데 도움이 될 겁니다. 하지만 잊지 마세요. 당신은 이 약이 필요한 게 아니라 걱정만 하지 않으면 된답니다. 그래도 걱정이 들기 시작하면 다시 오세요. 그때는 진료비가 엄청날 겁니다. 어떻습니까?"

그날 처방받은 효과가 나타나 걱정을 당장 멈추었다고 말할 수 있다면 참 좋겠지만 그렇지 않았다. 나는 몇 주간 알약을 먹었다. 걱정이 스멀스멀 올라올 때마다 약을 먹었는데 효과가 있었다. 먹자마자 기분이 좋아졌으니 말이다.

그런데 약을 먹다 보니 바보 같다는 생각이 들었다. 몸집이 크고 키는 에이브러햄 링컨 정도에 몸무게는 90킬로그램이 넘는 성인 남자가 긴장을 풀려고 이 조그만 알약을 먹고 있다니. 나는 신경이 날카로운 유별난 사람처럼 행동하고 있던 것이다. 친구들이 왜 약을 먹느냐고 물을 때마다 사실대로 말하기가 부끄러웠다. 차츰 나 자신이 우스워 보이기 시작했다. 스스로 이렇게 말했다. "이것 봐, 캐머런. 너 정말 바보처럼 굴고 있어. 너와 네가 하는 사소한 일을 쓸데없이 심각하게 받아들이고 있잖아. 베티 데이비스, 제임스 캐그니, 에드워드 로빈슨은 네가 홍보를 맡기 전에도 이미 세계적으로 유명했어. 네가 당장 일을 그만둬도 워너브라더스와 소속 연예인들은 너 없이도 잘 나갈 거야. 아이젠하위, 마셜 장군, 맥아더, 지미 두리틀, 킹 제독을 봐. 전쟁을 이끌면서도 약 같은 건 먹지도 않았지. 그런데 고작 영화홍보인협회의 전쟁위원회장을 맡은 주제에 캔자스 폭풍처럼 속이 뒤집혀서는 알약까지 먹어야 한다니 말이 되니?"

나는 약을 먹지 않고도 잘 지낼 수 있다는 사실에 자부심을 느끼기 시작했다. 얼마 후 약을 하수구에 버려버렸고 매일 저녁 제시간에 퇴근해 저녁을 먹기 전까지 잠깐 잠을 잤다. 이렇게 점차 정상적인 생활을 하게 되었고 다시는 그 의사를 찾아가지 않았다.

나는 그 의사에게 당시 엄청난 치료비를 냈지만 그보다 훨씬 더 큰 신세를 졌다. 덕분에 나는 스스로 우습게 볼 수 있었다. 하지만 그가 정말 뛰어난 의사라고 생각하게 된 것은 나를 우습게 보거나 내가 걱정할 만한 일이 없다고 말하지 않았다는 점이다. 그는 나를 진지하게 받아들이며 내 체면을 세워주었다. 그리고 해결책을 제시해주었다. 내가 이제야 깨달은 사실을 그는 이미 알고 있었다. 진정한 치료제는 그 바보 같은 알약이 아니라 마음가짐을 바꾸는 것이었다.

약을 먹고 있는 사람이라면 7부를 읽고 긴장을 풀고 느긋해지는 편이 더 도움이 될 것이다.

설거지하는 아내에게 얻은 교훈

윌리엄 우드　　　　　　　　　　　　　　　　　　　목사
　　　　　　　　　　　　　　미시간주 샬러보이 헐버트가 204번지

몇 년 전 극심한 위통으로 고생했다. 통증이 너무 심해서 밤마다 두세 번씩 깨는 바람에 제대로 잠을 자지 못했다. 아버지가 위암으로 돌아가셨기 때문에 나도 위암에 걸린 건 아닌지, 적어도 위궤양에라도 걸렸을까 봐 두려웠다. 그래서 미시간주 페토스키에 있는 번스클리닉에 검사를 받으러 갔다. 소화기 전문가 릴가 박사는 내시경 검사도 하고 엑스레이도 찍었다. 그는 내게 수면제를 처방하며 위궤양이나 위암이 아니라고 안심시켜주었다. 그가 말하길 통증의 원인은 정서적 긴장이라고 했다. 그는 내가 목사란 것을 알고는 맨 먼저 이렇게 물었다. "교회 당회원 중에서 다루기 힘든 사람이 있나요?"

그는 나도 이미 알고 있던 사실을 이야기했다. 내가 일을 무리하게 한다는 것이었다. 매주 일요일 설교와 여러 가지 잡무를 비롯해 적십자와 국제기구 키와니스 클럽의 회장도 맡았고 매주 두세 번 장례 예배를 이끌며 이외에도 다양한 활동을 했다.

나는 끊임없이 스트레스를 받으며 일했고, 절대 쉬지 않았다. 늘 긴장하고 조급해하며 신경이 예민했다. 급기야 모든 일을 걱정하는 지경까지 이르렀다. 그러니 늘 초조하고 불안했다. 고통이 심하다 보니 릴가 박사의 조언을 실천해보기로 했다. 매주 월요일은 쉬고 여러 책임을 내려놓고 다른 활동도 줄였다.

어느 날 책상을 치우다가 갑자기 도움이 될 만한 아이디어가 떠올랐다. 나는 오래된 설교 노트와 이미 지나간 문제에 대한 메모가 쌓인 것을 보고 하나씩 구겨 휴지통에 버리던 중이었는데, 문득 이런 생각이 든 것이다. "빌, 걱정도 이렇게 똑같이 해보면 어떨까? 과거의 문제에 대한 걱정을 구겨서 당장 휴지통에 넣어버리는 거야!" 그 아이디어는 바로 효과가 나타났다. 나를 짓누르던 부담이 사라지는 것 같았다. 그날부터 내가 감당하기 어려운 문제는 바로 휴지통에 던져버리고 있다.

하루는 아내가 설거지하는 모습을 보며 또 다른 아이디어가 떠올랐다. 노래를 부르며 설거지하는 아내를 보자 이런 생각이 들었다. "빌, 아내가 얼마나 행복해하는지 한번 봐. 결혼한 지 18년이 흘렀는데도 한결같이 설거지하고 있잖아. 그런데 결혼할 때 앞으로 18년간 설거지하게 될 접시를 미리 봤다면 어땠을까? 헛간보다 높게 쌓인 접시를 보고 완전히 질려버렸을 거야."

그리고 이런 생각도 들었다. "아내가 설거지를 개의치 않는 이유는 한 번에 하루치 설거지만 하기 때문이지." 나는 내 문제가 무엇인지 깨달았다. 오늘도 접시뿐만 아니라 어제의 접시, 심지어 아직 더러워지지도 않은 접시까지 닦으려 했던 것이다.

내가 얼마나 어리석었는지 깨달았다. 일요일 아침마다 설교단에 서서 사람들에게 어떻게 살아야 하는지 가르치면서 정작 나는 긴장하고 걱정하며 조급하게 살아가고 있었다. 나 자신이 부끄러웠다.

이제 더는 걱정하지 않는다. 위통도 사라졌고 불면증도 겪지 않는다. 어제의 걱정은 구겨서 휴지통에 버리고 내일 더러워질 접시는 오늘 닦으려 하지 않기 때문이다.

1부에서 인용했던 말을 기억하는가? "어제와 내일의 짐까지 오늘 지려 한다면 아무리 강한 사람이라도 쓰러집니다."
왜 굳이 그렇게 하려고 하는가?

바쁘게 움직이라

델 휴스　　　　　　　　　　　　　　　　　공인 회계사
미시간주 베이 시티 사우스 유클리드가 607번지

1943년 나는 갈비뼈 세 개가 부러지고 기흉을 겪다가 뉴멕시코 앨버커키에 있는 퇴역군인 병원에 입원했다. 하와이에서 해병대 상륙 훈련 중 벌어진 일이었다. 바지선에서 해안으로 뛰어내리려는 순간 엄청난 파도가 들이닥쳐 배가 휩쓸렸다. 나는 중심을 잃고 모래에 처박혔다. 너무 심하게 부딪히는 바람에 갈비뼈가 부러지고 부러진 그 뼈에 찔려 오른쪽 폐에 구멍까지 났다.

병원에서 석 달을 보낸 후 나는 살면서 가장 큰 충격을 받았다. 병세가 전혀 호전되지 않았다는 말을 의사들에게 들었기 때문이다. 곰곰이 생각해보니 걱정이 많아 회복이 더디다는 사실을 깨달았다. 예전에 활동적이었던 내가 병원에서 지내는 3개월 동안 아무것도 하지 않고 종일 침대에만 누워 있으니 할 수 있는 거라고는 생각뿐이었다. 생각하면 할수록 걱정이 쌓여갔다. 이 세상에 내가 설 자리가 있기나 할지, 평생 불구로 살아가는 건 아닐지, 결혼해서 평범하게 살 수 있을지 등 걱정이 이만저만이 아니었다.

나는 의사에게 옆 병동으로 옮겨달라고 부탁했다. 그곳은 '컨트리클럽'이라고 불렸는데 환자들이 하고 싶은 일을 마음껏 할 수 있었기 때문이다.

이곳에서 나는 '콘트랙트 브리지'라는 카드 게임에 빠졌다. 게임 방법을 배우고 다른 환자들과 함께하며 이 게임의 고수가 쓴 책도 읽으면서 6주를 보냈다. 6주 후부터 퇴원할 때까지 거의 매일 밤 이 게임을 했다. 유화에도 관심이 생겨서 매일 오후 3시부터 5시까지 강사의 지도를 받으며 그림을 그렸다. 그림 몇 점은 꽤 괜찮아서 사람들이 내가 어떤 것을 그렸는지 알기도 했다! 비누 조각과 목공예도 해보고 관련된 다양한 책을 읽었는데 정말 재미있었다. 너무 바쁘다 보니 내 몸 상태를 걱정할 겨를이 없었다. 심지어 시간을 쪼개어 적십자에서 받은 심리학 서적들까지 읽었다. 이렇게 3개월을 보내고 나니 의료진 모두가 "놀랍게 호전되고 있다"라며 나를 축하해주었다. 태어나서 들은 가장 행복한 말이었다. 나는 기뻐서 소리라도 지르고 싶었다.

내가 말하고 싶은 것은 이것이다. 아무것도 하지 않고 침대에 누워 미래에 대해 걱정만 하고 있을 때는 병세가 호전될 기미가 전혀 보이지 않았다. 걱정으로 나를 병들게 하고 있었을 뿐이다. 부러진 갈비뼈도 당연히 붙을 리 없었다. 하지만 콘트랙트 브리지 게임을 하고 유화를 그리고 나무를 조각하면서 나에 대한 걱정을 내려놓자 의사들은 내가 호전되고 있다고 말했다. 이제는 건강하게 일상을 누리고 있고 폐도 당신의 폐만큼 양호하다.

조지 버나드 쇼의 말을 기억하는가? "삶이 비참해지는 비결은 자신이 행복한지 아닌지 생각해 볼 여유를 갖는 것이다." 늘 움직이고, 바쁘게 살라!

시간은 많은 것을 해결한다

루이스 T. 몬탄트 주니어　　　　　　　　판매 및 시장 분석가
뉴욕시 뉴욕 웨스트 64번가 114번지

걱정으로 삶의 10년을 잃었다. 젊은 사람에게 가장 찬란하고 풍요로운 시기여야 할 18세에서 28세까지의 시간이었다. 이제는 그 누구의 잘못도 아닌 바로 나의 잘못으로 모든 일이 벌어졌다는 걸 안다.

나는 일, 건강, 가족, 열등감 등 걱정이 끝도 없었다. 모든 게 두려웠던 나는 아는 사람과 마주치지 않으려고 길을 건너기도 했다. 길에서 친구를 마주치더라도 무시당하는 게 두려워 못 본 척하고 지나치기도 했다.

낯선 사람을 만나는 것은 더 두려웠다. 그래서 2주 동안 면접을 세 군데 봤지만 모두 떨어지고 말았다. 내가 할 수 있는 일이었지만 용기가 없어서 고용주가 될 수도 있는 세 명의 사장 앞에서 말 한마디 제대로 하지 못했기 때문이었다.

그러다가 8년 전 어느 날 오후 나는 걱정을 극복했고 이후로는 걱정하는 일이 거의 없다. 그날 나는 나보다 걱정이 훨씬 많았지만 그 누구보다 쾌활한 사람을 만났다. 그는 1929년에 떼돈을 벌었지만 전 재산을 날렸고 1933년에 다시 돈을 벌었다가 모두 잃었으며 1937년에도 같은 일을 또 겪었다. 그는 파산해서 채권자들에게 쫓기고 있었다. 그런 문제를 겪게 되면 완전히 무너지거나 자살까지 생각하기 마련인데 그는 전혀 개의치 않았다.

8년 전 그날 나는 그의 사무실에 앉아서 그를 부러워하며 하느님이 나도 그 사람처럼 만들어 주었다면 좋았으리라는 생각을 했다. 대화를 나누다가 그는 그날 아침에 받은 편지를 내게 건네며 읽어보라고 했다.

분노로 가득 찬 편지에는 몇 가지 난처한 질문도 있었다. 내가 그런 편지를 받았다면 제정신이 아니었을 것이다. 내가 물었다. "빌, 뭐라고 답할 건가요?"

그는 이렇게 말했다. "글쎄요. 제가 비결을 하나 알려드리죠. 다음에 걱정이 생기면 종이와 연필을 준비하고 자리에 앉아서 걱정거리를 모두 써보세요. 그리고서 그 종이를 책상 오른쪽 서랍에 넣는 거죠. 몇 주가 지난 후에 그 종이를 다시 꺼내 봐요. 종이에 적었던 내용 때문에 여전히 걱정하고 있다면 그 종이를 다시 그곳에 넣어둡니다. 한 2주 정도 그대로 두는 거예요. 별다른 문제 없이 걱정거리는 거기에 잘 있겠죠. 하지만 그동안 걱정하던 문제에 많은 일이 생길 겁니다. 하지만 전 경험을 통해 인내심을 갖고 기다리면 나를 괴롭히던 문제가 구멍 난 풍선처럼 사그라들 거라는 사실을 깨달았죠."

그의 조언은 내게 큰 반향을 일으켰다. 나는 그의 조언을 몇 년째 실천했고 이제는 어떤 일이 벌어져도 좀처럼 걱정하지 않는다.

시간은 많은 것을 해결한다. 지금 당신이 걱정하는 문제도 마찬가지다.

삶과 죽음의 기로

조지프 L. 라이언 　　　　로열 타자기 회사 해외 부서 관리자
　　　　　　　　　뉴욕주 롱아일랜드 룩스빌 저드슨 플레이스 51번지

몇 년 전 나는 소송 사건의 증인으로 섰다가 심한 스트레스를 받고 걱정에 휩싸였다. 소송이 끝난 후 기차를 타고 집으로 가는 길에 갑자기 의식을 잃고 쓰러졌다. 심장에 문제가 생긴 것이다. 숨을 제대로 쉴 수 없었다.

집에 도착하자마자 의사가 주사를 놓아주었다. 나는 침대

에 눕지도 못했다. 거실에 있는 소파에서 한 발짝도 움직일 수 없어서였다. 의식을 되찾고 눈을 뜨니 교구 목사님 얼굴이 보였다. 내 임종 예배를 위해 오신 것이다.

가족들 모두 슬퍼하고 있었다. 죽음이 얼마 남지 않은 것 같았다. 나중에 들은 이야기지만 의사가 아내에게 내가 살 수 있는 시간이 30분도 채 남지 않았다며 마음의 준비를 시켰다고 했다. 나는 심장이 너무도 약해진 상태라 말도 하지 말고 손가락 하나도 까딱하지 말라는 말을 들었다.

여태 독실한 신자는 아니었지만 한 가지는 알고 있었다. 하느님을 거스르지 말라는 것이다. 그래서 나는 눈을 감고 이렇게 말했다. "당신의 뜻대로 하소서. 저를 데려가시겠다면 그렇게 하소서."

이렇게 생각하자마자 마음이 편안해졌다. 두려움이 사라지면서 지금 일어날 수 있는 최악이 상황이 무엇일지 생각해보았다. 극심한 고통을 동반하는 발작을 일으키며 삶이 끝나게 되겠지. 그러면 창조주를 만나 곧 평안을 얻게 될 것이다.

나는 소파에 한 시간 동안 누워 있었지만 고통스럽지 않았다. 그래서 죽지 않는다면 무엇을 할지 생각하기 시작했다. 온힘을 다해 건강을 회복하겠다고 마음먹었다. 긴장하고 걱정하며 스스로 괴롭히는 대신 반드시 건강을 되찾으리라.

4년 전에 일어났던 일이다. 나는 다짐했던 대로 건강을 회복했다. 심지어 의사도 내 심전도 기록을 보고 놀랄 정도였다. 나는 이제 더는 걱정하지 않는다. 삶에 새로운 열정도 생겼다. 죽음이라는 최악의 상황을 겪지 않고 그 상황을 개선하고자 노력하지 않았다면 이렇게 오늘 살아 있지 못했을 것이다. 최악의 상황을 그대로 받아들이지 않았다면 극심한 두려움과 공포에 질려 이미 세상을 떠났을 테니 말이다.

라이언이 오늘 살아 있는 이유는 앞서 설명한 마법의 공식을 실천했기 때문이다. 일어날 법한 최악의 상황을 받아들이라!

걱정을 떨쳐내는 세 가지 습관

오드웨이 테드   고등교육위원회장

걱정은 습관이다. 나는 오래전에 그 습관을 버렸다. 다음 세 가지 이유 덕분이다.

첫째, 너무 바빠서 자기 파괴적인 불안에 빠질 틈이 없다. 나는 긴 시간 묶여 있어야 하는 세 가지 일을 하고 있다. 컬럼비아 대학교에서 많은 학생을 가르치고, 뉴욕시 고등교육위원회장직을 맡고 있으며, 하버 앤드 브라더스라는 출판사의 사회경제부도 관리한다. 밀려드는 업무에 쉴 새 없이 일하다 보면 쓸데없이 초조해하고 불안해할 틈이 없다.

둘째, 나는 걱정을 질질 끌지 않는다. 한 업무를 끝내고 다른 업무로 넘어가면 이전 일에서 생긴 걱정거리는 훌훌 털어버린다. 다른 일을 하면 활기가 생기고 기분도 전환된다. 덕분에 쉬는 것 같고 머리도 맑아진다.

셋째, 일과를 끝내고 책상을 정리하면서 모든 문제를 잊는 법을 스스로 터득했다. 문제는 끝없이 생기기 마련이다. 하나를

해결하면 줄줄이 다른 문제들이 터지며 계속 집중해야 한다. 퇴근할 때마다 이런 문제를 집으로 가져가 골머리를 앓으면 건강을 해치고 문제 해결력도 급격히 떨어질 것이다.

오드웨이 테드는 4가지 좋은 업무 습관의 달인이다.
습관들이 무엇인지 기억하는가?

걱정을 멈추자 생긴 일

코니 맥

나는 63년이 넘게 프로야구 선수로 살았다. 처음 야구를 시작한 1880년대에는 월급도 없었다. 공터에서 야구를 하다가 빈 깡통이나 버려진 마구에 걸려 넘어지기도 했다. 경기가 끝나면 모자를 돌려 관중에게 돈을 받았다. 벌이가 형편없었다. 특히 혼자되신 어머니와 어린 동생들을 부양했기에 늘 돈이 부족했다. 야구팀을 유지하기 위해 딸기 축제나 해산물 파티를 열어야 할 때도 있었다.

걱정거리도 많았다. 나는 7년 연속 꼴찌팀의 감독이자 8년 동안 800번이나 패한 감독이었다. 경기에서 계속 지고 나면 걱정이 많아져 먹지도 자지도 못했다. 하지만 나는 25년 전 걱정을 그만두었다. 솔직히 말해 그때 걱정을 멈추지 않았더라면 이미 오래전에 무덤에 누워 있었을 것이다.

그간의 오랜 삶을 돌아보면(나는 링컨이 대통령일 때 태어났다) 걱정을 극복한 이유는 다음을 실천한 덕분이었다.

① 걱정이 부질없는 짓이란 사실을 깨달았다. 아무런 도움도 되지 않고 일에 지장만 줄 뿐이었다.
② 걱정은 건강을 해친다는 사실을 깨달았다.
③ 다가올 경기에서 이기려고 계획을 짜고 실천하며 바쁘게 살다 보니 이미 진 경기를 걱정할 시간이 없었다.
④ 경기가 끝난 후 24시간이 지나기 전에는 선수들이 저지른 실수를 지적하지 않았다. 초기에는 선수들과 함께 유니폼을 갈아입었다. 팀이 진 날에는 선수들을 나무라지 않을 수 없었고 패배의 원인을 이야기하다가 심한 말다툼으로까지 번졌다. 이런 일로 나는 걱정만 늘었다. 다른 선수들 앞에서 비난받은 선수들은 반감이 생겼고 팀에 균열만 생겼다. 그래서 경기에서 진 직후에 내 감정과 말을 통제할 수 없었기에 바로 선수들을 보지 않기로 마음먹었다. 패배에 관한 이야기는 다음 날이 돼서야 꺼냈다. 그래야 마음이 차분해져 실수만 두드러지게 보이지 않았고 침착하게 이야기를 나누다 보면 선수들도 화를 내거나 변명만 늘어놓는 일이 줄어들었다.
⑤ 선수들의 실수를 들추어 깎아내리는 대신 칭찬하며 사기를 올렸다. 모두에게 좋은 말을 하려고 노력했다.
⑥ 몸이 피곤하면 걱정이 많아진다는 사실을 알았다. 그래서 하루에 10시간씩 자고 오후에 낮잠도 잤다. 단 5분만 자도 도움이 되었다.
⑦ 늘 활동적으로 살다 보니 걱정도 피하고 수명도 늘어났다. 이미 85세이지만 같은 말을 계속 늘어놓기 전까지는 은퇴할 생

각이 없다. 했던 말을 반복하게 되면 나도 이제 늙었다고 생각할 것이다.

코니 맥은 걱정을 멈추는 방법에 관한 책을 읽지 못했기에 자신만의 규칙을 만들었다. 당신도 과거에 도움을 받았던 규칙의 목록을 작성해보라.
걱정을 극복하는 데 도움이 되는 방법
❶
❷
❸
❹

한 번에 하나씩

<mark>존 호머 밀러</mark>　　　　　『너 자신을 보라 Take a Look at Yourself』의 저자

　오래전에 나는 걱정이란 회피한다고 벗어날 수 있는 게 아니라 마음가짐을 바꿀 때 비로소 사라지게 된다는 사실을 깨달았다. 걱정은 외부에 있는 게 아니라 내 안에 있다.
　세월이 흐르면서 대부분의 걱정은 시간이 지나면 저절로 해결된다는 사실을 알게 되었다. 사실 나는 일주일 전에 걱정하던 문제도 기억나지 않을 때가 많았다. 그래서 적어도 한 주가 지날 때까지는 어떤 문제 때문에 조바심 내지 않겠다는 규칙을 세웠다. 물론 늘 그렇게 하지 못할 수도 있다. 하지만 일주일이라는 시간 동안 문제에 매몰되지 않도록 노력할 수는 있다. 그러면 문제가 저절로 해결되거나 내 마음가짐이 바뀌어 더는 괴롭지 않다.

나는 윌리엄 오슬러 경의 철학에서 많은 도움을 받았다. 그는 탁월한 의술을 펼쳤을 뿐 아니라 가장 중요한 기술이라고 할 수 있는 삶의 기술에도 탁월했다. 그가 한 말 중에 내가 걱정을 몰아내는 데 크게 도움이 된 것이 있다. 그를 기념하는 만찬에서 한 이야기다 "제가 여태 조금이라도 성공을 거두게 된 것은 오늘 주어진 일에 최선을 다하고 이후 일은 신경 쓰지 않은 덕분입니다."

나는 문제를 처리할 때 아버지가 들려주신 늙은 앵무새의 말을 좌우명으로 삼고 있다. 펜실베이니아 사냥 클럽 출입구에 걸린 새장 안에는 앵무새 한 마리가 있었다. 클럽 회원들이 지나갈 때마다 앵무새는 유일하게 알고 있는 말을 되풀이했다. "여러분, 한 번에 하나씩." 아버지는 내게 문제를 이렇게 처리하라고 가르치셨다. 한 번에 하나씩. 이 방법 덕분에 긴급한 문제나 끝없는 업무를 처리하면서도 평정심과 침착함을 유지할 수 있었다. "여러분, 한 번에 하나씩."

걱정을 극복하는 기본 원칙을 여기서 다시 보게 되었다. '오늘살이'를 실천하기. 1부로 돌아가 다시 읽어보는 건 어떨까?

내 인생의 녹색 신호

조지프 코터   일리노이주 시카고 파고가 1534번지

어린 시절부터 청년기를 지나 성인이 되어서까지 나는 알아주는 걱정왕이었다. 걱정이 많기도 했지만 다양하기까지 했다. 그럴듯한 걱정도 있었지만 대부분 상상에서 비롯된 것들이었다. 드물기는 했지만 걱정거리가 없을 때도 있었다. 하지만 그때조차 간과한 일이 있을까 봐 두려워 걱정했다.

그러다 2년 전 삶을 새롭게 살아보기로 했다. 우선 나에 대해 '주도면밀하고 단호한 도덕적 평가'를 내려 내가 가진 단점과 얼마 없는 장점을 스스로 분석했다. 그 결과 걱정의 원인을 알아냈다.

나는 여태 오늘만을 위해 살지 않았다. 어제 저지른 실수 때문에 안절부절못하고 미래를 두려워했다.

"오늘은 내가 어제 그토록 걱정했던 내일이다"라는 말을 수없이 들었지만 별 소용이 없었다. 하루 24시간만을 위해 살아보라는 조언도 들었다. 오늘만이 내가 통제할 수 있는 유일한 날이니 매일 주어진 기회를 최대한 활용하라는 이야기도 들었다. 그렇게 하면 너무 바빠서 과거든 미래든 걱정할 시간조차 없을 거라는 것이다. 논리적으로 다 맞는 말이지만 이 끝내주게 좋은 조언을 실천하기란 쉽지 않았다.

그러다가 어둠 속 한 줄기 빛처럼 뜻밖에 답을 발견했다. 1945년 5월 31일 오후 7시 노스웨스턴 기차역에서였다. 내게는 중요한 순간이라 또렷하게 기억한다.

나는 친구들을 기차역에 데려다주고 있었다. 휴가를 끝낸 그들은 '시티 오브 로스앤젤레스'라는 유선형 열차를 타고 떠날 예정이었다. 아직 전쟁 중이라 기차역에는 사람들로 붐볐다. 나는 아내와 기차를 바로 타지 않고 선로를 따라 기차 앞쪽까지 한동안 걸어갔다. 그러다가 잠시 서서 크고 빛나는 엔진을 보았다. 그 아래 선로 쪽을 보니 커다란 신호기가 눈에 띄었다. 노란색이 켜진 신호기는 곧 밝은 녹색으로 바뀌었다. 그러자 기관사가 종을 울리고 익숙한 소리가 들렸다. "모두 탑승해주세요!" 몇 초도 지나지 않아 커다란 열차가 움직이면서 역을 빠져나가더니 3700킬로미터 거리의 여정을 시작했다.

혼란스러웠다. 누군가가 나를 이해시키려는 것 같았다. 그리고 기적처럼 깨달음을 얻었다. 그토록 찾아 헤매던 답을 기관사에게서 찾은 것이다. 그는 녹색 신호 하나만 보고 그 긴 여정을 시작했다. 내가 기관사였다면 여정 내내 녹색 신호가 켜져 있기를 바랐을 것 같다. 당연히 불가능한 일이다. 그런데도 여태 내 인생이 그러기를 바랐다. 나는 그저 역에 앉아서 앞으로 일어날 일을 알아내느라 아무 데도 가지 못한 것이다.

계속 생각이 이어졌다. 그 기관사는 앞으로 겪게 될 문제에 대해 걱정하지 않았다. 연착도 있을 테고 속도를 줄여야 할 일도 생길 것이다. 하지만 신호 체계가 있으니 안심할 수 있다. 노란 신호면 속도를 늦추고 느긋하게 주행하고, 빨간 신호면 앞에 위험한 일이 있으니 멈추면 된다. 기차 여행이 안전한 이유는 이 신호 체계 덕분이다. 참 좋은 시스템이다.

내 삶에는 왜 이렇게 좋은 신호 체계가 없는지 스스로 물었다. 사실 나도 이미 가지고 있었다. 하느님이 주신 것이다. 그가 제어하시니 잘못될 일이 없다. 나는 녹색불을 찾기 시작했다. 도대체 어디에 있는 걸까? 하느님이 만드셨으니 그분께 여쭤보면 되겠지. 그래서 나는 그렇게 했다.

이제는 아침마다 기도하면서 그날을 위한 녹색 신호를 본다. 때때로 노란 신호를 보면서 속도를 늦춘다. 빨간 신호를 보면 내가 무너지기 전에 멈춘다. 2년 전 이런 깨달음을 얻은 후로는 이제 더는 걱정하지 않는다. 2년 동안 700개가 넘는 녹색 신호를 보았다. 다음 어떤 불이 켜질지 걱정하지 않으면 인생이라는 여정이 훨씬 쉬워진다. 어떤 불이 켜지더라도 지금 해야 할 일을 알기 때문이다.

록펠러가 45년을 더 살게 된 비결

존 록펠러는 33세에 이미 100만 달러를 벌었다. 43세에는 세계에서 가장 큰 독점기업인 스탠다드 정유회사를 세웠다. 53세에는 어땠을까? 걱정이 그를 집어삼켰다. 늘 걱정하며 극도로 긴장 상태로 지내다 보니 건강이 완전히 망가졌다. 그의 전기를 썼던 존 윙클러에 따르면 53세의 록펠러는 "미라처럼 보였다".

당시 그는 알 수 없는 소화 장애로 머리카락과 속눈썹이 다 빠지고 눈썹도 겨우 몇 가닥만 남았다. 윙클러는 "그는 상태가 너무 심각해서 한때 어쩔 수 없이 모유만 먹어야 했다"라고 했다. 의사들은 순전히 신경증으로 인한 탈모라고 진단했다. 대머리를 보고 충격을 받은 그는 모자를 쓰고 다녔고 나중에는 하나에 500달러나 하는 가발을 맞춰 평생 쓰고 다녔다.

록펠러는 타고난 건강 체질이었다. 농장에서 자라서 어깨가 다부지고 자세도 곧았으며 발걸음에도 힘이 넘쳤다.

하지만 대부분 인생의 전성기를 누리는 53세에 그는 어깨가 굽었고 절뚝대며 간신히 걸었다. 그의 전기를 쓴 또 다른 작가인 존 플린에 따르면 "그는 거울에서 노인의 모습을 보았다. 쉴 새 없는 일에 끊임없는 걱정, 끝없는 비난, 불면에 시달리는 밤, 운동과 휴식 부족"으로 망가졌고 결국 쓰러지고 말았다. 세상에서 제일 부자가 이제는 가난에 찌든 사람도 먹지 않을 음식으로 연명해야 했다. 당시 일주일에 100만 달러를 벌었지만 식비로 2달러도 채 쓰지 않았다. 의사들이 허락한 음식은 산성화 우유와 비스킷 몇 개가 전부였기 때문이다. 피부는 오래된 양피지를 뼈 위에 덧대놓은 것처럼 색이 변해버렸다. 엄청난 돈을 들여 치료받는 것 외에는 죽음을 면할 길이 없었다.

어쩌다 이렇게 되었을까? 걱정, 충격, 고혈압, 극도의 긴장 때문이었다. 말 그대로 자신을 무덤으로 '내몰고' 있었던 것이다. 그는 23세의 어린 나이에 이미 결연한 의지로 목표를 향해 달렸다. 그래서 지인들에 따르면 "좋은 거래 소식 이외에 그의 기분이 좋아지는 일은 없었다". 이익을 많이 보는 날에는 모자를 바닥에 던지며 흥겹게 춤을 춘다. 하지만 손해를 보면 바로 병이 났다! 한번은 오대호를 거쳐 4만 달러어치의 곡물을 실어 나른 적이 있다. 당연히 보험은 들지 않았다. 150달러라는 돈이 너무 비싸다고 생각했기 때문이다. 그날 밤 거친 폭풍이 이리호에 들이닥쳤다. 그의 파트너였던 조지 가드너가 아침에 그의 사무실에 가보니 록펠러는 화물을 잃을까 봐 안절부절못하고 있었다.

그는 떨리는 목소리로 말했다. "지금이라도 보험에 들 수 있는지 당장 알아봐. 빨리!" 가드너는 서둘러 도시 외곽까지 가서 보험에 들었다. 하지만 돌아와 보니 록펠러의 상태가 더 나빠져 있었다. 그 사이 화물이 무사히 도착했다는 전보가 온 것이다. 록펠러는 보험에 드느라 150달러를 '낭비'했다는 생각에 분통을 터트렸다. 결국 집으로 돌아가 앓아누웠다. 생각해보라! 당시 그의 회사는 1년에 50만 달러가 되는 수익을 남기고 있었다. 그런데 그는 겨우 150달러 때문에 몸져누웠다.

  그는 쉬거나 여가를 즐길 시간이 없었다. 돈을 벌거나 주일학교에서 가르치는 일이 삶의 전부였다. 그의 파트너 조지 가드너가 다른 세 명과 함께 2000달러를 주고 중고 요트를 구입했을 때 록펠러는 아연실색하며 그 요트에 타지 않으려고 했다. 어느 토요일 오후 사무실에서 일하고 있는 그를 발견하고 가드너가 애원하다시피 부탁했다. "존, 같이 요트나 타러 가자. 네게도 도움이 될 거야. 일은 잊고 가볍게 즐겨보자고." 록펠러는 그를 노려보며 경고했다. "조지 가드너, 넌 내가 아는 사람 중에 제일 사치스러운 사람이야. 네 신용은 물론이고 내 신용까지 떨어뜨리고 있잖아. 네가 우리 사업을 망치고 있다는 걸 알아야 해. 난 요트 따위는 타지 않을 거야. 보고 싶지도 않다고!" 그리고는 토요일 오후 내내 사무실에 처박혀 있었다.

  사업을 하는 내내 그는 유머 감각도 없는 데다 근시안이었다. 세월이 흐르고 그는 이렇게 말했다. "밤마다 내가 거둔 성공이 한순간에 물거품처럼 사라질 수 있다고 생각하며 잠들었다."

  수백만 달러를 거머쥐고도 그는 재산을 잃을까 봐 걱정하며 잠이 들었다. 그러니 걱정으로 건강이 망가진 게 놀랍지 않다. 그는 쉬거나 여가를 즐기지 않았고 극장에도 가지 않았으며 카드 게임도 하지 않았고 파티에 간 적도 없다. 사업가이자 그의 친구이기도 했던 마크 한나의 말처럼 그는 돈밖에 몰랐다. "다른 면에서는 멀쩡했지만 돈에는 미쳐 있었다." 예전에 록펠러가 오하이오주 클리블랜드에 살던 한 이웃 여성에게 "사랑받고 싶다"라고 고백한 적이 있었다. 하지만 냉정하고 의심 많은 사람을 누가 좋아하겠는가. 한때 그와 사업하는 것을 꺼렸던 모건은 코웃음을 치며 이렇게 말했다. "나는 록펠러가 마음에 안 들어. 어떤 거래도 하고 싶지 않아." 록펠러의 친동생도 형이 너무 싫어서 자녀들의 시신을 가족 묘지에서 이장해버렸다. 그는 "내 가족은 절대 록펠러의 땅에 묻지 않겠다"라고 말했다. 록펠러 친구들이나 동료들도 그를 두려워했다. 아이러니하게도 록펠러 역시 그들을 두려워했다. 사무실 밖에서 이야기하다가 '기밀을 누설할까 봐' 걱정했던 것이다.

그는 사람을 믿지 않았다. 한번은 전문 정유업체와 10년간 계약하면서 사장에게 누구에게도 말하지 않고 심지어 아내에게도 비밀로 하겠다는 약속까지 받아냈다. "입 닫고 일이나 하라." 이것이 그의 좌우명이었다. 그러다가 사업이 절정에 이르러 베수비오산에서 용암이 흘러넘치듯 금고에서 돈이 차고 넘칠 무렵 철옹성 같던 그의 세계가 무너졌다. 온갖 기사와 책에서 철도회사와 은밀한 리베이트 계약을 맺고 경쟁사들을 가차 없이 뭉개버린 스탠다드 정유회사를 악덕 기업이라고 맹렬히 비난하기 시작한 것이다! 펜실베이니아 유전 지역에서 그는 가장 큰 미움을 받는 사람이었다. 그에게 짓밟혔던 사람들이 그를 인형으로 만들어 목매달았다. 많은 사람이 쪼글쪼글해진 그의 목에 밧줄을 감아 실제로 설익은 사과나무에 매달고 싶어 했다. 비난과 독설이 난무

하는 편지가 사무실로 밀려들었다. 살해 협박 편지들이었다.

그는 살기 위해 경호원을 고용하고 그를 둘러싼 사람들의 증오를 무시하려고 노력했다. 한번은 냉소적으로 "내 갈 길을 가게만 해준다면 나를 발로 차든 욕하든 상관없다"라고 말하기도 했다. 하지만 그도 사람이었다. 더는 자신에게 쏟아지는 증오와 걱정을 감당하기 어려웠다. 그의 건강이 차츰 무너지기 시작했다. 안에서부터 자신을 좀먹기 시작하는 이 새로운 적인 질병에 혼란스러워하며 그야말로 속수무책이었다. 처음에는 가벼운 질환 정도는 아무런 내색도 하지 않고 신경 쓰지 않으려 했다. 하지만 걱정과 신경쇠약의 증상인 불면증, 소화불량, 탈모가 시작되자 더는 그냥 넘길 수 없었다. 결국 의사들에게 충격적인 말을 들었다. 그는 돈과 걱정, 아니면 삶 중 하나를 선택해야 했다. 은퇴하느냐 죽느냐의 갈림길에 선 것이다. 그는 은퇴하기로 했다. 하지만 걱정과 탐욕, 두려움으로 몸은 이미 망가질 대로 망가진 상태였다.

미국에서 가장 유명한 전기 작가 아이다 타벨은 그를 보자마자 충격을 받았다. 그는 이렇게 썼다. "엄청나게 삭아 보였다. 여태 만난 사람 중 가장 늙은 사람 같았다." 늙었다고? 당시 그는 맥아더 장군이 필리핀을 탈환했을 때보다 몇 년은 더 젊었다! 하지만 그는 아이다 타벨이 딱하게 여길 정도로 몸 상태가 엉망이었다. 당시 아이다는 스탠다드 정유회사가 옹호하는 모든 것을 강력하게 비난하는 내용의 책을 쓰고 있었다. 그가 이 '문어발'기업을 세운 자를 딱히 좋게 생각할 이유는 전혀 없었다. 하지만 주일학교에서 학생들의 얼굴을 보며 열정적으로 가르치는 모습을 보고 이렇게 말했다. "생각지도 못한 감정이 밀려왔고 시간이 지날수록 더 커져만 갔다. 그가 정말 안타까웠다. 그를 보며 두려움

만큼 끔찍한 동반자는 세상에 없다는 걸 알게 되었다."

의사들은 록펠러의 생명을 구하고자 그에게 세 가지 규칙을 앞으로 평생 지키라고 했다.

① 걱정하지 말라. 어떤 일에도 어떤 상황에서도 말이다.
② 긴장을 풀라. 탁 트인 공간에서 가벼운 운동을 자주 하라.
③ 식단을 신경 쓰라. 아직 허기가 진다 싶을 때까지만 먹으라.

록펠러는 이 규칙을 실천했고, 그래서 아마 목숨을 지켰을 것이다. 그는 은퇴하고 나서 골프를 배우고 정원을 가꾸기도 했으며 이웃들과 잡담을 나누기도 했다. 게임도 하고 노래도 불렀다. 그는 다른 일도 했다. 윙클러에 따르면 "불면증에 시달리며 고통의 나날을 보내던 록펠러는 성찰의 시간을 가졌다." 그는 타인을 생각하기 시작했다. 처음으로 얼마나 벌 수 있을지 궁리하는 대신 돈으로 인간의 행복을 얼마나 살 수 있을지 곰곰이 생각하기 시작했다.

그리고 그는 수백만 달러를 기부했다! 쉽지만은 않았다. 교회에 돈을 기부했을 때 전국 교회에서 '더러운 돈'이라고 규탄했다. 하지만 그는 멈추지 않았다. 미시간호 기슭에 있는 작은 대학이 대출을 갚지 못해 압류될 위기에 처했다는 사실을 알게 됐을 때였다. 학교를 구하기로 마음먹고 수백만 달러를 쏟아부어 지금은 세계적으로 유명한 시카고대학교로 발전시켰다. 그는 흑인들을 돕기도 했다. 터스키키대학과 같은 흑인 대학에 돈을 기부해 농업학자이자 발명가인 조지 워싱턴 카버의 연구비를 지원했다. 또한 십이지장충과의 싸움도 도왔다. 십이지장충의 권위자 찰스

스타일스 박사가 "50센트짜리 약 하나만 있어도 남부를 초토화하는 이 질병에 걸린 한 사람을 살릴 수 있다. 그런데 누가 이 50센트를 주겠는가?"라고 말하자 록펠러가 선뜻 돈을 내놓았다. 수백만 달러를 십이지장충 박멸에 쓰며 역사상 최악의 재앙에 빠진 남부를 구해냈다. 이게 끝이 아니었다. 그는 국제록펠러재단을 세워 전 세계의 질병과 무지에 맞서 싸웠다.

개인적으로 록펠러재단에 참 감사하다. 이 재단 덕분에 내 목숨을 구할 수 있었기 때문이다. 1932년 내가 중국에 있을 당시 콜레라가 중국 전역에 창궐했다. 농민들이 떼죽음을 당할 그때 베이징에 있는 록펠러 의대에서 백신 주사를 맞을 수 있었다. 중국인과 '외국인'까지도 접종이 가능했다. 이 일로 록펠러의 재산이 세상을 위해 어떤 일을 하고 있는지 처음으로 알게 되었다.

역사상 록펠러재단에 필적할 만한 업적을 남긴 단체는 없었다. 이 재단은 특별했다. 록펠러는 선구안을 가진 이들이 시작한 훌륭한 운동이 전 세계에 많다는 사실을 알게 되었다. 연구가 진행되었고 대학들이 설립되었으며 의사들이 질병과 맞서 싸우고 있었다. 하지만 이렇게 숭고한 일들이 자금 부족으로 좌절되는 경우가 허다했다. 그는 인류의 선구자들을 돕기로 마음먹었다. 그 일들을 '직접 맡지 않고' 재정적인 지원을 통해 그들이 해오던 일을 계속할 수 있도록 도왔다. 오늘날 당신과 나는 페니실린의 기적을 비롯해 수십 개의 연구가 결실을 보도록 재정적으로 도와준 록펠러에게 감사해야 한다. 당신의 아이가 다섯 명에 한 명꼴로 죽는 척수막염에 걸리지 않게 된 것도 감사해야 한다. 말라리아, 폐결핵, 인플루엔자, 디프테리아를 비롯해 여전히 세상을 괴롭히는 많은 질병과 맞서 싸우게 된 것 역시 록펠러 덕분이다.

록펠러는 이렇게 돈을 기부하고 마음의 평화를 찾았을까? 그렇다. 그는 마침내 만족했다. 미국 사학자이자 전기작가인 앨런 네빈스는 이렇게 말했다. "록펠러가 1900년 이후에도 스탠다드 정유회사에 대한 공격으로 골머리를 앓는다고 생각한다면 오산입니다."

록펠러는 행복했다. 이전과는 완전히 달라져 걱정 따위는 잊은 지 오래였다. 심지어 일생일대의 쓰디쓴 패배를 받아들여야 한 날에도 걱정으로 잠을 설치지 않으려고 했다!

그가 세운 스탠다드 정유회사가 '역사상 가장 무거운 벌금'을 지불하라는 명령을 받았을 때였다. 미국 정부에 따르면 스탠다드 정유회사는 독점 금지법을 직접 위반하고 있었다. 치열한 소송이 5년 동안 이어졌다. 최고의 검사와 변호사들이 역사상 가장 긴 법정 공방을 벌였다. 하지만 스탠더드 오일은 결국 소송에서 지고 말았다.

케네소 마운틴 랜디스 판사가 판결을 내리자 변호인단은 나이 든 록펠러가 재판 결과에 괴로워할까 봐 걱정했다. 하지만 그들은 록펠러가 바뀌었다는 사실을 모르고 있었다.

그날 밤 변호사 한 명이 록펠러에게 전화를 걸어 최대한 부드럽게 결과를 전하며 조심스럽게 말했다. "이 판결로 노여워하지 않으시면 좋겠습니다. 편하게 주무시길 바랍니다!"

놀랍게도 그는 곧바로 활기찬 목소리로 이렇게 말했다. "걱정하지 말아요, 존슨 씨. 저는 잘 잘 겁니다. 그러니 존슨 씨도 너무 상심하지 말고 푹 주무세요."

150달러를 낭비했다고 시름시름 앓던 사람이 이렇게 말하다니! 록펠러가 걱정을 극복하기까지 오랜 시간이 걸렸다. 그는 53세에 '죽어가고' 있었다. 하지만 98세까지 잘 살 수 있었다.

파탄 지경의 결혼생활을 살린 책

B.R.W.

익명으로 글을 쓰고 싶지는 않지만 너무 사적인 일이라 부득이하게 이름을 밝히지 않기로 했다. 하지만 데일 카네기가 내 말이 사실임을 보장해줄 것이다. 나는 12년 전 처음으로 데일 카네기에게 이 이야기를 했다.

대학을 졸업하고 나는 대기업에 취업했다. 5년 후 태평양을 건너 동아시아 지역의 책임자로 부임했다. 미국을 떠나기 일주일 전 나는 아주 사랑스럽고 다정한 여성과 결혼했다. 하지만 우리의 신혼여행은 끔찍한 불행의 서막이었다. 특히 그에게 더 그랬다. 하와이에 도착했을 때 아내는 너무나 실망하고 속상해서 미국으로 곧장 돌아가려고 했다. 오랜 친구들에게 인생의 가장 황홀한 모험이자, 마땅히 그래야 할 결혼에 실패했다고 인정하는 게 수치스럽지 않았다면 진작에 돌아갔을 것이다.

우리는 동양에서 끔찍한 2년을 보냈다. 불행한 나날을 보내며 자살 충동을 느낄 때도 있었다. 그러던 어느 날 우연히 책 한 권을 읽게 되었고, 내 삶이 완전히 달라졌다. 독서를 좋아하던 나는 어느 날 밤 그 지역에 사는 미국인 친구를 방문했다. 잘 정리된 서재를 둘러보는데 판더 펠더 박사가 쓴 『이상적인 결혼Ideal Marriage』이라는 책이 눈에 띄었다. 그럴싸한 지루한 이야기겠거니 싶었다. 하지만 특별히 할 것도 없던 터라 호기심에 책을 폈다. 부부의 성생활을 다루고 있었는데 솔직하면서도 천박하지 않은 내용이었다.

누군가 내게 성생활에 관한 책을 읽으라고 했다면 굴욕감이 들었을 것이다. 책을 읽을 게 아니라 책 한 권은 거뜬히 쓰고 남을 사람이었으니까. 하지만 결혼생활이 파탄 지경이라 체면 따위는 버리고 이 책을 읽기 시작했다. 용기를 내어 친구에게 책을 빌렸다. 내 인생에서 가장 중요한 사건을 꼽으라면 이 책을 읽은 것이라고 이제는 솔직히 말할 수 있다. 아내도 그 책을 읽었다. 이후 불행했던 결혼생활이 더없이 행복한 동반자 관계로 바뀌었다. 내게 100만 달러가 있다면 이 책의 판권을 사서 신혼부부들에게 무료로 나눠주고 싶다.

예전에 저명한 심리학자 존 왓슨 박사의 글을 읽은 적이 있다. "성생활이 인생에서 가장 중요한 주제라고 인정해야 한다. 사람의 행복을 망치는 주요 원인이기 때문이다."

왓슨 박사의 말이 전적으로 옳지는 않으나 거의 맞는다고 생각한다. 그렇다면 왜 이 사회는 해마다 수백만 명이 성관계에 무지한 채로 결혼해서 행복한 생활을 할 기회를 놓쳐버리게 두는 걸까?

결혼생활에서 일어날 수 있는 문제점을 알고 싶다면 G.V. 해밀턴 박사와 케네스 맥고완이 공저한 『결혼생활의 문제점What is Wrong With Marriage?』을 읽어야 한다. 해밀턴 박사는 이 책을 쓰기 전 4년 동안 부부 사이에 일어날 수 있는 일을 조사하면서 이렇게 말했다. "어떤 정신과 의사들은 결혼생활의 마찰 중 대부분이 불만족스러운 부부 성생활 때문은 아니라고 하는데 뭘 모르고 하는 소리다. 성관계가 만족스럽다면 다른 일로 벌어진 마찰은 크게 문제 되지 않을 때가 많다."

나는 힘든 경험을 통해 이 말이 사실이라고 생각한다.

엉망이 된 내 결혼생활을 구해준 판더 펠더 박사의 『이상적인 결혼』은 공공 도서관이나 서점에서 쉽게 찾을 수 있다. 배우자에게 작은 선물을 하고 싶다면 수저 세트를 건네는 대신 이 책 한 권을 선물해보라. 어떤 선물보다 부부에게 더 큰 행복을 가져다줄 것이다.

『이상적인 결혼』이 고가라 부담스럽다면 다른 책을 한 권 추천하겠다. 해나 스톤과 에이브러햄 스톤 박사가 공저한 『결혼생활 매뉴얼 A Marrige Manual』이다.

나를 서서히 죽이고 있었다

폴 샘슨   DM 광고업
미시간주 와이언도트 시카모어 12815번지

6개월 전까지만 해도 앞만 보고 달렸다. 언제나 긴장한 상태로 지내며 쉬지도 않았다. 매일 밤 걱정에 휩싸인 채 신경성 피로로 녹초가 되어 집에 도착했다. 왜 그랬을까? 누구도 내게 이렇게 말해주지 않았기 때문이다. "폴, 너는 스스로 죽이고 있는 거야. 조금 느긋해지면 어떨까? 긴장을 좀 풀어봐."

아침마다 급하게 일어나 서둘러 밥을 먹고 재빨리 면도한 뒤에 후다닥 옷을 챙겨입고 집을 나섰다. 핸들이 바람에 날아갈까 봐 두렵기라도 한 듯 꽉 잡고서 정신없이 회사로 가서 빨리 일을 해치우고 허겁지겁 집으로 와서는 잠도 빨리 들려고 애썼다.

이런 생활이 이어지다 결국 디트로이트의 유명한 정신과 의사를 찾아갔다. 그는 내게 쉬라고 조언했다. 이 책 7부에서 말한 피로 해결법과 같은 조언이었다. 늘 긴장을 풀고 일할 때나 운전할 때나 밥 먹을 때, 그리고 잘 때도 마음을 느긋하게 가지라는 것이었다. 그러면서 내가 쉬는 법을 몰라서 서서히 나를 죽이고 있는 것이나 마찬가지라고 말했다.

이후 나는 긴장을 풀려고 노력했다. 잠자리에 들어서도 의식적으로 몸에 긴장을 풀고 호흡을 차분히 가라앉히고 천천히 잠들려고 했다. 이제는 피로가 다 가신 채 상쾌하게 아침을 맞이한다. 찌뿌둥하고 긴장된 상태로 잠에서 깨던 예전과 비교해보면 놀라운 변화다. 또한 차분하게 밥을 먹고 운전한다. 물론 운전할 때는 주의하지만 신경이 아닌 머리를 쓰며 운전한다. 특히 일하면서 잘 쉬려고 한다. 하루에도 몇 번씩 하던 일을 멈추고 긴장하고 있지는 않은지 마음 상태를 점검한다. 전화가 울려도 누구에게 뒤질세라 급히 전화기를 들지 않고, 누군가 내게 말할 때는 잠든 아기처럼 편안히 이야기를 듣는다.

이런 노력 덕분에 삶이 훨씬 더 유쾌하고 즐거워졌다. 이제 나는 신경성 피로나 걱정에서 완전히 벗어났다.

진짜 기적이 일어나다

존 버거   미네소타주 미니애폴리스 콜로라도가 3940번지

걱정이 나를 완전히 집어삼켰다. 혼란스럽고 걱정스러운 마음에 삶의 즐거움마저 잃어버렸다. 너무나 긴장한 나머지 밤에는 잠들지 못하고 낮에는 쉬지도 못했다. 아이 셋은 뿔뿔이 흩어져 친척들과 함께 살고 있었다. 최근에 제대한 남편은 법률 사무소를 개업하느라 다른 도시에 가 있었다. 나는 전후 재건기의 불안하고 불확실한 분위기에 휩싸였다.

나는 남편의 일을 위태롭게 하고 행복한 가정생활을 누려야 할 아이들의 권리도 빼앗았으며 내 목숨마저 스스로 위협하고 있었다. 집을 구할 수 없었던 남편은 집을 지을 수밖에 없다고 생각했다. 모든 것을 감당하려면 내가 건강해져야 한다는 생각이 들었다. 하지만 노력하면 할수록 실패에 대한 두려움이 커졌다. 그러다가 책임을 져야 하는 모든 계획이 두려워졌고 스스로 믿지 못하게 되었다. 나는 완전히 실패자였다.

눈앞이 캄캄하고 어떤 것도 소용이 없다고 생각하던 그때 어머니가 해주셨던 일은 평생 마음에 새기고 감사한 마음으로 살아가려고 한다. 어머니는 내게 충격을 주어 다시 싸울 용기가 생기도록 했다. 그리고 그저 현실에 굴복해 내 몸과 정신 하나 건사하지 못한다며 심하게 나무라시더니 당장 일어나 죽을힘을 다해 맞서 싸우라고 했다. 어머니 말씀처럼 나는 현실에 맞서는 대신 두려움에 벌벌 떨면서 현실을 외면하고 너무 쉽게 삶을 포기해버렸다.

나는 그날부터 싸우기 시작했다. 주말에는 부모님께 이제

스스로 알아서 해볼 테니 집으로 돌아가시라고 했다. 그리고 불가능하다고 여겼던 일을 해냈다. 혼자서 아이 둘을 돌본 것이다. 잠도 잘 자고 잘 챙겨 먹으니 기분도 좋아졌다. 일주일 후에 부모님이 다시 오셨을 때 나는 다림질을 하며 노래까지 부르고 있었다. 현실에 맞서 싸우기 시작하고 이기기까지 하니 행복해졌다. 나는 이 교훈을 절대 잊지 않을 것이다. 이기기 힘든 상황이라도 당당히 맞서라. 싸움을 시작하고 절대 굴복하지 말라!

그때부터 나는 억지로라도 일을 하면서 완전히 몰두한다. 마침내 친척 집에 있던 아이들을 모두 데려왔고 남편까지 새집에 함께 하게 되었다. 강인하고 행복한 아내이자 엄마가 되기 위해서라도 건강해져야겠다고 마음먹었다. 우리 집과 아이, 남편 모두를 위한 계획을 짜는 데 몰두했다. 나 자신을 위한 계획은 세우지 못했다. 다른 일이 너무 바빠서 정작 나 자신을 챙기지 못했는데, 바로 그때 진정한 기적이 일어난 것이다.

나는 점차 더 강해졌고 내일을 계획하고 살아 있는 기쁨에 가득 차서 행복하게 아침을 맞이한다. 피곤하면 우울해지기도 했는데 그럴 때면 아무 생각도 하지 않고 스스로 이해하려고도 하지 않았다. 덕분에 이런 일은 점점 줄어들었고 마침내 사라졌다.

일 년이 지난 지금 나는 하루에 16시간을 일할 수 있는 아름다운 집에서 성공한 남편과 밝고 건강한 아이 셋과 함께 행복하게 살고 있다. 무엇보다 마음이 아주 편안하다.

걱정의 특효약

<mark>페렌츠 몰나르</mark>   헝가리의 유명한 극작가

"일이 최고의 치료제다"

정확히 50년 전 아버지가 해주신 이 말씀은 내 인생의 좌우명이 되었다. 당시 아버지는 의사였고 나는 부다페스트대학교 법학과 신입생이었다. 나는 한 과목에서 낙제했다. 너무 부끄러워서 상황을 회피하려고 패배자의 절친인 술에 빠져 살았다. 손에는 늘 살구 브랜디가 있었다.

어느 날 아버지가 연락도 없이 나를 보러 오셨다. 뛰어난 의사인 아버지는 내 문제를 곧장 알아보셨다. 나는 현실에서 도피하려는 이유를 털어놓았고, 아버지는 바로 처방을 내리셨다. "술이나 수면제를 비롯한 그 어떤 약물도 문제에서 벗어나는 데 아무 효과가 없단다. 슬픔을 치료하는 유일한 약이 있지. 훨씬 효과도 좋고 믿을 만한 이 약은 바로 일이란다!"

아버지 말씀이 옳았다! 일에 익숙해지는 게 쉽지만은 않지만 결국 해내기 마련이다. 게다가 일은 마약의 특성을 모두 갖고 있다. 습관으로 자리 잡고, 습관이 되면 끊기 어렵다. 나는 50년째 이 습관을 끊지 못하고 있다.

> 사이먼 앤드 슈스터에서 1947년에 출판한 윌리엄 니컬스의 『영감이 되는 말-용기와 지혜를 주는 작은 금고 Words to Live By-A Little Treasury of Inspiration and Wisdom』에서 발췌한 글로 작가의 동의를 얻고 인용한다.

내 삶을 바꾼 한 권의 책

캐서린 홀컴 파머   앨라배마주 모빌 보안관 사무실 근무

3개월 전 걱정이 너무 많아 나흘 밤을 뜬눈으로 지새웠다. 게다가 18일 동안 음식을 제대로 씹지 못했고 냄새만 맡아도 구역질이 났다. 내가 겪은 정신적 고통을 말로는 다 표현할 수 없다. 지옥에 가는 게 차라리 낫겠다는 생각이 들었다. 미치지 않으면 죽을 것만 같았다. 계속 이렇게 살 수는 없었다.

그러다가 인생의 전환점을 맞이했다. 바로 이 책의 신간 견본을 받은 날이었다. 지난 3개월간 이 책에 파묻혀 살았다. 모든 페이지를 꼼꼼히 읽으며 새 삶의 방식을 필사적으로 찾아내려고 했다. 마음가짐이 서서히 바뀌기 시작하더니 감정적으로도 안정을 찾았다. 정말 놀라운 변화였다. 이제 나는 날마다 일어나는 문제를 견뎌낼 힘이 생겼다. 예전에는 내 앞에 놓인 문제가 아니라 이미 벌어진 일이나 아직 일어나지도 않은 일을 두려워하며 불안에 떨고 걱정하며 반쯤 미쳐가고 있었다.

하지만 이제는 걱정이 스멀스멀 올라올 때마다 바로 멈추고 이 책에서 배운 원칙을 적용한다. 오늘 반드시 해야 할 일 때문에 긴장할 때는 바쁘게 움직이며 곧장 그 일을 처리해버리고 더는 생각하지 않는다.

예전이라면 반쯤 미쳐버렸을 문제에 직면하면 1부 2장에 요약된 세 단계를 적용하려고 한다. 첫째, 일어날 법한 최악의 상황이 무엇인지 자문한다. 둘째, 마음속으로 받아들이려고 노력하라. 셋째, 문제에 집중하면서 기꺼이 받아들이기로 한 최악의 상

황을 개선하기 위해 할 수 있는 일을 생각해본다.

내가 바꾸지 못하는 일을 걱정하면서 받아들이고 싶지 않을 때면 잠시 멈춰 다음 기도를 되뇐다.

주여, 저에게
바꿀 수 없는 일은 받아들일 평온함을 갖게 하시고
바꿀 수 있는 일은 바꿀 용기를 갖게 하시고
이 둘을 구별하는 지혜를 갖게 해주소서.

이 책을 읽고 난 뒤 나는 새롭고 눈부신 삶을 살고 있다. 이제 더는 불안해하며 내 건강과 행복을 해치지 않는다. 하루에 9시간씩 자고 음식도 맛있게 먹는다. 삶의 어두운 장막이 걷히고 새 삶으로 향하는 문이 열렸다. 나를 둘러싼 이 세상의 아름다움을 보며 만끽하고 있다. 이 아름다운 세상에 살며 지금의 삶을 누릴 수 있게 해주신 하느님께 감사드린다.

당신도 이 책을 늘 곁에 두고 반복해서 읽었으면 한다.
당신이 겪는 문제에 적용되는 내용에는 밑줄을 치라.
꼼꼼하게 읽으며 적극적으로 활용하라. 이 책은 '재미 삼아
읽는 책'이 아니라 당신을 새 삶으로 이끌 '지침서'다.

옮긴이 **서명진**

글의 힘을 믿으며 좋은 글을 많은 사람과 나누는 일에 관심이 많다. 경북대학교에서 사회복지학과 영어영문학을 전공하고 호주 RMIT 통번역 대학원에서 석사학위를 받았다. 현재 바른번역 소속 번역가이자 MJ English 대표로 영어교육가로 활동 중이다. 옮긴 책으로는 『조울증과 함께 보낸 일 년』 『시리얼 시티가이드 로스앤젤레스』 『세렌디피티 코드』 등이 있다.

굿라이프 클래식 3

자기관리론

펴낸날 초판 1쇄 2025년 7월 18일
지은이 데일 카네기
옮긴이 서명진
펴낸이 이주애, 홍영완
편집장 최혜리
편집 3팀 이소연, 강민우, 안형욱
편집 박효주, 홍은비, 한수정, 김혜원, 최서영, 송현근, 이은일
디자인 박정원, 김주연, 기조숙, 윤소정, 박소현
홍보마케팅 김준영, 김태윤, 백지혜, 박영채
콘텐츠 양혜영, 이태은, 조유진
해외기획 정미현, 정수림
경영지원 박소현
도움교정 박주희
펴낸곳 (주)윌북 출판등록 제 2006-000017호
주소 서울특별시 마포구 동교로19길 28 (서교동)
홈페이지 willbookspub.com
블로그 blog.naver.com/willbooks 포스트 post.naver.com/willbooks
트위터 @onwillbooks 인스타그램 @willbooks_pub
ISBN 979-11-5581-833-6 (04190) 979-11-5581-838-1 (세트)

∘ 책값은 뒤표지에 있습니다.
∘ 잘못 만들어진 책은 구입하신 서점에서 바꿔드립니다.
∘ 이 책의 내용은 저작권자의 허락 없이 AI 트레이닝에 사용할 수 없습니다.